Analisis Daya Saing Provinsi Dan Wilayah

Menjaga Momentum Pertumbuhan Indonesia

Edisi 2014

Lee Kuan Yew School *of* Public Policy
ASIA COMPETITIVENESS INSTITUTE

Tentang ACI

Asia Competitiveness Institute (ACI) didirikan pada bulan Agustus 2006 sebagai lembaga penelitian di *Lee Kuan Yew School of Public Policy* (LKYSPP), *National University of Singapore* (NUS). ACI bertujuan untuk membangun kepemimpinan dan jaringan berbasis intelektual dalam rangka menumbuhkan pemahaman dan mengembangkan daya saing di kawasan Asia. ACI berusaha untuk berkontribusi dalam upaya peningkatan pertumbuhan yang inklusif, peningkatan standar hidup masyarakat dan tata kelola pemerintahan melalui penelitian daya saing di tingkat sub-nasional negara-negara di Asia. ACI mengidentifikasi upaya mitigasi terhadap masalah dan tantangan sebagai bagian dari peran dan potensi ACI dalam menginisiasi kebijakan publik melalui kerjasama yang erat dengan pemerintah daerah, pelaku bisnis dan usaha, lembaga-lembaga *think-tank* bidang kebijakan publik dan akademisi.

Adapun proposisi nilai-nilai ACI dikemas dalam akronim sebagai berikut:

Analytical inputs to initiate policies for policy-makers and business leaders in Asia.

Input-input analitis kepada para pembuat kebijakan dan pelaku usaha di Asia untuk menginisiasikan kebijakan publik

Capacity building to enable others through improvement in productivity and efficiency.

Pembangunan kapasitas untuk mengembangkan kemampuan pihak-pihak terkait melalui peningkatan produktivitas dan efisiensi

Intellectual leadership to create pragmatic models of competitiveness and inclusive growth.

Kepemimpinan berbasis intelektual untuk merumuskan model daya saing dan pertumbuhan inklusif secara pragmatis.

Nilai-nilai pokok kompetensi penelitian ACI sebagaimana dikemas dalam akronim di atas mendeskripsikan standar penelitian berbasis bukti yang dilakukan ACI untuk merumuskan kebijakan publik bagi negara-negara ASEAN dalam konteks kebangkitan CHINA (Tiongkok) dan INDIA.

Visi dan Misi

- Visi ACI secara keseluruhan adalah untuk membangun kredibilitas penelitian ACI terhadap dampak kebijakan dan berkontribusi sebagai lembaga *think-tank* profesional.
- Misi ACI adalah membangun posisi strategis sebagai lembaga *think-tank* kebijakan publik terkemuka di Asia dengan fokus mengidentifikasi dan mempromosikan daya saing serta membangun sinergi unsur-unsur yang saling melengkapi antara negara-negara dan korporasi-korporasi bisnis di Asia.
- ACI mengartikulasikan, menggerakkan wacana dan membangun agenda di arena kebijakan publik untuk pemerintah negara-negara Asia.
- ACI melakukan penelitian berdasarkan bukti-bukti output kebijakan publik, efektivitas dan dampaknya terhadap inklusivitas.

Asia Competitiveness Institute | Lee Kuan Yew School of Public Policy | National University of Singapore
469A Bukit Timah Road, Level 2 Tower Block, Singapore 259770
Tel: (65) 6516 5025 Fax: (65) 6467 8714 http://spp.nus.edu.sg/ACI

NUS National University of Singapore

Analisis Daya Saing Provinsi Dan Wilayah

Menjaga Momentum Pertumbuhan Indonesia

Edisi 2014

Tan Khee Giap

Direktur, Asia Competitiveness Institute
Lee Kuan Yew School of Public Policy
National University of Singapore

Nurina Merdikawati

Peneliti, Asia Competitiveness Institute
Lee Kuan Yew School of Public Policy
National University of Singapore

Mulya Amri

Peneliti, Asia Competitiveness Institute
Lee Kuan Yew School of Public Policy
National University of Singapore

Tan Kong Yam

Direktur, Asia Competitiveness Institute
Lee Kuan Yew School of Public Policy
National University of Singapore

Pembahas

Luky Eko Wuryanto

Deputi Menteri Bidang Koordinasi Percepatan Infrastruktur dan Pengembangan Wilayah
Kementerian Koordinator Bidang Perekonomian, Indonesia

Umar Juoro

Anggota Komite Ekonomi Nasional (KEN), Indonesia

Lee Kuan Yew School of Public Policy — Asia Competitiveness Institute

NUS National University of Singapore

World Scientific

Published by

World Scientific Publishing Co. Pte. Ltd.
5 Toh Tuck Link, Singapore 596224
USA office: 27 Warren Street, Suite 401-402, Hackensack, NJ 07601
UK office: 57 Shelton Street, Covent Garden, London WC2H 9HE

British Library Cataloguing-in-Publication Data
A catalogue record for this book is available from the British Library.

ANALISIS DAYA SAING PROVINSI DAN WILAYAH
Menjaga Momentum Pertumbuhan Indonesia Edisi 2014

ISBN 9789814749398
ISBN 9789814759274 (pbk)

In-house Editor: Philly Lim

Typeset by Stallion Press
Email: enquiries@stallionpress.com

Printed in Singapore

Contents

Kata Pengantar

Proyek penelitian unggulan dari *Asia Competitiveness Institute* (ACI) mengenai analisis daya saing provinsi-provinsi di Indonesia telah menarik perhatian baik dari dalam maupun luar negeri. Pada setiap tahap penelitian, ACI melibatkan para pembuat kebijakan, akademisi dan kalangan pengusaha, dengan mengedepankan bahwa penguatan daya saing Indonesia membutuhkan upaya dan kerja sama dari berbagai pemangku kepentingan. Sebagai Ketua Umum Asosiasi Pengusaha Indonesia (APINDO) terdahulu dan sekarang menduduki posisi di Dewan Pertimbangan, saya mengapresiasi upaya penelitian ini untuk mendorong persaingan sehat antarprovinsi yang akan mengangkat daya saing Indonesia secara menyeluruh.

Untuk menjaga momentum pertumbuhan, Indonesia perlu mengatasi berbagai macam tantangan. Salah satunya adalah produktivitas. Produktivitas tenaga kerja dapat ditingkatkan melalui sistem pendidikan dan pelatihan yang lebih baik. Ini bukan hanya tanggung jawab pemerintah saja, tetapi juga perusahaan, baik besar maupun kecil. Transfer ilmu dan teknologi yang lebih cepat kepada industri dalam negeri akan memastikan Indonesia berada pada jalur yang tepat dalam strategi akselerasi industrialisasi. Komitmen untuk meningkatkan infrastruktur juga sangatlah penting dalam meningkatkan efisiensi. Pada akhirnya, sesuai dengan pendekatan ACI, kerjasama antara pemangku kepentingan sangat diperlukan bagi Indonesia untuk bisa menyelesaikan masalah-masalah yang mengakar ini.

Dengan penelitian perdana ACI yang menganalisis daya saing antarwilayah, selain pada tingkat provinsi, perhatian kini tertuju kepada pengembangan wilayah yang lebih seimbang. Dari bagian barat Sabang sampai bagian timur Merauke, Indonesia memiliki banyak potensi yang siap digali. Saya yakin bahwa ACI telah melakukan analisis mendalam mengenai pemetaan potensi setiap wilayah, mengelaborasi kekuatan dan kelemahannya, termasuk strategi pengembangannya.

Saya sangat berharap ACI terus melanjutkan penelitiannya mengenai daya saing Indonesia. Strategi yang unik, bukan *one-size-fits-all*, sangatlah berharga dalam konteks ini seiring dengan latar belakang dan kinerja tiap-tiap daerah. Dari APINDO, kami bangga telah menjadi rekan ACI dalam penelitian ini dan akan terus mendukung studi berikutnya.

Sofjan Wanandi
Ketua Tim Ahli
Untuk Wakil Presiden Republik Indonesia

Prakata

Asia Competitiveness Institute (ACI) secara konsisten telah melakukan penelitian untuk menganalisis daya saing provinsi-provinsi dan wilayah-wilayah di Indonesia. Hasil dari penelitian ini bukan hanya ditujukan kepada pihak lokal, tetapi juga kalangan internasional. Kelanjutan dari penelitian ini, yang saat ini memasuki jilid kedua, adalah tanda dari sebuah publikasi unggulan yang dapat diterima dengan baik di saat dunia mengharapkan Indonesia untuk melakukan transformasi di bawah kepemimpinan Presiden Joko Widodo. Tak bisa dihindari bahwa Presiden Widodo mewarisi masalah-masalah yang telah mengakar, mulai dari buruknya infrastruktur hingga korupsi. Ketimpangan antarwilayah, seperti yang disoroti dalam temuan ACI, sangatlah nyata. Sebagai tokoh masyarakat yang terkenal bersih dalam menjalankan pemerintahan dan mampu memberikan hasil konkret, publik menyimpan harapan yang besar agar kepemimpinan beliau dapat menjadikan Indonesia sebagai kekuatan ekonomi dan pusat pertumbuhan di kawasan regional dan dunia.

Adalah hal yg menarik untuk menyaksikan bagaimana Indonesia akan memposisikan dirinya sebagai poros maritim dunia. Visi maritim ini sesuai dengan bentuk Indonesia sebagai negara kepulauan yang sangat membutuhkan lancarnya konektivitas antarpulau, termasuk pulau-pulau yang terluar, terdepan dan yang tertinggal. Memperkuat infrastruktur kelautan juga akan membantu mengintegrasikan Indonesia dengan berbagai kerja sama strategis internasional, termasuk *Asia Economic Connectivity Vision* 2030 yang digagas oleh ACI.

Kunci untuk mencapai kesuksesan adalah komitmen pada tata kelola yang lebih baik untuk meningkatkan pertumbuhan Indonesia, mengingat kompleksnya proses untuk berkoordinasi dengan berbagai lapisan pemerintahan. Oleh karena itu, penting untuk dapat menerapkan reformasi struktural yang termasuk dalam skala prioritas tinggi dan bersifat jangka panjang dalam kerangka institusional yang terdesentralisasi. Hal ini bukan merupakan tugas yang mudah bagi Indonesia, tetapi juga tidaklah mustahil.

Penelitian ekstensif ACI akan membantu mengisi celah informasi yang terkait dengan kinerja relatif masing-masing provinsi dan wilayah dibandingkan dengan provinsi dan wilayah lainnya. Melakukan '*check-up*' secara komprehensif setiap tahunnya diperlukan untuk perencanaan strategi ke depannya. Hasilnya bukan semata-mata peringkat saja, tetapi juga komposisi rinci mengenai peta kekuatan dan kelemahan yang dapat dijadikan bahan rujukan bagi kebijakan lebih lanjut. Studi penelitian lainnya yang menganalisis faktor-faktor pendorong daya saing, yang menggunakan analisis kausalitas Geweke, turut menambah wawasan mengenai perkembangan provinsi-provinsi di Indonesia saat ini.

Seiring dengan misi *Lee Kuan Yew School of Public Policy* untuk meningkatkan standar tata kelola di Asia, meningkatkan kehidupan penduduknya dan berkontribusi terhadap transformasi di kawasan regional, buku ini dengan jelas merepresentasikan aksi nyata kami. Penelitian lainnya yang terkait dengan ketertarikan mendalam ACI pada Indonesia akan terus berlanjut, begitu juga dengan rekomendasi kebijakan berdasarkan bukti empiris yang nantinya akan berguna bagi pemerintah dan pemangku kepentingan lainnya. Untuk Indonesia secara keseluruhan, buah hasil dari sebuah aksi — dan juga harga yang harus dibayar dari hanya berdiam diri — sangatlah tinggi. Ini adalah momentum bagi Indonesia untuk mengambil langkah besar menuju perubahan yang sesungguhnya.

Profesor Kishore Mahbubani
Dekan
Lee Kuan Yew School of Public Policy
National University of Singapore

Ucapan Terima Kasih

Asia Competitiveness Institute (ACI) berkomitmen untuk menganalisis daya saing berbagai negara di Asia sepanjang tahun. Dengan meningkatnya peran perekonomian Indonesia di dunia, studi yang mendalam mengenai daya saing Indonesia pada tingkat provinsi dari tahun ke tahun memberikan wawasan tersendiri akan potensi-potensi unik, peluang dan tantangan ke depannya yang dimiliki setiap provinsi. Pada jilid kedua ini, kami perkenalkan analisis daya saing wilayah yang menggabungkan provinsi ke dalam klaster terkait berdasarkan Masterplan Percepatan dan Perluasan Pembangunan Ekonomi Indonesia (MP3EI). Topik yang lebih spesifik dengan analisis kausalitas Geweke memberikan pemahaman yang lebih mendalam terhadap aspek kontekstual yang mendorong daya saing.

Hasil studi ini mendapatkan banyak masukan dari berbagai diskusi dengan para pemangku kepentingan di Indonesia dalam berbagai forum. Kami mengucapkan terima kasih kepada Unit Kerja Presiden Bidang Pengawasan dan Pengendalian Pembangunan (UKP4) yang telah mengadakan *Inter-Ministerial Roundtable Forum*, dan kami juga memberikan apresiasi kepada para pejabat tinggi pemerintahan dan badan usaha milik negara (BUMN) yang memberikan saran dan komentar berharga. Kami juga mendapatkan masukan yang berharga dari Dr Luky Eko Wuryanto, Deputi Menteri Bidang Koordinasi Percepatan Infrastruktur dan Pengembangan Wilayah, Kementerian Koordinator Bidang Perekonomian dan Bapak Umar Juoro, yang ketika itu adalah Anggota Komite Ekonomi Nasional (KEN) yang ditunjuk oleh Presiden Republik Indonesia, atas partisipasinya sebagai pembahas dalam *Review Seminar* yang diselenggarakan di *Lee Kuan Yew School of Public Policy, National University of Singapore* (LKYSPP, NUS) pada tanggal 4 Agustus 2014. Catatan pembahasan mereka dimasukkan dalam bab terkait.

Untuk setiap bab per wilayah, kami menerima kontribusi penelitian dari pelajar Indonesia yang tengah mengikuti program pascasarjana di bidang kebijakan publik dan administrasi publik di LKYSPP, NUS. Mereka adalah sebagai berikut:

Bab 3, Wilayah Sumatera: Rizky Novrianto dan Bonifasius Agung Nugroho
Bab 4, Wilayah Jawa: Ririn Radiawati Kusuma dan Raisa Annisa
Bab 5, Wilayah Kalimantan: Dessy Septiane Sukendar
Bab 6, Wilayah Sulawesi: Fenny Karlavita Siregar
Bab 7, Wilayah Bali-Nusa Tenggara: Fakhridho Susrahadiansyah Bagus Pratama
Bab 8, Wilayah Maluku-Papua: Edwina Frisdiantiny

Kami turut memberikan apresiasi atas dukungan dan dorongan dari Profesor Kuntoro Mangkusubroto, yang saat itu menjabat sebagai Kepala UKP4, dan Bapak Mahendra Siregar, saat itu Kepala Badan Koordinasi Penanaman Modal (BKPM), pada berbagai fase penelitian.

Laporan ini adalah hasil dari kerja sama yang kuat antara sektor usaha, pemerintah dan akademisi. Kami sangat mengapresiasi kerja sama dengan Asosiasi Pengusaha Indonesia (APINDO) dan dukungan yang berkelanjutan dari ketua umum terdahulu, Bapak Sofjan Wanandi. Kami juga ingin mengucapkan terima kasih kepada berbagai kantor pemerintahan tingkat provinsi dan universitas di setiap provinsi atas kerja samanya dalam mengadakan forum di tempat mereka dan berpartisipasi dalam survei persepsi kami.

Koordinasi dan pelaksanaan studi lapangan tidak akan dimungkinkan tanpa kerja keras dari Yap Xin Yi, Muhammad Fadhel Jamali, Shanty Citra Eka Vebriani Yusup, Dedy Permadi dan Dr Riawati Jahja. Kami juga berterima kasih kepada Faizal Rianto dan Faisal Rachman atas asistensinya di dalam riset ini, dan juga kepada segenap peneliti di ACI, termasuk Dr Linda Low, Profesor Ramkishen Rajan, Sangiita Yoong Wei Cher, Yuan Randong, Nie Tongxin dan Kartik Rao dalam memberikan masukan-masukan yang berharga di berbagai fase penelitian. Kami juga memberikan apresiasi sebesar-besarnya kepada Aditya Suharmoko dan Ririn Radiawati

Kusuma yang telah membantu proses penerjemahan buku ini ke dalam Bahasa Indonesia, dan kepada pihak *World Scientific* yang berperan dalam proses editing untuk memastikan kualitas dari hasil publikasi ini.

Akhir kata, kami sangat berterima kasih atas dukungan dari Dekan Kishore Mahbubani dan pendanaan penelitian dari Kementerian Perdagangan dan Industri Singapura, karena tanpanya, buku seekstensif ini tidak akan bisa ditulis.

Tan Khee Giap, Nurina Merdikawati, Mulya Amri dan Tan Kong Yam
Asia Competitiveness Institute, Lee Kuan Yew School of Public Policy
National University of Singapore

Tentang Penulis

Tan Khee Giap adalah salah satu Direktur *Asia Competitiveness Institute* (ACI) dan *Associate Professor* di *Lee Kuan Yew School of Public Policy, National University of Singapore*. Ia adalah Ketua *Singapore National Committee for Pacific Economic Cooperation* (SINCPEC). Setelah lulus dengan gelar doktor dari *University of East Anglia*, Inggris pada tahun 1987 melalui program beasiswa penelitian luar negeri yang diberikan oleh *Committee of Vice-Chancellors and Principals of the Universities of the United Kingdom*, ia bergabung dengan sektor perbankan sebagai manajer keuangan dan menjabat sebagai sekretaris di *Assets and Liabilities Committee* selama tiga tahun. Setelah itu, ia mengajar di Departemen Ekonomi dan Statistik, *National University of Singapore* (NUS), pada tahun 1990–1993. Dr Tan kemudian bergabung dengan *Nanyang Technological University* (NTU) pada tahun 1993. Di NTU, ia pernah menjabat sebagai *Associate Dean* di *Graduate Studies Office* dari tahun 2007 sampai 2009. Dr Tan menjadi konsultan untuk berbagai kementerian, lembaga hukum, dan *government-linked companies* (GLC) di Singapura terkait kebijakan keuangan, fiskal, perdagangan, pariwisata, perumahan rakyat, tenaga kerja, telekomunikasi, pariwisata, kota layak huni, industri kreatif, media, pengembangan masyarakat, bandara, dan kegiatan pelabuhan. Ia juga menjabat sebagai konsultan untuk lembaga internasional seperti *Asian Development Bank*, *Asian Development Bank Institute*, *United Nations Industrial Development Group*, *World Gold Council*, Sekretariat ASEAN, *Central Policy Unit of Hong Kong*, *Kerzner International*, *Las Vegas Sands*, *Marina Bay Sands*, serta lembaga keuangan internasional dan perusahaan multinasional lainnya. Dr Tan telah menulis lebih dari delapan buku dan tulisannya banyak dipublikasikan di jurnal internasional. Sebagai akademisi, ia memiliki ketertarikan riset yang mendalam di bidang ekonometrika, *Cost of Living Index*, *Global Liveable Cities Index*, dan analisis daya saing di 31 provinsi di Tiongkok, 35 negara bagian di India dan 10 negara ASEAN. Dr Tan pernah menjabat sebagai Deputi Presiden di *Singapore Economic Society* pada tahun 2004, Kepala Saruan Tugas *Portable Medical Benefits* (PMS) di *Economic Review Committee* (ERC) pada tahun 2002, Deputi Kepala IPS *Forum for Economic Restructuring* (IFER) pada tahun 2003, anggota *Resource Panel of the Government Parliamentary Committee for Transport* dan *Government Parliamentary Committee for Finance and Trade* sejak 2007. Ia juga pernah menjadi penasihat dan konsultan untuk berbagai perusahaan multinasional dalam upaya menjadi perusahaan terbuka (*go public*) terutama untuk perusahaan yang berasal dari Tiongkok Daratan dan Taiwan. Saat ini, ia juga menjadi Direktor Independen untuk perusahaan publik seperti *Artivision*, *BreadTalk Group*, *Boustead Projects* dan TEE *Land*.

Nurina Merdikawati adalah *Research Associate* di *Asia Competitiveness Institute* (ACI), *Lee Kuan Yew School of Public Policy* (LKYSPP), *National University of Singapore*. Nurina menerima beasiswa Mochtar Riady dan lulus dari LKYSPP dengan gelar master di bidang kebijakan publik dengan spesialisasi analisis kebijakan ekonomi. Sebelumnya, Nurina menerima gelar Sarjana Ekonomi dari *Nanyang Technological University*, Singapura. Ia pernah magang di *Centre for Strategic and International Studies* (CSIS) di Jakarta dan bekerja untuk Bank Indonesia sebagai peneliti tamu. Di ACI, Nurina adalah koordinator dalam program penelitian tentang analisis daya saing Indonesia di tingkat provinsi dan wilayah, serta penelitian tentang produktivitas pertanian di Indonesia. Sebelum bergabung dengan ACI, ia bertanggung jawab pada manajemen pengumpulan dan analisis data untuk proyek-proyek *INSEAD eLab* dan *Global Talent Competitiveness Index*. Selain itu, Nurina pernah melakukan studi pada tingkat perusahaan tentang pembangunan kinerja bisnis dan daya saing dalam relasinya dengan perkembangan teknologi informasi dan komunikasi (TIK), serta studi pada tingkat nasional tentang sistem pembayaran dan daya saing sumber daya manusia.

Mulya Amri adalah *Research Associate* di Asia Competitiveness Institute (ACI) dan kandidat doktor di *Lee Kuan Yew School of Public Policy, National University of Singapore*. Ia berpengalaman selama 13 tahun bekerja di sektor swasta, publik, dan non-profit. Sebelum memulai studi doktoral pada 2011, Mulya bekerja di Singapura untuk HOK, sebuah perusahaan jasa konsultan global yang bergerak di bidang perencanaan kota dan arsitektur. Ia juga bekerja dengan *Jurong Consultants*, sebuah lembaga konsultan dari *JTC Corporation* Singapura yang bertanggung jawab untuk perencanaan, pengembangan dan pengelolaan berbagai kawasan industri di Singapura. Sebelum pindah ke Singapura, Mulya pernah bekerja dengan organisasi internasional seperti UNDP, UN-HABITAT, dan Bank Dunia dalam proyek-proyek terkait dengan pembangunan perkotaan, perumahan, dan pembangunan berbasis komunitas di berbagai daerah di Indonesia. Mulya adalah salah satu *co-founder* dari COMBINE *Resource Institution*, sebuah LSM berbasis di Yogyakarta, Indonesia, yang bekerja untuk memperkuat sistem informasi berbasis komunitas. Bersama dengan Tan Khee Giap, Linda Low dan Tan Kong Yam, Mulya adalah salah satu penulis *Analisis Daya Saing dan Strategi Pengembangan untuk 33 Provinsi Indonesia* yang diterbitkan oleh World Scientific pada 2013. Ia juga menulis satu bab di sebuah buku mengenai kerjasama antarkota (diterbitkan oleh GIZ), pemukiman (diterbitkan oleh Kementerian Pekerjaan Umum, Indonesia), media komunitas, dan *Corporate Social Responsibility* (diterbitkan oleh *Indonesia Business Links*). Mulya mendapat gelar sarjana dari Institut Teknologi Bandung (ITB), Indonesia. Ia adalah penerima Beasiswa Fulbright untuk belajar program master bidang perencanaan perkotaan di *University of California, Los Angeles* (UCLA). Ia juga adalah penerima Beasiswa Chevening Inggris untuk belajar di *London School of Economics and Political Science* (LSE).

Tan Kong Yam adalah salah satu Direktur *Asia Competitiveness Institute* (ACI), *Lee Kuan Yew School of Public Policy, National University of Singapore*. Ia juga adalah Guru Besar di Bidang Ekonomi di *Nanyang Technological University*. Pada Juni 2002 sampai Juni 2005, ia menjabat sebagai ekonom senior di kantor Bank Dunia di Beijing. Ia bekerja dalam beberapa isu mengenai stabilisasi ekonomi makro, integrasi pasar domestik yang terfragmentasi, reformasi perbankan, perdagangan internasional dan investasi, keamanan energi serta kesenjangan wilayah. Pada tahun 2004, ia menjadi anggota dari Kelompok Pakar Bank Dunia untuk program Rencana Lima Tahunan (2006–2010) kesebelas di Tiongkok. Para pakar ini bertugas memberikan analisis dan rekomendasi kebijakan bagi Pemerintah Tiongkok untuk menangani masalah urbanisasi, kesenjangan wilayah, kebijakan inovasi, kebijakan energi dan air serta strategi reformasi perbankan. Sebelum itu, ia menjabat sebagai kepala ekonom untuk Pemerintah Singapura (1999–2002), Kepala Departemen Kebijakan Bisnis, Fakultas Bisnis Administrasi di *National University of Singapore*. Profesor Tan lulus dari *Princeton University* (1975–1979, penerima penghargaan *Paul Volcker Thesis Prize*) dan *Stanford University* (1980–1983), dimana ia menyelesaikan studi master dan doktoralnya dalam waktu tiga tahun. Sebelum bergabung dengan NUS, ia pernah bekerja untuk *Hoover Institution* di *Stanford University*, Bank Dunia, *Monetary Authority of Singapore*, dan Direktur Riset di Kementerian Perdagangan dan Industri Singapura. Minat risetnya meliputi perdagangan internasional dan keuangan, tren ekonomi dan bisnis di kawasan Asia Pasifik dan reformasi ekonomi di Tiongkok. Ia telah menerbitkan 10 buku dan sejumlah artikel dalam jurnal internasional terkemuka seperti *American Economic Review*, *World Bank Economic Review*, *Long Range Planning*, dan *Australian Journal of Management* dalam isu ekonomi dan bisnis di kawasan Asia Pasifik. Ia pernah menjadi anggota dewan komisaris di *Central Provident Fund Board* (1984–96) dan *National Productivity Board* (1989–90). Profesor Tan juga menjadi konsultan untuk beberapa perusahaan seperti Temasek, GIC, Citigroup, IBM, ATT, BP, ABN-AMRO, Ikea, *Bank of China*, *China Construction Bank*, *People's Bank of China*, EDB, Areva, CapitaLand, Pemerintah Provinsi Guangdong, Samsung, Pemerintah Mauritius, Kementerian Perdagangan dan Industri, Mobil, *Singapore Technology*, dll.

Daftar Provinsi

1 Aceh
2 Bali
3 Banten
4 Bengkulu
5 DI Yogyakarta
6 DKI Jakarta
7 Gorontalo
8 Jambi
9 Jawa Barat
10 Jawa Tengah
11 Jawa Timur
12 Kalimantan Barat
13 Kalimantan Selatan
14 Kalimantan Tengah
15 Kalimantan Timur
16 Kepulauan Bangka Belitung
17 Kepulauan Riau
18 Lampung
19 Maluku
20 Maluku Utara
21 Nusa Tenggara Barat
22 Nusa Tenggara Timur
23 Papua
24 Papua Barat
25 Riau
26 Sulawesi Barat
27 Sulawesi Selatan
28 Sulawesi Tengah
29 Sulawesi Tenggara
30 Sulawesi Utara
31 Sumatera Barat
32 Sumatera Selatan
33 Sumatera Utara

Daftar Singkatan

ACI	*Asia Competitiveness Institute*
ADB	*Asian Development Bank* (Bank Pembangunan Asia)
AIIB	*Asian Infrastructure Investment Bank*
ALKI	Alur Laut Kepulauan Indonesia
AMDAL	Analisis Mengenai Dampak Lingkungan
APINDO	Asosiasi Pengusaha Indonesia
APJII	Asosiasi Penyelenggara Jasa Internet Indonesia
ASEAN	*Association of Southeast Asian Nations* (Asosiasi Negara-negara Asia Tenggara)
B2B	*Business-to-Business*
BKPM	Badan Koordinasi Penanaman Modal
BLK	Balai Latihan Kerja
BPD	Bank Pembangunan Daerah
BPS	Badan Pusat Statistik
BUMN	Badan Usaha Milik Negara
CPO	*Crude Palm Oil*
CSR	*Corporate Social Responsibility*
DEA	*Data Envelopment Analysis*
FMCG	*Fast Moving Consumer Goods*
GCR	*Global Competitiveness Report*
IMD	*International Institute for Management Development*
INDO-DAPOER	*Indonesia Database for Policy and Economic Research*
IPM	Indeks Pembangunan Manusia
JICA	*Japan International Cooperation Agency*
KEK	Kawasan Ekonomi Khusus
KEN	Komite Ekonomi Nasional
KPP	Kursus Para-Profesi
KPS	Kerjasama Pemerintah dan Swasta
KSPP	Klaster Sentra Produksi Pertanian
LNG	*Liquified Natural Gas* (Gas Alam Cair)
LSM	Lembaga Swadaya Masyarakat
MAC	*Middle and Affluent Consumer* (Konsumen Kelas Menengah dan Atas)
MEA	Masyarakat Ekonomi ASEAN
MICE	*Meetings, Incentives, Conferences, and Exhibitions* (Pertemuan, Insentif, Konferensi dan Pameran)
MIFEE	*Merauke Integrated Food and Energy Estate*
MNC	*Multinational Corporation* (Perusahaan Multinasional)
MP3EI	Masterplan Percepatan dan Perluasan Pembangunan Ekonomi Indonesia

MRT	*Mass Rapid Transit*
NJOP	Nilai Jual Obyek Pajak
NPLCT	*North Pulau Laut Coal Terminal*
OECD	*Organisation for Economic Cooperation and Development*
PDB	Produk Domestik Bruto
PDRB	Produk Domestik Regional Bruto
PLN	Perusahaan Listrik Negara
PMA	Penanaman Modal Asing
PON	Pekan Olahraga Nasional
PPP	*Purchasing Power Parity* (Paritas Daya Beli)
PTSP	Pelayanan Terpadu Satu Pintu
R&D	*Research and Development* (Penelitian dan Pengembangan)
RPJMD	Rencana Pembangunan Jangka Menengah Daerah
RPJMN	Rencana Pembangunan Jangka Menengah Nasional
RPJPN	Rencana Pembangunan Jangka Panjang Nasional
RUU-PPDK	Rancangan Undang-Undang Percepatan Pembangunan Daerah Kepulauan
SMK	Sekolah Menengah Kejuruan
TC	*Technological Change* (Perubahan Teknologi)
TEC	*Technical Efficiency Change* (Perubahan Efisiensi Teknis)
TEU	*Twenty-foot Equivalent Unit* (setara unit 20-kaki peti kemas)
TFP	*Total Factor Productivity* (Total Faktor Produktivitas)
TIK	Teknologi Informasi dan Komunikasi
TNI	Tentara Nasional Indonesia
UKM	Usaha Kecil dan Menengah
UKP4	Unit Kerja Presiden Bidang Pengawasan dan Pengendalian Pembangunan
UN-REDD	*United Nations Initiative for Reducing Emissions from Deforestations and Forest Degradation* (Inisiatif dari PBB untuk pengurangan emisi dari deforestasi dan degradasi hutan)
UP4B	Unit Percepatan Pembangunan di Papua dan Papua Barat
VLCC	*Very Large Crude Carrier*
WCY	*World Competitiveness Yearbook*
WEF	*World Economic Forum*
YEN	*Youth Employment Network* (Jejaring Lapangan Kerja bagi Kaum Muda)

Daftar Tabel dan Gambar

Bab 1

Analisis Peringkat Daya Saing dan Studi Simulasi untuk 33 Provinsi di Indonesia Tahun 2014

1. PENGANTAR

1.1 Latar Belakang

Buku ini, yang diperbaharui untuk tahun 2014, merupakan edisi tahunan kedua dari *Asia Competitiveness Institute* (ACI)[1] yang menganalisis daya saing provinsi-provinsi di Indonesia.[2] Analisis tersebut menyoroti strategi pembangunan Indonesia yang relevan dalam menyusul pertumbuhan negara-negara berkembang lainnya dalam upaya menempati posisi yang kompetitif di Asia Tenggara.

Dengan memasukkan saran dari partner kami dan para pemangku kepentingan lainnya,[3] buku ini membahas mengenai peringkat daya saing provinsi dan analisis daya saing serta strategi pembangunan di enam wilayah. Menurut Masterplan Percepatan dan Perluasan Pembangunan Ekonomi Indonesia 2011–2025 (MP3EI), konsep kewilayahan ini didefinisikan sebagai enam koridor ekonomi. Perubahan baru ini menggantikan 33 bab yang mengulas 33 provinsi di Indonesia[4] menjadi enam bab yang mewakili enam wilayah Indonesia dengan menonjolkan pendekatan klaster untuk menempa dan menyinergikan upaya dari berbagai pihak.

Bab 1 menjelaskan analisis peringkat daya saing dan studi simulasi terbaru untuk 33 provinsi yang berdasarkan data dari tahun 2011.[5] Bab 2 memberikan gambaran menyeluruh perdana dari peringkat daya saing wilayah. Bab 3 hingga 8 memberikan gambaran setiap wilayah yang lebih terperinci dengan menganalisis kekuatan dan kelemahan komparatif serta strategi pembangunan.

Selain peringkat daya saing provinsi dan wilayah, publikasi tahun 2014 ini juga menampilkan satu bab dengan pengkajian daya saing yang lebih spesifik. Di Bab 9, ACI menggunakan analisis kausalitas Geweke[6] untuk menganalisa provinsi-provinsi dengan tingkat daya saing yang sangat tinggi dan sangat rendah dalam menjelaskan faktor-faktor utama terkait kinerja mereka. Kami menganalisis dua provinsi yang sangat kompetitif, Jawa Timur dan Kalimantan Timur, dan dua provinsi yang memiliki daya saing sangat rendah, Nusa Tenggara Timur dan Maluku Utara. Dengan menggunakan analisis Geweke, kami mengidentifikasi bagaimana berbagai faktor tersebut saling mempengaruhi satu sama lain dalam menentukan tingkat daya saing provinsi tersebut.

---

[1] Tan Khee Giap *et al.*, *Competitiveness Analysis and Development Strategies for 33 Indonesian Provinces* (Singapore: World Scientific, 2013) adalah edisi pertama dari serial ini. Artikel di jurnal ilmiah bisa dilihat di Tan Khee Giap dan Mulya Amri, "Subnational Competitiveness and National Performance: Analysis and Simulation for Indonesia," *Journal of Centrum Cathedra: The Business and Economics Research Journal* Vol. 6 No. 2 (2013): 173–192. Lihat juga studi ACI lainnya dengan kerangka daya saing yang sama: Tan Khee Giap *et al.*, *Annual Analysis of Competitiveness, Development Strategies and Public Policies on ASEAN-10: 2000–2010* (Singapore: Pearson, 2013); Tan Khee Giap *et al.*, *Annual Analysis of Competitiveness, Simulation Studies and Development Perspective for 34 Greater China Economies: 2000–2010* (Singapore: World Scientific, 2013); dan Tan Khee Giap *et al.*, *Annual Analysis of Competitiveness, Simulation Studies and Development Perspective for 35 States and Federal Territories of India: 2000–2010* (Singapore: World Scientific, 2013).

[2] Hasil dari studi tahun 2013 berdasarkan pada data tahun 2010. Hasil daya saing tahun 2014 berdasarkan data yang diperbaharui di tahun 2011 dan survei ACI yang dilakukan di tahun 2013. Keterlambatan data tersebut dikarenakan waktu yang diperlukan sampai akhirnya angka tetap data terkait dipublikasikan, untuk selanjutnya dianalisa.

[3] ACI menyelenggarakan *Review Seminar* mengenai *Safeguarding Indonesia's Growth Momentum: Enhancing Regional Competitiveness, Increasing Productivity and Improving Layers of Government* pada 4 Agustus 2014, untuk mendapatkan komentar dan saran dari para pengambil kebijakan dan akademisi. Studi lapangan ke 33 provinsi, di mana diadakan pertemuan dan diskusi dengan pengusaha (difasilitasi oleh Asosiasi Pengusaha Indonesia (APINDO)), pejabat pemerintah provinsi dan para akademisi, juga menghasilkan saran dan masukan.

[4] Analisa mendetail untuk 33 provinsi di Indonesia di tahun 2014 dapat dilihat di Tan Khee Giap *et al.*, *2014 Annual Competitiveness Analysis and Development Strategies for Indonesian Provinces* (Singapore: World Scientific, 2015).

[5] Kalimantan Utara, provinsi yang baru berdiri tahun 2012, tidak termasuk dalam analisis karena data belum tersedia.

[6] John Geweke, "Measurement of linear dependence and feedback between multiple time series," *Journal of the American Statistical Association* Vol. 77 No. 378 (1982): 304–313.

Bab 10 memberikan kesimpulan yang memaparkan intisari dari tiap bab. Bab tersebut juga menjelaskan agenda penelitian ACI yang akan datang mengenai peran desentralisasi dan lembaga pemerintahan dalam pembangunan ekonomi, produktivitas pertanian dan potensi perangkap pendapatan menengah (*middle-income trap*).

1.2 Motivasi, Tujuan dan Kontribusi yang Diharapkan

Indonesia dengan meyakinkan berhasil menempati posisi sebagai salah satu negara "*middle power*" di dunia.[7] Krisis Keuangan Asia pada tahun 1997 dan transisi politik tahun 1998 menjatuhkan ekonomi Indonesia untuk sementara.[8] Namun, Indonesia dengan cepat berhasil menstabilkan kondisi politik dan menunjukkan ketahanan ekonomi yang baik untuk bangkit kembali. Sejak tahun 2002, pertumbuhan produk domestik bruto (PDB) per tahun selalu berada di atas 4,5%. Sejak tahun 2005, pertumbuhan PDB berada di atas 6% per tahun — kecuali di tahun 2009 saat krisis keuangan global, dimana tingkat pertumbuhan ekonomi menurun ke 4,63%.

Sebagai negara terbesar di Asia Tenggara, pertumbuhan ekonomi Indonesia diharapkan berkontribusi kepada stabilitas regional dengan memberikan pengaruh positif bagi negara-negara tetangganya, terutama anggota Asosiasi Negara-negara Asia Tenggara (ASEAN). Studi ACI mengenai daya saing negara ASEAN-10 pada tahun 2000–2010 memperlihatkan bahwa 1% peningkatan PDB Indonesia berkorelasi dengan 0,25% peningkatan PDB di Singapura.[9] Dengan hubungan ekonomi antara Indonesia dan Singapura yang lebih kuat di masa depan, baik secara bilateral maupun melalui kerangka Masyarakat Ekonomi ASEAN (MEA), terdapat kesadaran lebih besar bahwa pertumbuhan ekonomi Indonesia memberikan keuntungan bersama bagi kedua negara.

Beberapa pelajaran dapat dipetik oleh Indonesia dari ide-ide yang beredar di dunia internasional. Salah satunya berasal dari Republik Rakyat Tiongkok yang berhasil menjaga tingkat pertumbuhan sekitar 10% selama beberapa dekade. Salah satu kunci kesuksesan Tiongkok adalah penciptaan sebuah sistem yang mendorong persaingan sehat antara entitas sub-nasional (provinsi, kabupaten/kota, dll), dimana insentif diberikan untuk pemimpin daerah yang memiliki kinerja baik. Bahkan, karena otonomi pemerintah daerah, sistem fiskal Tiongkok disebut sebagai "*market-preserving federalism.*"[10]

Undang-undang desentralisasi Indonesia yang disahkan pada tahun 1999 dan diperbaharui tahun 2004 mendukung sebuah sistem dimana otoritas untuk menyelesaikan masalah daerah (kecuali untuk isu luar negeri, pertahanan, hukum, keuangan, agama, sumber daya alam, dan administrasi negara) berada di tangan pemerintahan sub-nasional. Undang-undang tersebut juga menetapkan bahwa fiskal akan diberikan secara berimbang agar pemerintahan sub-nasional bisa menjalankan peranannya. Undang-undang tersebut membuka peluang untuk persaingan sehat dan kerjasama antara pemerintah sub-nasional menuju pertumbuhan yang inklusif. Dengan paradigma ini, setiap provinsi, kota dan kabupaten wajib memahami kekuatan dan kelemahan masing-masing. Selain itu, mereka juga diharapkan untuk memahami dan bertindak berdasarkan kekuatan dan kelemahan provinsi di sekitarnya.

Studi ini dilakukan oleh ACI sebagai pihak netral dengan hasil faktual berbasis empiris. Tujuan dari studi ini adalah agar wilayah atau provinsi terkait lebih memahami daya saing antara sub-nasional Indonesia, mengidentifikasi strategi untuk memperbaiki situasi, mendorong pola pikir persaingan sehat dan kerjasama antara wilayah. Tinjauan antar wilayah dapat memicu pembangunan ekonomi yang lebih berkesinambungan di Indonesia dan mendorong kerjasama ASEAN. ACI akan mengadakan penelitian ini setiap tahun agar profil daya saing provinsi dan wilayah Indonesia tidak hanya terekam sekali waktu, tetapi berkelanjutan agar menjadi sebuah studi mengenai dinamika daya saing dari waktu ke waktu.

Secara spesifik, untuk pemerintah pusat, penelitian ini diharapkan bisa memberikan wawasan mengenai perbedaan tingkat pembangunan (termasuk ketimpangan) daya saing provinsi-provinsi dan wilayah-wilayah di

---

[7] Andrew Cooper dan Jongryn Mo, "Middle Power Leadership and the Evolution of the G20," *Global Summitry Journal* Vol. 1 (2013): 1–14.

[8] Steven Radelet dan Jeffrey D. Sachs, "The East Asian Financial Crisis: Diagnosis, Remedies, Prospects," *Brookings Papers on Economic Activity* Vol. 1 (1998): 1–90.

[9] Tan Khee Giap *et al.*, *Annual Analysis of Competitiveness, Development Strategies and Public Policies on ASEAN-10: 2000–2010.*

[10] Barry R. Weingast, "The Economic Role of Political Institutions: Market-Preserving Federalism and Economic Development," *Journal of Law, Economics and Organisation* Vol. 11 No. 1 (1995): 1–31.

Indonesia. Bagi para pemangku kepentingan di provinsi, baik pemerintah ataupun pengusaha, penelitian ini bisa menjadi sebuah tolok ukur untuk melihat daya saing provinsi mereka dibandingkan dengan provinsi lain dan untuk mengidentifikasi hal-hal yang perlu diperhatikan lebih lanjut. Bagi penanam modal, dari dalam ataupun luar negeri, penelitian ini bisa memberikan gambaran umum potensi dan tantangan investasi di berbagai tempat di Indonesia. Bagi akademisi dan peneliti di seluruh dunia, studi ini diharapkan dapat berkontribusi terhadap literatur mengenai pembangunan ekonomi di provinsi-provinsi Indonesia dan menyebarkan kreativitas intelektual ke khalayak luas.

2. METODOLOGI PENELITIAN

2.1 Landasan Teori Mengenai Tinjauan Daya Saing

Gagasan daya saing kewilayahan telah diselidiki dengan berbagai cara. Awalnya, pada tahun 1980-an, 'daya saing' berada di ranah sektor swasta, terutama berkaitan dengan kinerja perusahaan.[11] Seiring waktu, pembahasannya meluas ke ranah ekonomi makro, seperti terlihat dengan berdirinya "*Council on Competitiveness*" atau institusi serupa di berbagai negara industrialis yang maju. Beberapa akademisi berpendapat bahwa persaingan hanya dilakukan antara perusahaan, dan bukan negara, wilayah atau tempat.[12] Namun, kinerja perusahaan tersebut tergantung pada beberapa faktor yang terkait dengan lokasinya. Hal tersebut termasuk kualitas tenaga kerja dan infrastruktur, tata kelola, biaya untuk menjalankan usaha, serta kinerja dari perusahaan yang menjadi pesaing dan pelengkap di daerah tersebut.[13]

Dua dari studi daya saing antarnegara yang paling sering dirujuk saat ini adalah *World Competitiveness Yearbook* (WCY)[14] dan *Global Competitiveness Report* (GCR).[15] WCY mendefinisikan daya saing berdasarkan empat faktor: (a) kinerja ekonomi, (b) efisiensi pemerintahan, (c) efisiensi bisnis dan (d) infrastruktur. Setiap faktor terdiri dari lima kriteria, sehingga dengan total terdapat 20 kriteria. WCY menggunakan bobot yang sama sehingga setiap kriteria mempunyai bobot 5% dan setiap faktor berbobot 25% pada indeks daya saing keseluruhan.[16] Mayoritas data yang dipakai adalah indikator statistik yang diambil dari organisasi internasional, regional dan nasional. Namun, banyak juga data persepsi yang diambil dari survei eksekutif yang turut mendukung data statistik tersebut.

GCR membagi Indeks Daya Saing Global menjadi tiga sub-indeks: (a) persyaratan dasar, (b) penambah efisiensi dan (c) inovasi dan faktor kemutakhiran.[17] Masing-masing dari tiga sub-indeks tersebut memiliki beberapa pilar. Sub-indeks persyaratan dasar memiliki empat pilar: kelembagaan, infrastruktur, lingkup ekonomi makro, dan kesehatan serta pendidikan dasar. Sub-indeks penambah efisiensi mencakup enam pilar: pendidikan tinggi dan pelatihan, efisiensi pasar barang, efisiensi pasar tenaga kerja, pasar keuangan, kesiapan teknologi dan ukuran pasar. Sub-indeks inovasi dan faktor kemutakhiran terdiri dari dua pilar: kemutakhiran dalam bisnis dan inovasi. Mayoritas data yang membentuk pilar dan sub-indeks ini berasal dari survei opini para eksekutif perusahaan.

2.2 Kerangka Daya Saing ACI

Pendekatan ACI mengenai daya saing menggunakan kerangka yang komprehensif, terintegrasi dan sistemik serta meliputi faktor-faktor berbeda yang secara kolektif menentukan kemampuan suatu wilayah atau provinsi untuk mencapai pertumbuhan ekonomi yang substansial dan inklusif dalam kurun waktu panjang.

---

[11] Michael Porter, *Competitive Strategy* (New York: Free Press, 1980).

[12] Paul Krugman, "Competitiveness: a dangerous obsession," *Foreign Affairs* 73 (1994): 28–44.

[13] Lihat Gillian Bristow, *Critical Reflections on Regional Competitiveness: Theory, Policy, and Practice* (New York: Routledge, 2010); Roberto Camagni, "On the Concept of Territorial Competitiveness: Sound or Misleading?," *Urban Studies* Vol. 39 No. 13 (2002): 2395–2411; dan Michael Kitson, Ronald L. Martin dan Peter Tyler, "Regional Competitiveness: An Elusive Yet Key Concept?," *Regional Studies* Vol. 38 No. 9 (2004): 991–999 untuk penjelasan lebih rinci.

[14] International Institute for Management Development (IMD), *IMD World Competitiveness Yearbook* (Lausanne: IMD, 2014).

[15] World Economic Forum (WEF), *The Global Competitiveness Report 2013–2014* (Geneva: WEF, 2014).

[16] IMD, *IMD World Competitiveness Yearbook*.

[17] WEF, *The Global Competitiveness Report 2013–2014*, 9.

Gambar 1.1. Kerangka Daya Saing ACI

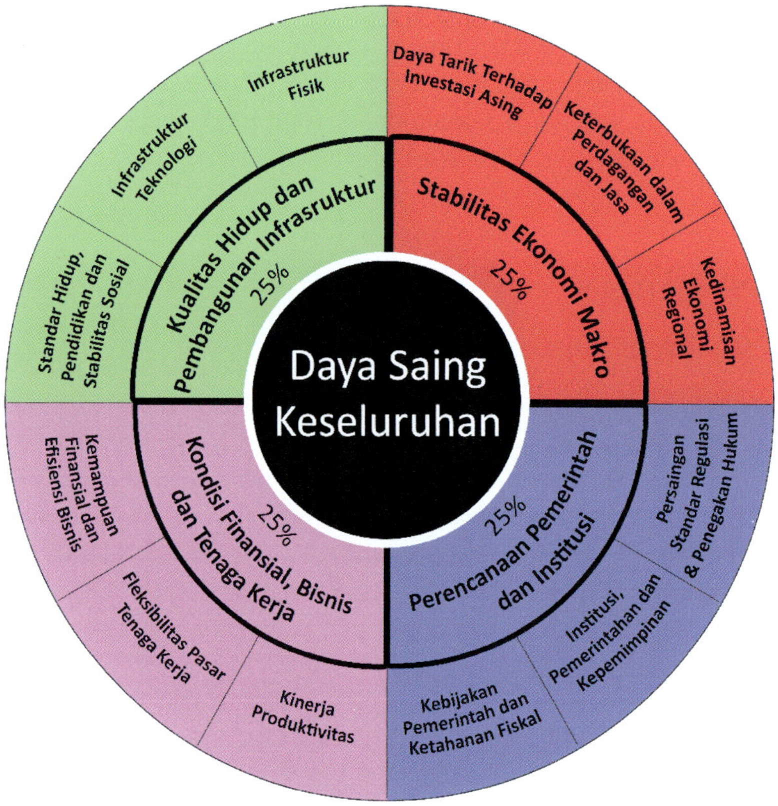

Sumber: Asia Competitiveness Institute

Sesuai dengan pendekatan komprehensif tersebut, ACI mendefinisikan daya saing melalui empat lingkup berbeda: (a) Stabilitas Ekonomi Makro, (b) Perencanaan Pemerintah dan Institusi, (c) Kondisi Finansial, Bisnis dan Tenaga Kerja dan (d) Kualitas Hidup dan Pembangunan Infrastruktur. Terlihat pada Gambar 1.1, masing-masing lingkup diberikan bobot yang sama (25%) pada Indeks Daya Saing Keseluruhan.

Kerangka pembedahan daya saing ACI menggunakan pendekatan bertingkat, di mana masing-masing dari empat lingkup tersebut dibagi menjadi tiga sub-lingkup (dengan kata lain, setiap sub-lingkup merupakan bagian dari lingkup yang jenjangnya lebih tinggi). Oleh karena itu, terdapat 12 sub-lingkup secara keseluruhan. Masing-masing sub-lingkup memiliki bobot kontribusi yang sama (33,3%) pada indeks lingkup masing-masing.

Dalam menggabungkan sub-lingkup menjadi lingkup dan lingkup menjadi peringkat keseluruhan, ACI menggunakan mekanisme penghitungan rata-rata dengan bobot setara. Walapun pemberian bobot yang berbeda-beda untuk berbagai indikator mungkin terlihat sesuai, namun dapat juga menimbulkan kontroversi. Oleh karena itu, untuk mencapai gambaran seimbang dari faktor berbeda yang tergabung menjadi keseluruhan gagasan mengenai daya saing, kami menggunakan bobot yang sama pada semua indikator.

Dua lingkup dari empat lingkup daya saing ACI didominasi oleh sektor ekonomi, sedangkan sisanya mencakup politik, institusional, sosial dan kondisi fisik. Secara keseluruhan, terdapat 12 sub-lingkup.

1. Stabilitas Ekonomi Makro, meliputi keseluruhan kondisi ekonomi di provinsi yang terdiri dari tiga sub-lingkup:
    a) Kedinamisan Ekonomi Regional
    b) Keterbukaan dalam Perdagangan dan Jasa
    c) Daya Tarik terhadap Investasi Asing

2. Perencanaan Pemerintah dan Institusi, mencakup keberhasilan institusi pemerintahan dan juga harapan dari kemajuan di sektor publik yang terdiri dari sub-lingkup berikut:

   a) Kebijakan Pemerintah dan Ketahanan Fiskal
   b) Institusi, Pemerintahan dan Kepemimpinan
   c) Persaingan, Standar Regulasi dan Penegakan Hukum

3. Kondisi Finansial, Bisnis dan Tenaga Kerja, mewakili kinerja dan potensi perusahaan dan juga kondisi yang dihadapi manajer dalam menjalankan perusahaan yang terdiri dari sub-lingkup berikut:

   a) Kemampuan Finansial dan Efisiensi Bisnis
   b) Fleksibilitas Pasar Tenaga Kerja
   c) Kinerja Produktivitas

4. Kualitas Hidup dan Pembangunan Infrastruktur, mengombinasikan infrastruktur dengan penyediaan fasilitas sosial dasar yang terdiri dari sub-lingkup berikut:

   a) Infrastruktur Fisik
   b) Infrastruktur Teknologi
   c) Standar Hidup, Pendidikan dan Stabilitas Sosial

2.3 Indikator-indikator dan Sumber Data

Untuk studi tahun 2014 mengenai 33 provinsi dan enam wilayah Indonesia, ACI menggunakan 104 indikator, lebih banyak dibanding 91 indikator yang digunakan dalam studi tahun sebelumnya (2013). Lihat Lampiran 1 untuk daftar indikator yang lengkap.

Hingga tahap tertentu, penggunaan indikator yang lebih banyak akan meningkatkan ketepatan interpretasi terhadap skor sub-lingkup. Harus diakui bahwa terdapat distribusi indikator yang tidak merata di berbagai sub-lingkup (disebabkan keterbatasan data), namun hal ini tidak menjadi masalah. Terlepas dari jumlah indikator di tiap sub-lingkup, hasilnya akan menjadi sama rata. Hal ini juga memberikan fleksibilitas dalam menambah atau mengurangi indikator ketika memperbaharui indeks di masa depan, selama struktur dari 12 sub-lingkup yang berada di dalam empat lingkup tersebut tidak berubah.

Data untuk 104 indikator yang digunakan dalam studi ini berasal dari berbagai sumber. Mayoritas data (79 dari 104 indikator, atau sekitar 76%) adalah data tahun 2011 yang berasal dari sumber resmi, seperti Badan Pusat Statistik (BPS), Bank Indonesia, Kementerian Kesehatan, dll. Data ini adalah data kuantitatif sekunder, seperti produk domestik regional bruto (PDRB), ekspor, impor, panjang jalan beraspal, dll. Seiring dengan keterlambatan ketersediaan data, data (angka tetap) terakhir yang tersedia pada saat pengumpulan data pada pertengahan 2013 adalah data tahun 2011.

Sebagian kecil data (25 dari 104 indikator, atau sekitar 24%) didapatkan dari survei persepsi yang diselenggarakan di setiap provinsi pada semester kedua tahun 2013. Survei dilakukan pada tiga kategori pemangku kepentingan di masing-masing provinsi: (1) pemilik dan pengelola usaha, (2) pemerintah provinsi dan (3) akademisi. Respons dari ketiga kelompok tersebut dijumlahkan pada level provinsi, dengan tujuan agar salah satu kelompok pemangku kepentingan dapat menyeimbangkan pandangan dari pemangku kepentingan lainnya.

Mengingat keterbatasan sumber daya, metode pengambilan sampel penelitian yang digunakan adalah pengambilan sampel menurut tujuan (*purposive sampling*), bukan sampel secara acak (*random sampling*). ACI bekerja sama dengan partner lokal yang memiliki responden dengan pengetahuan mendetail mengenai provinsinya masing-masing. Untuk pemilik dan pengelola usaha, survei dilakukan bersama APINDO yang memiliki perwakilan di setiap provinsi dan mengundang anggotanya untuk berpartisipasi dalam survei. Untuk responden dari pemerintahan, penelitian kami didukung oleh Kementerian Koordinator Bidang Perekonomian yang menyediakan surat referensi kepada para gubernur di 33 provinsi. Pemerintah provinsi lalu mengundang perwakilan dari berbagai dinas pemerintahan provinsi untuk berpartisipasi dalam survei. Untuk akademisi, ACI bekerja sama dengan universitas di tiap provinsi, dengan mayoritas jurusan ekonomi dan bisnis, tetapi juga terbuka untuk jurusan lain. Pihak universitas lalu mengundang para pengajar, peneliti dan mahasiswa pascasarjana untuk berpartisipasi dalam survei.

Survei dilakukan dengan sistem respons elektronik, dimana pertanyaan ditampilkan di proyektor komputer dan peserta memasukkan jawaban melalui tuts atau *clickers*. Fasilitator dari ACI juga hadir dalam setiap survei untuk membacakan pertanyaan dan memberikan klarifikasi bila diperlukan. Pada kasus tertentu di mana survei elektronik tidak bisa diadakan, responden akan diberikan formulir kuesioner. Survei yang dilakukan secara tatap muka juga memberikan kesempatan kepada ACI untuk mendiskusikan topik tertentu secara lebih mendalam dengan pihak terkait yang memahami perkembangan provinsinya.

Survei yang telah dilakukan berhasil mengumpulkan sejumlah 1.973 responden. Di antaranya, 725 responden adalah pemilik dan pengelola usaha, 698 akademisi dan 550 pejabat pemerintah provinsi. Jumlah responden setara dengan 60 responden per provinsi secara rata-rata (1.973 responden dibagi dengan 33 provinsi). Dari 60 responden, sekitar 22 adalah pemilik dan pengelola usaha, 21 akademisi dan 17 pejabat pemerintahan provinsi.[18]

2.4 Skor Terstandardisasi

Pada saat data sudah terkumpul, langkah selanjutnya adalah menentukan bagaimana mengolah berbagai jenis data yang ada menjadi sebuah analisis yang koheren. Terdapat 104 indikator yang digunakan dalam penelitian ini, dimana masing-masing menggunakan nilai atau ukuran yang berbeda, seperti PDRB dalam juta rupiah, panjang jalan beraspal dalam kilometer dan hasil survei dalam Skala *Likert*. Bagaimana kami menyatukan berbagai unit pengukuran ini?

Kami menggunakan metode statistik 'skor terstandarisasi.' Skor terstandardisasi adalah perbandingan relatif kinerja suatu provinsi atau wilayah dibandingkan dengan rata-rata provinsi atau wilayah lainnya. Oleh karena itu, unit pengukuran tidak lagi relevan. Skor terstandardisasi tidak memiliki unit pengukuran karena hanya mengukur kinerja relatif di antara provinsi atau wilayah, apapun indikatornya. Dalam terminologi statistik, skor terstandardisasi mengukur seberapa besar standar deviasi masing-masing provinsi atau wilayah dari rata-rata provinsi atau wilayah. Untuk lebih jelasnya, lihat Lampiran 2 yang menjelaskan penghitungan peringkat secara teknis.

Jika sebuah provinsi atau wilayah memiliki skor terstandardisasi nol, maka provinsi atau wilayah tersebut memiliki kinerja rata-rata. Skor negatif berarti kinerja provinsi atau wilayah tersebut berada di bawah rata-rata. Sebaliknya, skor yang positif berarti kinerja yang berada di atas rata-rata. Semakin jauh skornya dari nol, berarti kinerja dari provinsi atau wilayah tersebut semakin jauh dari rata-rata nasional.

Skor terstandardisasi dari setiap indikator lalu diagregasikan secara sistematis, pertama pada tingkat sub-lingkup, dilanjutkan oleh agregasi pada tingkat lingkup dan akhirnya pada tingkatan keseluruhan. Hal ini memungkinkan untuk membandingan kinerja dari 33 provinsi (atau enam wilayah) di tingkat berbeda, dari Daya Saing Keseluruhan sampai indikator yang spesifik.

Untuk memastikan penghitungan skor terstandardisasi menjadi lebih baik, algoritma yang digunakan pada studi tahun ini sudah diperbaharui dibandingkan tahun sebelumnya. Di tahun sebelumnya,[19] standardisasi hanya dilakukan sekali pada tingkat indikator. Tidak ada penghitungan standardisasi di tingkat berikutnya (misalnya ketika melakukan agregasi indikator menjadi 12 sub-lingkup, empat lingkup dan Daya Saing Keseluruhan). Sebaliknya, pada edisi ini, standardisasi dilakukan pada tiap tingkat agregasi. Terdapat empat standardisasi yang dilakukan: (1) pada tingkat indikator, (2) setelah mengagregasikan indikator ke sub-lingkup, (3) setelah mengagregasikan sub-lingkup ke lingkup dan (4) setelah mengagregasikan lingkup ke Daya Saing Keseluruhan. Pembaharuan metodologi ini menghasilkan jarak yang lebih lebar antara skor minimum dan maksimum dari 33 provinsi, yang berarti perbedaan skor terlihat lebih jelas.

---

[18] Dari 99 survei yang direncanakan (masing-masing tiga dari 33 provinsi), hanya 96 yang bisa dilakukan. Survei persepsi tidak dilakukan di tiga pemerintah provinsi karena kendala teknis, yaitu di Pemerintah Provinsi Riau, Kepulauan Riau dan Kalimantan Tengah. Untuk ketiga provinsi ini, skor proksi digunakan untuk merepresentasikan hasil survei dari pemerintah provinsi. Namun, survei dengan dua pemangku kepentingan lainnya (akademisi dan dunia usaha) di tiga provinsi tersebut berhasil dilakukan.

[19] Tan Khee Giap *et al.*, *Competitiveness Analysis and Development Strategies for 33 Indonesian Provinces.*

2.5 Simulasi Daya Saing *What-if* (Apa-Jika)

Pemeringkatan daya saing serupa dengan kontes kecantikan, hanya semata-mata mengidentifikasikan siapa yang memiliki kinerja baik dan siapa yang menghadapi tantangan, tetapi tidak memberikan saran yang konstruktif untuk memperbaiki peringkatnya.

Kami mengambil satu langkah ke depan untuk menjawab pertanyaan 'lalu apa' (*so-what*). Apa implikasi kebijakan dari hasil peringkat daya saing sebuah provinsi? Data yang ada mengizinkan kami untuk melakukan analisis mendalam tentang kinerja masing-masing provinsi menurut indikator, sub-lingkup dan lingkup yang berbeda. Dengan menganalisis data yang ada, kami bisa mengidentifikasi bukan hanya peringkat Daya Saing Keseluruhan, tetapi juga indikator spesifik dimana sebuah provinsi berkinerja baik atau mengalami kesulitan. Hal ini memberi kami kesempatan untuk memberikan rekomendasi kebijakan kepada setiap provinsi.

Simulasi daya saing *what-if* dibuat berdasarkan perbaikan dari 20% indikator terlemah di setiap provinsi dan penghitungan ulang skor yang terstandardisasi berdasarkan perbaikan tersebut. Untuk menjalankan simulasi tersebut, pertama, kami mengurutkan indikator-indikator untuk tiap provinsi dari skor tertinggi sampai terendah. Dengan begitu, kami bisa mengidentifikasi 20% indikator terlemah setiap provinsi. Selanjutnya, kami meningkatkan skor dari 20% indikator terlemah tersebut secara moderat, disamakan dengan skor rata-rata. Ini berarti skor dari indikator yang sebelumnya negatif dinaikkan ke nol. Jika sebelumnya sudah nol atau positif, maka skornya tidak diubah.

Sesudah skornya dinaikkan, kami menghitung ulang peringkatnya, dengan asumsi bahwa provinsi lainnya tidak berubah. Karena itu, simulasi kebijakan ini dilakukan satu per satu untuk masing-masing provinsi. Setiap provinsi akan memiliki skor terstandardisasi yang baru dan meningkat. Dengan ini kami bisa menjawab pertanyaan: jika sebuah provinsi memperbaiki indikator-indikator terlemahnya, dengan asumsi bahwa provinsi lainnya tidak berubah, bagaimana peringkat daya saing provinsi tersebut dapat meningkat? Simulasi daya saing *what-if* ini dilakukan hanya untuk 33 provinsi dan bukan untuk enam wilayah.

3. ANALISIS PERINGKAT DAYA SAING PROVINSI ACI

Setelah menjelaskan metodologi di balik Indeks Daya Saing ACI, selanjutnya kami akan menelaah hasil dari peringkat daya saing provinsi-provinsi di Indonesia pada tahun 2014.[20] Peringkat ini dibuat dengan mengurutkan skor terstandardisasi setiap provinsi. Oleh karena itu, analisis dari peringkat harus dilakukan bersamaan dengan tinjauan dari skor terstandardisasi.

3.1 Peringkat Daya Saing 33 Provinsi — Peringkat dan Skor Menurut Lingkup

Penyebaran Kuantitatif — Daya Saing Keseluruhan

Peringkat Daya Saing Keseluruhan (Tabel 1.1) adalah agregasi dari empat lingkup daya saing. Untuk Daya Saing Keseluruhan, terdapat beberapa hal yang perlu dicatat terkait skor terstandardisasi: penyebarannya (skor maksimum dan minimum), skor rata-rata dan median.

Dari penyebarannya, skor terbentang dari nilai maksimum 3,3580 hingga nilai minimum –1,7075. Provinsi dengan skor maksimum adalah DKI Jakarta yang berada di posisi pertama. Provinsi dengan skor minimum adalah Maluku Utara di posisi ke-33. Tetapi bila dilihat lebih seksama, kecuali DKI Jakarta, 32 provinsi lainnya berada di antara 1,8152 (Jawa Timur) dan –1,7075 (Maluku Utara). Oleh karena itu, DKI Jakarta bisa dianggap *outlier* karena skornya (3,3580) jauh lebih tinggi dibandingkan provinsi lainnya.

Termasuk DKI Jakarta, provinsi dengan kinerja rata-rata (memiliki skor nol) berada di posisi ke-12 (Banten; 0,1672) dan ke-13 (Aceh; –0,0109). Provinsi median yang berada di tengah-tengah adalah provinsi yang memegang peringkat ke-17 (Sumatera Barat; –0,2179). Skor rata-rata (nol) yang berada di antara peringkat

[20] Seperti disebutkan sebelumnya, data sekunder berdasarkan pada data tahun 2011 yang berasal dari data BPS dan lembaga lainnya, sementara data primer berasal dari survei persepsi ACI yang dilakukan pada tahun 2013. Untuk rincian lebih lanjut, lihat bagian 2.3.

Tabel 1.1. Daya Saing Keseluruhan Tahun 2014: Peringkat dan Skor

Peringkat 2014	Peringkat 2013	Provinsi	Skor 2014
1	1	DKI Jakarta	3,3580
2	2	Jawa Timur	1,8152
3	3	Kalimantan Timur	1,5566
4	5	Jawa Tengah	1,3262
5	4	Jawa Barat	1,0834
6	6	DI Yogyakarta	0,7047
7	11	Sulawesi Selatan	0,6684
8	13	Kalimantan Selatan	0,4884
9	10	Riau	0,3731
10	14	Sulawesi Utara	0,3109
11	8	Kepulauan Riau	0,2901
12	7	Banten	0,1672
13	16	Aceh	–0,0109
14	9	Bali	–0,0179
15	26	Kalimantan Tengah	–0,0754
16	12	Sumatera Selatan	–0,1676
17	17	Sumatera Barat	–0,2179
18	22	Kalimantan Barat	–0,2234
19	19	Sumatera Utara	–0,2594
20	29	Kepulauan Bangka Belitung	–0,2756
21	23	Sulawesi Tengah	–0,3553
22	28	Nusa Tenggara Barat	–0,3733
23	31	Maluku	–0,5685
24	20	Lampung	–0,5773
25	21	Sulawesi Barat	–0,5870
26	30	Papua Barat	–0,7013
27	25	Jambi	–0,7379
28	15	Gorontalo	–0,7549
29	18	Sulawesi Tenggara	–0,7833
30	27	Bengkulu	–0,9576
31	24	Papua	–1,2268
32	33	Nusa Tenggara Timur	–1,5634
33	32	Maluku Utara	–1,7075

Sumber: Asia Competitiveness Institute

ke-12 dan ke-13 lebih tinggi daripada skor median, yang berarti bahwa angka rata-rata condong ke atas karena skor tinggi yang dimiliki oleh DKI Jakarta.

Dengan pengamatan yang lebih cermat, kami juga menemukan beberapa kesenjangan dalam skor terstandardisasi. Jarak antara posisi pertama (DKI Jakarta) dan posisi kedua (Jawa Timur) sudah disebutkan diatas. Terdapat juga jarak yang lebar antara provinsi-provinsi yang menduduki enam posisi teratas dan yang berada di lima terbawah. Di tengah-tengah Tabel 1.1, jarak yang signifikan juga terlihat pada provinsi-provinsi yang menduduki posisi ke-11, 12 dan 13 (Kepulauan Riau, Banten dan Aceh).

Gambar 1.2. Peta Peringkat Daya Saing Keseluruhan Tahun 2014

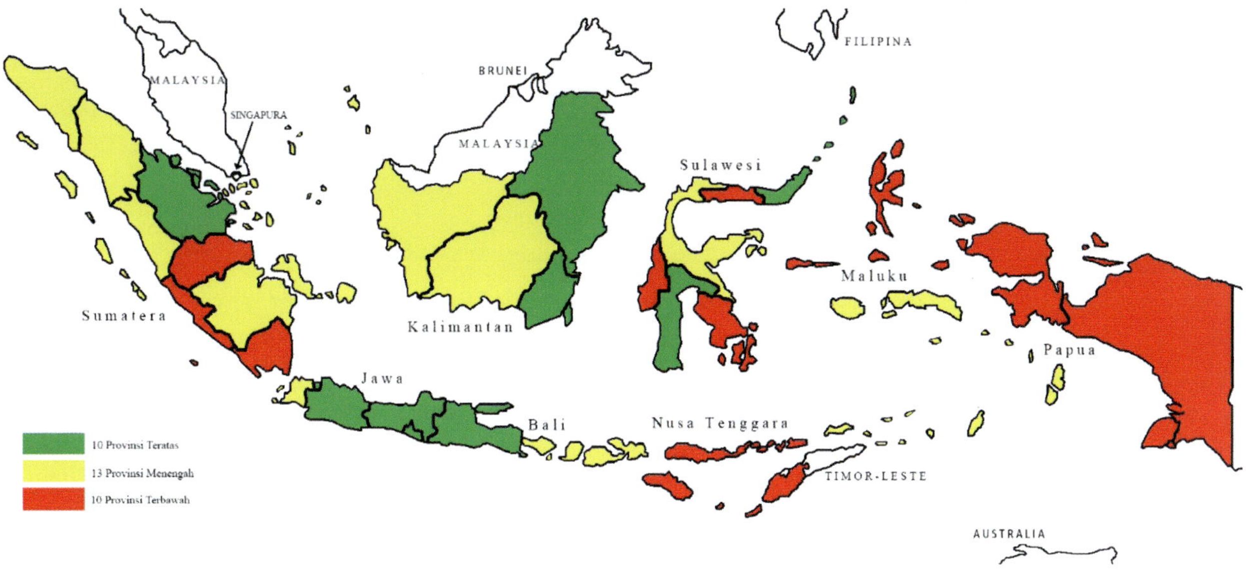

Sumber: Asia Competitiveness Institute

Penyebaran Geografis — Daya Saing Keseluruhan

Peringkat Daya Saing Keseluruhan juga dapat dilihat pada peta provinsi Indonesia, seperti ditunjukkan pada Gambar 1.2. Dalam peta tersebut, provinsi-provinsi dikelompokkan menjadi tiga dengan kode warna berikut: posisi 10 teratas (hijau), posisi 10 terbawah (merah) dan posisi 13 menengah (kuning). Beberapa poin bisa disoroti dari Gambar 1.2. Pertama, kami melihat adanya konsentrasi geografis untuk provinsi dengan daya saing tinggi dan daya saing rendah. Provinsi dengan kinerja terbaik masih didominasi provinsi-provinsi di Jawa, dimana lima dari enam provinsi berada di kelompok 10 teratas. Namun, lima provinsi lainnya yang berada di posisi 10 teratas tersebar lebih merata, dengan dua dari Kalimantan (Kalimantan Timur di peringkat ketiga dan Kalimantan Selatan di peringkat kedelapan), dua dari Sulawesi (Sulawesi Selatan di peringkat ketujuh dan Sulawesi Utara di peringkat ke-10) dan satu dari Sumatera (Riau di peringkat kesembilan).

Provinsi di kawasan timur Indonesia masih mendominasi posisi 10 terbawah, tetapi kesenjangan yang ada berkurang dibandingkan dengan peringkat tahun 2013. Tiga provinsi dari kawasan paling timur berada di posisi 10 terbawah (Maluku Utara (ke-33), Papua (ke-31) dan Papua Barat (ke-26)), bersama tiga provinsi di Sulawesi (Sulawesi Tenggara (ke-29), Gorontalo (ke-28) dan Sulawesi Barat (ke-25)), tiga provinsi di Sumatera (Bengkulu (ke-30), Jambi (ke-27) dan Lampung (ke-24)) dan Nusa Tenggara Timur di posisi ke-32.

Beberapa kesimpulan yang bisa ditarik dari penyebaran geografis Daya Saing Keseluruhan adalah: (1) Provinsi-provinsi di Jawa sangatlah kompetitif; (2) Provinsi-provinsi di Kalimantan cukup kompetitif; (3) Provinsi-provinsi di Sumatera dan Sulawesi menunjukkan daya saing yang berbeda; dan (4) Provinsi-provinsi di Bali, Nusa Tenggara, Maluku dan Papua cenderung kurang kompetitif. Penting untuk dicatat, terutama bagi pemangku kebijakan, bahwa dengan Indonesia sebagai negara kepulauan, jarak dan konektivitas menjadi sangat penting dalam hal daya saing. Beberapa infastruktur lunak, seperti teknologi informasi dan komunikasi (TIK), juga tak kalah penting.

Penyebaran Kuantitatif — Stabilitas Ekonomi Makro

Pada Tabel 1.2 tentang Stabilitas Ekonomi Makro, dapat dilihat bahwa skor terstandardisasi dimulai dari nilai maksimum 4,6199 hingga nilai minimum –0,9008. Provinsi yang menempati peringkat teratas dengan skor maksimum adalah DKI Jakarta. Provinsi dengan skor minimum adalah Nusa Tenggara Timur di peringkat ke-33. Terdapat selisih yang besar antara DKI Jakarta di posisi pertama (4,6199) dan Jawa Timur di posisi kedua

Tabel 1.2. Stabilitas Ekonomi Makro Tahun 2014: Peringkat dan Skor

Peringkat 2014	Peringkat 2013	Provinsi	Skor 2014
1	1	DKI Jakarta	4,6199
2	2	Jawa Timur	1,7543
3	3	Jawa Barat	1,2443
4	4	Kalimantan Timur	0,7591
5	5	Kepulauan Riau	0,5828
6	6	Jawa Tengah	0,4649
7	7	Banten	0,3737
8	9	Riau	0,1504
9	10	Sumatera Utara	0,1047
10	12	Kalimantan Selatan	0,1037
11	15	Sulawesi Selatan	0,0628
12	16	Sumatera Selatan	–0,0586
13	20	Sulawesi Utara	–0,1281
14	19	Papua Barat	–0,2456
15	21	Kalimantan Tengah	–0,2519
16	32	Sulawesi Tengah	–0,3223
17	28	Sulawesi Barat	–0,3447
18	8	Bali	–0,3730
19	13	Kepulauan Bangka Belitung	–0,3985
20	14	Jambi	–0,4055
21	24	Kalimantan Barat	–0,4102
22	18	DI Yogyakarta	–0,4499
23	31	Sulawesi Tenggara	–0,4697
24	11	Papua	–0,4765
25	27	Gorontalo	–0,4955
26	25	Sumatera Barat	–0,5170
27	22	Nusa Tenggara Barat	–0,5226
28	33	Aceh	–0,5510
29	17	Lampung	–0,5659
30	23	Maluku	–0,6522
31	30	Bengkulu	–0,7948
32	26	Maluku Utara	–0,8863
33	29	Nusa Tenggara Timur	–0,9008

Sumber: Asia Competitiveness Institute

(1,7543). Jika tiga provinsi dengan kinerja terbaik tidak diikutsertakan, maka skor antara Kalimantan Timur (peringkat keempat; 0,7591) dan Nusa Tenggara Timur (peringkat ke-33; –0,9008) menjadi simetris.

Provinsi dengan kinerja rata-rata (skor nol) berada di antara posisi ke-11 (Sulawesi Selatan) dan ke-12 (Sumatera Selatan). Posisi median dipegang oleh Sulawesi Barat di posisi ke-17 dengan skor –0,3447. Mirip dengan Tabel 1.1 tentang Daya Saing Keseluruhan, skor rata-rata (nol), yang berada di antara peringkat ke-11 dan 12, lebih tinggi daripada skor median. Hal ini berarti bahwa angka rata-rata juga lebih condong ke arah DKI Jakarta, Jawa Timur dan Jawa Barat. Namun, perbedaan skor bahkan lebih ekstrem, memperlihatkan disparitas besar pada lingkup ini.

Gambar 1.3. Peta Peringkat Stabilitas Ekonomi Makro Tahun 2014

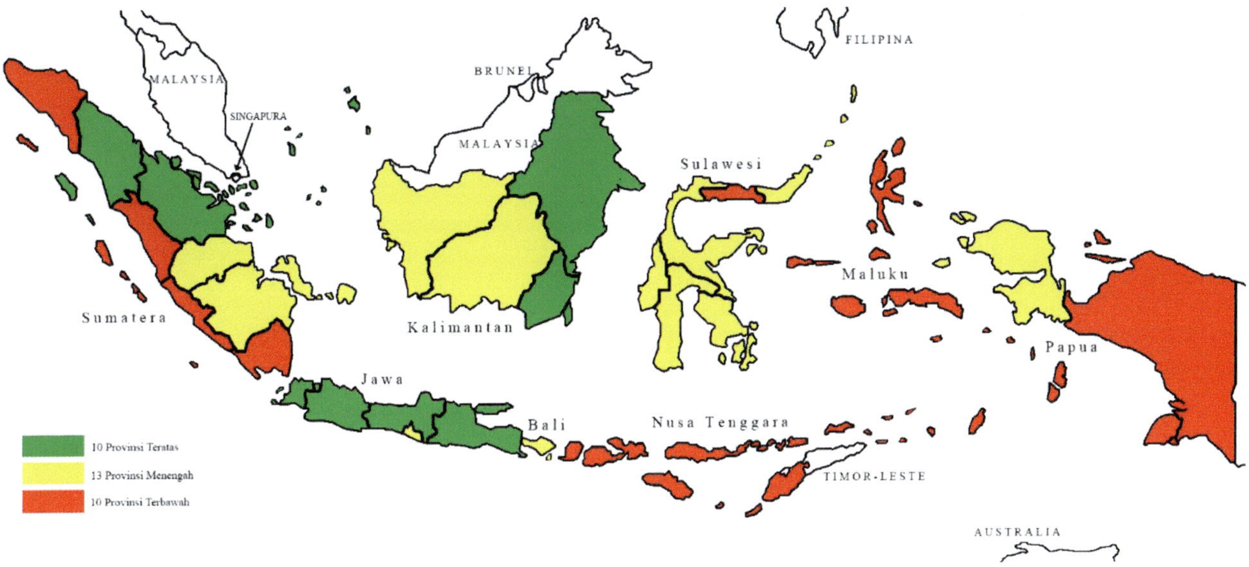

Sumber: Asia Competitiveness Institute

Beberapa kesenjangan pada skor terstandardisasi juga dapat ditemukan, seperti antara provinsi di posisi pertama dengan kedua dan ketiga (masing-masing adalah DKI Jakarta, Jawa Timur dan Jawa Barat). Jarak lebar lainnya juga ditemukan antara provinsi yang menempati posisi ketujuh (Banten; 0,3737) dan kedelapan (Riau; 0,1504).

Penyebaran Geografis — Stabilitas Ekonomi Makro

Peta Stabilitas Ekonomi Makro pada Gambar 1.3 sekali lagi menunjukkan konsentrasi atau pengelompokan geografis yang nyata antara provinsi dengan daya saing tinggi dan daya saing rendah. Provinsi dengan kinerja terbaik masih didominasi oleh provinsi yang terletak di Pulau Jawa, dengan lima dari enam provinsi berada di posisi 10 teratas. Lima provinsi yang termasuk posisi 10 teratas lainnya berada di sekitar Selat Malaka (Kepulauan Riau di peringkat kelima, Riau di peringkat kedelapan dan Sumatera Utara di peringkat kesembilan) dan sepanjang pesisir timur Kalimantan (Kalimantan Timur di peringkat keempat dan Kalimantan Selatan di peringkat ke-10).

Provinsi-provinsi yang berada di grup 10 terbawah juga cenderung membentuk klaster. Klaster tersebut antara lain adalah Kepulauan Papua dan Maluku (Maluku Utara (ke-32), Maluku (ke-30) dan Papua (ke-24)), klaster Nusa Tenggara (Nusa Tenggara Timur (ke-33) dan Nusa Tenggara Barat (ke-27)), klaster pesisir barat Sumatera (Bengkulu (ke-31), Lampung (ke-29), Aceh (ke-28) dan Sumatera Barat (ke-26)), serta Gorontalo (ke-25) di Sulawesi.

Beberapa kesimpulan umum bisa ditarik mengenai penyebaran geografis dari Stabilits Ekonomi Makro: (1) Provinsi-provinsi di Jawa sangat kompetitif; (2) Provinsi-provinsi di Kalimantan relatif kompetitif; (3) Provinsi-provinsi di Sumatera dan Sulawesi menunjukkan daya saing yang berbeda; dan (4) Provinsi-provinsi di Bali, Nusa Tenggara, Kepulauan Maluku dan Papua cenderung kurang kompetitif.

Penyebaran Kuantitatif — Perencanaan Pemerintah dan Institusi

Untuk Perencanaan Pemerintah dan Institusi, seperti pada Tabel 1.3, penyebaran skor terstandardisasi berada di antara nilai maksimum 2,0408 (DKI Jakarta; peringkat pertama) dan nilai minimum –2,4930 (Maluku Utara; peringkat ke-33). Jangkauan ini lebih simetris, artinya tidak ada provinsi yang dengan sangat kuat menarik skor rata-rata ke arah atas ataupun bawah.

Tabel 1.3. Perencanaan Pemerintah dan Institusi Tahun 2014: Peringkat dan Skor

Peringkat 2014	Peringkat 2013	Provinsi	Skor 2014
1	1	DKI Jakarta	2,0408
2	3	Jawa Tengah	1,5230
3	7	Sulawesi Selatan	1,3156
4	17	Kalimantan Timur	1,2568
5	2	Jawa Timur	1,1538
6	9	Jawa Barat	1,0261
7	4	DI Yogyakarta	1,0260
8	10	Sulawesi Utara	0,7359
9	13	Aceh	0,6563
10	12	Sulawesi Barat	0,4997
11	11	Kalimantan Selatan	0,4630
12	14	Sulawesi Tengah	0,4109
13	18	Kalimantan Barat	0,3906
14	27	Riau	0,3109
15	19	Nusa Tenggara Barat	0,2010
16	29	Kepulauan Bangka Belitung	0,0711
17	6	Sumatera Selatan	0,0560
18	8	Gorontalo	0,0392
19	24	Kalimantan Tengah	–0,1041
20	33	Maluku	–0,1633
21	21	Lampung	–0,2466
22	15	Sulawesi Tenggara	–0,3328
23	5	Banten	–0,3767
24	16	Bali	–0,4068
25	23	Sumatera Barat	–0,4596
26	25	Jambi	–0,8221
27	6	Sumatera Utara	–1,0464
28	22	Papua	–1,1625
29	28	Papua Barat	–1,2482
30	20	Bengkulu	–1,3418
31	29	Kepulauan Riau	–1,3806
32	32	Nusa Tenggara Timur	–1,5920
33	31	Maluku Utara	–2,4930

Sumber: Asia Competitiveness Institute

Provinsi dengan kinerja rata-rata (skor nol) berada di antara peringkat ke-18 (Gorontalo) dan ke-19 (Kalimantan Tengah). Posisi median dipegang oleh Sumatera Selatan di peringkat ke-17 dengan skor 0,0560. Skor rata-rata (nol), yang berada di antara peringkat ke-18 dan 19, lebih rendah daripada skor median, yang berarti angka rata-rata cenderung bergeser ke bawah mengarah ke provinsi dengan kinerja rendah, terutama karena Maluku Utara mempunyai skor yang sangat rendah.

Terdapat kesenjangan pada skor di seluruh peringkat, namun tidak seekstrem seperti yang terlihat pada Tabel 1.2 (Stabilitas Ekonomi Makro). Selisih terbesar ditemukan di antara Maluku Utara di peringkat ke-33 (–2,4930) dan Nusa Tenggara Timur di peringkat ke-32 (–1,5920). Hal tersebut patut diperhatikan karena Maluku Utara cukup tertinggal dibandingkan dengan provinsi lainnya dalam hal Perencanaan Pemerintah dan Institusi.

Gambar 1.4. Peta Peringkat Perencanaan Pemerintah dan Institusi Tahun 2014

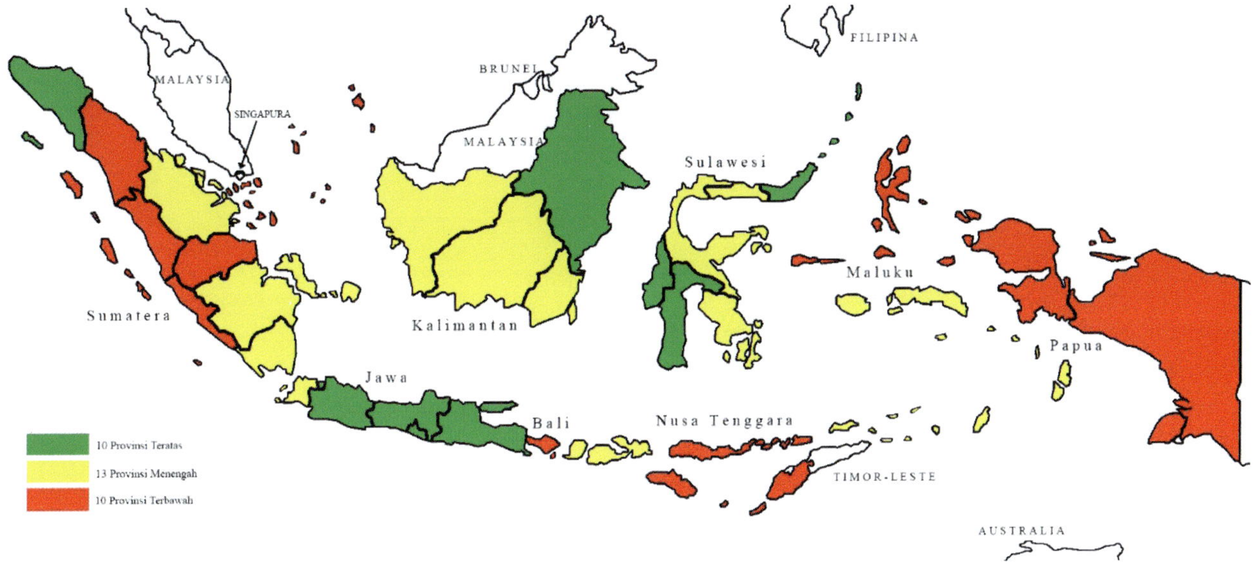

Sumber: Asia Competitiveness Institute

Selisih lainnya terlihat antara DKI Jakarta pada posisi pertama (2,0408) dan Jawa Tengah pada posisi kedua (1,5320). Namun, selisih ini tidak sebesar yang terlihat pada Tabel 1.1 dan Tabel 1.2. Ini berarti bahwa DKI Jakarta tidak boleh berpuas diri.

Penyebaran Geografis — Perencanaan Pemerintah dan Institusi

Gambar 1.4 menunjukkan beberapa pengelompokan yang cukup nyata antara provinsi dengan daya saing tinggi dan daya saing rendah. Provinsi dengan kinerja terbaik masih didominasi oleh provinsi-provinsi di Pulau Jawa, di mana lima dari enam provinsi berada di kelompok 10 teratas. Provinsi-provinsi 10 teratas lainnya mengelompok di Selat Makassar (Sulawesi Selatan di peringkat ketiga, Sulawesi Barat di peringkat ke-10 dan Kalimantan Timur di peringkat keempat), serta Sulawesi Utara di peringkat kedelapan dan Aceh di peringkat kesembilan.

Provinsi-provinsi di kelompok 10 terbawah juga cenderung membentuk klaster: klaster Maluku dan Papua (Maluku Utara (ke-33), Papua (ke-28) dan Papua Barat (ke-29)); klaster Bali-Nusa Tenggara (Nusa Tenggara Timur (ke-32) dan Bali (ke-24)); klaster pesisir barat Sumatera (Bengkulu (ke-30), Sumatera Barat (ke-25) dan Sumatera Utara (ke-27)), serta provinsi di Pulau Sumatera lainnya seperti Jambi (ke-26) dan Kepulauan Riau (ke-31).

Beberapa kesimpulan umum dapat diambil mengenai penyebaran geografis dari lingkup Perencanaan Pemerintah dan Institusi: (1) Provinsi-provinsi di Jawa kompetitif; (2) Provinsi-provinsi di Sulawesi dan Kalimantan cukup kompetitif; dan (3) Provinsi-provinsi di Sumatera, Maluku, Papua, Bali dan Nusa Tenggara cenderung kurang kompetitif.

Penyebaran Kuantitatif — Kondisi Finansial, Bisnis dan Tenaga Kerja

Dari Tabel 1.4, skor terstandardisasi untuk Kondisi Finansial, Bisnis dan Tenaga Kerja mempunyai sebaran dari nilai maksimum 3,0912 (DKI Jakarta; peringkat kesatu) ke nilai minimum –1,4229 (Gorontalo; peringkat ke-33). Rentang ini tidak simetris dan tertarik ke atas menuju DKI Jakarta yang mempunyai skor sangat tinggi, namun perbedaan skor tersebut tidak seekstrem Stabilitas Ekonomi Makro (Tabel 1.2).

Provinsi dengan kinerja rata-rata (skor nol) berada di antara peringkat ke-13 (DI Yogyakarta) dan ke-14 (Kepulauan Bangka Belitung). Posisi median dipegang oleh Bali (ke-17) dengan skor –0,1215. Skor rata-rata (nol) antara peringkat ke-13 dan ke-14 lebih tinggi daripada skor median. Ini berarti bahwa skor rata-rata tertarik ke atas mengarah ke skor tinggi DKI Jakarta.

Tabel 1.4. Kondisi Finansial, Bisnis dan Tenaga Kerja Tahun 2014: Peringkat dan Skor

Peringkat 2014	Peringkat 2013	Provinsi	Skor 2014
1	1	DKI Jakarta	3,0912
2	4	Jawa Tengah	1,9709
3	3	Jawa Timur	1,9106
4	2	Kalimantan Timur	1,6325
5	5	Jawa Barat	1,0829
6	9	Kepulauan Riau	0,5307
7	6	Riau	0,5280
8	14	Kalimantan Barat	0,3419
9	25	Kalimantan Tengah	0,2953
10	12	Sulawesi Selatan	0,2899
11	7	Papua	0,1943
12	17	Papua Barat	0,1808
13	18	DI Yogyakarta	0,1481
14	32	Kepulauan Bangka Belitung	–0,0252
15	27	Kalimantan Selatan	–0,0642
16	30	Sulawesi Utara	–0,0709
17	13	Bali	–0,1215
18	8	Sumatera Selatan	–0,2306
19	15	Sumatera Barat	–0,2855
20	28	Nusa Tenggara Barat	–0,3124
21	21	Sumatera Utara	–0,3303
22	22	Banten	–0,3739
23	11	Maluku	–0,6059
24	26	Bengkulu	–0,6401
25	23	Aceh	–0,6762
26	10	Lampung	–0,6816
27	24	Sulawesi Tengah	–0,8586
28	29	Jambi	–0,8646
29	33	Nusa Tenggara Timur	–1,0432
30	19	Sulawesi Barat	–1,0802
31	31	Maluku Utara	–1,1722
32	16	Sulawesi Tenggara	–1,3371
33	20	Gorontalo	–1,4229

Sumber: Asia Competitiveness Institute

Selisih skor juga terlihat di sepanjang peringkat, terutama antara DKI Jakarta di posisi pertama (3,0912) dan Jawa Tengah di posisi kedua (1,9709). Jarak tersebut juga cukup terlihat antara Kalimantan Timur (peringkat keempat; 1,6325), Jawa Barat (peringkat kelima; 1,0829) dan Kepulauan Riau (peringkat keenam; 0,5307).

Jarak skor lainnya berada di antara DI Yogyakarta (peringkat ke-13; 0,1481) dan Kepulauan Bangka Belitung (peringkat ke-14; –0,0252), juga antara Banten (peringkat ke-22; –0,3739) dan Maluku (peringkat ke-23; –0,6059).

Gambar 1.5. Peta Peringkat Kondisi Finansial, Bisnis dan Tenaga Kerja Tahun 2014

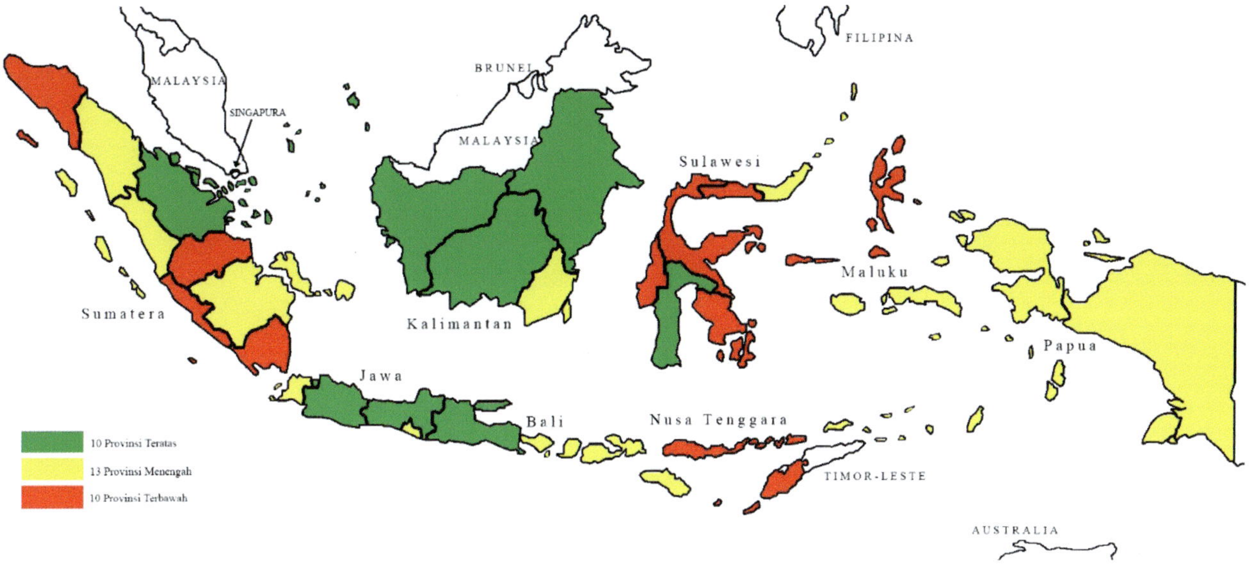

Sumber: Asia Competitiveness Institute

Penyebaran Geografis — Kondisi Finansial, Bisnis dan Tenaga Kerja

Berdasarkan Gambar 1.5, kembali dapat dilihat adanya pengelompokan yang nyata dari provinsi-provinsi dengan daya saing tinggi dan daya saing rendah. Empat dari 10 provinsi teratas berada di Pulau Jawa. Provinsi dengan kinerja terbaik lainnya mengelompok di Kalimantan (Kalimantan Timur (peringkat keempat), Kalimantan Barat (peringkat kedelapan) dan Kalimantan Tengah (peringkat kesembilan)), sepanjang Selat Malaka dekat dengan Singapura dan Malaysia (Kepulauan Riau (peringkat keenam) dan Riau (peringkat ketujuh)) dan Sulawesi Selatan di peringkat ke-10.

Provinsi-provinsi dalam kelompok 10 terbawah juga cenderung membentuk klaster: klaster Sulawesi dengan empat provinsi (Gorontalo (ke-33), Sulawesi Tenggara (ke-32), Sulawesi Barat (ke-30) dan Sulawesi Tengah (ke-27)) dan bagian selatan pulau Sumatera (Jambi (ke-28), Lampung (ke-26) dan Bengkulu (ke-24)).

Beberapa kesimpulan umum bisa ditarik mengenai penyebaran geografis dari Kondisi Finansial, Bisnis dan Tenaga Kerja: (1) Provinsi-provinsi di Jawa dan Kalimantan kompetitif; (2) Provinsi-provinsi di Sumatera menunjukkan kinerja berbeda; (3) Provinsi-provinsi di Sulawesi cenderung kurang kompetitif, kecuali Sulawesi Selatan yang berhasil masuk ke posisi 10 teratas; dan (4) Provinsi-provinsi di wilayah Maluku, Papua, Bali, dan Nusa Tenggara secara umum kurang kompetitif.

Penyebaran Kuantitatif — Kualitas Hidup dan Pembangunan Infrastruktur

Berdasarkan Tabel 1.5 untuk Kualitas Hidup dan Pembangunan Infrastruktur, dapat dilihat bahwa skor terbentang dari skor maksimum 1,6479 (DI Yogyakarta; peringkat satu) sampai pada skor minimum –2,6847 (Papua; peringkat ke-33). Skor maksimum dan minimum tidaklah simetris, dengan skor minimum lebih besar secara absolut. Namun, bila Papua (peringkat ke-33) dikeluarkan dari Tabel 1.5, penyebaran menjadi lebih simetris.

Provinsi dengan kinerja rata-rata (skor nol) berada di antara peringkat ke-16 (Riau) dan ke-17 (Kalimantan Tengah). Posisi median dipegang oleh Kalimantan Tengah di peringkat ke-17 dengan skor –0,1932. Provinsi rata-rata secara praktis hampir sama dengan provinsi median. Ini berarti bahwa angka rata-rata tidak condong ke salah satu arah. Selisih skor terbesar yang memerlukan perhatian ditemukan di antara peringkat ke-33 (Papua; –2,6847) dan ke-32 (Nusa Tenggara Timur; –1,7266).

Selisih lainnya terdapat di antara provinsi pada peringkat ke-27 (Gorontalo; –0,6620) dan ke-28 (Papua Barat; –1,0478). Namun, perbedaannya tidak begitu besar. Dapat disimpulkan bahwa lingkup Kualitas Hidup

Tabel 1.5. Kualitas Hidup dan Pembangunan Infrastruktur Tahun 2014: Peringkat dan Skor

Peringkat 2014	Peringkat 2013	Provinsi	Skor 2014
1	2	DI Yogyakarta	1,6479
2	4	Kalimantan Timur	1,5912
3	1	DKI Jakarta	1,5515
4	8	Jawa Timur	1,2914
5	3	Kepulauan Riau	1,2437
6	9	Kalimantan Selatan	1,1414
7	6	Banten	0,9396
8	5	Bali	0,8412
9	10	Sulawesi Selatan	0,5816
10	16	Aceh	0,5340
11	14	Sumatera Barat	0,5287
12	7	Sulawesi Utara	0,5097
13	13	Jawa Tengah	0,5052
14	15	Sumatera Utara	0,3987
15	12	Jawa Barat	0,2935
16	11	Riau	0,2667
17	20	Kalimantan Tengah	–0,1932
18	17	Sumatera Selatan	–0,3311
19	19	Jambi	–0,3915
20	23	Sulawesi Tengah	–0,4258
21	22	Bengkulu	–0,4465
22	26	Lampung	–0,4492
23	24	Maluku	–0,4920
24	18	Sulawesi Tenggara	–0,4970
25	21	Kepulauan Bangka Belitung	–0,5751
26	29	Nusa Tenggara Barat	–0,6226
27	25	Gorontalo	–0,6620
28	28	Papua Barat	–1,0478
29	30	Sulawesi Barat	–1,0508
30	27	Kalimantan Barat	–1,0744
31	31	Maluku Utara	–1,1959
32	32	Nusa Tenggara Timur	–1,7266
33	33	Papua	–2,6847

Sumber: Asia Competitiveness Institute

dan Pembangunan Infrastruktur, secara umum, mempunyai distribusi skor yang normal dengan pengecualian Papua di peringkat ke-33 yang berada jauh di belakang provinsi lainnya.

Penyebaran Geografis — Kualitas Hidup dan Pembangunan Infrastruktur

Pada Gambar 1.6, tidak terlihat adanya pengelompokan provinsi dengan daya saing tinggi, kecuali sepanjang Selat Makassar (Kalimantan Timur (peringkat kedua), Kalimantan Selatan (peringkat keenam) dan Sulawesi Selatan (peringkat kesembilan)). Selain itu, provinsi 10 teratas lainnya ditempati oleh empat provinsi di Jawa (DI Yogyakarta (peringkat pertama), DKI Jakarta (peringkat ketiga), Jawa Timur (peringkat keempat) dan

Gambar 1.6. Peta Peringkat Kualitas Hidup dan Pembangunan Infrastruktur Tahun 2014

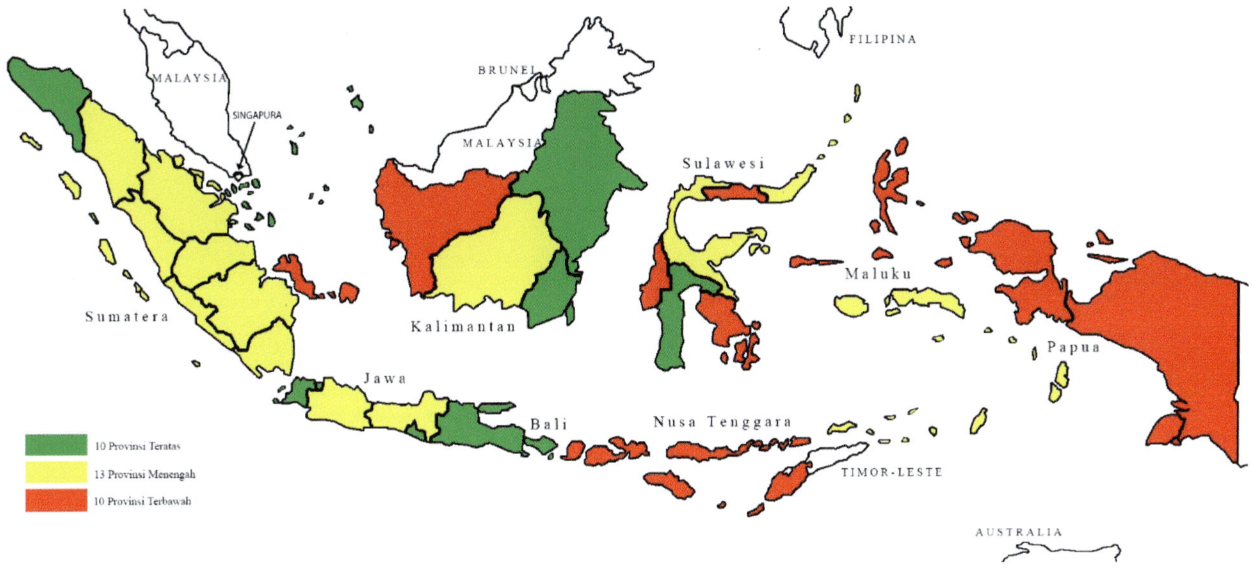

Sumber: Asia Competitiveness Institute

Banten (peringkat ketujuh)), satu dari Bali (peringkat kedelapan) dan dua dari Sumatera (Kepulauan Riau (peringkat kelima) dan Aceh (peringkat ke-10)).

Walau demikian, provinsi-provinsi yang berada di kelompok 10 terbawah menunjukkan kecenderungan membentuk klaster, terutama di wilayah timur Indonesia, seperti Papua dan Kepulauan Maluku (Papua (ke-33), Papua Barat (ke-28) dan Maluku Utara (ke-31)), serta klaster Nusa Tenggara (Nusa Tenggara Timur (ke-32) dan Nusa Tenggara Barat (ke-26)). Provinsi-provinsi yang berada di posisi 10 terbawah lainnya cukup tersebar di Sulawesi (Sulawesi Barat (ke-29), Gorontalo (ke-27) dan Sulawesi Tenggara (ke-24)), Wilayah Kalimantan (Kalimantan Barat (ke-30)) dan Wilayah Sumatera (Kepulauan Bangka Belitung (ke-25)).

Beberapa kesimpulan yang dapat ditarik dari penyebaran geografis pada lingkup Kualitas Hidup dan Pembangunan Infrastruktur: (1) Tidak ada konsentrasi geografis dari provinsi-provinsi di 10 teratas; (2) Provinsi-provinsi 10 terbawah pada umumnya terletak di bagian timur Indonesia; (3) Provinsi-provinsi di Sulawesi dan Kalimantan menunjukkan hasil berbeda; dan (4) Provinsi-provinsi di Sumatera secara umum menunjukkan tingkat daya saing menengah.

3.2 Simulasi Daya Saing *What-if* (Apa-Jika)

Daya Saing Keseluruhan

Selanjutnya, kita akan melihat hasil dari simulasi daya saing *what-if* provinsi-provinsi di Indonesia pada tahun 2014. Tabel 1.6 menunjukkan peringkat masing-masing provinsi dengan skor terstandardisasi, sebelum dan sesudah simulasi kebijakan. Hasil yang diperlihatkan sebelumnya adalah 'sesuai apa adanya' atau sebelum simulasi dilakukan.

Hasil simulasi kebijakan untuk Daya Saing Keseluruhan (Tabel 1.6) menunjukkan bahwa setiap provinsi memiliki potensi berbeda untuk memperbaiki peringkat dan skornya. Setelah simulasi, dimana 20% indikator terlemah masing-masing provinsi ditingkatkan (dengan asumsi bahwa provinsi lainnya tidak berubah), beberapa provinsi memperlihatkan kemampuan untuk melompat beberapa posisi sementara provinsi lainnya mungkin hanya mampu melompat satu atau dua posisi.

Beberapa provinsi yang menunjukkan potensi untuk melompat beberapa peringkat yaitu Bengkulu (naik sembilan posisi), Sumatera Utara (naik 10 posisi), Sulawesi Barat (naik 10 posisi), Gorontalo (naik 12 posisi) dan Sulawesi Tenggara (naik 12 posisi). Provinsi-provinsi ini memiliki potensi, namun beberapa indikator terlemahnya menarik posisi provinsi-provinsi tersebut ke bawah. Dengan memfokuskan diri untuk memperbaiki 20% indikator terlemah, provinsi-provinsi tersebut memperlihatkan bahwa mereka dapat meraih peringkat lebih tinggi.

Tabel 1.6. Simulasi Daya Saing *What-if* untuk Daya Saing Keseluruhan Tahun 2014

	Peringkat		**Skor**	
Provinsi	**Sebelum**	**Sesudah**	**Sebelum**	**Sesudah**
Aceh	13	9	–0,0109	0,4435
Bali	14	8	–0,0179	0,4905
Banten	12	6	0,1672	0,7066
Bengkulu	30	21	–0,9576	–0,3074
DI Yogyakarta	6	6	0,7047	1,0265
DKI Jakarta	1	1	3,3580	3,8194
Gorontalo	28	16	–0,7549	–0,1438
Jambi	27	19	–0,7379	–0,2430
Jawa Barat	5	3	1,0834	1,5466
Jawa Tengah	4	3	1,3262	1,6647
Jawa Timur	2	2	1,8152	2,0867
Kalimantan Barat	18	13	–0,2234	0,1228
Kalimantan Selatan	8	6	0,4884	0,7051
Kalimantan Tengah	15	10	–0,0754	0,3036
Kalimantan Timur	3	3	1,5566	1,7378
Kepulauan Bangka Belitung	20	13	–0,2756	0,0669
Kepulauan Riau	11	6	0,2901	0,8687
Lampung	24	16	–0,5773	–0,1280
Maluku	23	16	–0,5685	–0,1353
Maluku Utara	33	24	–1,7075	–0,6193
Nusa Tenggara Barat	22	13	–0,3733	0,0812
Nusa Tenggara Timur	32	26	–1,5634	–0,7392
Papua	31	22	–1,2268	–0,4056
Papua Barat	26	13	–0,7013	0,0108
Riau	9	7	0,3731	0,6588
Sulawesi Barat	25	15	–0,5870	–0,0813
Sulawesi Selatan	7	6	0,6684	0,9327
Sulawesi Tengah	21	13	–0,3553	0,0507
Sulawesi Tenggara	29	17	–0,7833	–0,2152
Sulawesi Utara	10	8	0,3109	0,6265
Sumatera Barat	17	12	–0,2179	0,1676
Sumatera Selatan	16	13	–0,1676	0,1205
Sumatera Utara	19	9	–0,2594	0,3738

Sumber: Asia Competitiveness Institute

Simulasi *what-if* adalah simulasi statis, dimana simulasi dilakukan pada satu provinsi satu per satu. Skor terlemah masing-masing provinsi dinaikkan, dan peringkat daya saing untuk 33 provinsi dihitung ulang dengan asumsi bahwa provinsi lainnya memiliki skor tetap. Ini berarti bahwa peringkat dan skor di Tabel 1.6 tidak bisa dibandingkan secara vertikal (antara satu provinsi dengan provinsi lainnya), tetapi sebaiknya dibaca secara horisontal, sebagai sebuah tingkat perbaikan (dalam peringkat dan skor) yang didapatkan setiap provinsi setelah melakukan simulasi kebijakan.

Dengan simulasi masing-masing provinsi dilakukan satu per satu, dimungkinkan ada lebih dari satu provinsi yang memiliki peringkat yang sama. Misalnya, seperti terlihat pada Tabel 1.6, jika setiap provinsi memperbaiki 20% indikator terlemahnya, maka Banten, DI Yogyakarta, Kalimantan Selatan, Kepulauan Riau dan Sulawesi Selatan masing-masing memiliki kesempatan untuk meraih posisi keenam.

Tabel 1.7. Simulasi Daya Saing *What-if* untuk Stabilitas Ekonomi Makro Tahun 2014

	Peringkat		Skor	
Provinsi	**Sebelum**	**Sesudah**	**Sebelum**	**Sesudah**
Aceh	28	14	–0,5510	–0,2148
Bali	18	13	–0,3730	–0,1205
Banten	7	7	0,3737	0,3737
Bengkulu	31	28	–0,7948	–0,5509
DI Yogyakarta	22	14	–0,4499	–0,1564
DKI Jakarta	1	1	4,6199	4,6337
Gorontalo	25	18	–0,4955	–0,3522
Jambi	20	18	–0,4055	–0,3543
Jawa Barat	3	3	1,2443	1,3331
Jawa Tengah	6	6	0,4649	0,5050
Jawa Timur	2	2	1,7543	1,7543
Kalimantan Barat	21	17	–0,4102	–0,3350
Kalimantan Selatan	10	8	0,1037	0,1987
Kalimantan Tengah	15	13	–0,2519	–0,1300
Kalimantan Timur	4	4	0,7591	0,9050
Kepulauan Bangka Belitung	19	16	–0,3985	–0,3226
Kepulauan Riau	5	5	0,5828	0,7487
Lampung	29	17	–0,5659	–0,3424
Maluku	30	20	–0,6522	–0,4086
Maluku Utara	32	26	–0,8863	–0,5133
Nusa Tenggara Barat	27	16	–0,5226	–0,2712
Nusa Tenggara Timur	33	31	–0,9008	–0,6951
Papua	24	17	–0,4765	–0,3450
Papua Barat	14	13	–0,2456	–0,0744
Riau	8	8	0,1504	0,2949
Sulawesi Barat	17	16	–0,3447	–0,2783
Sulawesi Selatan	11	8	0,0628	0,1912
Sulawesi Tengah	16	14	–0,3223	–0,2237
Sulawesi Tenggara	23	19	–0,4697	–0,3911
Sulawesi Utara	13	9	–0,1281	0,1314
Sumatera Barat	26	14	–0,5170	–0,1921
Sumatera Selatan	12	12	–0,0586	–0,0304
Sumatera Utara	9	8	0,1047	0,2165

Sumber: Asia Competitiveness Institute

Pada Tabel 1.7 sampai 1.10, kami memperlihatkan hasil dari simulasi kebijakan berdasarkan empat lingkup daya saing.

Stabilitas Ekonomi Makro

Dalam hal Stabilitas Ekonomi Makro (Tabel 1.7), beberapa provinsi memiliki potensi untuk meningkatkan kinerja daya saingnya dengan lompatan yang cukup besar. Ini termasuk Aceh (naik 14 peringkat), Lampung, Sumatera Barat dan Sulawesi Tengah (semuanya naik 12 peringkat), dan Maluku (naik 10 peringkat).

Tabel 1.8. Simulasi Daya Saing *What-if* untuk Perencanaan Pemerintah dan Institusi Tahun 2014

Provinsi	Peringkat		Skor	
	Sebelum	Sesudah	Sebelum	Sesudah
Aceh	9	8	0,6563	0,8811
Bali	24	15	–0,4068	0,2455
Banten	23	15	–0,3767	0,2415
Bengkulu	30	24	–1,3418	–0,4342
DI Yogyakarta	7	6	1,0260	1,1139
DKI Jakarta	1	1	2,0408	2,2274
Gorontalo	18	14	0,0392	0,3625
Jambi	26	20	–0,8221	–0,1290
Jawa Barat	6	6	1,0261	1,1238
Jawa Tengah	2	2	1,5230	1,6160
Jawa Timur	5	4	1,1538	1,2735
Kalimantan Barat	13	11	0,3906	0,4760
Kalimantan Selatan	11	10	0,4630	0,5516
Kalimantan Tengah	19	16	–0,1041	0,1555
Kalimantan Timur	4	3	1,2568	1,3198
Kepulauan Bangka Belitung	16	16	0,0711	0,1959
Kepulauan Riau	31	20	–1,3806	–0,1914
Lampung	21	17	–0,2466	0,0521
Maluku	20	19	–0,1633	0,0218
Maluku Utara	33	20	–2,4930	–0,2294
Nusa Tenggara Barat	15	14	0,2010	0,3185
Nusa Tenggara Timur	32	26	–1,5920	–0,7498
Papua	28	26	–1,1625	–0,7991
Papua Barat	29	23	–1,2482	–0,3640
Riau	14	10	0,3109	0,5364
Sulawesi Barat	10	10	0,4997	0,6199
Sulawesi Selatan	3	2	1,3156	1,5080
Sulawesi Tengah	12	9	0,4109	0,6554
Sulawesi Tenggara	22	16	–0,3328	0,1201
Sulawesi Utara	8	6	0,7359	1,0247
Sumatera Barat	25	16	–0,4596	0,1325
Sumatera Selatan	17	16	0,0560	0,1803
Sumatera Utara	27	15	–1,0464	0,1802

Sumber: Asia Competitiveness Institute

Perencanaan Pemerintah dan Institusi

Dalam hal Perencanaan Pemerintah dan Institusi (Tabel 1.8), beberapa provinsi memiliki potensi untuk berkembang dengan lompatan yang cukup besar. Ini termasuk Maluku Utara (naik 13 peringkat), Sumatera Utara (naik 12 peringkat) dan Kepulauan Riau (naik 11 peringkat).

Tabel 1.9. Simulasi Daya Saing *What-if* untuk Kondisi Finansial, Bisnis dan Tenaga Kerja Tahun 2014

	Peringkat		Skor	
Provinsi	**Sebelum**	**Sesudah**	**Sebelum**	**Sesudah**
Aceh	25	15	–0,6762	–0,0550
Bali	17	9	–0,1215	0,3163
Banten	22	11	–0,3739	0,2102
Bengkulu	24	14	–0,6401	0,0162
DI Yogyakarta	13	6	0,1481	0,5593
DKI Jakarta	1	1	3,0912	3,7383
Gorontalo	33	18	–1,4229	–0,2688
Jambi	28	20	–0,8646	–0,3146
Jawa Barat	5	4	1,0829	1,6691
Jawa Tengah	2	2	1,9709	2,2815
Jawa Timur	3	2	1,9106	2,3420
Kalimantan Barat	8	8	0,3419	0,4484
Kalimantan Selatan	15	12	–0,0642	0,1854
Kalimantan Tengah	9	6	0,2953	0,6757
Kalimantan Timur	4	2	1,6325	1,9351
Kepulauan Bangka Belitung	14	11	–0,0252	0,2380
Kepulauan Riau	6	6	0,5307	0,7973
Lampung	26	18	–0,6816	–0,2027
Maluku	23	17	–0,6059	–0,1324
Maluku Utara	31	27	–1,1722	–0,7911
Nusa Tenggara Barat	20	14	–0,3124	0,0301
Nusa Tenggara Timur	29	21	–1,0432	–0,3466
Papua	11	8	0,1943	0,4929
Papua Barat	12	6	0,1808	0,7093
Riau	7	6	0,5280	0,7181
Sulawesi Barat	30	23	–1,0802	–0,5816
Sulawesi Selatan	10	6	0,2899	0,5888
Sulawesi Tengah	27	19	–0,8586	–0,3040
Sulawesi Tenggara	32	23	–1,3371	–0,4699
Sulawesi Utara	16	11	–0,0709	0,2453
Sumatera Barat	19	14	–0,2855	–0,0313
Sumatera Selatan	18	14	–0,2306	0,0507
Sumatera Utara	21	14	–0,3303	0,0801

Sumber: Asia Competitiveness Institute

Kondisi Finansial, Bisnis dan Tenaga Kerja

Dalam hal Kondisi Finansial, Bisnis dan Tenaga Kerja (Tabel 1.9), beberapa provinsi memiliki potensi untuk meningkatkan kinerjanya dengan loncatan cukup besar: Gorontalo (naik 15 peringkat), Bengkulu dan Aceh (keduanya naik 10 peringkat) dan Sulawesi Tenggara (naik sembilan peringkat).

Tabel 1.10. Simulasi Daya Saing *What-if* untuk Kualitas Hidup dan Pembangunan Infrastruktur Tahun 2014

Provinsi	Peringkat		Skor	
	Sebelum	**Sesudah**	**Sebelum**	**Sesudah**
Aceh	10	8	0,5340	0,8852
Bali	8	6	0,8412	1,2117
Banten	7	2	0,9396	1,5545
Bengkulu	21	17	–0,4465	–0,0633
DI Yogyakarta	1	1	1,6479	1,9500
DKI Jakarta	3	1	1,5515	2,6290
Gorontalo	27	18	–0,6620	–0,2251
Jambi	19	17	–0,3915	–0,0185
Jawa Barat	15	6	0,2935	1,1064
Jawa Tengah	13	4	0,5052	1,2233
Jawa Timur	4	1	1,2914	1,6832
Kalimantan Barat	30	17	–1,0744	–0,1746
Kalimantan Selatan	6	4	1,1414	1,4391
Kalimantan Tengah	17	15	–0,1932	0,3212
Kalimantan Timur	2	1	1,5912	1,7035
Kepulauan Bangka Belitung	25	17	–0,5751	0,1138
Kepulauan Riau	5	2	1,2437	1,6012
Lampung	22	17	–0,4492	0,0628
Maluku	23	17	–0,4920	0,0635
Maluku Utara	31	23	–1,1959	–0,5262
Nusa Tenggara Barat	26	17	–0,6226	0,1962
Nusa Tenggara Timur	32	26	–1,7266	–0,6768
Papua	33	25	–2,6847	–0,7153
Papua Barat	28	18	–1,0478	–0,2343
Riau	16	9	0,2667	0,6713
Sulawesi Barat	29	17	–1,0508	–0,0340
Sulawesi Selatan	9	8	0,5816	0,8586
Sulawesi Tengah	20	17	–0,4258	0,0431
Sulawesi Tenggara	24	17	–0,4970	0,0167
Sulawesi Utara	12	9	0,5097	0,7118
Sumatera Barat	11	9	0,5287	0,6555
Sumatera Selatan	18	17	–0,3311	0,2052
Sumatera Utara	14	9	0,3987	0,7842

Sumber: Asia Competitiveness Institute

Kualitas Hidup dan Pembangunan Infrastruktur

Dalam hal Kualitas Hidup dan Pembangunan Infrastruktur (Tabel 1.10), beberapa provinsi memiliki potensi untuk meningkatkan kinerjanya dengan loncatan cukup besar: Kalimantan Barat (naik 13 peringkat), Sulawesi Barat (naik 12 peringkat), Papua Barat (naik 10 peringkat) dan Nusa Tenggara Barat (naik sembilan peringkat).

3.3 Analisis Jaring Daya Saing Median dan Maksimum

Untuk lebih memahami kekuatan dan kelemahan relatif dari provinsi yang berada di posisi teratas dan terbawah (DKI Jakarta (peringkat kesatu) dan Maluku Utara (peringkat ke-33)), pencapaian mereka terhadap skor median dan maksimum dari 33 provinsi di 12 sub-lingkup (yang merupakan bagian dari empat lingkup) perlu dibandingkan.

Gambar 1.7 memperlihatkan skor DKI Jakarta (garis hijau pekat) dan Maluku Utara (garis biru titik-titik) untuk 12 sub-lingkup dibandingkan dengan skor median keseluruhan dari 33 provinsi di Indonesia (garis merah putus-putus). Menempati posisi pertama untuk Daya Saing Keseluruhan, DKI Jakarta unggul di semua sub-lingkup, kecuali lima sub-lingkup. Ini termasuk Institusi, Pemerintahan dan Kepemimpinan; Persaingan, Standar Regulasi dan Penegakan Hukum; Fleksibilitas Pasar Tenaga Kerja; Infrastruktur Fisik; dan Standar Hidup, Pendidikan dan Stabilitas Sosial. Sebaliknya, skor Maluku Utara semuanya berada di bawah median.

Analisis Jaring Daya Saing Maksimum pada Gambar 1.8 menunjukkan seberapa besar skor maksimum dari tiap sub-lingkup (garis cokelat putus-putus) terkait dengan skor DKI Jakarta (garis hijau pekat) dan Maluku Utara

Gambar 1.7. Analisis Jaring Daya Saing Median Tahun 2014: DKI Jakarta dan Maluku Utara

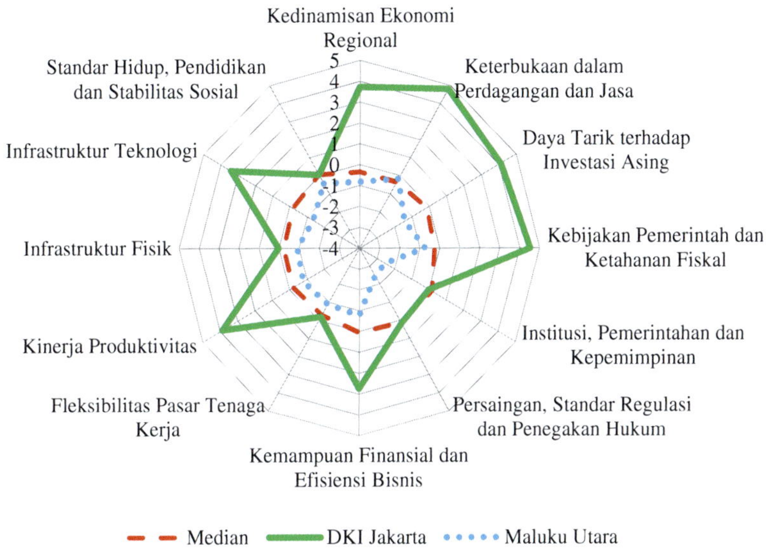

Sumber: Asia Competitiveness Institute

Gambar 1.8. Analisis Jaring Daya Saing Maksimum Tahun 2014: DKI Jakarta dan Maluku Utara

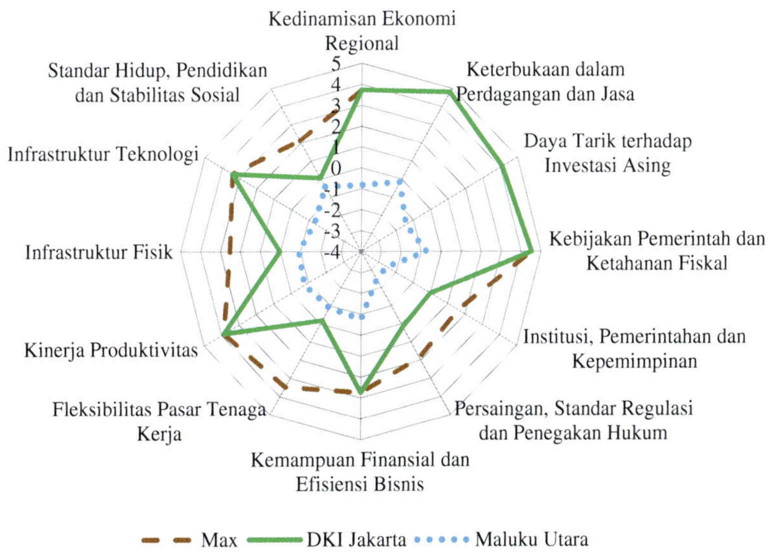

Sumber: Asia Competitiveness Institute

(garis biru titik-titik). DKI Jakarta menjadi tolok ukur, menghasilkan skor tertinggi di tujuh dari 12 sub-lingkup. Untuk Maluku Utara, skornya semua berada jauh di bawah skor maksimum dengan jarak terbesar ditemukan pada Institusi, Pemerintahan dan Kepemimpinan; dan Persaingan, Standar Regulasi dan Penegakan Hukum.

DAFTAR PUSTAKA

Bristow, Gillian. *Critical Reflections on Regional Competitiveness: Theory, Policy, and Practice*. New York: Routledge, 2010.

Camagni, Roberto. "On the Concept of Territorial Competitiveness: Sound or Misleading?" *Urban Studies* Vol. 39 No. 13 (2002): 2395–2411.

Cooper, A. dan Jongryn Mo. "Middle Power Leadership and the Evolution of the G20." *Global Summitry Journal* Vol. 1 (2013): 1–14.

Geweke, John. "Measurement of linear dependence and feedback between multiple time series." *Journal of the American Statistical Association* Vol. 77 No. 378 (1982): 304–313.

International Institute for Management Development (IMD). *IMD World Competitiveness Yearbook*. Lausanne: IMD, 2014.

Kementerian Koordinator Bidang Perekonomian. *Masterplan Perencanaan dan Percepatan Pembangunan Ekonomi Indonesia 2011–2025 (MP3EI)*. Jakarta: Kementerian Koordinator Bidang Perekonomian, 2011.

Kitson, Michael, Ronald Leonard Martin dan Peter Tyler. "Regional Competitiveness: An Elusive Yet Key Concept?" *Regional Studies* Vol. 38 No. 9 (2004): 991–999.

Krugman, Paul. "Competitiveness: a dangerous obsession." *Foreign Affairs* Vol. 73 (1994): 28–44.

Porter, M.E. *Competitive Strategy*. New York: Free Press, 1980.

Tan, Khee Giap, Linda Low, Tan Kong Yam dan Kartik Rao. *Annual Analysis of Competitiveness, Simulation Studies and Development Perspective for 35 States and Federal Territories of India: 2000–2010*. Singapore: World Scientific, 2013.

Tan, Khee Giap, Linda Low, Tan Kong Yam dan Lim Lijuan Amanda. *Annual Analysis of Competitiveness, Development Strategies and Public Policies on ASEAN-10: 2000–2010*. Singapore: Pearson, 2013.

Tan, Khee Giap dan Mulya Amri. "Subnational Competitiveness and National Performance: Analysis and Simulation for Indonesia." *Journal of Centrum Cathedra: The Business and Economics Research Journal* Vol. 6 No. 2 (2013): 173–192.

Tan, Khee Giap, Mulya Amri, Linda Low dan Tan Kong Yam. *Competitiveness Analysis and Development Strategies for 33 Indonesian Provinces*. Singapore: World Scientific, 2013.

Tan, Khee Giap, Nurina Merdikawati, Mulya Amri dan Blake Harley Berger. *2014 Annual Competitiveness Analysis and Development Strategies for Indonesian Provinces*. Singapore: World Scientific, 2015.

Tan, Khee Giap, Yuan Randong, Sangiita Yoong Wei Cher dan Yang Mu. *Annual Analysis of Competitiveness, Simulation Studies and Development Perspective for 34 Greater China Economies: 2000–2010*. Singapore: World Scientific, 2013.

Weingast, Barry R. "The Economic Role of Political Institutions: Market-Preserving Federalism and Economic Development." *Journal of Law, Economics, and Organisation* Vol. 11 No. 1 (1995): 1–31.

World Economic Forum (WEF). *The Global Competitiveness Report 2013–2014*. Geneva: WEF, 2014.

Bab 2

Peringkat Daya Saing Wilayah dan Strategi Pembangunan untuk Indonesia Tahun 2014: Perspektif Kebijakan Kewilayahan

1. PENGANTAR

1.1 Motivasi, Tujuan dan Kontribusi yang Diharapkan

Indonesia memiliki potensi untuk berkembang lebih pesat dan meraih posisi yang layak, bukan hanya di antara Asosiasi Negara-negara Asia Tenggara (ASEAN), tetapi juga di dunia. Bank Dunia bahkan menempatkan Indonesia sebagai salah satu dari 10 ekonomi terbesar di dunia, dengan produk domestik bruto (PDB) sebesar 2,06 triliun Dolar AS (dalam paritas daya beli (PPP)) dan berkontribusi sebesar 2,3% dari PDB dunia pada tahun 2011.[1]

Untuk mempertahankan dan meningkatkan pertumbuhan ekonominya, Indonesia bisa mengambil pelajaran dari studi Peringkat Daya Saing dan Simulasi untuk 33 Provinsi di Indonesia oleh *Asia Competitiveness Institute* (ACI) di Bab 1.[2] Selain itu, ACI juga mengelompokkan 33 provinsi ke dalam enam wilayah, sesuai dengan pengelompokan koridor-koridor ekonomi di Masterplan Percepatan dan Perluasan Pembangunan Ekonomi Indonesia 2011–2025 (MP3EI).[3]

Terdapat beberapa alasan mengapa daya saing wilayah merupakan kelanjutan dari fokus awal yang bertumpu pada analisis per provinsi. Pertama, analisis berdasarkan kewilayahan diperlukan untuk mendorong pertumbuhan di setiap wilayah, menyebarkan pusat pertumbuhan ke seluruh Indonesia. Ini terkait dengan upaya mendorong daya saing daerah dan pembangunan yang menyeluruh, yang selanjutnya akan berkontribusi pada naiknya daya saing nasional.[4] Wilayah barat — terutama Jawa dan Sumatera — cenderung lebih maju dibandingkan wilayah timur Indonesia. Konsentrasi perekonomian yang terlalu bertumpu pada satu atau dua wilayah ini memiliki kelemahan spasial, seperti yang terlihat dari beberapa moda transportasi yang mengalami kelebihan kapasitas dan munculnya masalah terkait dengan kualitas hidup sebab aspek kesinambungan diabaikan. Hal ini bisa dilihat dari skor DKI Jakarta yang relatif rendah untuk lingkup Kualitas Hidup dan Pembangunan Infrastruktur terlepas dari kapasitas finansial yang dimiliki untuk dapat mencapai hasil yang lebih baik. Jika ketimpangan ini tidak diperkecil, wilayah yang kurang berkembang akan mengalami kemunduran dengan insfrastruktur serba terbatas yang mengurangi potensi mereka.

Kedua, pendekatan klaster[5] yang menggolongkan provinsi berdasarkan karakteristik serupa memberikan kesempatan kepada setiap wilayah untuk mengambil manfaat dari skala ekonomi (*economies of scale*) dan efek jaringan (*network effects*) dengan kerjasama sebagai satu tim. Konektivitas antarprovinsi yang berdekatan

---

[1] World Bank, *Purchasing Power Parities and Real Expenditures of World Economies: Summary of Results and Findings of the 2011 International Comparison Program* (Washington: World Bank Publications, 2014), 35.

[2] Studi pada daya saing sub-nasional telah menarik perhatian di antara pembuat kebijakan dan akademisi seiring dengan relevansi praktisnya. Tinjauan pustaka yang relevan termasuk: M.E. Porter, "The Economic Performance of Regions," *Regional Studies* Vol. 37 No. 6&7 (2003): 549–578; M. Kitson, Ron Martin, dan Peter Tyler, "Regional Competitiveness: An Elusive Yet Key Concept?," *Regional Studies* Vol. 38 No. 9 (2004): 991–999; dan Christian Ketels, "Recent Research on Competitiveness and Clusters: What Are the Implications for Regional Policy?," *Cambridge Journal of Regions, Economy and Society* Vol. 6 (2013): 269–284.

[3] Kementerian Koordinator Bidang Perekonomian, *Masterplan Percepatan dan Perluasan Pembangunan Ekonomi Indonesia 2011–2025 (MP3EI)* (Jakarta: Kementerian Koordinator Bidang Perekonomian, 2011).

[4] Organisation for Economic Cooperation and Development (OECD), *Regional Development Policy Trends in OECD Member Countries* (OECD Publishing, 2010) menjelaskan secara lebih rinci perubahan paradigma kebijakan pembangunan regional.

[5] Sistem klaster mulai digagas pada konteks industri. Klaster memberikan akses untuk menjangkau sumber daya, teknologi dan pasar. Untuk lebih rinci, lihat M. J. Enright, "The Globalisation of Competition and the Location of Competitive Advantage: Policies Towards Regional Clustering," di *The Globalisation of Multinational Enterprise Activity and Economic Development*, ed. N. Hood dan S. Young (London: MacMillan, 2000), 303–331; M.E. Porter, "Location, Competition, and Economic Development: Local Clusters in a Global Economy," *Economic Development Quarterly* Vol. 14 No. 1 (2000): 15–34; dan M. E. Porter, *On Competition* (Boston MA: Harvard Business School, 1998).

memerlukan kerjasama dalam wilayah tersebut untuk menyediakan insfrastruktur yang mendukung distribusi barang dan jasa yang efektif dan efisien. Analisis daya saing ACI pada 33 provinsi Indonesia mengidentifikasi perlunya analisis berdasarkan 'pengelompokan provinsi' selain analisis yang dilakukan di level setiap provinsi.[6] Ketergantungan ekonomi antar setiap anggota kelompok menciptakan sebuah insentif untuk menyelaraskan tujuan menjadi entitas ekonomi yang solid, yang merupakan hasil dari efek aglomerasi. Inisiatif klaster serupa telah diadopsi di negara lain, contohnya *Pearl River Delta* di Tiongkok sebagai klaster manufaktur dan perdagangan yang mencakup Provinsi Guangdong, Daerah Administrasi Khusus Hong Kong dan Macau.

Ketiga, klasifikasi wilayah menggeser fokus pembangunan dari provinsi tertentu. Warisan dari pemerintahan dengan sistem *top-down* di masa lalu telah menciptakan ketidakseimbangan dalam pembangunan yang hanya menguntungkan ibu kota dan provinsi sekitarnya. Ini terlihat jelas dari analisis peringkat provinsi dengan tingginya skor DKI Jakarta di hampir setiap aspek daya saing. Selisih yang signifikan dengan provinsi berikutnya menunjukkan adanya ketergantungan yang besar kepada DKI Jakarta sebagai pendorong daya saing nasional. Daya saing provinsi tetangganya — contohnya Jawa Barat, Jawa Timur, dan Jawa Tengah — turut naik, seperti yang terlihat dari posisi mereka yang berada di kelompok 10 teratas. Namun, efek limpahan (*spillover*) dapat menjadi lebih besar dengan lebih banyaknya klaster potensial yang berdaya saing.

Oleh karena itu, analisis ACI pada tingkat wilayah akan memetakan daya saing di tiap wilayah dan mengidentifikasi langkah kebijakan untuk memperbaiki kelemahan dan meningkatkan kekuatan. Kerangka kewilayahan seperti yang diidentifikasi dalam MP3EI ditelusuri secara lebih rinci. Bagian 2 melengkapi metodologi yang digambarkan di Bab 1 dengan menjabarkan rincian mengenai agregasi untuk menghasilkan skor wilayah. Bagian 3 memotret peringkat Daya Saing Keseluruhan ACI dan empat lingkupnya. Selain penyebaran kuantitatif berdasarkan skor wilayah, penyebaran geografis dan sub-lingkup juga disertakan. Penyebaran sub-lingkup mengidentifikasi pendorong daya saing setiap wilayah yang bisa digunakan sebagai pelajaran antara satu sama lain.

Kerangka daya saing untuk setiap wilayah di Bab 3 hingga 8 memberikan strategi pembangunan berdasarkan hasil daya saing empiris ACI, dengan memperhitungkan MP3EI secara keseluruhan dan membaginya menjadi enam wilayah. ACI sebagai lembaga penelitian (*think-tank*) yang netral menawarkan perspektif dan penilaian independen untuk meningkatkan implementasi kebijakan regional dalam konteks pertumbuhan berbasis kewilayahan.

1.2 Masterplan Percepatan dan Perluasan Pembangunan Ekonomi Indonesia 2011–2025 (MP3EI)

MP3EI merupakan dokumen kerja yang terintegrasi dan melengkapi rencana pembangunan nasional dan provinsi yang sudah ada. Guna mencapai aspirasi untuk meraih PDB per kapita 14.250–15.500 dolar AS di tahun 2025, MP3EI mengambil pendekatan *not business as usual* untuk mengakselerasi dan memperluas pembangunan ekonomi di Indonesia.

MP3EI menyadari pentingnya penciptaan pusat-pusat ekonomi baru selain yang sudah ada dan terpusat di Jawa. Hal ini bertujuan untuk merealisasikan visi Indonesia yang mandiri, maju, adil dan sejahtera. Tentunya, semua jajaran pemerintahan memainkan peranan penting untuk mempelopori dan mendorong pihak-pihak terkait untuk menyelaraskan penerapan MP3EI dengan rencana pembangunan daerah.

Dengan ambisi besar untuk menempatkan Indonesia sebagai pemasok makanan utama dunia, pusat pertanian, perikanan, sumber daya alam dan logistik global di tahun 2025, MP3EI didukung oleh tiga pilar. Pertama, pengembangan potensi ekonomi dari enam koridor ekonomi dengan menciptakan pusat-pusat pembangunan, kelompok industri dan zona ekonomi khusus berdasarkan komoditas utama. Fokus pembangunan dibagi menjadi delapan program utama — pertanian, perikanan, pertambangan, energi, manufaktur, telekomunikasi, pariwisata dan pengembangan area strategis dengan total 22 aktivitas ekonomi utama. Rincian tematik dan komposisi provinsi dari enam koridor ekonomi diperlihatkan pada Tabel 2.1, sementara Gambar 2.1 menunjukkan lokasi masing-masing koridor dalam peta.

[6]Tan Khee Giap *et al.*, *Competitiveness Analysis and Development Strategies for 33 Indonesian Provinces* (Singapore: World Scientific Publishing, 2013), 12. Artikel di jurnal ilmiah bisa dilihat di Tan Khee Giap dan Mulya Amri, "Subnational Competitiveness and National Performance: Analysis and Simulation for Indonesia," *Journal of Centrum Cathedra: The Business and Economics Research Journal* Vol. 6 No. 2 (2013): 173–192.

Tabel 2.1. Tema dan Komposisi Enam Koridor Ekonomi

Koridor Ekonomi
Koridor Ekonomi Sumatera *"Sentra produksi dan pengolahan hasil bumi dan lumbung energi nasional"* Aceh, Sumatera Utara, Sumatera Barat, Riau, Kepulauan Riau, Kepulauan Bangka Belitung, Jambi, Bengkulu, Sumatera Selatan dan Lampung
Koridor Ekonomi Jawa *"Pendorong industri dan jasa nasional"* Banten, DKI Jakarta, Jawa Barat, Jawa Tengah, DI Yogyakarta dan Jawa Timur
Koridor Ekonomi Kalimantan *"Pusat produksi dan pengolahan hasil tambang dan lumbung energi nasional"* Kalimantan Barat, Kalimantan Tengah, Kalimantan Selatan dan Kalimantan Timur
Koridor Ekonomi Sulawesi *"Pusat produksi dan pengolahan hasil pertanian, perkebunan, perikanan, minyak dan gas bumi dan pertambangan nasional"* Sulawesi Utara, Sulawesi Tengah, Gorontalo, Sulawesi Barat, Sulawesi Tenggara dan Sulawesi Selatan
Koridor Ekonomi Bali-Nusa Tenggara *"Pintu gerbang pariwisata dan pendukung pangan nasional"* Bali, Nusa Tenggara Barat dan Nusa Tenggara Timur
Koridor Ekonomi Maluku-Papua *"Pusat pengembangan pangan, perikanan, energi dan pertambangan nasional"* Maluku, Maluku Utara, Papua dan Papua Barat

Sumber: Kementerian Koordinator Bidang Perekonomian

Gambar 2.1. Peta Enam Koridor Ekonomi

Sumber: Asia Competitiveness Institute

Pembangunan koridor ekonomi tersebut diharapkan dapat memberikan penekanan baru bagi pembangunan ekonomi berdasarkan asas kewilayahan, yang nantinya akan:[7]

1. Meningkatkan produktivitas dan penambahan nilai dari pengelolaan sumber daya alam melalui perluasan dan penciptaan rantai kegiatan dari hulu ke hilir yang berkelanjutan;
2. Memfokuskan pada pembangunan ekonomi yang beragam dan inklusif, menyambungkan koridor ekonomi dengan wilayah-wilayah lain untuk menciptakan peluang berdasarkan potensi dan keunggulan daerah;

[7] Kementerian Koordinator Bidang Perekonomian, *Masterplan Percepatan dan Perluasan Pembangunan Ekonomi Indonesia 2011–2025 (MP3EI).*

3. Menyinergikan pembangunan sektoral dan regional untuk meningkatkan keunggulan komparatif dan kompetitif secara nasional, regional dan global;
4. Mengintegrasikan sarana transportasi dan logistik, juga sistem komunikasi dan informasi untuk membuka akses daerah;
5. Memberikan insentif fiskal dan nonfiskal, kemudahan peraturan, izin dan pelayanan publik yang optimal dari pemerintahan pusat dan daerah untuk mendukung pembangunan.

Kedua, memperkuat konektivitas nasional sepanjang kepulauan Indonesia. MP3EI mengusulkan berbagai proyek infrastruktur andalan dan mengawasi implementasinya. Berbagai upaya untuk menarik partisipasi aktif dari sektor swasta dan mengurangi berbagai rintangan (*debottleneck*) pada tahap implementasi dilakukan melalui reformasi kebijakan dan peraturan. Hal ini diperlukan untuk membangun konektivitas daerah dan konektivitas global untuk memajukan perdagangan internasional. Terakhir, memperkuat sumber daya manusia, ilmu pengetahuan dan kapabilitas teknologi dimana Indonesia diperkirakan akan bergerak maju di rantai penambahan nilai dan akan kemudian menjadi ekonomi berbasis inovasi.

Secara menyeluruh, MP3EI bertujuan untuk mempercepat dan mengembangkan pembangunan ekonomi Indonesia yang lebih inklusif dan tersebar ke seluruh penjuru negeri. Sebagai bukti pergeseran dari Jawa-sentris ke pembangunan yang lebih menyeluruh, pertumbuhan ekonomi di Koridor Ekonomi Jawa akan disesuaikan dengan rencana pembangunan jangka menengah nasional. Hal ini memungkinkan koridor lain untuk menghasilkan tingkat pertumbuhan yang lebih tinggi dalam implementasi MP3EI. Selain itu, berdasarkan rencana peresmian tahun 2014 dari Kementerian Koordinator Bidang Perekonomian, nilai investasi tertinggi untuk sektor riil dan infrastruktur masing-masing didedikasikan pada proyek yang berlokasi di Koridor Ekonomi Kalimantan dan Sumatera.

Presiden Joko Widodo juga menyoroti ketidakseimbangan pembangunan daerah yang berujung pada ketimpangan harga yang tinggi antara Jawa dan Papua. Kurangnya konektivitas dianggap menjadi salah satu alasan tertahannya pertumbuhan di kawasan timur Indonesia. Ke depannya, Presiden Joko Widodo menetapkan target pertumbuhan tahunan 7%. Pemerintah pusat telah mengidentifikasi proyek-proyek infrastruktur kunci untuk mencapai tujuan tersebut. Proyek-proyek yang terkait dengan peningkatan infrastruktur logistik dan energi antara lain adalah:[8]

1. *Maritim*: pembangunan 24 pelabuhan baru dan 60 pelabuhan penyeberangan, meningkatkan jumlah kapal (kargo perintis, kapal pengangkut, kapal penyeberangan perintis dan kapal patroli) dan revitalisasi industri galangan kapal.
2. *Transportasi udara*: pembangunan 15 bandara baru dan fasilitas kargo udara di enam lokasi dan meningkatkan jumlah pesawat perintis.
3. *Jalan*: pembangunan 2.650 km jalan baru, 1.000 km jalan tol baru dan rehabilitasi 46.770 km jalan yang sudah ada.
4. *Rel kereta*: pembangunan rel baru di Jawa, Sumatera, Sulawesi dan Kalimantan yang termasuk 2.159 km rel antarkota dan 1.099 km rel dalam kota.
5. *Transportasi kota*: pembangunan *Bus Rapid Transit* (BRT) di 29 kota dan *Mass Rapid Transit* (MRT) di enam kota metropolitan dan 17 kota besar.
6. *Listrik*: target elektrifikasi 96,6% di tahun 2019 dan pembangunan pembangkit listrik dengan kapasitas total 35.000 MW.
7. *Sistem irigasi*: pembangunan 33 bendungan baru dan 30 pembangkit listrik tenaga air, ekspansi 1 juta hektar dan rehabilitasi sistem irigasi yang sudah ada.
8. *Produksi minyak*: membangun kilang minyak baru dengan kapasitas 2 × 300.000 barel dan ekspansi kilang minyak yang berada di Cilacap dan Balongan.

---

[8] Luky Eko Wuryanto, "Accelerating Infrastructure Development Programmes and Expected Roles of AIIB" (Presentasi di 2014 Annual Asia Competitiveness Institute Conference on "Competitiveness Analysis of 112 Asian Economies, Asia Economic Connectivity, Liveable Cities Index for 100 Greater China Cities and Cost of Living Index for Expatriates and Ordinary Residents," Singapore, 26–27 November, 2014).

Presiden Joko Widodo juga menegaskan visi poros maritimnya di forum *East Asia Summit* di Naypyitaw, Myanmar pada tanggal 13 November 2014. Doktrin maritim tersebut terdiri dari lima pilar:[9]

1. Membangkitkan budaya maritim Indonesia seiring dengan kondisi geografis negara kelautan yang membentuk identitas dan penghidupan masyarakatnya.
2. Meningkatkan manajemen kelautan dan perikanan Indonesia dengan membangun industri perikanan, kedaulatan dan ketahanan pangan berbasis maritim.
3. Meningkatkan infrastruktur pelabuhan, industri pelayaran dan pariwisata maritim untuk mendukung ekonomi maritim.
4. Melalui diplomasi maritim, Indonesia akan bekerja sama dengan pemangku kepentingan lainnya dalam mengatasi konflik yang disebabkan oleh penangkapan ikan secara ilegal, pelanggaran kedaulatan, perselisihan teritori, pembajakan, dan polusi laut.
5. Mendukung pertahanan maritim untuk menyokong kedaulatan dan kekayaan maritim guna memastikan keselamatan bernavigasi dan ketahanan maritim.

2. METODOLOGI PENELITIAN

Cara penyusunan peringkat daya saing wilayah serupa dengan metodologi yang digunakan untuk menghitung peringkat daya saing provinsi pada Bab 1, ketika data untuk tiap indikator di tingkat wilayah sudah tersedia.[10] Karena setiap wilayah terdiri dari beberapa provinsi, masalah utama yang perlu dipecahkan untuk ekstensi analisis peringkat dari tingkat provinsi ke tingkat wilayah adalah agregasi data.

Banyak indikator yang digunakan di analisa peringkat provinsi bisa langsung diagregasikan untuk mendapatkan nilai indikator wilayah dengan menjumlahkan semua data provinsi di wilayah tersebut, selama indikatornya berdasarkan kuantitas absolut, seperti 1.1.01 Produk Domestik Regional Bruto (PDRB) dan 4.1.01 Jumlah Penduduk.

Indikator-indikator yang didefinisikan sebagai rasio perhitungan dilakukan berdasarkan definisi terkait, yaitu dengan menjumlahkan kuantitas absolut seperti yang telah didefinisikan (contohnya menjumlahkan angka penyebut dan pembilang terlebih dahulu). Sebagai ilustrasi, di bawah ini adalah tiga metode agregasi data untuk memperoleh nilai indikator wilayah. Contoh pertama adalah indikator 1.1.01 yaitu PDRB. Mengingat bahwa PDRB adalah berdasarkan kuantitas absolut, nilai setiap wilayah dapat diperoleh dengan menjumlahkan nilai dari PDRB semua provinsi di wilayah tersebut. Contoh kedua adalah 2.1.03 Pendapatan Pajak per Pendapatan Total Pemda. Berdasarkan definisi, indikator tersebut dihitung sebagai rasio dari pendapatan pajak dan pendapatan pemerintah daerah di wilayah tersebut. Mengingat bahwa angka penyebut dan pembilangnya memiliki kuantitas absolut, angka-angka tersebut dijumlahkan untuk seluruh provinsi di dalam satu wilayah untuk mendapatkan nilai wilayah. Rasio tersebut selanjutnya dihitung dari nilai-nilai yang diperoleh sebelumnya sehingga menghasilkan nilai wilayah untuk indikator 2.1.03 Pendapatan Pajak per Pendapatan Total Pemda. Contoh ketiga menggunakan penghitungan rata-rata tertimbang di tingkat wilayah berdasarkan jumlah populasi di setiap provinsi di wilayah tersebut. Ini berlaku pada indikator yang didapat dari survei ACI dan juga indikator yang dihitung sebagai persentase rumah tangga dari sumber resminya, seperti contoh 4.2.01 Jumlah Sambungan Telepon.

Pendekatan 1: 1.1.01 PDRB; Satuan: Rupiah (Juta), atas dasar Harga Konstan Tahun 2000

Untuk Wilayah *A* dengan *n* provinsi pada waktu *t*,

$$\mathrm{PDRB}_{A,t} = \sum_{i=1}^{n} \mathrm{PDRB}_{i,t}$$

[9] Adelle Neary, "Jokowi Spells Out Vision for Indonesia's Global Maritime Nexus," *Centre for Strategic and International Studies: Southeast Asia from Scott Circle* Vol. V No. 24 (November 2014): 1–4.

[10] Untuk analisis 33 provinsi di Indonesia, ACI menggunakan 104 indikator. Kalimantan Utara, provinsi yang dibentuk di tahun 2012, tidak termasuk karena data belum tersedia.

Pendekatan 2: 2.1.03 Pendapatan Pajak per Pendapatan Total Pemda; Satuan: Rasio Pendapatan Pajak Terhadap Pendapatan Total Pemda

Untuk Wilayah *A* dengan *n* provinsi pada waktu *t*,

$$\text{Pendapatan Pajak per Pendapatan Total Pemda}_{A,t} = \frac{\sum_{i=1}^{n} \text{Pendapatan Pajak}_{i,t}}{\sum_{i=1}^{n} \text{Pendapatan Total Pemda}_{i,t}} \times 100$$

Pendekatan 3: 4.2.01 Jumlah Sambungan Telepon; Satuan: Persentase Rumah Tangga

Untuk Wilayah *A* dengan *n* provinsi pada waktu *t*,

$$\text{Jumlah Sambungan Telepon}_{A,t} = \sum_{i=1}^{n} \left(\text{Jumlah Sambungan Telepon}_{i,t} \times \frac{\text{Populasi}_{i,t}}{\sum_{i=1}^{n} \text{Populasi}_{i,t}} \right)$$

Daftar lengkap indikator-indikator yang digunakan dalam analisis daya saing kewilayahan dapat dilihat di Lampiran 1. Algoritma penghitungan peringkat daya saing dapat dilihat di Lampiran 2. Penjelasan mengenai perolehan data indikator wilayah dari data provinsi dapat dilihat di Lampiran 3. Ketika proses agregasi data sudah dilakukan, analisis peringkat daya saing kewilayahan dilakukan dengan mengikuti prosedur penghitungan yang tertera di Lampiran 2.

3. ANALISIS PERINGKAT DAYA SAING WILAYAH ACI

Bagian ini memperlihatkan temuan dari peringkat dan skor daya saing wilayah. Hal ini mencakup Daya Saing Keseluruhan dan keempat lingkup — Stabilitas Ekonomi Makro, Perencanaan Pemerintahan dan Institusi, Kondisi Finansial, Bisnis dan Tenaga Kerja dan Kualitas Hidup dan Pembangunan Infrastuktur. Selain itu, analisis jaring daya saing maksimum dan median berdasarkan 12 sub-lingkup akan dijabarkan.

Serupa dengan metodologi yang digunakan untuk peringkat provinsi, Daya Saing Keseluruhan diperoleh dari empat lingkup dan masing-masing lingkup adalah agregasi dari tiga sub-lingkup. ACI mengadposi enam klasifikasi wilayah seperti tertuang dalam MP3EI. Mereka adalah Wilayah Sumatera, Wilayah Jawa, Wilayah Kalimantan, Wilayah Sulawesi, Wilayah Bali-Nusa Tenggara dan Wilayah Maluku-Papua.

3.1 Peringkat Daya Saing Enam Wilayah — Peringkat dan Skor Berdasarkan Lingkup[11]

Penyebaran Kuantitatif — Daya Saing Keseluruhan

Tabel 2.2 memperlihatkan peringkat dan skor terstandardisasi untuk Daya Saing Keseluruhan. Mengikuti hasil dari analisis provinsi, Wilayah Jawa unggul dengan skor besar 1,7233. Hal ini tidak mengejutkan karena lima dari enam provinsi di Wilayah Jawa berada di kelompok 10 besar. Wilayah Kalimantan mengikuti Wilayah Jawa pada posisi kedua dengan skor 0,6511. Wilayah dengan kinerja rata-rata adalah Sulawesi pada posisi ketiga dan Sumatera pada posisi keempat, dengan skor mendekati nol (masing-masing –0,0392 dan –0,0741).

Jarak antara Wilayah Jawa pada posisi teratas dan Wilayah Maluku-Papua pada posisi terbawah tidak sedramatis yang terlihat pada peringkat provinsi antara DKI Jakarta di posisi pertama dan Maluku Utara di posisi ke-33.

[11] Hasil daya saing tahun 2014 berdasarkan data yang diperbaharui di tahun 2011 dan survei ACI yang dilakukan di tahun 2013. Keterlambatan data tersebut dikarenakan oleh waktu yang diperlukan sampai akhirnya angka tetap data terkait dipublikasikan, untuk selanjutnya dianalisa.

Tabel 2.2. Daya Saing Keseluruhan Tahun 2014: Peringkat dan Skor

Peringkat	Wilayah	Skor
1	Wilayah Jawa	1,7233
2	Wilayah Kalimantan	0,6511
3	Wilayah Sulawesi	–0,0392
4	Wilayah Sumatera	–0,0741
5	Wilayah Bali-Nusa Tenggara	–0,9839
6	Wilayah Maluku-Papua	–1,2772

Sumber: Asia Competitiveness Institute

Gambar 2.2. Peta Peringkat Daya Saing Keseluruhan Tahun 2014

Sumber: Asia Competitiveness Institute

Bahkan, persebaran skor kewilayahan cenderung simetris karena DKI Jakarta yang dianggap sebagai *outlier* dikelompokkan bersama dengan provinsi lain di Wilayah Jawa yang skornya tidak condong ke atas. Walau demikian, terdapat perbedaan skor yang signifikan antara wilayah dengan kinerja rata-rata, Sulawesi dan Sumatera, dan dua wilayah terakhir, Bali-Nusa Tenggara dan Maluku-Papua (masing-masing –0,9839 dan –1,2772).

Penyebaran Geografis — Daya Saing Keseluruhan

Gambar 2.2 menggambarkan komposisi wilayah berdasarkan skor daya saing masing-masing. Perbedaan warna, dari gelap ke terang digunakan untuk menandakan tingkat daya saing mereka.

Peta geografis untuk Daya Saing Keseluruhan pada Gambar 2.2 memperlihatkan pola yang jelas. Walaupun Wilayah Jawa masih memegang posisi teratas, Wilayah Kalimantan, yang bukan bagian dari kawasan barat Indonesia, menempati posisi kedua. Wilayah Sumatera, yang sering disebut-sebut sebagai rekanan Wilayah Jawa sebagai mesin pembangunan di kawasan barat Indonesia, berada di posisi keempat, satu peringkat di bawah Wilayah Sulawesi. Kurangnya kinerja Wilayah Sumatera disebabkan oleh adanya tiga provinsi di kelompok 10 terbawah yang mengakibatkan lemahnya daya saing wilayah tersebut.

Penyebaran Kuantitatif — Stabilitas Ekonomi Makro

Tabel 2.3 kembali memperlihatkan disparitas antara kawasan barat Indonesia, yang diwakili oleh Wilayah Jawa dan Wilayah Sumatera, dengan kawasan timur. Kebijakan ekonomi pada tahun 1980-an menghasilkan

Tabel 2.3. Stabilitas Ekonomi Makro Tahun 2014: Peringkat dan Skor

Peringkat	Wilayah	Skor
1	Wilayah Jawa	2,0461
2	Wilayah Sumatera	0,1112
3	Wilayah Kalimantan	0,0350
4	Wilayah Sulawesi	–0,3896
5	Wilayah Maluku-Papua	–0,7943
6	Wilayah Bali-Nusa Tenggara	–1,0085

Sumber: Asia Competitiveness Institute.

industrialisasi berorientasi ekspor yang terkonsentrasi di Jawa.[12] Hal ini menyebabkan besarnya pencapaian Wilayah Jawa, tidak hanya dari askpek ekonomi makro namun juga aspek lainnya.

Walaupun didominasi oleh wilayah barat, terdapat kesenjangan yang lebar antara skor tinggi Wilayah Jawa 2,046 dan skor Wilayah Sumatera 0,1112. Kesenjangan dalam konteks ini lebih tinggi dibandingkan kesenjangan pada Daya Saing Keseluruhan (Tabel 2.2) antara Wilayah Jawa dan Wilayah Kalimantan. Bab 4 kembali menegaskan keunggulan historis Wilayah Jawa sebagai pusat aktivitas ekonomi di Indonesia. Tak diragukan bahwa keadaaan ini menarik investasi ke wilayah tersebut, yang digunakan untuk meningkatkan infrastuktur keras dan lunak. Secara keseluruhan, Wilayah Jawa mendapat manfaat dari warisan kebijakan ekonomi di era pemerintahan sebelumnya yang mendukung wilayah tersebut untuk meningkatkan postur daya saingnya.

Untuk lingkup Stabilitas Ekonomi Makro, Wilayah Kalimantan menempati posisi ketiga dengan skor 0,0350 sebagai wilayah dengan kinerja rata-rata. Karena Wilayah Jawa menarik skor terstandardisasi ke arah atas, skor rata-rata menjadi lebih tinggi dibandingkan dengan skor median, diperoleh dari nilai tengah antara posisi ketiga dan keempat, yang berada pada posisi negatif (–0,1773). Wilayah yang terletak di kawasan timur Indonesia masih tertinggal, dengan Wilayah Maluku-Papua di peringkat kelima dan Wilayah Bali-Nusa Tenggara di peringkat keenam.

Penyebaran Sub-Lingkup — Stabilitas Ekonomi Makro

Untuk memahami faktor-faktor pendorong dari peringkat dan skor Stabilitas Ekonomi Makro setiap wilayah, skor sub-lingkup diperlihatkan pada Gambar 2.3.

Pada posisi pertama, Wilayah Jawa secara konsisten unggul dalam semua aspek. Sebagai wilayah dengan tingkat urbanisasi dan industrialisasi yang tinggi dan besarnya kelas menengah, Wilayah Jawa meraih skor tertinggi di sub-lingkup Daya Tarik terhadap Investasi Asing (2,062).

Sebagai wilayah dengan kinerja terbawah, titik terlemah Maluku-Papua adalah Daya Tarik terhadap Investasi Asing (–1,041) seperti terlihat dari rendahnya investasi, baik dari dalam maupun luar negeri. MP3EI juga menyoroti situasi ini yang kurang lebih disebabkan oleh tingginya risiko investasi, rendahnya kepastian berusaha dan kurangnya infrastruktur.

Penyebaran Kuantitatif — Perencanaan Pemerintahan dan Institusi

Terlepas dari dominasi Wilayah Jawa pada Daya Saing Keseluruhan (Tabel 2.2) dan Stabilitas Ekonomi Makro (Tabel 2.3), kesenjangan skor antara Wilayah Jawa dan wilayah lainnya tidak terlalu terlihat pada Perencanaan Pemerintah dan Institusi. Di Tabel 2.4, skor Wilayah Sulawesi di posisi kedua (0,7733) tidak terlampau jauh dari Wilayah Jawa. Perbedaan antara Wilayah Sulawesi dan Kalimantan cukup tipis. Komitmen dari pemerintah

[12] Hal Hill, B.P. Resosudarmo dan Yogi Vidyattama, "Economic Geography of Indonesia: Location, Connectivity, and Resources," di *Reshaping Economic Geography in East Asia*, ed. Yukon Huang dan A. M. Bocchi (Washington DC: World Bank Publications, 2008), 115–134.

Gambar 2.3. Sub-Lingkup Stabilitas Ekonomi Makro Tahun 2014

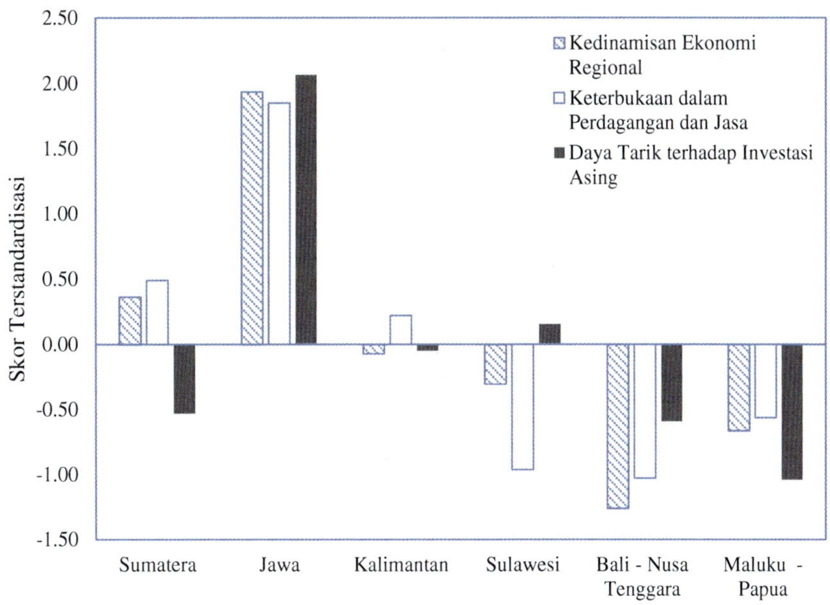

Sumber: Asia Competitiveness Institute

Tabel 2.4. Perencanaan Pemerintah dan Institusi Tahun 2014: Peringkat dan Skor

Peringkat	Wilayah	Skor
1	Wilayah Jawa	1,4124
2	Wilayah Sulawesi	0,7733
3	Wilayah Kalimantan	0,5582
4	Wilayah Sumatera	–0,4219
5	Wilayah Bali-Nusa Tenggara	–0,8284
6	Wilayah Maluku-Papua	–1,4937

Sumber: Asia Competitiveness Institute

daerah dan adanya kerangka institusional yang kondusif merupakan komponen penting untuk memperkuat pencapaian daya saing yang lebih tinggi.

Karena Wilayah Jawa, Sulawesi dan Kalimantan mendapatkan skor di atas rata-rata, median lingkup ini menjadi positif atau di atas rata-rata. Selain itu, penyebaran skor di lingkup ini juga cukup simetris, dari Wilayah Jawa (1,4214) pada posisi pertama hingga ke Wilayah Maluku-Papua (–1,4937) di posisi terbawah.

Penyebaran Sub-Lingkup — Perencanaan Pemerintah dan Institusi

Gambar 2.4 memberikan gambaran kinerja masing-masing sub-lingkup yang beragam. Wilayah Jawa berada di posisi teratas, didukung oleh tingginya skor Kebijakan Pemerintah dan Ketahanan Fiskal. Meskipun dua sub-lingkup lainnya masih berada di atas rata-rata, skornya relatif rendah. Sebagai perbandingan, kekuatan Wilayah Sulawesi berada pada Institusi, Pemerintahan dan Kepemimpinan dan Persaingan, Standar Regulasi dan Penegakan Hukum, dengan skor di atas Wilayah Jawa. Kontribusi besar dari kedua sub-lingkup ini juga merupakan katalis bagi Wilayah Kalimantan untuk meraih posisi ketiga.

Kinerja Wilayah Sumatera dengan skor di atas rata-rata hanyalah di Kebijakan Pemerintah dan Ketahanan Fiskal, sementara lemahnya sub-lingkup Persaingan, Standar Regulasi dan Penegakan Hukum menjadi penghambat untuk daya saing Wilayah Bali-Nusa Tenggara. Semua sub-lingkup di Wilayah Maluku-Papua memiliki skor yang rendah, dengan Institusi, Pemerintahan dan Kepemimpinan mencatat skor terendah.

Gambar 2.4. Sub-Lingkup Perencanaan Pemerintah dan Institusi Tahun 2014

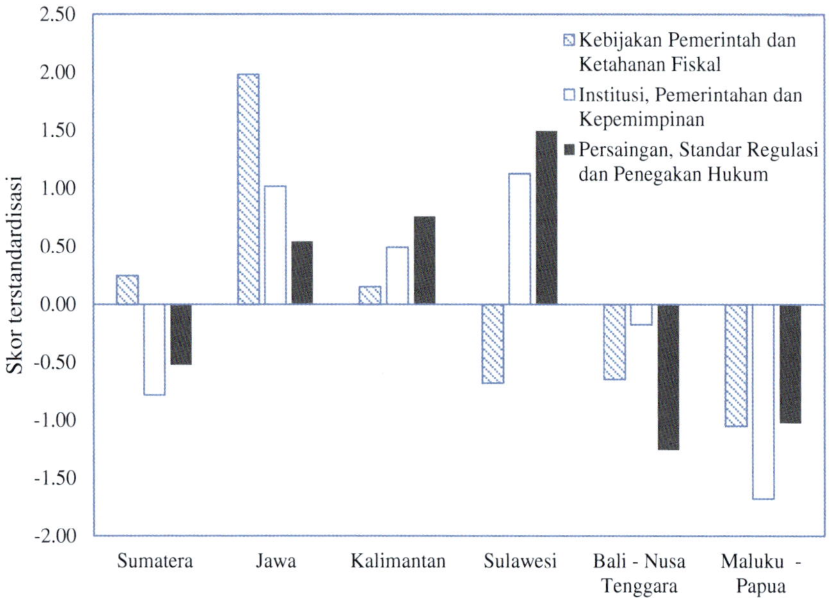

Sumber: Asia Competitiveness Institute

Tabel 2.5. Kondisi Finansial, Bisnis dan Tenaga Kerja Tahun 2014: Peringkat dan Skor

Peringkat	Wilayah	Skor
1	Wilayah Jawa	1,6700
2	Wilayah Kalimantan	1,0027
3	Wilayah Maluku-Papua	–0,3552
4	Wilayah Sumatera	–0,3940
5	Wilayah Sulawesi	–0,7693
6	Wilayah Bali-Nusa Tenggara	–1,1543

Sumber: Asia Competitiveness Institute

Penyebaran Kuantitatif — Kondisi Finansial, Bisnis dan Tenaga Kerja

Berdasarkan Tabel 2.5, Wilayah Jawa secara konsisten berada di posisi pertama. Selisih antara Wilayah Jawa dan Wilayah Kalimantan pada lingkup Kondisi Finansial, Bisnis dan Tenaga Kerja cukup kecil dibandingkan dengan lingkup Daya Saing Keseluruhan dan Stabilitas Ekonomi Makro (Tabel 2.2 dan Tabel 2.3). Walaupun demikian, perbedaan signifikan ditemukan antara Wilayah Kalimantan pada posisi kedua dan Maluku-Papua pada posisi ketiga. Peringkat ini bertentangan dengan dikotomi antara wilayah barat dan timur, karena kinerja Wilayah Kalimantan dan Maluku-Papua berada di atas Wilayah Sumatera yang masuk dalam klasifikasi Indonesia bagian barat bersama dengan Wilayah Jawa.

Penyebaran Sub-Lingkup — Kondisi Finansial, Bisnis dan Tenaga Kerja

Gambar 2.5 memperlihatkan kesamaan dan ketidakmerataan kontribusi dari tiga sub-lingkup yang membentuk skor Kondisi Finansial, Bisnis dan Tenaga Kerja untuk masing-masing wilayah. Untuk Wilayah Jawa, skor sub-lingkup Fleksibilitas Tenaga Kerja menempati posisi teratas (2,1337) hingga Wilayah Jawa menjadi satu-satunya wilayah yang mencatat skor positif pada sub-lingkup ini. Kekuatan Wilayah Jawa terletak pada banyaknya tenaga kerja dan peluang kerja. Walau upah minimum di DKI Jakarta meningkat, upah minimum di Jawa Timur dan Jawa Tengah masih tetap kompetitif. Wilayah Kalimantan berada di posisi kedua dan unggul di Kinerja

Gambar 2.5. Sub-Lingkup Kondisi Finansial, Bisnis dan Tenaga Kerja Tahun 2014

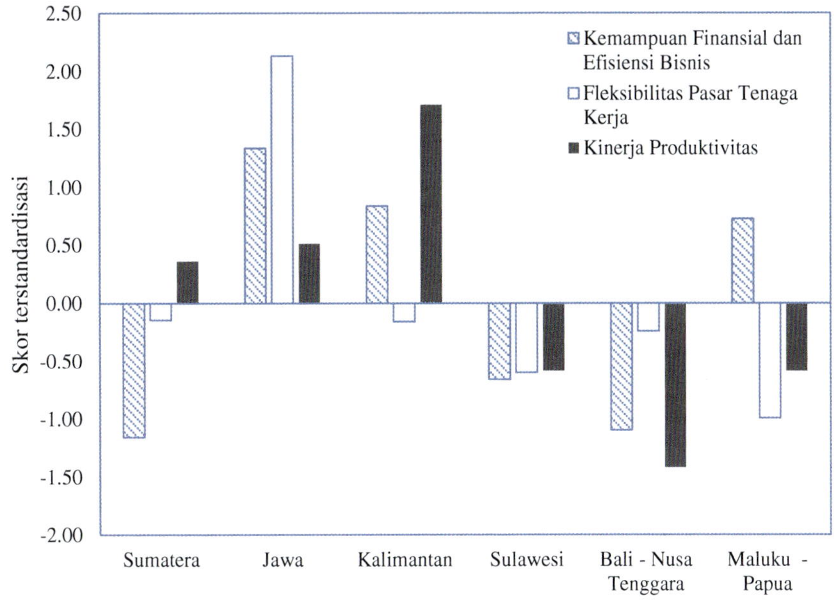

Sumber: Asia Competitiveness Institute

Tabel 2.6. Kualitas Hidup dan Pembangunan Infrastruktur Tahun 2014: Peringkat dan Skor

Peringkat	Wilayah	Skor
1	Wilayah Jawa	1,0603
2	Wilayah Kalimantan	0,7425
3	Wilayah Sumatera	0,4385
4	Wilayah Sulawesi	0,2448
5	Wilayah Bali-Nusa Tenggara	–0,5423
6	Wilayah Maluku-Papua	–1,9438

Sumber: Asia Competitiveness Institute

Produktivitas. Sementara itu, Wilayah Maluku-Papua memiliki Kemampuan Finansial dan Efisiensi Bisnis di atas rata-rata. Wilayah Bali-Nusa Tenggara masih tertinggal, disebabkan lemahnya Kinerja Produktivitas dan Kemampuan Finansial dan Efisiensi Bisnis.

Penyebaran Kuantitatif — Kualitas Hidup dan Pembangunan Infrastruktur

Di Tabel 2.6, Wilayah Jawa mempertahankan posisinya di peringkat teratas walaupun dengan skor terstandardisasi yang lebih rendah (1,0603). Hal ini berarti Wilayah Jawa mengalami kesulitan untuk menyeimbangkan antara kesuksesan di lingkup terkait dengan makro dan mikroekonomi yang berada di atas rata-rata (Stabilitas Ekonomi Makro dan Kondisi Finansial, Bisnis dan Tenaga Kerja) dengan upaya peningkatan kualitas hidup dan pembangunan yang baik bagi masyarakatnya. Skor Wilayah Jawa cukup dekat dengan wilayah kedua, Kalimantan, dengan skor 0,7425.

Adanya empat wilayah dengan skor terstandardisasi positif menandakan cukup meratanya lingkup Kualitas Hidup dan Pembangunan Infrastruktur di seluruh Indonesia. Walau demikian, masih terdapat kesenjangan di wilayah paling timur Indonesia, yaitu Wilayah Maluku-Papua, dengan skor yang sangat rendah (–1,9438).

Berbeda dengan Gambar 2.3–2.5, skor positif lebih banyak terlihat pada Gambar 2.6. Perlu diperhatikan bahwa Wilayah Jawa cukup lemah pada sub-lingkup Standar Hidup, Pendidikan dan Stabilitas Sosial. Pada tingkat indikator, terdapat beberapa bidang yang cukup memprihatinkan di Wilayah Jawa, termasuk aspek

Gambar 2.6. Sub-Lingkup Kualitas Hidup dan Pembangunan Infrastruktur Tahun 2014

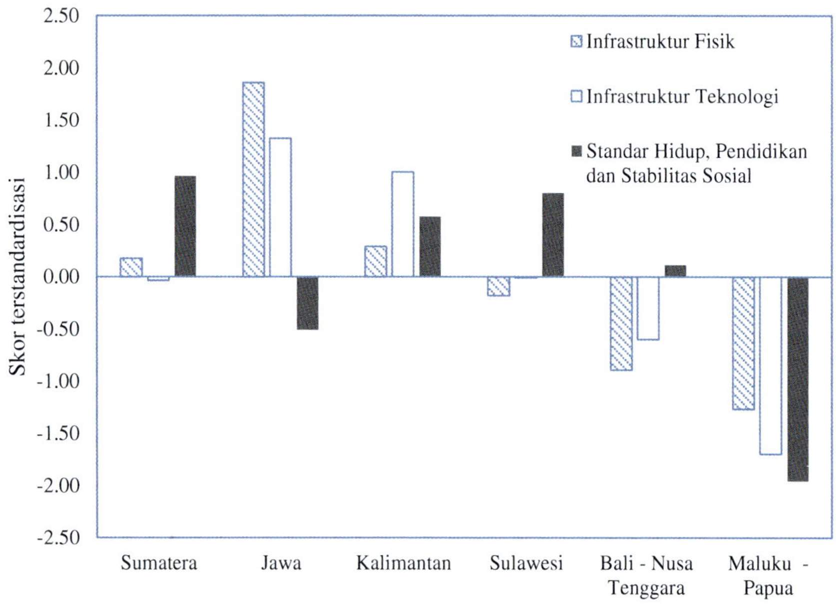

Sumber: Asia Competitiveness Institute

kualitas lingkungan hidup dan pelayanan publik untuk melayani jumlah penduduk yang relatif besar jika dibandingkan dengan wilayah lainnya. Wilayah seperti Sumatera, Sulawesi, dan Kalimantan memimpin dalam hal Kualitas Hidup, Pendidikan dan Stabilitas Sosial. Diskusi kebijakan antarwilayah dapat menjadi sarana bagi Jawa untuk belajar dari kesuksesan wilayah lainnya.

Wilayah Bali-Nusa Tenggara tertinggal di posisi kelima, ditandai dengan kurangnya infrastruktur fisik dan teknologi. Kesenjangan yang jauh antara Bali (di peringkat kedelapan daya saing provinsi) dan dua provinsi lainnya, Nusa Tenggara Barat (peringkat ke-26) dan Nusa Tenggara Timur (peringkat ke-32), menjadi pengingat perlunya pembangunan yang merata di dalam suatu wilayah. Terakhir, Wilayah Maluku-Papua memiliki skor paling rendah di semua sub-lingkup.

3.2 Analisis Jaring Daya Saing Median dan Maksimum

Untuk lebih memahami kekuatan dan kelemahan relatif dari wilayah dengan kinerja tertinggi (Jawa) dan wilayah dengan kinerja terendah (Maluku-Papua), pencapaian mereka perlu dibandingkan dengan skor median dan maksimum dari enam wilayah di 12 sub-lingkup (yang merupakan bagian dari empat lingkup). Gambar 2.7 memperlihatkan skor Wilayah Jawa (garis hijau pekat) dan Wilayah Maluku-Papua (garis biru titik-titik) untuk setiap sub-lingkup dibandingkan dengan skor median dari enam wilayah di Indonesia (garis merah putus-putus). Wilayah Jawa, yang menempati posisi pertama di Indeks Daya Saing Keseluruhan, unggul di semua sub-lingkup, kecuali Standar Hidup, Pendidikan dan Stabilitas Sosial yang berada di bawah skor median. Sebagai perbandingan, semua skor sub-lingkup Wilayah Maluku-Papua berada di bawah median, kecuali Kemampuan Finansial dan Efisiensi Bisnis. Sub-lingkup ini adalah kekuatan Wilayah Maluku-Papua dengan skor yang berbeda sedikit di bawah Wilayah Jawa, menandakan pentingnya peranan sektor swasta dalam meningkatkan daya saing.

Analisis Jaring Daya Saing Maksimum pada Gambar 2.8 menunjukkan seberapa besar skor maksimum dari setiap sub-lingkup (garis cokelat putus-putus) terkait dengan skor Wilayah Jawa (garis hijau pekat) dan Wilayah Maluku-Papua (garis biru titik-titik). Wilayah Jawa menjadi tolak ukur, mendapatkan skor tertinggi di delapan dari 12 sub-lingkup. Untuk Wilayah Maluku-Papua, mayoritas skornya berada jauh di bawah skor maksimum kecuali Kemampuan Finansial dan Efisiensi Bisnis yang hampir mendekati skor maksimum. Jarak terbesar antara skor Maluku-Papua dengan skor maksimum ditemukan pada Fleksibilitas Pasar Tenaga Kerja; Infrastruktur Fisik; dan Daya Tarik terhadap Investasi Asing.

Gambar 2.7. Analisis Jaring Daya Saing Median Tahun 2014: Wilayah Jawa dan Wilayah Maluku-Papua

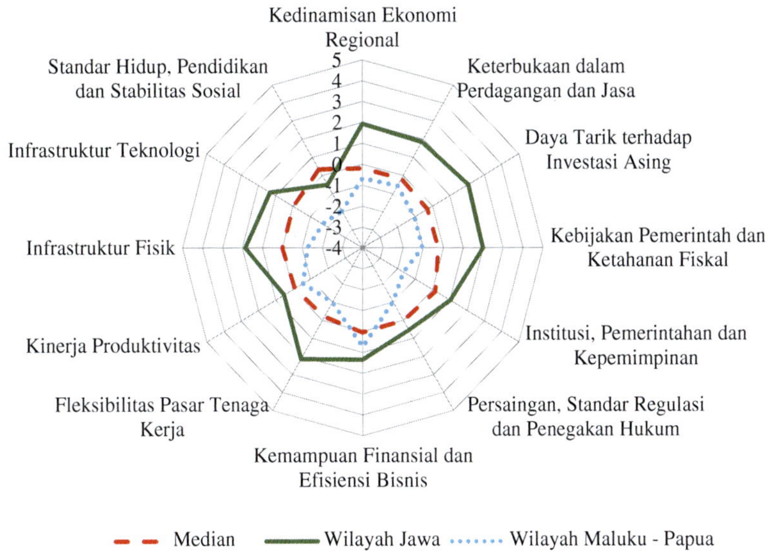

Sumber: Asia Competitiveness Institute

Gambar 2.8. Analisis Jaring Daya Saing Maksimum Tahun 2014: Wilayah Jawa dan Wilayah Maluku-Papua

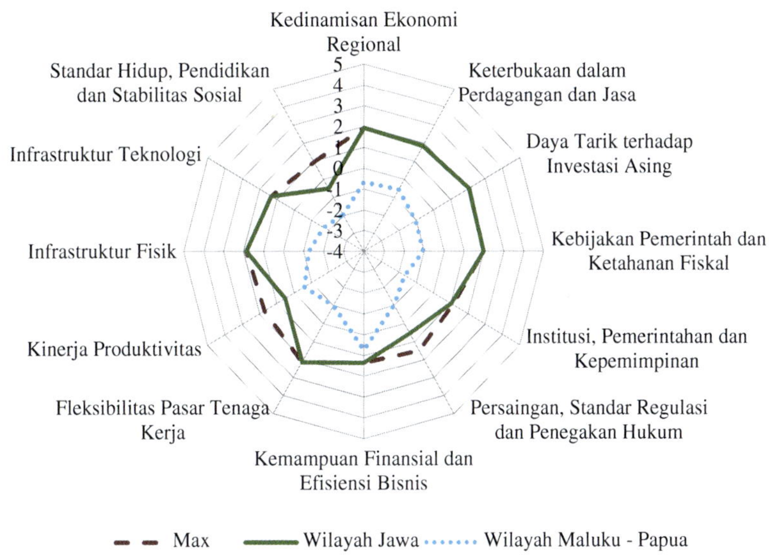

Sumber: Asia Competitiveness Institute

4. IMPLIKASI KEBIJAKAN REGIONAL

Analisis daya saing dan strategi pembangunan untuk enam wilayah di Indonesia menggarisbawahi pentingnya pendekatan kewilayahan dalam menyusun agenda pembangunan. Terdapat banyak kesempatan untuk belajar dan mendapatkan pengalaman dari persaingan sehat antardaerah untuk mengangkat daya saing Indonesia secara keseluruhan.

Secara umum, terdapat beberapa ketidaklaziman dalam hal teori pembangunan ekonomi konvensional. Kedekatan jarak geografis dengan pusat ekonomi sering menjadi keunggulan tersendiri untuk mendapatkan limpahan (*spillover*) pembangunan ekonomi. Namun, di studi kami, Wilayah Jawa dan Kalimantan yang berada di peringkat pertama dan kedua, letak geografisnya tidak berdekatan secara langsung. Sementara itu, Wilayah Jawa dan Sumatera, yang sangat dekat hingga memungkinkan untuk dihubungkan oleh jembatan, berada di posisi yang berjauhan, yaitu antara peringkat pertama dan keempat.

Perubahan paradigma pada formulasi kebijakan regional — dari intervensi kebijakan *top-down* yang ditargetkan pada daerah tertinggal menjadi kebijakan yang lebih luas yang dirancang untuk meningkatkan daya saing setiap daerah — bisa menjadi pendekatan baru ke depannya.[13] Solusi untuk masalah yang mengakar, seperti kurangnya infrastruktur dan konektivitas, membutuhkan kerja sama lintas provinsi. MP3EI yang diinisiasi oleh Kementerian Koordinator Bidang Perekonomian dapat mengambil peran untuk 'menghubungkan titik-titik simpul' (*joining all the dots*) mengingat rumitnya koordinasi dengan berbagai jajaran pemerintahan dan inisiatif lintas sektor. Dengan menyelaraskan rencana pembangunan yang spesifik sesuai karakter provinsi, seperti tertuang dalam Rencana Pembangunan Jangka Menengah Daerah (RPJMD) dan MP3EI, upaya bersama diperlukan untuk memastikan Indonesia berada pada jalur yang tepat untuk mencapai pertumbuhan ekonomi yang berkelanjutan. Berikut ini, secara umum disampaikan rangkuman kebijakan yang memerlukan perhatian lebih dari keenam wilayah di Indonesia. Strategi pembangunan yang lebih spesifik untuk masing-masing wilayah akan dijabarkan pada Bab 3 hingga Bab 8.

4.1 Mempercepat Pertumbuhan Produktivitas dan Pembangunan yang Berkesinambungan

Mempelopori industrialisasi sebagai bagian dari strategi pembangunan adalah perihal penting bagi Indonesia. Peluang Indonesia dalam hal ini melimpah, yaitu dengan menurunnya daya saing Tiongkok akibat kenaikan upah, terutama di provinsi bagian timur sepanjang pesisir, yang membuat Indonesia bisa meraih keunggulan komparatif pada sektor ekspor padat karya (*labour-intensive*). Dalam konteks ini, Indonesia perlu terus memperbaiki pertumbuhan produktivitas tenaga kerja yang masih cenderung rendah dibandingkan negara lain. Perbaikan kualitas tenaga kerja dan menyertakan sains dan teknologi, serta penelitian dan pengembangan (R&D) dalam proses produksi sangat diperlukan. Hal ini tidak hanya berlaku bagi industri pengolahan saja, tetapi juga sektor pertanian, untuk mendorong potensi Indonesia menjadi lumbung pangan ASEAN dan dunia.[14] Termasuk di dalamnya adalah adopsi teknologi untuk pertanian (misalnya penggunaan mesin dan R&D untuk bibit unggul), dukungan untuk petani (akses pendanaan dan pelatihan lainnya), penyuluhan dan juga perbaikan pada tata kelola kebijakan pertanian yang lebih luas.[15]

Industri pengolahan yang lebih padat modal (*capital-intensive*), misalnya otomotif dan *Fast Moving Consumer Goods* (FMCG), mayoritas berlokasi di Jawa walaupun sudah mulai bertumbuh di daerah lain. Seperti perkembangan sektor otomotif di Pulau Jawa dengan aglomerasi industri-industri pendukungnya, kesuksesan serupa bisa direplikasi dengan mengembangkan industri pengolahan dari bahan mentah di wilayah lain, seperti *oleochemical* dari produksi kelapa sawit di Sumatera dan kakao di Sulawesi. Klaster manufaktur, sebagai sumber penting dari penciptaan tenaga kerja perlu diidentifikasi, direncakan dan dibangun di wilayah lainnya.

Dalam upaya mempelopori pertumbuhan di sektor tersebut, kondisi lingkungan hidup harus tetap diperhatikan. Penegakan hukum untuk manajemen dan legislasi kawasan hutan untuk perlindungan lingkungan hidup adalah kunci untuk menjaga hutan hujan tropis Indonesia dan mengontrol tingkat polusi. Analisis mengenai dampak lingkungan (AMDAL) harus dilakukan secara komprehensif, bukan hanya di awal proses pembangunan, tetapi juga pada tahap implementasi dan pelaksanaan.

4.2 Komitmen Kuat dan Berkesinambungan dalam Pembangunan Infrastruktur

MP3EI menyediakan momentum untuk mempercepat pembangunan infrastruktur ke seluruh Indonesia. Infrastruktur yang dibangun tidak hanya mencakup sarana transportasi darat seperti jalan, tetapi juga jalur kereta untuk penumpang dan barang, bandar udara, pelabuhan, listrik dan teknologi informasi dan komunikasi (TIK). Proyek infrastruktur pada umumnya bersifat jangka panjang dan membutuhkan investasi yang besar. MP3EI memegang peranan penting untuk mengoptimalkan upaya terpadu dari semua pemangku kepentingan yang mencakup seluruh jajaran pemerintahan, Badan Usaha Milik Negara (BUMN) dan sektor swasta.

---

[13] OECD, *Regional Development Policy Trends in OECD Member Countries*.

[14] Lihat agenda penelitian ACI ke depannya mengenai produktivitas pertanian untuk provinsi-provinsi di Indonesia yang dijelaskan secara singkat di Bab 10.

[15] OECD, *OECD Review of Agricultural Policies: Indonesia 2012* (OECD Publishing, 2012), 19–40.

Kemauan politik dari pemerintah memegang peranan penting untuk mewujudkan konektivitas nasional yang efektif dan efisien. Proyek infrastruktur cenderung melintasi beberapa periode dimana pemimpin pemerintahan terus berganti. Perlu adanya kesinambungan walaupun ada keinginan untuk mengubah, mencitrakan ulang, atau bahkan mengakhiri proyek yang ada. Demokrasi dan desentralisasi jangan menjadi hambatan dalam mencapai visi konektivitas nasional, jika Indonesia ingin tetap terintegrasi secara lokal dan terhubung secara global (*locally integrated, globally connected*). Hal ini menjadi lebih relevan guna menyeimbangkan pembangunan regional yang akan meningkatkan daya saing Indonesia secara keseluruhan. Presiden Joko Widodo telah memaparkan visi untuk Indonesia menjadi poros maritim dunia. Selain itu, beliau juga mengemukakan rencana ambisius untuk membangun jalan tol laut, jalur laut yang akan melayani kapal-kapal besar yang menghubungkan pelabuhan di jalur utama dari Indonesia bagian barat sampai dengan timur. Inisiatif ini diharapkan dapat mengurangi biaya transportasi logistik yang tinggi dan disparitas harga antara wilayah barat dan timur yang membuat Indonesia bagian timur menjadi kurang kompetitif. Integrasi konektivitas antara daratan dan lautan menjadi sangat penting guna mendorong ekonomi yang lebih terdiversifikasi dan berdaya saing.

Permasalahan lahan merupakan masalah besar dalam pembangunan infrastruktur yang memerlukan komitmen jangka panjang untuk diatasi. Penerapan undang-undang pengadaan tanah bagi pembangunan untuk kepentingan umum perlu ditingkatkan. Pengakuan dan perlindungan atas hak ulayat juga perlu diperhatikan untuk menghindari konflik yang merugikan kehidupan petani kecil dan masyarakat adat. Selain itu, komitmen finansial untuk pembangunan insfrastruktur juga menjadi hal penting lainnya. Pemotongan subsidi bahan bakar minyak (BBM) merupakan langkah tepat untuk mengalokasikan anggaran bagi pembangunan infrastruktur dan kegiatan lainnya yang mendukung pengentasan kemiskinan. Keterlibatan sektor swasta melalui Kerjasama Pemerintah dan Swasta (KPS) dan juga pasar modal yang efisien juga penting sebagai sumber alternatif pendanaan. Indonesia perlu mencari potensi pendanaan infrastruktur lainnya, contohnya melalui *Asian Infrastructure Investment Bank* (AIIB) yang baru berdiri.

4.3 Memperkuat Pengembangan Sumber Daya Manusia

Indonesia perlu berusaha keras untuk meningkatkan kualitas sumber daya manusia guna memetik manfaat dari bonus demografis di jangka panjang. Mayoritas kebijakan masih diarahkan kepada peningkatan akses, yang walaupun masih relevan, menjadi berisiko jika hanya terfokus pada hal tersebut. Terutama ketika Indonesia bergerak menuju sektor dengan nilai tambah yang lebih tinggi, dimana diperlukan tenaga kerja dengan keterampilan tinggi. Kebijakan pendidikan harus lebih menyeluruh, tidak hanya meningkatkan 'kuantitas', namun juga 'kualitas', dan mendorong budaya belajar sepanjang hayat (*lifelong learning*) dengan kemajuan teknologi yang berkembang pesat. Investasi di sumber daya manusia harus dimulai sejak awal, dari pendidikan usia dini dan sekolah dasar, untuk memastikan agar setiap orang memiliki fondasi kokoh yang memfasilitasi dirinya untuk mengembangkan keterampilan kognitif dan hidup (*cognitive and life skills*) pada tingkat berikutnya. Di pendidikan tingkat menengah, penting untuk meningkatkan kualitas dan juga relevansi kurikulum dalam hal pengetahuan yang spesifik dan praktis. Sekolah menengah kejuruan perlu lebih strategis dalam mendesain kurikulum dengan memasukkan saran-saran dari pelaku usaha dan industri, dan membangun mekanisme konsultasi dengan industri dan pemerintah.

Peran universitas juga perlu diperkuat untuk meningkatkan kapasitas dan kapabilitas dalam menghasilkan lulusan yang berketerampilan dan 'siap kerja' dengan kompetensi tinggi baik dalam keterampilan kasar (*hard skill*) maupun lunak (*soft skill*). Peningkatan hubungan universitas-industri, melalui program magang, adalah kunci untuk menjembatani transisi dari dunia sekolah ke dunia kerja. Selain itu, kedua belah pihak dapat membangun kerja sama R&D yang lebih erat untuk mendorong inovasi. Program studi dan kurikulum dapat dikembangkan sesuai dengan kegiatan ekonomi utama di daerah masing-masing, yang kemudian bisa mendorong produktivitas industri hulu dan pengembangan industri hilir. Contohnya, pusat pendidikan dan pelatihan di sektor kehutanan dapat dikembangkan di Kalimantan, kelapa sawit dikembangkan di Sumatera dan perikanan dikembangkan di Maluku-Papua.

Berbagai cara untuk pengembangan keterampilan tidak hanya berhenti pada tingkat formal. Pemerintah bisa memanfaatkan jaringan luas yang dimiliki Balai Latihan Kerja (BLK) dan juga pendidikan nonformal lainnya yang ditujukan untuk kalangan muda, seperti Kursus Para Profesi (KPP) dan Jejaring Lapangan Kerja bagi Kaum Muda (*Youth Employment Network* — YEN). Peran sektor swasta dalam menyediakan pelatihan juga diperlukan guna meletakkan dasar berlangsungnya *lifelong learning*.

Wilayah Jawa masih jauh lebih unggul dari wilayah lainnya dalam hal kapasitas dan kapabilitas dalam mencetak sumber daya manusia yang handal. Seiring dengan visi Indonesia untuk mencapai pembangunan yang menyeluruh mencakup keenam wilayah, diperlukan upaya untuk meningkatkan kuantitas dan kualitas pendidikan di seluruh Indonesia. Walaupun wilayah lain dapat belajar dari kesuksesan Wilayah Jawa, wilayah tersebut masih perlu meningkatkan standarnya untuk bersaing di skala internasional.

Peran guru sangat integral dalam kesuksesan Indonesia untuk mencetak sumber daya manusia yang mumpuni. Ketentuan mengenai kualifikasi minimum guru cukup diapresiasi walau belum ada bukti nyata adanya peningkatan kompetensi murid. Pemerintah perlu mengimplementasikan strategi yang komprehensif dalam meningkatkan proses penerimaan guru dengan kualifikasi tinggi, pembinaan dan pelatihan calon guru, pengembangan profesional guru dan evaluasi kinerja guru yang dikaitkan dengan peningkatan kompetensi murid.

4.4 Perubahan Pola Geografi Ekonomi

Melakukan analisis daya saing pada tingkat yang lebih luas dibandingkan dengan tingkat provinsi memberikan peluang untuk mengkaji aktivitas ekonomi di luar batas administratif formal dari provinsi. Karena itu, kami bisa melihat aglomerasi ekonomi yang melampaui distrik, provinsi, atau bahkan wilayah. Contohnya, Wilayah Metropolitan Jakarta meliputi tiga provinsi: DKI Jakarta, Jawa Barat dan Banten. Kota Banjarmasin di Kalimantan Selatan dan Palangkaraya di Kalimantan Tengah berbagi dataran yang sama di bagian selatan Pulau Kalimantan, dan terdapat pergerakan manusia, barang dan jasa yang substansial di antara kedua kota tersebut.

Dalam menganalisis faktor 'dimana' terjadinya pembangunan ekonomi, kajian Bank Dunia *World Development Report 2009* menekankan adanya tiga faktor utama: kepadatan, jarak dan divisi. Pertama, kepadatan mengacu pada skala ekonomi.[16] Hal ini mengingatkan kita bahwa pembangunan tidak serta-merta mendistribusikan diri secara merata, tetapi dengan mengelompok di tempat tertentu dan memanfaatkan skala ekonomi pada klaster tersebut. Kedua, jarak mengacu pada pergerakan. Ini mengingatkan kita bahwa pembangunan, pergerakan manusia dan barang — terutama di dalam dan antara klaster — perlu difasilitasi. Hal ini memerlukan perhatian serius pada aspek terkait konektivitas dan infrastruktur logistik. Ketiga, divisi mengacu pada kemudahan dalam perdagangan. Hal ini mengingatkan kita bahwa pergerakan barang dan manusia perlu didukung dengan peraturan yang selaras, konsisten dan adil di seluruh tempat.

Aspek ketiga (divisi) cenderung lebih relevan pada tingkat negara, dimana ada perbedaan regulasi perdagangan antar negara yang satu dengan lainnya. Namun, kedua aspek pertama (kepadatan dan jarak) sangat penting dalam analisis daya saing di tingkat sub-nasional. Untuk analisis ke depannya, penting untuk melihat dengan lebih rinci aglomerasi perkotaan (daerah metropolitan) di seluruh Indonesia serta bagaimana pergerakan barang dan manusia bisa difasilitasi.

DAFTAR PUSTAKA

Enright, M.J. "The Globalisation of Competition and the Location of Competitive Advantage: Policies Towards Regional Clustering." Di *The Globalisation of Multinational Enterprise Activity and Economic Development*, diedit oleh N. Hood dan S. Young, 303–331. London: MacMillan, 2000.

Hill, Hal, B.P. Resosudarmo dan Yogi Vidyattama. "Economic Geography of Indonesia: Location, Connectivity, and Resources." Di *Reshaping Economic Geography in East Asia*, diedit oleh Yukon Huang dan A.M. Bocchi, 115–134. Washington DC: World Bank Publications, 2008.

---

[16] World Bank, *World Development Report 2009: Reshaping Economic Geography* (Washington: World Bank Publications, 2009), 48–121.

Kementerian Koordinator Bidang Perekonomian. *Masterplan Percepatan dan Perluasan Pembangunan Ekonomi Indonesia 2011–2025 (MP3EI)*. Jakarta: Kementerian Koordinator Bidang Perekonomian, 2011.

Ketels, Christian. "Recent Research on Competitiveness and Clusters: What Are the Implications for Regional Policy?" *Cambridge Journal of Regions, Economy and Society* Vol. 6 (2013): 269–284.

Kitson, M., Ron Martin dan Peter Tyler. "Regional Competitiveness: An Elusive Yet Key Concept?" *Regional Studies* Vol. 38 No. 9 (2004): 991–999.

Organisation for Economic Cooperation and Development (OECD). *OECD Review of Agricultural Policies: Indonesia 2012*. OECD Publishing, 2012.

Organisation for Economic Cooperation and Development (OECD). *Regional Development Policy Trends in OECD Member Countries*. OECD Publishing, 2010.

Porter, M.E. "Location, Competition, and Economic Development: Local Clusters in a Global Economy." *Economic Development Quarterly* Vol. 14 No. 1 (2000): 15–34.

Porter, M.E. *On Competition*. Boston MA: Harvard Business School, 1998.

Porter, M.E. *The Competitive Advantage of Nations*. Boston MA: Macmillan, 1990.

Porter, M.E. "The Economic Performance of Regions." *Regional Studies* Vol. 37 Nos. 6&7 (2003): 549–578 (2003): 549–578.

Tan, Khee Giap dan Mulya Amri. "Subnational Competitiveness and National Performance: Analysis and Simulation for Indonesia." *Journal of Centrum Cathedra: The Business and Economics Research Journal* Vol. 6 No. 2 (2013): 173–192.

Tan, Khee Giap, Mulya Amri, Linda Low dan Tan Kong Yam. *Competitiveness Analysis and Development Strategies for 33 Indonesian Provinces*. Singapore: World Scientific, 2013.

World Bank. *Purchasing Power Parities and Real Expenditures of World Economies: Summary of Results and Findings of the 2011 International Comparison Program*. Washington DC: World Bank Publications, 2014.

World Bank. *World Development Report 2009: Reshaping Economic Geography*. Washington DC: World Bank Publications, 2009.

Wuryanto, Luky Eko. "Accelerating Infrastructure Development Programmes and Expected Roles of AIIB." Presentasi di 2014 Annual Asia Competitiveness Institute Conference on "Competitiveness Analysis of 112 Asian Economies, Asia Economic Connectivity, Liveable Cities Index for 100 Greater China Cities and Cost of Living Index for Expatriates and Ordinary Residents," Singapore, 26–27 November, 2014.

Catatan Pembahas: Peringkat Daya Saing, Studi Simulasi dan Strategi Pembangunan 33 Provinsi dan Enam Wilayah di Indonesia

Dr Luky Eko Wuryanto
Deputi Menteri Bidang Koordinasi Percepatan Infrastruktur dan Pengembangan Wilayah
Kementerian Koordinator Bidang Perekonomian, Indonesia

1. LATAR BELAKANG: MENEMPATKAN STUDI DALAM KEBIJAKAN YANG MASIH BERJALAN

Sejak 2011, Pemerintah Indonesia telah mencanangkan Masterplan Percepatan dan Perluasan Pembangunan Ekonomi Indonesia hingga 2025 (MP3EI 2011–2025). Tujuan utama dari MP3EI adalah untuk meningkatkan investasi sebagai pendorong pertumbuhan ekonomi dan merumuskan *roadmap* yang bisa diterapkan menuju pembangunan ekonomi yang merata sebagai prasyarat dari ekonomi yang lebih kompetitif dan lebih kuat.

Semangat utama dari MP3EI adalah transformasi ekonomi untuk merestrukturisasi postur ekonomi yang ada agar tumbuh lebih cepat dengan memperkuat potensi yang tersimpan secara optimal. Banyak pengamat, termasuk dari Indonesia, melihat MP3EI sebagai suatu gebrakan yang ambisius. Mereka mungkin benar, namun sebagai pejabat pemerintah, saya perlu menyebutkan bahwa Indonesia tidak punya pilihan lain selain menjalankan agenda ini jika ingin menjadi pemenang di arena kompetisi yang semakin ketat.

Saat ini, kesenjangan ekonomi sangatlah besar seperti terlihat pada Gambar 1. Pusat perekonomian di Jawa sangat dominan dibandingkan dengan yang di luar Jawa. Pola seperti ini telah terjadi selama lebih dari empat dekade, walaupun belakangan ini terlihat adanya tren penurunan yang mengurangi dominasi Jawa. Mengulangi pola pertumbuhan seperti ini akan membahayakan lingkungan dan bukan hanya merugikan Jawa, tetapi juga terdapat implikasi secara nasional. Sebagai tambahan, sistem logistik nasional juga tidak efisien, sehingga melemahkan daya saing dan ketahanan nasional. Oleh karena itu, penting untuk mengurangi beban Jawa dengan menciptakan pusat perekonomian baru di luar Jawa, yang bergantung pada pengembangan potensi ekonomi daerah di seluruh Indonesia.

Di lain pihak, terdapat perbedaan tren dalam penyebaran penduduk perkotaan. Di lima tahun terakhir, pertumbuhan kota kecil dan menengah di luar Jawa lebih tinggi dibandingkan kota menengah dan besar di Jawa. Tren ini terlihat lebih jelas di Sumatera. Di pulau lain, terdapat pertumbuhan yang tinggi pada penyebaran penduduk di Kalimantan Selatan dan Kalimantan Timur, Sulawesi Utara dan Sulawesi Selatan, Bali dan Nusa Tenggara Timur, dan bahkan di kawasan timur Indonesia seperti Maluku dan Papua Barat, seperti Sorong dan Manokwari.

Meningkatnya jumlah penduduk di beberapa daerah konsentrasi perkotaan di luar Jawa menciptakan munculnya konsumen kelas menengah dan atas (MAC), seperti yang tertera di Gambar 2. Penduduk kelas ini menginginkan kualitas hidup yang lebih baik. Oleh karena itu, perlu adanya peningkatan berbagai aktivitas ekonomi. Untuk menciptakan aktivitas ekonomi lokal yang berkelanjutan dan kompetitif, Indonesia harus bergantung pada potensi daerah yang dikembangkan secara lokal ataupun regional. Perlu adanya kelompok industri yang didukung oleh infrastruktur terkait untuk meningkatkan efisiensi konektivitas (jalan, pelabuhan, bandar udara, serat optik dan juga pasokan energi). Kelompok industri ini perlu dilengkapi dengan fasilitas untuk mendukung keunggulan lokal dalam hal sumber daya manusia.

Gambar 1. Postur Lanskap Perekonomian Indonesia (2010)

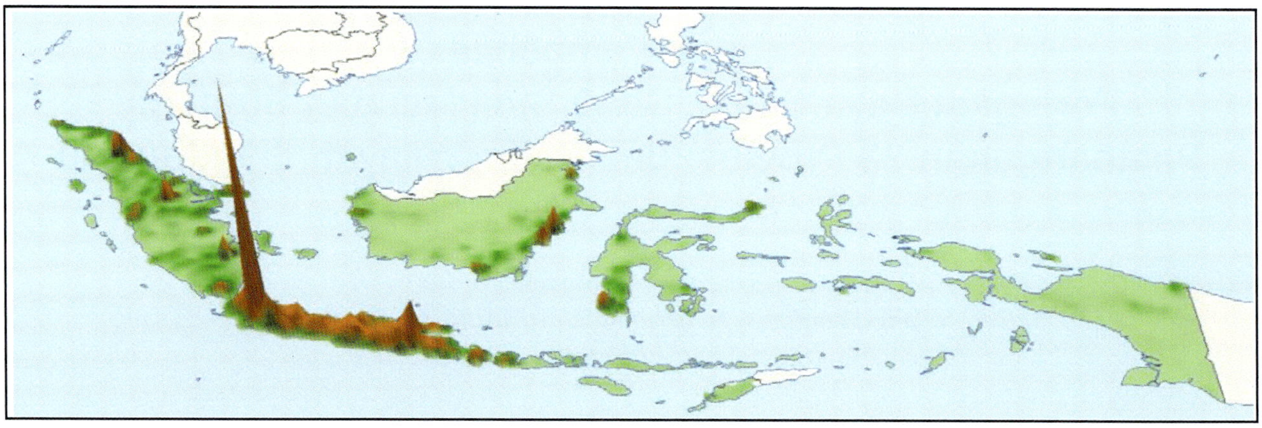

Sumber: Kementerian Koordinator Bidang Perekonomian

Gambar 2. Sebaran Konsumen Kelas Menengah dan Atas

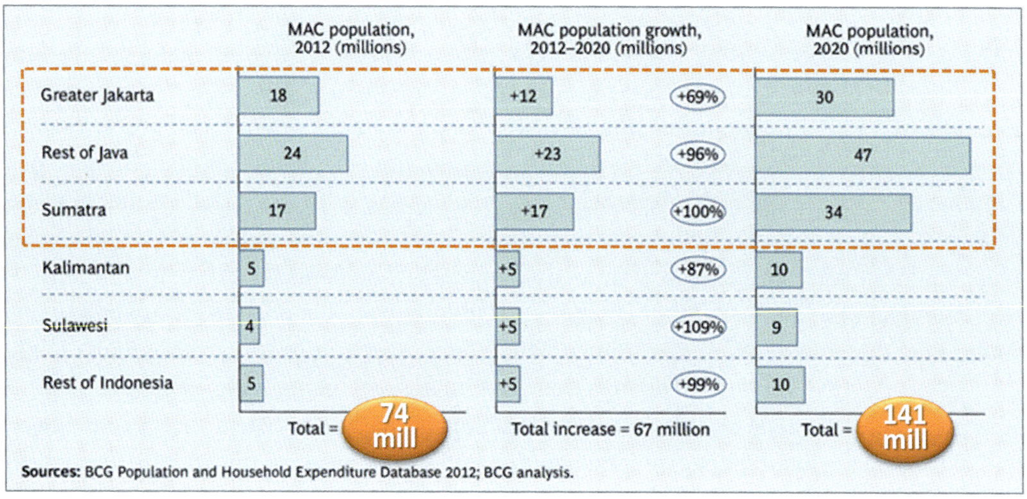

Sumber: Boston Consulting Group

Hal tersebut adalah transformasi ekonomi yang melekat pada MP3EI. Contohnya, untuk menciptakan pusat perekonomian yang secara sistematis akan mengurangi dominasi Jawa, perhatian khusus diberikan pada pengembangan dan akselerasi Indonesia timur mengingat sumber daya alamnya yang berlimpah dan belum dimanfaatkan. Dari sudut geo-ekonomi, kesuksesan mengembangkan Indonesia bagian timur sangatlah strategis karena memiliki efek terhadap ekonomi Asia Tenggara. Seperti rencana untuk membangkitkan Jalur Sutra Maritim pada abad ke-21 yang dipaparkan Presiden Tiongkok Xi Jinping di depan Dewan Perwakilan Rakyat Indonesia pada Oktober 2013, upaya untuk mengakselerasi transformasi ekonomi bagian timur Indonesia menjadi lebih penting. Sukses adalah suatu keharusan. Ditambah lagi, dalam prosesnya, perlu dipastikan agar kesejahteraan komunitas lokal tidak akan bertambah buruk.

Mengingat terpencilnya bagian timur Indonesia, pusat-pusat perekonomian daerah baru perlu ditempatkan pada lokasi yang strategis dan mudah diakses. Dalam konteks ini, peran Kalimantan dan Sulawesi sangatlah penting sebagai gerbang penyebaran ekonomi ke bagian timur. Sebagai tambahan, perlu pendekatan berbeda untuk lebih mengintegrasikan ekonomi dari sudut pandang logistik (Gambar 3). Peningkatan sistem transportasi laut dan armada adalah jalan yang perlu ditempuh. Ini adalah visi dari pemerintahan baru di bawah kepemimpinan Presiden Joko Widodo.

Gambar 3. Tulang Punggung Nasional dalam Konektivitas Logistik

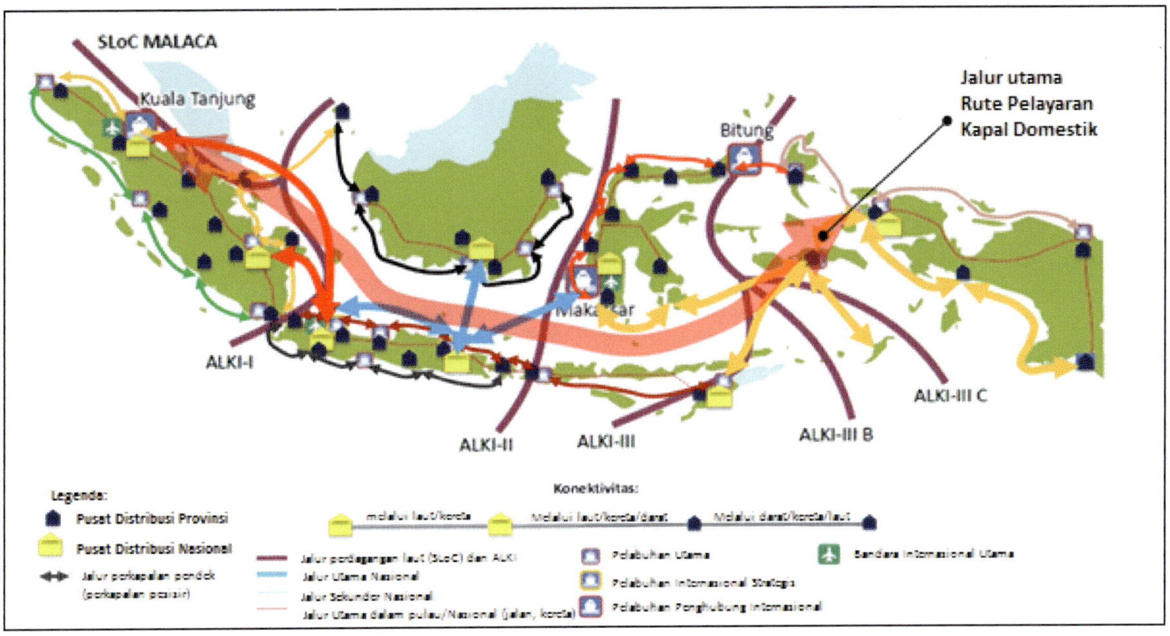

Catatan: *ALKI adalah Alur Laut Kepulauan Indonesia*
Sumber: Kementerian Koordinator Bidang Perekonomian

2. ULASAN DAN KOMENTAR TERHADAP STUDI DAYA SAING

Analisis ini sangat baik dan tepat waktu untuk menginspirasi kebijakan nasional yang lebih mengutamakan strategi pengembangan kewilayahan karena adanya perbedaan antara masing-masing daerah. Unit analisis pada tingkat provinsi (dan bukan kabupaten/kota) memberikan kontribusi signifikan untuk literatur Indonesia dan terbukti lebih layak sebagai rekomendasi, terutama menyangkut kebijakan pembangunan ekonomi.

Dengan kedinamisan dari struktur pemerintahan yang telah berkembang sejak desentralisasi di tahun 2000, perspektif internasional yang ada akan mendorong 'tanggung jawab lebih' tidak hanya dari pemerintah pusat tetapi juga pemerintah provinsi dalam mengembangkan kebijakan yang lebih kompetitif.

Dari segi metodologi, dengan 104 indikator, studi ini menyediakan lebih banyak unsur untuk dikaji dibandingkan studi sebelumnya. Dan bukan hanya untuk perbandingan antarprovinsi, tetapi juga informasi spesifik untuk analisis masing-masing provinsi. Agar dapat diterapkan pada analisis kebijakan yang lebih spesifik, saya berharap *Asia Competitiveness Institute* (ACI) dapat bekerja sama dengan pemerintah provinsi yang berminat untuk membantu dan memperbaiki kebijakan dalam meningkatkan formulasi strategi daya saing daerah.

Beberapa indikator, tentunya, memiliki dampak jangka menengah dan panjang (contohnya, perbaikan infrastruktur atau sumber daya manusia). Karena itu, perbandingan atau analisis dengan jangka waktu yang lebih panjang akan lebih sesuai dan terpercaya untuk rekomendasi kebijakan. Untuk pembaca-pembaca yang akrab dengan pengawasan implementasi MP3EI dalam tiga tahun terakhir, terdapat beberapa hal menarik yang diilustrasikan pada Gambar 4, yaitu:

- Pada tingkat provinsi, beberapa temuan faktanya sejalan dengan data yang terlihat pada implementasi MP3EI selama periode 2011–2014. Terutama ketika melihat pencapaian yang ada sesuai dengan jumlah proyek-proyek yang sudah diluncurkan di beberapa provinsi di Jawa, Sumatera atau Kalimantan. Jumlah proyek-proyek yang sudah diluncurkan memang masih banyak terdapat di Jawa, namun ditemukan pula beberapa provinsi di Kalimantan yang memiliki kinerja lebih baik dibandingkan provinsi di Jawa dan Sumatera.

Gambar 4. Peluncuran Proyek MP3EI hingga Kuartal Kedua 2014

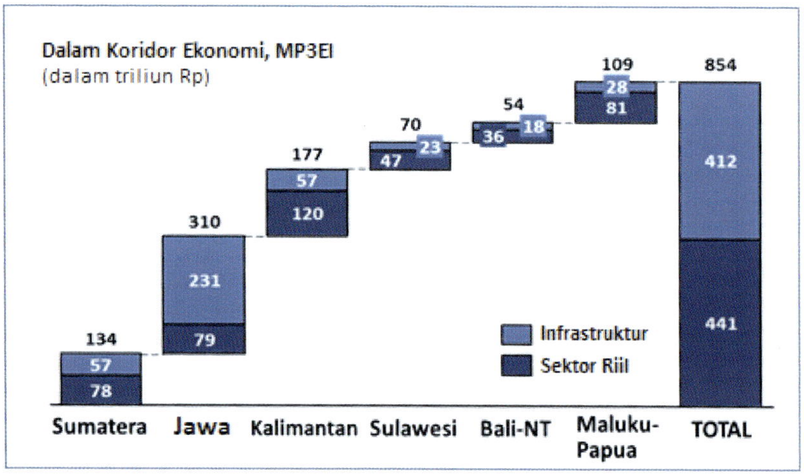

- 382 proyek yang terealisasi senilai USD 73,9 miliar
- Dari Juli hingga Desember, direncanakan 132 proyek untuk diluncurkan senilai USD 38,4 miliar
- Terdapat 40 proyek tertunda yang dijadwalkan mulai setelah 2014

Sumber: Sekretariat Nasional MP3EI

- Pada tingkat wilayah (koridor ekonomi), peringkat daya saing yang ada sangat mendukung semangat MP3EI. Tujuan utama untuk mempercepat dan memperluas transformasi ekonomi ke kawasan timur Indonesia telah diikuti oleh kinerja daya saing yang kuat dari pemerintah provinsi, terutama di Kalimantan (dipimpin oleh Kalimantan Timur) dan Sulawesi (dipimpin oleh Sulawesi Selatan).
- Dengan kapasitas infrastruktur yang ada, Koridor Ekonomi Sumatera masih menjadi alternatif tujuan investasi setelah Jawa di masa mendatang. Namun, dengan potensi daerah di bagian timur Indonesia yang begitu beragam dan besar, beberapa provinsi di Kalimantan dan Sulawesi juga akan menjadi pusat perekonomian yang kuat untuk memimpin pertumbuhan Indonesia Timur.
- Menjelang implementasi Masyarakat Ekonomi ASEAN (MEA), konsistensi dalam mendorong pembangunan infrastruktur, termasuk kesiapan energi dan percepatan pengembangan sumber daya manusia adalah strategi yang terpenting agar kawasan timur (dan juga seluruh Indonesia) mendapat manfaat maksimal untuk meraup kesempatan-kesempatan strategis di masa mendatang.

Saya melihat bahwa ACI telah menjadi lembaga internasional dengan kredibilitas untuk memberikan analisis ekonomi regional yang menyeluruh untuk negara-negara tetangga, terutama di Asia Tenggara. Untuk peran yang lebih besar di masa depan, berdasarkan struktur pemerintahan Indonesia, terdapat beberapa catatan yang perlu dipertimbangkan:

- Berdasarkan observasi saya, rekomendasi yang ada telah diformulasikan secara menyeluruh untuk menunjukkan langkah-langkah penting yang perlu diambil oleh pemerintah daerah untuk meningkatkan daya saing provinsi mereka dan juga pada tingkat wilayah. Dalam aspek ini, jelas bahwa kebutuhan akan pembangunan infrastruktur (termasuk sektor energi) dan pengembangan sumber daya manusia sangat diperlukan.
- Tanggung jawab pembangunan sebagian besar tidak berada di bawah ranah pemerintah provinsi. Ini menunjukkan bahwa dalam studi ke depannya, perlu pemetaan dan rekomendasi peran optimal pemerintah pusat dalam mendukung pemerintah daerah untuk membangun inisiatif dalam mengembangkan infrastruktur dan sumber daya manusia. Hal ini diperlukan dalam rangka menciptakan lingkungan yang kondusif untuk membantu pemerintah daerah dalam upaya bersama meningkatkan daya saing.
- Saran saya adalah di dalam mengambil kesimpulan dan memberikan langkah kebijakan untuk memperbaiki daya saing wilayah, perlu diperhatikan untuk tidak menginterpretasikan bahwa kebijakan daerah yang ada adalah hasil dari peran pemerintah daerah untuk memperbaiki daya saing mereka saja, namun juga merupakan hasil dari kebijakan nasional.

- Indonesia telah berusaha memperbaiki peran pemerintah pusat dalam mengembangkan kerangka institusi dan hukum untuk mendukung dan membantu pemerintah daerah. Hal ini dilakukan dengan menyederhanakan peraturan-peraturan dan prosedur-prosedur serta proses perizinan. Pada aspek regulasi, dalam kurun waktu tiga tahun, lebih dari 50 regulasi sudah diperbaiki untuk mendukung akselerasi investasi yang didukung oleh MP3EI. Hal ini termasuk perbaikan di tingkat hukum, regulasi pemerintah, keputusan presiden dan keputusan menteri.

Bab 3
Analisis Daya Saing Wilayah Sumatera

Aceh, Sumatera Utara, Sumatera Barat, Riau, Kepulauan Riau, Jambi, Bengkulu, Sumatera Selatan, Kepulauan Bangka Belitung dan Lampung

1. PENGANTAR

1.1. Latar Belakang

Gambar 3.1 memperlihatkan provinsi-provinsi di Wilayah Sumatera seperti yang tertuang dalam Masterplan Percepatan dan Perluasan Pembangunan Ekonomi Indonesia 2011–2025 (MP3EI).[1] Provinsi-provinsi tersebut beserta ibu kotanya masing-masing adalah Aceh (Banda Aceh), Sumatera Utara (Medan), Sumatera Barat (Padang), Riau (Pekanbaru), Kepulauan Riau (Tanjung Pinang), Jambi (Jambi), Bengkulu (Bengkulu), Sumatera Selatan (Palembang), Kepulauan Bangka Belitung (Pangkal Pinang) dan Lampung (Bandar Lampung). Batam, Bintan dan Karimun di Kepulauan Riau menyandang status Kawasan Ekonomi Khusus (KEK) dan juga adalah bagian dari Indonesia-Malaysia-Singapura *Growth Triangle*.[2] KEK Sei Mangkei di Sumatera Utara, yang menjadi lokasi pabrik *oleochemical* milik Unilever, berpotensi mengembangkan pertumbuhan ekonomi wilayah Sumatera.

Secara geografis, Sumatera terletak di bagian barat Indonesia, berbatasan langsung dengan Teluk Benggala di utara, Selat Malaka di timur, Selat Sunda di selatan dan Samudera Hindia di barat. Lokasinya yang strategis dapat dimanfaatkan lebih jauh untuk menghubungkan Indonesia dengan belahan dunia yang lain.

Gambar 3.1 pada sisipan peta (kanan atas) memperlihatkan peringkat daya saing yang dipublikasikan oleh *Asia Competitiveness Institute* (ACI) menggunakan skema warna lampu lalu lintas: warna hijau menunjukkan 10 provinsi dengan peringkat teratas, diikuti dengan warna kuning yang menunjukkan 13 provinsi dengan peringkat menengah dan warna merah yang menunjukkan provinsi-provinsi dengan daya saing yang lebih rendah. Hanya Riau yang termasuk peringkat sepuluh besar, sementara provinsi-provinsi lain tersebar di kategori menengah dan kelompok terbawah.[3]

Sumatera adalah pulau terbesar kedua di Indonesia dengan luas daratan 480.793,28 kilometer persegi, yang mencakup 25,16% luas Indonesia. Wilayah ini merupakan daerah kepulauan dengan 5.277 pulau. Hingga tahun 2011, Wilayah Sumatera dihuni oleh 52 juta jiwa, atau 22% dari total populasi Indonesia. Suku bangsa utama di Sumatera antara lain adalah Aceh, Batak, Minangkabau, Melayu dan Tiongkok.

Secara topografi, rantai pegunungan Bukit Barisan yang berlokasi di bagian barat pulau ini membentang dari barat laut ke tenggara. Sepanjang rantai ini, terdapat beberapa gunung berapi yang masih aktif seperti Gunung Geureudong di Aceh, Gunung Sinabung di Sumatera Utara, Gunung Marapi dan Gunung Talang di Sumatera Barat, Gunung Kaba di Bengkulu, dan Gunung Kerinci di perbatasan Sumatera Selatan dan Jambi. Di Sumatera

[1] Kementerian Koordinator Bidang Perekonomian, *Masterplan Percepatan dan Perluasan Pembangunan Ekonomi Indonesia 2011–2025 (MP3EI)* (Jakarta: Kementerian Koordinator Bidang Perekonomian, 2011).

[2] Giok-Ling Ooi, "The Indonesia-Malaysia-Singapore Growth Triangle: Sub-Regional Economic Cooperation and Integration," *GeoJournal* Vol. 36 No. 4 (August 1995): 337–344.

[3] Lihat Tan Khee Giap *et al.*, *Competitiveness Analysis and Development Strategies for 33 Indonesian Provinces* (Singapore: World Scientific, 2013) yang diterjemahkan ke dalam Bahasa Indonesia, Tan Khee Giap *et al.*, *Analisa Daya Saing dan Strategi Pembangunan untuk 33 Provinsi di Indonesia* (Singapore: World Scientific, 2013), dan makalah ilmiah Tan Khee Giap dan Mulya Amri, "Subnational Competitiveness and National Performance: Analysis and Simulation for Indonesia," *Journal of Centrum Cathedra: The Business and Economic Research Journal* Vol. 6 No. 2 (2013): 173–192 yang merupakan kajian awal penyusunan peringkat daya saing provinsi-provinsi di Indonesia.

Gambar 3.1. Peta Wilayah Sumatera

Sumber: Asia Competitiveness Institute

juga terletak danau vulkanik terbesar di dunia, yaitu Danau Toba yang berlokasi di Sumatera Utara dengan panjang 100 kilometer, lebar 30 kilometer dan kedalaman mencapai 500 meter.

MP3EI menetapkan Sumatera sebagai "Sentra Produksi dan Pengolahan Hasil Bumi dan Lumbung Energi Nasional." Komoditas-komoditas utama yang dirumuskan dalam MP3EI untuk wilayah ini adalah kelapa sawit, karet, batu bara, industri perkapalan dan besi baja. Koridor ini mencakup 11 pusat perekonomian: Banda Aceh, Medan, Pekanbaru, Jambi, Palembang, Tanjung Pinang, Pangkal Pinang, Padang, Bandar Lampung, Bengkulu dan Serang. Serang adalah bagian dari Provinsi Banten di Pulau Jawa, jadi sebenarnya secara fisik bukan bagian dari Sumatera. Namun, daerah tersebut termasuk sebagai pusat ekonomi Sumatera karena MP3EI menyebutkan Jembatan Selat Sunda sebagai salah satu proyek strategis untuk menghubungkan Pulau Sumatera dengan Pulau Jawa. Akan tetapi, pemerintahan baru di bawah pimpinan Presiden Joko Widodo menghentikan megaproyek ini karena selain akan memicu ketidakseimbangan pembangunan wilayah yang lebih besar, proyek ini tidak sejalan dengan visi maritim yang bertujuan menciptakan perbaikan infrastruktur dan konektivitas kemaritiman.

Dalam konteks skala perekonomian, Sumatera memiliki peran penting sebagai kontributor perekonomian terbesar bagi Indonesia setelah Jawa. Sumatera secara konsisten berkontribusi lebih dari 20% terhadap produk domestik bruto (PDB) Indonesia dari tahun 2000 hingga 2012. Lokasi strategis Sumatera yang berada di jalur utama perkapalan internasional, Selat Malaka, memberikan potensi untuk mengembangkan peran wilayah ini di kancah perdagangan internasional.

Tabel 3.1 menunjukkan beberapa indikator sosio-ekonomi untuk wilayah Sumatera. Sektor primer dan tersier memberikan kontribusi yang relatif sama besar, masing-masing 35,71 % dan 36,48%, terhadap produk domestik regional bruto (PDRB) di tahun 2011. Wilayah ini juga memiliki tingkat kemiskinan yang lebih rendah dan indeks pembangunan manusia (IPM) yang lebih tinggi di tahun 2011 jika dibandingkan dengan tahun 2006.

1.2 Sektor dan Kegiatan Utama

Wilayah Sumatera dianugerahi dengan kekayaan sumber daya alam, mulai dari komoditas pertanian sampai dengan pertambangan (Tabel 3.2). Salah satu komoditas unggulan wilayah ini adalah minyak sawit. Bersama Malaysia, Indonesia berkontribusi sebesar 85% terhadap produksi minyak sawit dunia dengan

Tabel 3.1. Wilayah Sumatera: Indikator Ekonomi Dasar

A. Jumlah Penduduk	**2006**	**2011**
Penduduk total	47.184.520	51.553.628
% perkotaan	34,90	39,12
B. Luas Wilayah		**2011**
Km^2		480.793,28
% terhadap luas negara		25,16
C. Produk Domestik Regional Bruto (PDRB)	**2006**	**2011**
Rupiah (juta)	389.067.100	497.177.000
Rupiah (juta) tanpa minyak & gas	311.680.282	424.005.200
Rupiah (juta) tanpa minyak & gas & mineral	307.938.080	418.633.368
D. Komposisi Ekonomi, dalam % PDRB	**2006**	**2011**
Sektor Primer	40,28	35,71
Sektor Sekunder	27,02	27,80
Sektor Tersier	32,69	36,48
E. PDRB per kapita	**2006**	**2011**
Rupiah (juta)	8,25	9,64
Rupiah (juta) tanpa minyak & gas	6,61	8,22
Rupiah (juta) tanpa minyak & gas & mineral	6,53	8,12
F. Tingkat Kemiskinan	**2006**	**2011**
% dari jumlah penduduk	17,55	12,21
G. Indeks Pembangunan Manusia	**2006**	**2011**
Indeks	71,47	73,90

PDRB atas dasar Harga Konstan Tahun 2000
Sumber: Asia Competitiveness Institute menggunakan data Badan Pusat Statistik (BPS)

Table 3.2. Produk dan Aktivitas Utama

Primer	Beras, singkong, ubi jalar, sayuran, buah-buahan, perikanan, minyak sawit, karet, kakao, kopi, batu bara, minyak bumi dan gas alam
Sekunder	Industri pengolahan untuk produk-produk pertanian, galangan kapal, pupuk dan besi baja
Tersier	Pariwisata, perhotelan, transportasi, komunikasi dan perdagangan

Sumber: Asia Competitiveness Institute

produksi mencapai 23,9 juta ton pada tahun 2011.[4] Dari dua negara tersebut, Indonesia memiliki potensi lebih besar untuk memproduksi minyak sawit seiring dengan areal lahannya yang luas. Pada tingkat nasional, menurut MP3EI, Sumatera dan Kalimantan memproduksi 96% dari total minyak sawit Indonesia. Indonesia juga merupakan eksportir batu bara termal terbesar di dunia, lebih besar dari Australia, dengan kontribusi sebesar 26% dari ekspor dunia. Terdapat lebih dari 52,4 miliar cadangan batu bara di Pulau Sumatera, dimana 90% cadangan tersebut terletak di Sumatera Selatan. Wilayah ini juga memiliki 8% dari cadangan bijih besi laterit Indonesia yang ditemukan di Bengkulu, Sumatera Barat dan Kepulauan Riau. Pada tingkat provinsi, Aceh kaya dengan gas alam, sedangkan minyak bumi diproduksi di Sumatera Utara, Riau dan Sumatera Selatan.

[4] "Infocomm Commodity Profile Palm Oil," United Nations Conference on Trade and Development (UNCTAD), diakses 25 Juli, 2014, <http://www.unctad.info/en/Infocomm/AACP-Products/Palm-oil/>.

Dalam konteks perkapalan dan transportasi, MP3EI menyebutkan bahwa pantai timur Sumatera merupakan jalur perkapalan ramai yang dilewati tidak kurang dari 300 kapal per hari, 50 di antaranya dikategorikan sebagai *Very Large Crude Carrier* (VLCC) yang mengangkut minyak bumi ke bagian timur Asia dan sampai sejauh Teluk Arab. Untuk menangkap potensi besar ini, wilayah ini diarahkan untuk membangun industri galangan kapal, baik pembuatan maupun perbaikan kapal, seiring dengan meningkatnya lalu lintas perkapalan. Beberapa lokasi strategis untuk mengembangkan industri tersebut adalah Pulau Karimun di Kepulauan Riau, Pelabuhan Belawan dan Pelabuhan Kuala Tanjung di Sumatera Utara. Pengembangan industri galangan kapal Sumatera diharapkan akan mendukung industri galangan kapal di Wilayah Jawa.

Dengan potensi bijih besi di Sumatera, penekanan pada pengembangan industri besi baja terintegrasi sejalan dengan upaya meningkatkan rantai nilai tambah dan mendorong aktivitas hilir. Beberapa perusahaan swasta yang bergerak dalam pengolahan besi, misalnya Grup Gunung Garuda dan PT Gainet International Indonesia, sudah beroperasi di Sumatera Barat dan Sumatera Utara. Konsumsi besi baja di Indonesia diperkirakan akan naik seiring dengan pertumbuhan kelas menengah dan peningkatan kondisi ekonomi. Hal ini sejalan dengan tema MP3EI untuk menjadikan Sumatera tidak hanya sekedar sentra produksi, tetapi juga pusat pengolahan sumber daya alam.

Meskipun pariwisata tidak termasuk dalam kegiatan ekonomi utama dalam MP3EI, Wilayah Sumatera memiliki beberapa tujuan wisata terkenal, seperti Danau Toba, Pulau Samosir dan pantai-pantai indah di Pulau Bintan. Selain potensi tersebut, beberapa provinsi di Wilayah Sumatera telah menjadi tuan rumah acara internasional, misalnya *Southeast Asian Games* ke-26 di tahun 2011 dan *Islamic Solidarity Games* ketiga tahun 2013 di Sumatera Selatan. *Tour de* Singkarak yang diselenggarakan di Sumatera Barat merupakan kejuaraan balap sepeda tahunan bertaraf internasional dan menjadi bagian dari UCI Asia Tour. Acara-acara internasional seperti ini mendorong pendapatan hotel, restoran dan sektor jasa lainnya, menjadikan sektor tersier kontributor tertinggi untuk PDRB, yaitu sebesar 36,48% di 2011.

1.3 Ketersediaan Infrastruktur

Kota-kota utama di Sumatera terhubung melalui infrastruktur darat, yaitu jalur lintas barat, lintas tengah dan lintas timur. Jalur lintas barat melewati Sumatera Barat, Bengkulu dan Lampung, sedangkan jalur tengah melewati Sumatera Utara, Sumatera Barat, Jambi, Sumatera Selatan dan Lampung. Jalur lintas timur melewati Aceh, Sumatera Utara, Riau, Jambi, Sumatera Selatan dan Lampung.

Jalan darat menjadi akses utama transportasi seiring dengan jalur kereta api yang relatif belum berkembang. Untuk bagian utara Sumatera, jalur kereta api menghubungkan Medan dan Tebing Tinggi di Sumatera Utara, umumnya digunakan untuk mengangkut minyak sawit. Di bagian tengah pulau, hanya Sumatera Barat yang memiliki kereta api yang dibangun pada periode kolonial Belanda dan hanya menghubungkan Sawahlunto, Padang dan Padang Pariaman. Jalur ini digunakan terutama sebagai tempat wisata. Di bagian selatan Sumatera, kereta api menghubungkan Bandar Lampung dan Palembang.

Terdapat tujuh bandara internasional di wilayah Sumatera, yaitu Bandara Internasional Hang Nadim di Batam (Kepulauan Riau), Bandara Internasional Sultan Iskandar Muda di Banda Aceh (Aceh), Bandara Internasional Kuala Namu di Medan (Sumatera Utara), Bandara Internasional Minangkabau di Padang (Sumatera Barat), Bandara Internasional Sultan Syarif Kasim II di Pekanbaru (Riau), Bandara Internasional Sultan Mahmud Badaruddin II di Palembang (Sumatera Selatan) dan Bandara Internasional Raja Haji Fisabilillah di Tanjung Pinang (Kepulauan Riau). Sebagai tambahan, terdapat 29 bandara domestik lainnya di seluruh Sumatera. Seiring dengan meningkatnya permintaan transportasi udara, beberapa bandara telah dikembangkan untuk meningkatkan kapasitasnya. Sebagai contoh, Bandara Internasional Kuala Namu, yang menggantikan Bandara Polonia, telah meningkatkan kapasitas dari 900.000 penumpang menjadi 8,3 juta penumpang per tahun semenjak Juli 2013. Pengembangan Tahap II direncanakan untuk meningkatkan kapasitas menjadi 16 juta dan nantinya menjadi lebih dari 20 juta di tahun 2023 melalui pembangunan Tahap III.

Tiga pelabuhan utama yang digunakan untuk memfasilitasi transportasi laut adalah Belawan di Medan (Sumatera Utara), Teluk Bayur di Padang (Sumatera Barat) dan Bakauheni di Lampung. Pada awal 2013,

Pelabuhan Belawan menangani hingga 1,2 juta setara unit 20-kaki peti kemas (TEUs) per tahun. Dengan pembangunan bertahap, kapasitasnya meningkat menjadi 2 juta TEUs per tahun. Pelabuhan Teluk Bayur adalah pelabuhan tersibuk di bagian barat Sumatera dan rencananya akan direnovasi secara besar-besaran untuk memodernisasi pelabuhan. Bakauheni yang terletak di ujung selatan Pulau Sumatera merupakan penghubung penting antara Sumatera dan Jawa. Rata-rata waktu tempuh perjalanan ke Pelabuhan Merak di Banten adalah antara 2 sampai 3 jam.

MP3EI telah menetapkan Pelabuhan Kuala Tanjung menjadi penghubung alternatif bagi pelayaran internasional yang menghubungkan Indonesia dengan belahan dunia yang lain. Selain tiga pelabuhan utama di Sumatera, terdapat juga Pelabuhan Tanjung Balai Karimun di Kepulauan Riau, Pelabuhan Tanjung Api-api di Sumatera Selatan, Pelabuhan Tanjung Pandan di Kepulauan Bangka Belitung dan pelabuhan-pelabuhan pendukung lainnya untuk penumpang dan lalu lintas kargo.

2. DAYA SAING RELATIF WILAYAH

Kerangka daya saing wilayah mengikuti pendekatan yang sama dengan daya saing provinsi, sebagaimana telah dijelaskan secara lebih rinci di Bab 1. Penjelasan lebih lanjut tentang penjumlahan indikator masing-masing provinsi menjadi skor wilayah dapat dilihat di Bab 2.

2.1 Peringkat Daya Saing Enam Wilayah — Peringkat dan Skor menurut Lingkup [5]

Tabel 3.3. Daya Saing Keseluruhan Tahun 2014: Peringkat dan Skor

Peringkat	Wilayah	Skor
1	Wilayah Jawa	1,7233
2	Wilayah Kalimantan	0,6511
3	Wilayah Sulawesi	–0,0392
4	*Wilayah Sumatera*	*–0,0741*
5	Wilayah Bali-Nusa Tenggara	–0,9839
6	Wilayah Maluku-Papua	–1,2772

Sumber: Asia Competitiveness Institute

Terlepas dari asumsi umum yang menempatkan Sumatera sebagai pulau paling berkembang kedua di Indonesia setelah Jawa, Tabel 3.3 menunjukkan bahwa, pada kenyataannya, wilayah Sumatera hanya berada di peringkat keempat untuk analisis Daya Saing Keseluruhan. Skor Sumatera adalah –0,0741, di bawah Wilayah Sulawesi (–0,0392) dan di atas Wilayah Bali- Nusa Tenggara (–0,9839), yang menunjukkan bahwa wilayah ini masih membutuhkan banyak perbaikan.

Perbedaan skor antara Wilayah Sumatera dan Sulawesi relatif lebih tipis dibandingkan dengan perbedaan antara Wilayah Sumatera dengan Bali-Nusa Tenggara yang menduduki posisi kelima. Hal ini mengindikasikan bahwa Wilayah Sumatera dapat dengan mudah menggantikan posisi Wilayah Sulawesi, tetapi lebih sulit bagi Wilayah Bali-Nusa Tenggara untuk melampaui Wilayah Sumatera.

Pada level provinsi, Riau yang menduduki posisi kesembilan, adalah satu-satunya provinsi di Sumatera yang masuk dalam 10 besar provinsi dengan daya saing tertinggi. Kepulauan Riau (peringkat ke-11), Aceh (ke-13), Sumatera Selatan (ke-16), Sumatera Barat (ke-17), Sumatera Utara (ke-19) dan Kepulauan Bangka Belitung (ke-20) adalah provinsi-provinsi yang masuk dalam 13 provinsi menengah, sedangkan Lampung (ke-24), Jambi (ke-27) dan Bengkulu (ke-30) termasuk dalam 10 provinsi terbawah. Peringkat-peringkat yang relatif rendah ini berkontribusi atas posisi Wilayah Sumatera secara keseluruhan yang menempati peringkat keempat. Artinya, strategi yang terencana dengan baik dan menyeluruh yang menggabungkan potensi semua provinsi akan meningkatkan skor daya saing untuk Wilayah Sumatera.

[5] Hasil daya saing tahun 2014 berdasarkan data yang diperbaharui di tahun 2011 dan survei ACI yang dilakukan di tahun 2013. Keterlambatan data tersebut dikarenakan oleh waktu yang diperlukan sampai akhirnya angka tetap data terkait dipublikasikan, untuk selanjutnya dianalisa.

Tabel 3.4. Stabilitas Ekonomi Makro Tahun 2014: Peringkat dan Skor

Peringkat	Wilayah	Skor
1	Wilayah Jawa	2,0461
2	*Wilayah Sumatera*	*0,1112*
3	Wilayah Kalimantan	0,0350
4	Wilayah Sulawesi	–0,3896
5	Wilayah Maluku-Papua	–0,7943
6	Wilayah Bali-Nusa Tenggara	–1,0085

Sumber: Asia Competitiveness Institute

Untuk Stabilitas Ekonomi Makro sebagaimana disajikan dalam Tabel 3.4, Wilayah Sumatera berada di peringkat kedua dengan skor 0,1112. Hal ini merupakan aspek terkuat untuk Sumatera dibandingkan dengan tiga lingkup lainnya. Posisi Wilayah Sumatera berada di bawah Wilayah Jawa dan di atas Wilayah Kalimantan. Untuk mengalahkan Wilayah Jawa, Wilayah Sumatera perlu mengejar selisih skor sebesar 1,9349 poin.

Tiga provinsi menempati posisi aman pada peringkat 10 teratas. Tiga provinsi tersebut adalah Kepulauan Riau (peringkat kelima), Riau (kedelapan) dan Sumatera Utara (kesembilan). Provinsi-provinsi lainnya masih memerlukan perbaikan daya saing dalam lingkup ini guna menaikkan skor Wilayah Sumatera secara keseluruhan. Provinsi ini termasuk Sumatera Selatan (peringkat ke-12), Kepulauan Bangka Belitung (ke-19), Jambi (ke-20), Sumatera Barat (ke-26), Aceh (ke-28), Lampung (ke-29) dan Bengkulu (ke-31). Memaksimalkan peran sebagai sebuah klaster strategis untuk beragam kegiatan ekonomi merupakan sebuah langkah logis untuk mengangkat posisi ini.

Tabel 3.5. Perencanaan Pemerintah dan Institusi Tahun 2014: Peringkat dan Skor

Peringkat	Wilayah	Skor
1	Wilayah Jawa	1,4124
2	Wilayah Sulawesi	0,7733
3	Wilayah Kalimantan	0,5582
4	*Wilayah Sumatera*	*–0,4219*
5	Wilayah Bali-Nusa Tenggara	–0,8284
6	Wilayah Maluku-Papua	–1,4937

Sumber: Asia Competitiveness Institute

Untuk Perencanaan Pemerintah dan Institusi pada Tabel 3.5, Wilayah Sumatera berada di posisi keempat dengan skor –0,4219. Posisi Wilayah Sumatera berada di antara Wilayah Kalimantan (0,5582) dan Wilayah Bali-Nusa Tenggara (–0,8284). Perbedaan skor antara Wilayah Sumatera dan Kalimantan lebih besar dibandingkan dengan selisih antara Wilayah Sumatera dan Bali-Nusa Tenggara.

Aceh, yang menempati posisi kesembilan di peringkat provinsi, menjadi satu-satunya provinsi di Wilayah Sumatera yang termasuk peringkat 10 teratas untuk lingkup ini. Empat provinsi berada di kelompok 13 menengah dan empat provinsi lainnya termasuk di antara 10 provinsi terbawah dengan Kepulauan Riau yang berada di urutan ke-31.

Tabel 3.6. Kondisi Finansial, Bisnis dan Tenaga Kerja Tahun 2014: Peringkat dan Skor

Peringkat	Wilayah	Skor
1	Wilayah Jawa	1,6700
2	Wilayah Kalimantan	1,0027
3	Wilayah Maluku-Papua	–0,3552
4	*Wilayah Sumatera*	*–0,3940*
5	Wilayah Sulawesi	–0,7693
6	Wilayah Bali-Nusa Tenggara	–1,1543

Sumber: Asia Competitiveness Institute

Untuk lingkup Kondisi Finansial, Bisnis dan Tenaga Kerja pada Tabel 3.6, Wilayah Sumatera menempati peringkat keempat dengan skor –0,3940, di bawah Wilayah Maluku-Papua (–0,3552) dan di atas Wilayah Sulawesi (–0,7693).

Skor Wilayah Sumatera untuk lingkup ini lebih dekat dengan skor Wilayah Maluku-Papua dengan selisih sebesar 0,0388. Hal ini menunjukkan bahwa Sumatera bisa dengan mudah melampaui peringkat Wilayah Maluku-Papua yang menduduki posisi ketiga. Kepulauan Riau dan Riau adalah dua provinsi dari Wilayah Sumatera yang termasuk 10 posisi teratas, masing-masing menduduki peringkat keenam dan ketujuh. Jambi adalah provinsi dengan peringkat terakhir dalam lingkup ini, berada di posisi ke-28.

Tabel 3.7. Kualitas Hidup dan Pembangunan Infrastruktur Tahun 2014: Peringkat dan Skor

Peringkat	Wilayah	Skor
1	Wilayah Jawa	1,0603
2	Wilayah Kalimantan	0,7425
3	*Wilayah Sumatera*	*0,4385*
4	Wilayah Sulawesi	0,2448
5	Wilayah Bali-Nusa Tenggara	–0,5423
6	Wilayah Maluku-Papua	–1,9438

Sumber: Asia Competitiveness Institute

Untuk lingkup Kualitas Hidup dan Pembangunan Infrastruktur pada Tabel 3.7, Wilayah Sumatera berada di posisi ketiga dengan skor 0,4385. Skor ini berada pada rentang positif, artinya menunjukkan kinerja di atas rata-rata. Meskipun demikian, Wilayah Sumatera seharusnya tidak berpuas diri karena Wilayah Sulawesi mengekor sangat dekat di posisi keempat.

Kepulauan Riau dan Aceh masing-masing berada di peringkat kelima dan ke-10, sementara Kepulauan Bangka Belitung menjadi satu-satunya yang termasuk kelompok 10 terbawah dengan menduduki peringkat ke-25.

2.2 Analisis Jaring Daya Saing Median dan Maksimum

Untuk memiliki pemahaman lebih baik mengenai kekuatan dan kelemahan relatif Wilayah Sumatera, pencapaian wilayah ini perlu dibandingkan dengan nilai tengah (median) dan nilai maksimum dari enam wilayah dalam 12 sub-lingkup.

Pada Gambar 3.2, skor median untuk enam wilayah Indonesia ditunjukkan melalui garis putus-putus warna merah, sedangkan skor Wilayah Sumatera ditunjukan dengan garis hijau pekat.

Peringkat daya saing Sumatera secara keseluruhan berada di kisaran medium dari keenam wilayah. Pada beberapa sub-lingkup, Sumatera memiliki skor yang relatif lebih tinggi dibandingkan nilai median, yaitu Kedinamisan Ekonomi Regional; Keterbukaan dalam Perdagangan dan Jasa; Kebijakan Pemerintah dan Ketahanan Fiskal; Kinerja Produktivitas; Infrastruktur Fisik; serta Standar Hidup, Pendidikan dan Stabilitas Sosial. Kinerja Sumatera yang kuat dalam sub-lingkup di bawah lingkup Stabilitas Ekonomi Makro konsisten dengan pencapaiannya yang menonjol dalam menempati posisi kedua di Tabel 3.4. Untuk Fleksibilitas Pasar Tenaga Kerja, skor Sumatera hanya sedikit di atas median, sedangkan untuk sub-lingkup lain, skornya lebih rendah dari median. Misalnya, skor untuk Kemampuan Finansial dan Efisiensi Bisnis berada jauh di bawah median nasional yang berada pada –1,1560. Aspek lain yang bisa ditingkatkan adalah Persaingan, Standar Regulasi, dan Penegakan Hukum; Infrastruktur Teknologi; Institusi, Pemerintahan dan Kepemimpinan; dan Daya Tarik terhadap Investasi Asing.

Gambar 3.2. Analisis Jaring Daya Saing Median Wilayah Sumatera Tahun 2014

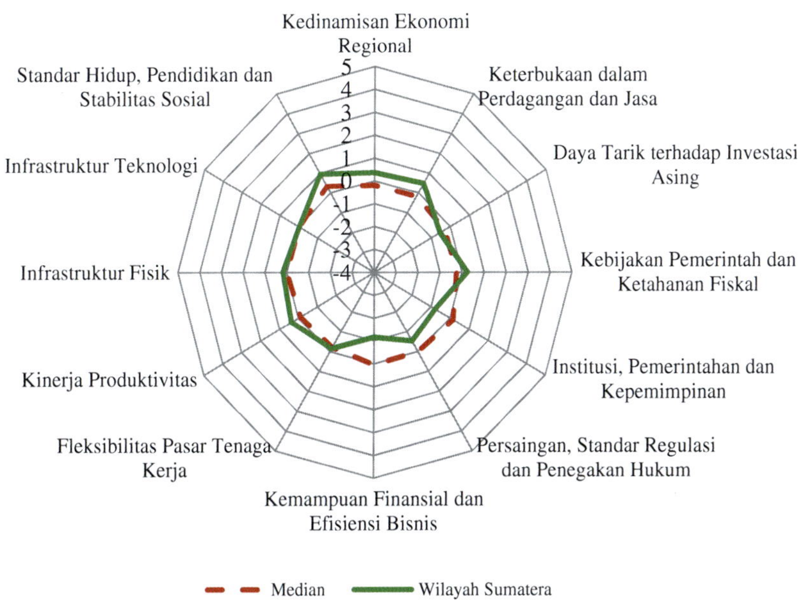

Sumber: Asia Competitiveness Institute

Gambar 3.3. Analisis Jaring Daya Saing Maksimum Wilayah Sumatera Tahun 2014

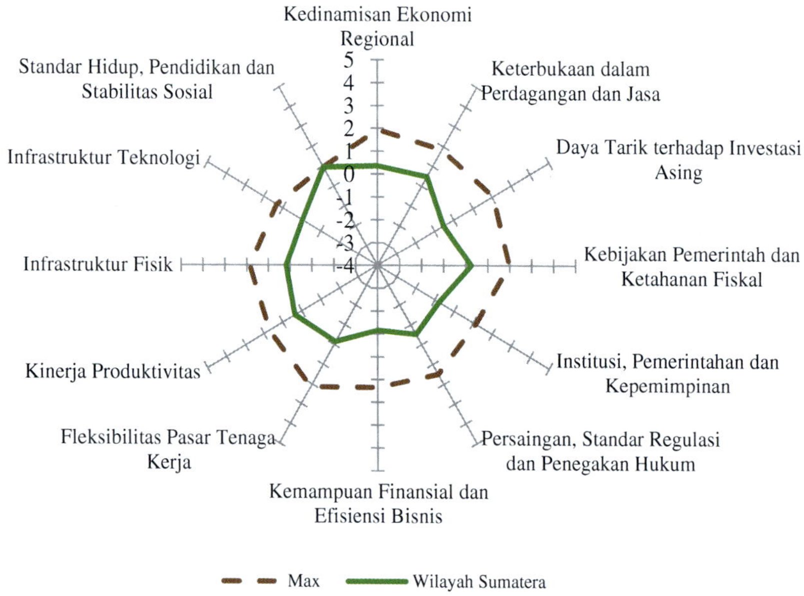

Sumber: Asia Competitiveness Institute

Jaring Daya Saing Maksimum pada Gambar 3.3 memperlihatkan sejauh mana skor terbaik untuk setiap sub-lingkup dalam kaitannya dengan skor Wilayah Sumatera. Skor maksimum untuk keenam wilayah ditunjukkan dengan garis putus-putus berwarna cokelat, sedangkan skor untuk wilayah Sumatera ditunjukkan dengan garis hijau pekat.

Sumatera berhasil memperoleh skor maksimum di sub-lingkup Standar Hidup, Pendidikan dan Stabilitas Sosial. Selisih yang relatif kecil ditemukan pada tujuh dari 12 sub-lingkup, yaitu Infrastruktur Teknologi; Infrastruktur Fisik; Kinerja Produktivitas; Institusi, Pemerintahan dan Kepemimpinan; Kebijakan Pemerintah dan Ketahanan Fiskal; Keterbukaan dalam Perdagangan dan Jasa; dan Kedinamisan Ekonomi Regional.

Di sisi lain, Sumatera memiliki selisih lebih besar dengan skor maksimum di empat sub-lingkup. Sub-lingkup tersebut adalah Fleksibilitas Pasar Tenaga Kerja; Kemampuan Finansial dan Efisiensi Bisnis; Persaingan, Standar Regulasi dan Penegakan Hukum; dan Daya Tarik terhadap Investasi Asing.

2.3 Analisis Kekuatan dan Kelemahan

Tabel 3.8 dan 3.9 masing-masing menunjukkan indikator-indikator terkuat dan terlemah dari Wilayah Sumatera. Tabel 3.8 memperlihatkan 20% indikator-indikator teratas dari Wilayah Sumatera atau 21 indikator terkuat dari total 104 indikator, dimulai dari paling atas. Tabel 3.9 menunjukkan 20% indikator-indikator terlemah, yaitu 21 indikator terbawah dari total 104 indikator, yaitu dari peringkat 84 sampai dengan 104.[6]

Seperti yang terlihat dalam Tabel 3.8, tiga indikator terkuat Wilayah Sumatera adalah Rasio Gini (#1); Rata-rata Lama Sekolah (#2); dan Panjang Jalan Beraspal (#3) dari lingkup Kualitas Hidup dan Pembangunan Infrastruktur. Indikator-indikator dari lingkup ini mendominasi posisi 20% teratas, dengan total indikator sebanyak 15 dari 21 indikator. Sektor pendidikan menjadi poin terkuat bagi Wilayah Sumatera, sebagaimana terlihat dari peringkat yang membanggakan di angka partisipasi sekolah dasar (#15); sekolah menengah pertama (#11); dan sekolah menengah atas (#5). Terkait dengan rasio murid per guru, Sumatera memimpin untuk pendidikan menengah pertama (#17) dan menengah atas (#20).

[6] 21 indikator terkuat dan 21 indikator terlemah ini didapatkan dengan mendata seluruh skor yang didapatkan Wilayah Sumatera untuk 104 indikator dan mengurutkannya dari yang tertinggi ke terendah. Indikator-indikator yang muncul sebagai 21 indikator teratas diidentifikasikan sebagai kekuatan wilayah ini dan 21 indikator terbawah sebagai kelemahan. Perbandingan antarskor indikator untuk wilayah ini dilakukan tanpa membandingkan skor indikator di wilayah lain.

Tabel 3.8. Daftar 20% Indikator Terkuat Wilayah Sumatera Tahun 2014

Peringkat	20% Indikator Terkuat	Skor	Lingkup
1	Rasio Gini	1,8602	KHPI
2	Rata-rata Lama Sekolah	1,6571	KHPI
3	Panjang Jalan Beraspal	1,3557	KHPI
4	PDRB Industri Primer	1,3511	SEM
5	Angka Partisipasi Sekolah (Menengah Atas)	1,3379	KHPI
6	Indeks Pembangunan Manusia	1,1572	KHPI
7	Tingkat Buta Huruf Dewasa	1,1448	KHPI
8	Ekspor	1,0105	SEM
9	Jumlah Kepemilikan Telepon Genggam	0,8244	KHPI
10	Ekspor, Nonmigas	0,8023	SEM
11	Angka Partisipasi Sekolah (Menengah Pertama)	0,7279	KHPI
12	Angka Harapan Hidup Saat Lahir	0,7273	KHPI
13	Jumlah Pekerja di Sektor Primer	0,7133	KFBTK
14	Indeks Kualitas Lingkungan Hidup	0,5781	KHPI
15	Angka Partisipasi Sekolah (Pendidikan Dasar)	0,5536	KHPI
16	Keseimbangan Fiskal	0,5309	PPI
17	Rasio Murid per Guru (Sekolah Menengah Pertama)	0,5009	KHPI
18	Bongkar Muat Kargo di Pelabuhan Domestik	0,4898	KHPI
19	Keterbukaan Dalam Perdagangan	0,4748	SEM
20	Rasio Murid per Guru (Sekolah Menengah Atas)	0,4530	KHPI
21	Kendaraan Bermotor yang Terdaftar	0,4463	KHPI

Catatan: SEM = Stabilitas Ekonomi Makro; PPI = Perencanaan Pemerintah dan Institusi; KFBTK = Kondisi Finansial, Bisnis dan Tenaga Kerja; KHPI = Kualitas Hidup dan Pembangunan Infrastruktur

Sumber: Asia Competitiveness Institute

Sumber kekuatan Wilayah Sumatera berikutnya berasal dari lingkup Stabilitas Ekonomi Makro, dengan empat indikator tercatat sebagai 20% indikator terkuat, yaitu PDRB untuk Industri Primer (#4); Ekspor (#8); Ekspor Nonmigas (#10); dan Keterbukaan dalam Perdagangan (#19).

Tabel 3.9 menunjukkan bahwa 20% indikator-indikator terlemah Sumatera berasal dari lingkup Perencanaan Pemerintah dan Institusi, dengan delapan indikator dari total 21 indikator. Hal ini menunjukkan bahwa pemerintahan di Wilayah Sumatera memerlukan perbaikan yang signifikan. Termasuk dalam indikator-indikator yang lemah ini adalah Akuntabilitas dan Inklusivitas Pemda (#84); Kapasitas Pemerintahan Provinsi (#86); dan Tingkat Efisiensi Pemda (#87). Indikator-indikator lainnya yang patut mendapat perhatian adalah kehadiran dua indikator yang terkait dengan korupsi, yaitu Tingkat Kebersihan dari Korupsi (#94) yang berasal dari survei persepsi oleh ACI dan Indeks Persepsi Korupsi (#96) dari lembaga Transparansi Internasional.

Meskipun demikian, indikator dari lingkup Kualitas Hidup dan Pembangunan Infrastruktur serta Kondisi Finansial, Bisnis dan Tenaga Kerja juga terlihat jelas di antara 20% indikator terlemah, dengan masing-masing lingkup menyumbang enam indikator dari total 21 indikator. Meskipun lingkup Kualitas Hidup dan Pembangunan Infrastruktur mendominasi kekuatan Wilayah Sumatera, beberapa indikator di bawah lingkup ini juga termasuk dalam daftar terlemah, misalnya Pertumbuhan Penduduk Perkotaan (#104). Indikator-indikator lain dari Wilayah Sumatera yang termasuk dalam 20% indikator terlemah adalah Strategi Perusahaan (#103); Inovasi Perusahaan (#102); dan Tingkat Partisipasi Angkatan Kerja (#101), dimana ketiganya merupakan bagian dari lingkup Kondisi Finansial, Bisnis dan Tenaga Kerja.

Tabel 3.9. Daftar 20% Indikator Terlemah Wilayah Sumatera Tahun 2014

Peringkat	20% Indikator Terlemah	Skor	Lingkup
84	Akuntabilitas dan Inklusivitas Pemda	–0,4825	PPI
85	Kapasitas Peralatan Perusahaan	–0,4900	KFBTK
86	Kapasitas Pemerintah Provinsi	–0,5388	PPI
87	Tingkat Efisiensi Pemda	–0,5472	PPI
88	Kualitas Peraturan Daerah	–0,5678	PPI
89	Akses Internet di Kantor	–0,5680	KHPI
90	Jumlah Kepemilikan Laptop	–0,5829	KHPI
91	Jumlah Kredit Bermasalah per Total Pinjaman Bank	–0,6024	KFBTK
92	Koordinasi dengan Pemerintah Kabupaten/Kota	–0,6586	PPI
93	Kapasitas Sumber Daya Manusia di Perusahaan	–0,7193	KFBTK
94	Tingkat Kebersihan dari Korupsi	–0,7394	PPI
95	Rasio Penduduk per Pekerja Medis	–0,7482	KHPI
96	Indeks Persepsi Korupsi	–0,8102	PPI
97	Promosi dan Pengelolaan Investasi	–0,8991	SEM
98	Ekspektasi dan Perkembangan Pemda	–0,9111	PPI
99	Jumlah Rumah Tangga dengan Jaringan Pipa Air	–0,9449	KHPI
100	Rasio Penduduk per Fasilitas Kesehatan	–1,0734	KHPI
101	Tingkat Partisipasi Angkatan Kerja	–1,0849	KFBTK
102	Inovasi Perusahaan	–1,1486	KFBTK
103	Strategi Perusahaan	–1,3514	KFBTK
104	Pertumbuhan Penduduk Perkotaan	–1,3916	KHPI

Catatan: SEM = Stabilitas Ekonomi Makro; PPI = Perencanaan Pemerintah dan Institusi; KFBTK = Kondisi Finansial, Bisnis dan Tenaga Kerja; KHPI = Kualitas Hidup dan Pembangunan Infrastruktur

Sumber: Asia Competitiveness Institute

3. TEMA KEBIJAKAN DAN STRATEGI PEMBANGUNAN

3.1 Kebijakan Pemerintah[7]

Di dalam MP3EI 2011–2025, Wilayah Sumatera ditetapkan sebagai "Sentra Produksi dan Pengolahan Hasil Bumi dan Lumbung Energi Nasional." Aktivitas ekonomi utama di dalam MP3EI bergerak dari ekstraksi bahan baku ke pengolahan komoditas utama, seperti minyak sawit, karet dan batu bara, hingga ke pengembangan industri galangan kapal dan besi baja.

Apabila dilihat dari masing-masing komoditas utama, terdapat batasan untuk mengembangkan perkebunan kelapa sawit lebih jauh sebab adanya isu lingkungan, termasuk praktik penebangan dan pembakaran lahan yang menyebabkan kabut asap mencapai ke Singapura dan Malaysia. Beberapa provinsi telah mengindikasikan perlunya melestarikan perkebunan tua di dalam Rencana Pembangunan Jangka Menengah Daerah (RPJMD). Oleh karena itu, sebagaimana diidentifikasikan dalam MP3EI, fokus akan beralih ke program intensifikasi untuk meningkatkan produktivitas, misalnya dengan meningkatkan kualitas benih, proses penggilingan, pemurnian dan industri hilir yang lebih baik untuk minyak sawit dan karet.

[7] Di tingkat nasional, rencana pembangunan Indonesia didokumentasikan dalam Rencana Pembangunan Jangka Panjang Nasional (RPJPN) 2005–2025. Saat ini RPJPN berada dalam implementasi fase kedua melalui Rencana Pembangunan Jangka Menengah Nasional (RPJMN) 2010–2014. Pemerintah provinsi harus merujuk pada RPJMN 2010–2014 saat merumuskan atau menyesuaikan Rencana Pembangunan Jangka Menengah Daerah (RPJMD) di masing-masing provinsi sehingga dapat mencapai target pembangunan nasional. MP3EI tidak bertujuan menggantikan RPJMN atau rencana pembangunan nasional dan provinsi yang sedang berjalan. Ini adalah dokumen kerja yang bersifat melengkapi rencana pembangunan tersebut yang bertujuan mengakselerasi dan memperluas pembangunan ekonomi di Indonesia.

Strategi untuk meningkatkan produksi batu bara juga menekankan pada pentingnya standardisasi undang-undang dan regulasi. Selain itu, beberapa provinsi berupaya melakukan perbaikan dalam hal jalur distribusi pengangkutan batu bara, kualitas sumber daya manusia, serta tata kelola perusahaan untuk investasi pertambangan batubara sebagai bagian dari strategi mereka.

Secara geografis, Pelabuhan Kuala Tanjung di Sumatera Utara memiliki potensi untuk dikembangkan menjadi pelabuhan hub internasional di gerbang barat Indonesia. Untuk konektivitas jalan, Jalan Tol Trans-Sumatera sepanjang 2.732 kilometer diharapkan akan menghubungkan pulau Sumatera, dari Banda Aceh di utara sampai Bandar Lampung di selatan, dan akan menjadi bagian dari jaringan jalan Asia (*Asian Highway Network Route*).

Setiap provinsi memiliki RPJMD sesuai dengan karakteristik dan potensi masing-masing.[8] Provinsi Aceh di dalam RPJMD 2012–2017 memiliki visi untuk menciptakan provinsi yang sejahtera, adil dan independen berdasarkan Undang-Undang Pemerintahan Aceh sebagai sebuah komitmen terhadap Perjanjian Helsinki yang mengakhiri konflik yang sebelumnya terjadi. Pemerintah Aceh juga memiliki prioritas menjalankan beberapa strategi untuk merevitalisasi pertanian lokal dan agroindustri.

Untuk Sumatera Utara, kebijakannya diarahkan kepada pengembangan sektor potensial, seperti pertanian, kehutanan, industri pengolahan dan pariwisata. Pembangunan infrastruktur juga menjadi salah satu agenda prioritas, seperti terlihat dalam usaha untuk menyelesaikan pembangunan Bandara Internasional Kuala Namu, membangun pelabuhan, dan memastikan ketersediaan pasokan air bersih dan listrik untuk mendukung pertumbuhan ekonomi. Rencana pembangunan daerah menekankan pada peningkatan pendidikan kejuruan dan pelatihan dalam rangka mendorong produktivitas. Riau melakukan hal serupa dengan menekankan kepada pentingnya peningkatan kapabilitas sumber daya manusia untuk mengintegrasikan industri hulu dan hilir baik untuk kegiatan pertanian maupun pertambangan.

Sumatera Barat memiliki potensi besar untuk menjadi lumbung energi nasional karena potensi tenaga air dan cadangan panas bumi yang besar untuk pembangkit listrik. Dalam rencana jangka menengahnya (RPJMD 2010–2015), Sumatera Barat mengungkapkan kembali perlunya menciptakan sumber daya manusia berkualitas dan pengembangan industri pengolahan, perdagangan, usaha kecil menengah dan koperasi.

Jambi menempatkan pembangunan infrastruktur sebagai misi pertamanya dalam RPJMD 2010–2015, yang mencakup pengembangan sektor energi, listrik, air bersih, jalur irigasi, pendidikan dan sarana kesehatan. Semua aktivitas ekonomi terkait dengan sumber daya alam harus dijalankan sesuai dengan rencana tata ruang. Fokus yang kuat pada infrastruktur juga digemakan dalam RPJMD 2012–2017 Bangka Belitung. Hal tersebut termasuk pembangunan infrastruktur pendukung yang penting untuk menarik investasi, misalnya bandara, pelabuhan, area industri, listrik dan komunikasi. Kepulauan Riau, sebagai sebuah provinsi kepulauan, lebih menekankan kepada strategi untuk memanfaatkan potensi maritimnya. KEK Batam, Bintan dan Karimun, yang menjadi lokasi berbagai perusahaan multinasional (MNC) di bidang teknologi informasi, perakitan elektronik, serta pembangunan kapal, masih menjadi pendorong investasi di provinsi ini.

Dalam RPJMD 2011–2015, Bengkulu menegaskan visinya untuk menjadi provinsi yang maju dan sejahtera, dengan indikator kinerja seperti peningkatan IPM dan PDRB per kapita serta penurunan tingkat kemiskinan dan pengangguran. Sementara itu, visi Sumatera Selatan adalah menciptakan provinsi yang maju dan sejahtera dengan masyarakat yang berpendidikan dan berbudaya. Provinsi ini juga menekankan pada formulasi strategi dan kebijakan yang komprehensif, terkoordinasi, efektif dan efisien. Dalam konteks aktivitas ekonomi, Sumatera Selatan didukung oleh lahan sawahnya yang subur dan sumber daya alam yang membuat provinsi ini tepat untuk menjadi pemasok energi dan pangan. Untuk Lampung, pembangunan infrastruktur menjadi salah satu dari misi yang tercantum dalam RPJMD 2010–2014. Provinsi ini memasukkan pembangunan Jembatan Selat Sunda sebagai salah satu program utamanya, yang menandakan sinergi antara MP3EI dengan pemerintah provinsi. Meskipun demikian, diperlukan penyesuaian lebih lanjut mengingat keputusan Presiden Joko Widodo untuk menghentikan megaproyek ini.

Lokasi Sumatera yang rawan bencana alam membuat usaha mitigasi, antisipasi dan ketahanan menghadapi bencana juga menjadi bagian dari RPJMD provinsi-provinsi ini. Wilayah ini juga mengindikasikan pelestarian

---

[8] Badan Perencanaan Pembangunan Daerah, *Rencana Pembangunan Jangka Menengah Daerah (RPJMD) dari beberapa provinsi dengan jangka waktu pembangunan yang beragam.*

lingkungan hidup sebagai prioritasnya dalam rangka mencapai pembangunan yang berkelanjutan. Dalam konteks tujuan bersama, aspirasi untuk meningkatkan nilai tambah kegiatan ekonomi menjadi tema umum yang digarisbawahi di dalam RPJMD setiap provinsi. Untuk mewujudkannya, provinsi-provinsi di Wilayah Sumatera telah memprioritaskan peningkatan kualitas sumber daya manusia guna memastikan tersedianya angkatan kerja yang terampil untuk industri pengolahan.

3.2 Strategi Pembangunan

Strategi pembangunan untuk Sumatera berkisar pada upaya memanfaatkan kekuatannya dan memperbaiki kelemahannya sebagaimana terindikasi dalam analisis ACI dan menerapkan hal tersebut sehingga dapat mempercepat pencapaian pertumbuhan optimal dalam sektor-sektor terpilih sesuai dengan cita-cita MP3EI.

Menurut daftar 20% indikator-indikator terkuat untuk Wilayah Sumatera, indikator terkait dengan pendidikan mendominasi daftar tersebut. Dengan rata-rata lama sekolah yang tinggi, tingkat buta huruf yang rendah, tingkat partisipasi sekolah yang sangat baik, dan rasio murid per guru yang relatif baik, wilayah ini sepertinya berada di jalur yang tepat dalam memastikan tersedianya angkatan kerja yang terampil. Meskipun demikian, bukan berarti wilayah ini bisa berpuas diri. Sebaliknya, Sumatera harus memanfaatkan fondasi yang kuat ini untuk meningkatkan pendidikan kejuruan, mengingat bahwa wilayah ini bercita-cita untuk mengembangkan industri pengolahannya. Untuk minyak sawit, mengingat bahwa fokusnya bergeser dari hanya produksi bahan mentah ke kegiatan hilir — termasuk penyulingan, produksi *oleochemical* dan bahan bakar nabati — yang lebih padat modal, angkatan kerja yang menguasai teknologi sangat dibutuhkan. Permintaan serupa atas pekerja dengan keterampilan teknis juga berlaku untuk industri konstruksi kapal dan besi baja yang juga merupakan industri unggulan. Integrasi kegiatan hulu dan hilir akan menciptakan rantai produksi dan nilai tambah yang pada akhirnya akan meningkatkan penerimaan dolar dari ekspor.

Untuk menyelesaikan masalah klasik terkait produktivitas yang rendah pada minyak sawit dan karet, skema pelatihan reguler untuk petani sangat diperlukan, seperti pelatihan untuk pengaturan jarak tanam optimal, mengingat luasnya area lahan perkebunan rakyat. Penelitian untuk menemukan benih kualitas super, baik untuk kelapa sawit maupun karet, seharusnya diperbanyak sebagai sebuah cara guna meningkatkan produktivitas sektor perkebunan dalam jangka panjang.

Seiring dengan peranan Wilayah Sumatera dalam mengembangkan industri ekstraktif dan pengolahan, keberlanjutan aspek lingkungan hidup tidak boleh diabaikan. Dengan bahaya kesehatan dan kerugian ekonomi yang terjadi akibat praktik penebangan dan pembakaran lahan serta kabut asap sebagai akibatnya, baik pemerintah daerah dan pusat seharusnya bekerja sama dengan pihak swasta untuk memperkuat regulasi dan penerapannya guna menghentikan praktik ini. Peraturan harus ditegakkan untuk menjamin implementasi peraturan terkait terutama tentang pemakaian kawasan hutan untuk aktivitas ekonomi, tidak hanya untuk perusahaan besar tetapi juga untuk perkebunan rakyat. Edukasi publik bagi seluruh pemangku kepentingan dibutuhkan karena masalah ini sudah menjadi isu lama yang membutuhkan perubahan pola pikir untuk lebih mengutamakan keberlanjutan jangka panjang daripada keuntungan jangka pendek yang membahayakan.

Inisiatif sektor swasta dalam skema *Corporate Social Responsibility* (CSR) dapat lebih dikembangkan. Program internasional, seperti *United Nations Initiative for Reducing Emissions from Deforestations and Forest Degradation* (UN-REDD), mempunyai peran krusial untuk mengatasi pemanasan global melalui pengurangan penggundulan hutan dan emisi melalui proyek penghutanan kembali dan pembentukan hutan.

Konektivitas menjadi elemen kunci strategi pembangunan Sumatera. Selain infrastruktur jalan beraspal, proyek-proyek infrastruktur lain seharusnya dikembangkan lebih lanjut untuk meningkatkan konektivitas antarprovinsi dan antarpulau. Bahkan perbaikan jalan guna mempercepat distribusi produk pertanian pun sangatlah dibutuhkan. Ini menjadi penting terutama untuk kelapa sawit karena kualitas tandan sawit segar menurun dalam tempo 48 jam setelah pemetikan. Jalur kereta berperan vital untuk transportasi batu bara supaya pengangkutan batu bara dari pedalaman ke pelabuhan menjadi lebih efisien dibandingkan melalui jalan darat. Lokasi Sumatera yang strategis di sepanjang Selat Malaka menggarisbawahi pentingnya pelabuhan sebagai moda transportasi untuk mengangkut produk-produk andalan. Beberapa proyek pengembangan pelabuhan sudah diidentifikasi dalam MP3EI, yaitu Pelabuhan Dumai dan Pelabuhan Pekanbaru (Riau), Pelabuhan Panjang (Lampung),

Pelabuhan Belawan dan Pelabuhan Kuala Tanjung (Sumatera Utara) dan PelabuhanTanjung Api-Api (Sumatera Selatan). Dengan infrastruktur yang lebih baik, kesempatan akan terbuka luas bagi wilayah ini untuk mengambil manfaat dari implementasi Masyarakat Ekonomi ASEAN (MEA) di 2015.[9]

Di antara 10 provinsi di Wilayah Sumatera, Aceh merupakan satu-satunya provinsi yang masuk posisi 10 teratas untuk lingkup Perencanaan Pemerintah dan Institusi. Wilayah Sumatera secara keseluruhan berada di peringkat keempat dengan skor negatif, artinya kinerjanya masih di bawah rata-rata nasional. Delapan dari 21 indikator yang menjadi kelemahan (Tabel 3.8) berada dalam lingkup ini. Termasuk di dalamnya adalah Akuntabilitas dan Inklusivitas Pemda; Kapasitas Pemerintah Provinsi; Tingkat Efisiensi Pemda; Kualitas Peraturan Daerah; Koordinasi dengan Pemerintah Kabupaten/Kota; Tingkat Kebersihan dari Korupsi; Ekspektasi dan Perkembangan Pemda; dan Indeks Persepsi Korupsi. Hal ini sangat mengkhawatirkan dan memerlukan perbaikan dalam sektor pemerintahan.

Tata kelola yang baik merupakan hal yang krusial untuk menarik investor ke Sumatera. Selain komitmen akan tata kelola yang baik, inklusivitas dan akuntabilitas untuk berkoordinasi antar lembaga dan pemerintah daerah, harmonisasi aturan, serta transparansi dan kejelasan regulasi juga penting untuk menciptakan iklim bisnis yang kondusif. Semua lapisan pemerintahan di level provinsi, kota dan kabupaten patut bekerja sama untuk menyelaraskan aturan-aturan terkait guna menarik dunia usaha.

Terkait dengan biaya, waktu dan persyaratan administrasi untuk berurusan dengan perizinan, pemerintah daerah dapat memanfaatkan teknologi informasi yang tidak hanya meningkatkan efisiensi, transparansi dan akuntabilitas, tetapi juga menjadi alat untuk mencegah korupsi. Ini bahkan menjadi lebih relevan untuk konteks Indonesia sebagai negara kepulauan.

Kesuksesan implementasi *e-government* tergantung pada kesungguhan komitmen pemerintah dalam menangani isu yang ada dan meningkatkan kapasitasnya untuk membangun sistem dan menyiapkan sumber daya manusia untuk menjalankan program sekaligus menjaga inisiatif ini menjadi sebuah proses yang berkelanjutan. Selain itu, kegiatan untuk mensosialisasikan, membina dan meningkatkan kesadaran masyarakat untuk mengikuti kebijakan *e-government* juga harus dilaksanakan. Studi banding dengan provinsi, kabupaten atau kota lain yang sudah dikenal dengan penerapan *e-government* yang lebih unggul bisa menjadi langkah awal saat memetakan strategi dan rencana penerapan. Sejalan dengan aspirasi menuju *e-government*, Pelayanan Terpadu Satu Pintu (PTSP) seharusnya bisa ditingkatkan lebih jauh dan dievaluasi efektivitasnya. Hal ini penting untuk menarik investor ke Sumatera. Dengan adanya MP3EI, fokus terhadap pengembangan sektor unggulan dan pembangunan infrastruktur digabungkan dengan perbaikan tata kelola akan membuka jalan bagi Sumatera untuk mencapai potensi optimalnya dan mengangkat wilayah ini untuk merealisasikan tema pembangunannya menjadi sentra produksi dan pengolahan hasil bumi serta lumbung energi nasional.

DAFTAR PUSTAKA

Badan Perencanaan Pembangunan Daerah. *Rencana Pembangunan Jangka Menengah Daerah (RPJMD) dari beberapa provinsi dengan jangka waktu yang beragam.*

Das, Sanchita Basu, Jayant Menon, Rodolfo C. Severino dan Omkar Lal Shrestha, ed. *The ASEAN Economic Community: A Work In Progress*. Singapore: Institute of Southeast Asian Studies and Asian Development Bank, 2013.

Kementerian Koordinator Bidang Perekonomian. *Masterplan Percepatan dan Perluasan Pembangunan Ekonomi Indonesia 2011–2025 (MP3EI)*. Jakarta: Kementerian Koordinator Bidang Perekonomian.

Ooi, Giok-Ling. "The Indonesia-Malaysia-Singapore Growth Triangle: Sub-Regional Economic Cooperation and Integration." *GeoJournal* Vol. 36 No. 4 (August 1995): 337–344.

[9] MEA di tahun 2015 akan mentransformasi ASEAN menjadi kawasan dengan lalu lintas yang bebas untuk barang-barang, jasa, investasi dan tenaga kerja terampil. Integrasi ekonomi regional ini diharapkan akan mengembangkan perdagangan dan meningkatkan penanaman modal asing (PMA) di kawasan ini. Untuk lebih lanjut, lihat: Sanchita Basu Das *et al.*, ed., *The ASEAN Economic Community: A Work In Progress* (Singapore: Institute of Southeast Asian Studies and Asian Development Bank, 2013) dan Gary Rynhart dan Jae-Hee Chang *The Road to ASEAN Economic Community 2015: The challenges and opportunities for enterprises and their representative organisations* (Geneva: International Labour Office, 2014) untuk lebih detail.

Rynhart, Gary dan Jae-Hee Chang. *The Road to ASEAN Economic Community 2015: The challenges and opportunities for enterprises and their representative organisations*. Geneva: International Labour Office, 2014.

Tan, Khee Giap dan Mulya Amri. "Subnational Competitiveness and National Performance: Analysis and Simulation for Indonesia." *Journal of Centrum Cathedra: The Business and Economic Research Journal* Vol. 6 No. 2 (2013): 173–192.

Tan, Khee Giap, Mulya Amri, Linda Low dan Tan Kong Yam. *Analisa Daya Saing dan Strategi Pembangunan untuk 33 Provinsi di Indonesia*. Singapore: World Scientific, 2013.

Tan, Khee Giap, Mulya Amri, Linda Low dan Tan Kong Yam. *Competitiveness Analysis and Development Strategies for 33 Indonesian Provinces*. Singapore: World Scientific, 2013.

United Nations Conference on Trade and Development (UNCTAD). "Infocomm Commodity Profile Palm Oil." Diakses 25 Juli, 2014. <http://www.unctad.info/en/Infocomm/AACP-Products/Palm-oil/>.

Bab 4
Analisis Daya Saing Wilayah Jawa

Banten, DKI Jakarta, Jawa Barat, Jawa Tengah, DI Yogyakarta dan Jawa Timur

1. PENGANTAR

1.1 Latar Belakang

Gambar 4.1 memperlihatkan provinsi-provinsi di Wilayah Jawa seperti yang tertuang dalam Masterplan Percepatan dan Perluasan Pembangunan Ekonomi Indonesia 2011–2025 (MP3EI).[1] Provinsi-provinsi tersebut beserta ibu kotanya masing-masing adalah Banten (Serang), DKI Jakarta (Jakarta), Jawa Barat (Bandung), Jawa Tengah (Semarang), DI Yogyakarta (Yogyakarta) dan Jawa Timur (Surabaya). Pulau Jawa dikelilingi oleh Laut Jawa di utara, Selat Sunda di barat, Samudera Hindia di selatan dan Selat Bali di timur.

Gambar 3.1 pada sisipan peta (kanan atas) memperlihatkan peringkat daya saing yang dipublikasikan oleh *Asia Competitiveness Institute* (ACI) menggunakan skema warna lampu lalu lintas: warna hijau menunjukkan 10 provinsi dengan peringkat teratas, diikuti dengan warna kuning yang menunjukkan 13 provinsi dengan peringkat menengah dan warna merah yang menunjukkan provinsi-provinsi dengan daya saing yang lebih rendah. Hampir semua provinsi di Wilayah Jawa masuk dalam 10 teratas, kecuali Banten yang menempati urutan ke-12. DKI Jakarta mengungguli provinsi-provinsi lain dengan menduduki peringkat pertama, diikuti oleh Jawa Timur di peringkat kedua.[2]

Pulau Jawa merupakan pusat kedinamisan ekonomi di Indonesia. Wilayah ini mendominasi produk domestik bruto (PDB) Indonesia dalam beberapa dekade terakhir. Meskipun pemerintah pusat telah berusaha menyebarkan kesuksesan Jawa ke daerah-daerah lain, wilayah ini masih berkontribusi sebesar 58,9% dari PDB Indonesia di tahun 2012.

Berlokasi di ujung selatan nusantara, Pulau Jawa membawa warisan kuat sebagai pusat pembangunan sejak Kerajaan Majapahit di abad ke-13 sampai dengan abad ke-16. Jawa memiliki lebih dari 138 juta penduduk, hampir 60% total populasi Indonesia. Wilayah ini memiliki dua area metropolitan terbesar di Indonesia. Yang pertama adalah Jakarta Raya atau Jabodetabek yang terdiri atas Jakarta, Bogor, Depok, Tangerang dan Bekasi. Yang kedua adalah Gerbangkertosusila yang terdiri atas Gresik, Bangkalan, Mojokerto, Surabaya, Sidoarjo dan Lamongan. Yogyakarta secara khusus dikenal sebagai kota budaya Indonesia.

Sebagai penyumbang ekonomi terbesar, Pulau Jawa menjadi wilayah terdepan dalam aktivitas ekonomi. Wilayah ini memiliki beberapa industri manufaktur terkemuka, seperti industri sepatu, tekstil, otomotif, makanan dan minuman untuk konsumsi domestik dan ekspor. Menurut Badan Koordinasi Penanaman Modal (BKPM), Jawa menyumbang lebih dari setengah penanaman modal domestik dan asing di Indonesia sebab investor melihat bahwa wilayah ini memiliki iklim investasi yang paling kondusif dibandingkan wilayah-wilayah lain. Memulai dan menjalankan bisnis di Jawa relatif mudah sebab didukung oleh infrastruktur yang relatif maju jika dibandingkan dengan daerah lainnya, tenaga kerja yang murah dan relatif terampil, serta akses terhadap barang-barang impor melalui Pelabuhan Tanjung Priok.

Akan tetapi, menjadi pusat perekonomian memiliki konsekuensi lain. Sebagai 'tanah harapan' bagi masyarakat seluruh Indonesia, migrasi masuk dari pulau-pulau lain sangat tinggi dan populasi Pulau Jawa saat

---

[1] Kementerian Koordinator Bidang Perekonomian, *Masterplan Percepatan dan Perluasan Pembangunan Ekonomi Indonesia 2011–2025 (MP3EI)* (Jakarta: Kementerian Koordinator Bidang Perekonomian, 2011).

[2] Lihat Tan Khee Giap *et al.*, *Competitiveness Analysis and Development Strategies for 33 Indonesian Provinces* (Singapore: World Scientific, 2013) yang diterjemahkan ke dalam Bahasa Indonesia, Tan Khee Giap *et al.*, *Analisa Daya Saing dan Strategi Pembangunan untuk 33 Provinsi di Indonesia* (Singapore: World Scientific, 2013), dan makalah ilmiah Tan Khee Giap dan Mulya Amri, "Subnational Competitiveness and National Performance: Analysis and Simulation for Indonesia," *Journal of Centrum Cathedra: The Business and Economic Research Journal* Vol. 6 No. 2 (2013): 173–192 yang merupakan kajian awal penyusunan peringkat daya saing provinsi-provinsi di Indonesia.

Gambar 4.1. Peta Wilayah Jawa

Sumber: Asia Competitiveness Institute

ini sudah sangat padat.[3] Selama pemerintahan Soeharto, skema transmigrasi dijalankan dengan tujuan untuk mengatasi isu kepadatan penduduk. Akan tetapi, program ini menerima banyak kritikan dalam pelaksanaannya dan bahkan menciptakan masalah pertanahan dan konflik antarsuku.

Seiring dengan industrialisasi di Pulau Jawa, banyak area pertanian diubah menjadi lahan komersil untuk membangun pabrik dan perumahan. Industrialisasi dan urbanisasi menyebabkan hilangnya sekitar 42.000 hektar area teririgasi di Jawa antara tahun 1991 dan 2000.[4] Fenomena ini telah menyebabkan menurunnya produksi beras di wilayah ini. Kali Citarum yang tercemar di Jawa Barat merupakan bukti buruknya manajemen industrialisasi yang mengurangi keberlanjutan lingkungan hidup.

Mengingat karakteristik ekonomi Pulau Jawa yang sangat jelas sebagai lokomotif ekonomi, MP3EI menetapkan Koridor Ekonomi Jawa sebagai "Pendorong Industri dan Jasa Nasional." Kegiatan ekonomi terpusat pada pengolahan produk dengan nilai tambah, misalnya tekstil, makanan dan minuman, serta industri otomotif dan pertahanan. Akan tetapi, Jawa memiliki beberapa masalah yang bisa menghambat visinya untuk membangun ekonomi yang lebih pesat. Infrastruktur yang kurang memadai, apalagi jika dibandingkan dengan standar internasional, dan kesenjangan, baik antarprovinsi maupun di dalam provinsi, mudah ditemui. Risiko lainnya yang muncul adalah konflik dengan serikat pekerja pada industri-industri strategis di Jawa.

Untuk meningkatkan pembangunan ekonomi dan daya saing di Jawa, infrastruktur yang lebih baik sangatlah penting untuk menciptakan lingkungan bisnis yang kondusif. Memastikan bahwa pelestarian lingkungan berjalan beriringan dengan industrialisasi juga merupakan hal yang krusial. Hal tersebut dapat dicapai melalui perencanaan tata kota yang komprehensif yang mencakup analisis dampak lingkungan yang menyeluruh.

Tabel 4.1 menunjukkan bagaimana tingkat urbanisasi di Wilayah Jawa telah meningkat dari 50,73% di tahun 2006 menjadi 58,60% di tahun 2011. Peralihan menuju ekonomi berbasis kota juga terlihat dari kontribusi yang relatif tinggi dari sektor tersier dan sekunder terhadap produk domestik regional bruto (PDRB), yaitu masing-masing sebesar 52,06% dan 36,48%.

1.2 Sektor dan Kegiatan Utama

Tabel 4.1 dan 4.2 memperlihatkan bahwa sektor pertanian masih berperan, meskipun sedikit, dalam perekonomian di Jawa. Sektor primer seperti pertanian, peternakan, kehutanan dan perikanan sangat dominan di Jawa

[3]Terutama untuk DKI Jakarta dengan migrasi masuk yang terus menerus, diperkirakan mencapai 250.000 per tahun menurut World Bank, "Annex 5: Jakarta Case Study," di Climate Change, Disaster Risk and the Urban Poor, ed. Judy L. Baker (Washington DC: World Bank, 2012), 199–215.

[4]Sudar D. Atmanto, "Persaingan dan Pemanfaatan Sumber Daya Air dan Lahan," *Irigasi Pertanian* Vol. VII No. 22 (1995).

Tabel 4.1. Wilayah Jawa: Indikator Ekonomi Dasar

A. Jumlah Penduduk	**2006**	**2011**
Penduduk total	130.184.204	138.083.615
% perkotaan	50,73	58,60
B. Luas Wilayah		**2011**
Km^2		129.438,28
% terhadap luas negara		6,77
C. Produk Domestik Regional Bruto (PDRB)	**2006**	**2011**
Rupiah (juta)	1.071.135.538	1.446.836.500
Rupiah (juta) tanpa minyak & gas	1.050.791.811	1.424.203.900
Rupiah (juta) tanpa minyak & gas & mineral	1.050.185.787	1.423.062.387
D. Komposisi Ekonomi, dalam % PDRB	**2006**	**2011**
Sektor Primer	12,09	11,46
Sektor Sekunder	38,56	36,48
Sektor Tersier	49,36	52,06
E. PDRB per kapita	**2006**	**2011**
Rupiah (juta)	8,23	10,48
Rupiah (juta) tanpa minyak & gas	8,07	10,31
Rupiah (juta) tanpa minyak & gas & mineral	8,07	10,31
F. Tingkat Kemiskinan	**2006**	**2011**
% dari jumlah penduduk	17,35	12,10
G. Indeks Pembangunan Manusia	**2006**	**2011**
Indeks	70,41	72,95

PDRB atas dasar Harga Konstan Tahun 2000
Sumber: Asia Competitiveness Institute menggunakan data Badan Pusat Statistik (BPS)

Tabel 4.2. Produk dan Aktivitas Utama

Primer	Beras, jagung, kacang tanah, kedelai, kelapa, kakao, kopi, teh, perikanan, tembaga, minyak dan gas bumi
Sekunder	Makanan dan minuman, tekstil, otomotif, besi baja, petrokimia, semen, produk kulit, kerajinan kayu dan keramik
Tersier	Teknologi informasi dan komunikasi, pariwisata, jasa keuangan, media dan perdagangan

Sumber: Asia Competitiveness Institute

Timur, Jawa Tengah dan Jawa Barat dengan kontribusi sebesar 11,46% terhadap PDRB. Terlepas dari menurunnya kontribusi sektor primer terhadap PDRB, Jawa tetap menjadi produsen beras terbesar di Indonesia dengan produksi melebihi 52,39% dari total produksi beras nasional di tahun 2012. Jawa menyumbang 42,35% dari total lahan sawah di Indonesia dan sebagian besar areal persawahan berlokasi di Jawa Barat, Jawa Tengah dan Jawa Timur. Dengan demikian, penting bagi Jawa untuk tidak hanya fokus kepada industrialisasi, tetapi juga pada peningkatan produktivitas pertaniannya.

Sektor sekunder berkontribusi sebesar 36,48% dari PDRB tahun 2011. Sektor ini didominasi oleh industri manufaktur yang berlokasi di Jawa Barat, Jawa Tengah dan Jawa Timur. Garmen, tekstil, komponen industri dan kerajinan menyumbang 41,97% dari PDRB tahun 2011. Industri-industri ini berlokasi di klaster sekitar DKI Jakarta, seperti Bekasi dan Cikarang. Industri-industri di Banten memproduksi beragam komoditas, mulai dari logam, petrokimia, sepatu, makanan, hingga pakaian. Terdapat setidaknya 19 zona industri di provinsi ini, sebagian besar berlokasi di Kota Tangerang.[5]

[5] Klaster industri berskala nasional di seluruh provinsi menjadi relevan bagi daya saing Indonesia secara keseluruhan. Efek besar dari aglomerasi dan konsentrasi skala dan cakupan ekonomi membuat provinsi-provinsi tersebut dapat saling melengkapi ketika mereka secara bersama-sama saling berkompetisi antara satu sama lain dalam pemeringkatan daya saing yang dikembangkan oleh ACI.

Dua provinsi lain yang mendominasi sektor manufaktur adalah Jawa Tengah dan Jawa Timur. Industri garmen dan rokok umumnya ditemukan di Jawa Tengah, sementara Jawa Timur memiliki industri yang lebih beragam, seperti tekstil, permesinan, transportasi, makanan, minuman dan rokok. Kantor pusat produsen kapal PT PAL dan produsen kereta api PT INKA juga berlokasi di provinsi ini.

Jawa menerima kontribusi signifikan dari sektor perdagangan, hotel, restoran, keuangan, properti dan jasa bisnis lainnya mengingat kota-kota besar Indonesia berlokasi di wilayah ini. Jabodetabek atau Jakarta Raya, yang terdiri dari kabupaten/kota di DKI Jakarta, Banten dan Jawa Barat, merupakan pusat perdagangan dan keuangan nasional. Pariwisata juga berkembang di Jawa mengingat pulau ini memiliki 10 destinasi pariwisata nasional. Dengan penduduk yang relatif lebih berpendidikan, Jawa memiliki potensi untuk menjadi tulang punggung industri kreatif dan jasa.

1.3 Ketersediaan Infrastruktur

Ironisnya, Jawa masih terkendala dengan buruknya infrastruktur. Masalah ini tidak hanya terjadi di ibu kota DKI Jakarta dengan masalah kemacetan yang tidak kunjung selesai, tetapi juga pada konektivitas antarprovinsi di wilayah ini. Bandara-bandara dan pelabuhan-pelabuhan dinilai tidak bisa menyeimbangi pertumbuhan ekonomi. Akibatnya, infrastruktur yang kurang memadai dan penuh sesak menyebabkan biaya produksi menjadi lebih tinggi. Masalah yang sama juga terjadi pada kelistrikan dimana pasokan listrik gagal mengimbangi pertumbuhan permintaan.

Transportasi barang dan manusia saat ini sangat tergantung pada akses jalan dan jalur kereta api. Jalur Pantai Utara Jawa, atau dikenal dengan Pantura, menjadi akses utama untuk mengangkut penumpang dan kargo ke seluruh Jawa. Akan tetapi, kurangnya pengawasan atas kendaraan-kendaraan dengan beban berlebih memiliki dampak terhadap kualitas jalan. Setiap tahun, pemerintah mengalokasikan sekitar 1,8 triliun Rupiah untuk memperbaiki jalan yang rusak. Pengerjaan jalan senilai 36 triliun Rupiah sedang dilakukan untuk pembangunan Jalan Tol Trans Jawa — proyek sepanjang 615 kilometer yang menghubungkan DKI Jakarta dan Surabaya — dalam rangka mengurangi kemacetan lalu lintas. Proyek ini dijadwalkan selesai pada tahun 2017, tertunda dari target awal pada tahun 2015 akibat permasalahan pembebasan lahan.

Jalur kereta api merupakan moda alternatif di Jakarta. Saat ini kereta api masih di bawah pengelolaan perusahaan Badan Usaha Milik Negara (BUMN), PT Kereta Api Indonesia, yang menyediakan layanan kereta di DKI Jakarta (dikenal dengan *commuter line*) dan juga antarprovinsi. Akan tetapi, jalur kereta api yang menghubungkan pelabuhan internasional Tanjung Priok ke Surabaya didominasi oleh kereta api penumpang. Transportasi kargo hanya terbatas untuk mengangkut bensin, semen dan pupuk. Untuk meningkatkan efisiensi transportasi kargo, pemerintah tengah membangun jalur kereta api ganda sepanjang 727 kilometer yang menghubungkan Jakarta dan Surabaya. Pemerintah menargetkan proyek ini dapat meningkatkan muatan dari yang saat ini sebesar 160 setara unit 20-kaki peti kemas (TEUs) dalam lima trayek per hari menjadi 500 TEUs dengan 15 trayek per hari.[6]

Dua bandara nasional utama terletak di wilayah ini, Bandara Internasional Soekarno-Hatta (Banten) dan Bandara Internasional Juanda (Surabaya). Bandara lain yang melayani rute internasional adalah Adisucipto (Yogyakarta), Husein Sastranegara (Bandung), Adi Sumarmo (Solo), Achmad Yani (Semarang) dan Halim Perdanakusuma (Jakarta).

Walau demikian, Bandara Internasional Soekarno Hatta hanya mampu menampung 22 juta penumpang per tahun, padahal jumlah penumpang domestik dan internasional sudah melampaui 50 juta. Oleh karena itu, PT Angkasa Pura II — perusahaan BUMN yang mengelola bandara — kemudian memutuskan untuk mengubah bandara lain di DKI Jakarta, yaitu Halim Perdanakusuma, dari bandara untuk pesawat militer dan pribadi menjadi bandara komersial di awal 2014. Untuk ke depannya, pemerintah juga berencana untuk mengembangkan Bandara Soekarno-Hatta, meskipun mengalami kesulitan terkait pembebasan lahan di Kota Tangerang yang

---

[6] Erlangga Djumena, "Rel Ganda Selesai Jakarta-Surabaya Lebih Cepat 3 Jam," *Kompas*, 27 Maret, 2014, diakses 24 Juni 2014, <http://bisniskeuangan.kompas.com/read/2014/03/27/0924327/Rel.Ganda.Selesai.Jakarta-Surabaya.Lebih.Cepat.3.Jam>.

telah menghambat rencana ini. Pengembangan Terminal 3 ditargetkan selesai pada tahun 2014. Bandara Internasional Changi di Singapura dan Bandara Internasional Incheon di Korea Selatan digunakan sebagai model dalam pengembangan Bandara Soekarno-Hatta.

Untuk infrastruktur pelabuhan laut, Wilayah Jawa memiliki dua pelabuhan tersibuk di Indonesia, yaitu Pelabuhan Tanjung Priok dan Tanjung Perak. Pelabuhan-pelabuhan ini melayani kargo internasional terutama untuk aktivitas ekspor dan impor. Menurut Pelindo II, Pelabuhan Tanjung Priok melayani dua pertiga dari perdagangan internasional Indonesia. Akan tetapi, biaya logistik yang tinggi dan waktu tunggu yang lebih lama untuk kontainer tetap menjadi beban. Waktu tunggu telah memburuk, yaitu dari 4,8 hari pada tahun 2010 menjadi 6,4 hari pada tahun 2013. Hal ini menyebabkan kenaikan biaya logistik yang signifikan dan sebagai akibatnya, harga akhir menjadi lebih tinggi bagi konsumen.[7]

Untuk infrastruktur di dalam provinsi, DKI Jakarta memiliki reputasi kurang baik terkait kemacetan lalu lintasnya. Menurut data Pemda Jakarta di tahun 2010, kepemilikan kendaraan pribadi tumbuh sebesar 9,5% dan diprediksi akan terus meningkat.[8] Akan tetapi, panjang jalanan beraspal hanya meningkat sebesar 1,3%, dan sebagai akibatnya, kemacetan lalu lintas tidak bisa dihindari. Kemacetan menyebabkan biaya ekonomi sekitar 3 miliar Dolar AS per tahun.[9] TransJakarta dan *Commuter Line* menjadi dua transportasi publik utama di Jakarta, sementara pembangunan *Mass Rapid Transit* (MRT) masih berjalan. Sarana MRT serupa juga akan dikembangkan di Bandung, Surabaya dan Semarang di bawah kepemimpinan Presiden Joko Widodo.

Meskipun tingkat elektrifikasi di Jawa tetap tertinggi jika dibandingkan dengan wilayah lain, mengimbangi permintaan listrik merupakan tantangan besar. Menurut PT Perusahaan Listrik Negara (PLN), rasio elektrifikasi di Jawa adalah 78%, atau berada di atas rasio elektrifikasi nasional yang sebesar 73%.[10] Total kapasitas terpasang pembangkit listrik di wilayah ini mencapai 25.787,45 MW (sebesar 78,38% dari total kapasitas terpasang secara nasional). Untuk memenuhi pertumbuhan permintaan Jawa yang masih memerlukan lebih banyak pasokan listrik, pembangkit listrik tenaga batu bara dengan kapasitas 2.000 MW di Batang, Jawa Tengah, akan dibangun. Akan tetapi, proyek ini terhambat negosiasi pembebasan lahan. Jika proyek ini tertunda, Jawa akan terus menghadapi defisit listrik sebesar 30% di tahun 2017. Pasokan saat ini mungkin tidak akan cukup untuk kondisi darurat; jika satu dari pembangkit listrik mengalami masalah, tidak ada cadangan yang tersedia untuk mencegah pemadaman di ibu kota. Pemadaman yang signifikan dengan efek luas di Jawa dan Bali pernah terjadi di tahun 2005 akibat terganggunya pasokan listrik.

Tantangan di Wilayah Jawa lainnya adalah pengelolaan air bersih akibat praktik kurang baik dalam pengelolaan lingkungan dan limbah industri di beberapa kota. Kasus yang paling nyata adalah banjir di DKI Jakarta — baik akibat hujan musiman atau meningkatnya permukaan air laut — yang telah menjadi masalah kronis dalam sejarah kota ini. Meskipun Jakarta telah memiliki kanal banjir barat dan timur, banjir tahunan tetap terjadi. Meningkatnya permukaan air laut juga sering memicu banjir di bagian utara Jakarta. Banjir juga menjadi isu penting di Semarang dan Surabaya.

2. DAYA SAING RELATIF WILAYAH

Kerangka daya saing wilayah mengikuti pendekatan yang sama dengan daya saing provinsi, sebagaimana telah dijelaskan secara lebih rinci di Bab 1. Penjelasan lebih lanjut tentang penjumlahan indikator masing-masing provinsi menjadi skor wilayah dapat ditemukan di Bab 2.

[7] World Bank, "Moving Cargo Faster in Indonesia Main Sea Port," 19 Februari, 2014, diakses 24 Juni 2014, <http://www.worldbank.org/in/news/feature/2014/02/19/moving-cargo-faster-in-indonesia-main-sea-port>.

[8] Pemerintah Provinsi DKI Jakarta, "Jakarta Urban Transport Problems and Their Environmental Impacts," diakses 24 Juni 2014, <http://www.ui.ac.id/download/apru-awi/jakarta-local-goverment.pdf>.

[9] The Jakarta Post, "Traffic Jams Cost Jakarta 3b Annually," 10 Februari, 2011, diakses 24 Juni 2014, <http://www.thejakartapost.com/news/2011/02/10/traffic-jams-cost-jakarta-3b-annually.html>.

[10] PT PLN, *Statistik PLN 2012* (Jakarta: PLN, 2012).

2.1 Peringkat Daya Saing Enam Wilayah — Peringkat dan Skor menurut Ruang Lingkup[11]

Tabel 4.3. Daya Saing Keseluruhan Tahun 2014: Peringkat dan Skor

Peringkat	Wilayah	Skor
1	*Wilayah Jawa*	*1,7233*
2	Wilayah Kalimantan	0,6511
3	Wilayah Sulawesi	–0,0392
4	Wilayah Sumatera	–0,0741
5	Wilayah Bali-Nusa Tenggara	–0,9839
6	Wilayah Maluku-Papua	–1,2772

Sumber: Asia Competitiveness Institute

Untuk Daya Saing Keseluruhan, sebagaimana ditunjukkan dalam Tabel 4.3, Jawa menduduki peringkat pertama dan mendapat peringkat sebagai wilayah paling kompetitif di Indonesia. Dengan skor terstandardisasi sebesar 1,7233, Jawa berada jauh di atas wilayah lainnya. Terdapat selisih yang besar antara Jawa dan Kalimantan yang menduduki peringkat kedua dengan skor 0,6511. Hal ini tidak mengejutkan mengingat lima dari keenam provinsi di Wilayah Jawa termasuk dalam 10 provinsi teratas untuk Daya Saing Keseluruhan dari 33 provinsi. Skor terstandardisasi wilayah Jawa dalam sebagian besar indikator juga sangat tinggi. DKI Jakarta mendapatkan peringkat teratas, sedangkan Banten menduduki peringkat ke-12.

Tabel 4.4. Stabilitas Ekonomi Makro Tahun 2014: Peringkat dan Skor

Peringkat	Wilayah	Skor
1	*Wilayah Jawa*	*2,0461*
2	Wilayah Sumatera	0,1112
3	Wilayah Kalimantan	0,0350
4	Wilayah Sulawesi	–0,3896
5	Wilayah Maluku-Papua	–0,7943
6	Wilayah Bali-Nusa Tenggara	–1,0085

Sumber: Asia Competitiveness Institute

Untuk lingkup Stabilitas Ekonomi Makro (Tabel 4.4), Jawa menduduki peringkat pertama. Skor terstandardisasi wilayah ini (2,0461) jauh di atas Wilayah Sumatera (0,1112) yang menduduki peringkat kedua. Kekuatan Jawa dalam kondisi makroekonomi dibandingkan dengan wilayah lain adalah hal yang logis, akan tetapi kesenjangan dapat diperkecil untuk skala nasional.

Sebagai pusat bisnis dan pemerintahan, Wilayah Jawa memiliki kedinamisan ekonomi yang signifikan, yang menjadi daya tarik tersendiri bagi investor asing. Dari evaluasi kinerja masing-masing provinsi, DKI Jakarta, Jawa Timur dan Jawa Barat berada di tiga peringkat teratas, sedangkan Banten dan Jawa Tengah menjadi bagian dari 10 provinsi terbesar.

Tabel 4.5. Perencanaan Pemerintah dan Institusi Tahun 2014: Peringkat dan Skor

Peringkat	Wilayah	Skor
1	*Wilayah Jawa*	*1,4124*
2	Wilayah Sulawesi	0,7733
3	Wilayah Kalimantan	0,5582
4	Wilayah Sumatera	–0,4219
5	Wilayah Bali-Nusa Tenggara	–0,8284
6	Wilayah Maluku-Papua	–1,4937

Sumber: Asia Competitiveness Institute

Seperti yang terlihat pada Tabel 4.5, Wilayah Jawa secara konsisten menduduki peringkat pertama untuk lingkup Perencanaan Pemerintah dan Institusi. Dengan skor terstandardisasi sebesar 1,4124, Jawa secara substansial menunjukkan kinerja lebih tinggi dibandingkan dengan wilayah lainnya di Indonesia. Skor Jawa hampir dua kali skor Wilayah Sulawesi yang menduduki posisi kedua (0,7733). Lima dari keenam provinsi di Jawa masuk dalam peringkat 10 besar untuk lingkup ini.

Kepemimpinan yang kuat dari sosok seperti Basuki Tjahaja Purnama di DKI Jakarta, Ridwan Kamil di Bandung (Jawa Barat), Tri Rismarini di Surabaya (Jawa Timur) dan Ganjar Pranowo di Jawa Tengah telah menciptakan kemajuan dalam banyak aspek. Di sisi lain, rangkaian kasus korupsi yang melibatkan pejabat pemerintah di Banten telah menurunkan peringkat provinsi ini ke posisi ke-23.

[11] Hasil daya saing tahun 2014 berdasarkan data yang diperbaharui di tahun 2011 dan survei ACI yang dilakukan di tahun 2013. Keterlambatan data tersebut dikarenakan oleh waktu yang diperlukan sampai akhirnya angka tetap data terkait dipublikasikan, untuk selanjutnya dianalisa.

Tabel 4.6. Kondisi Finansial, Bisnis dan Tenaga Kerja Tahun 2014: Peringkat dan Skor

Peringkat	Wilayah	Skor
1	*Wilayah Jawa*	*1,6700*
2	Wilayah Kalimantan	1,0027
3	Wilayah Maluku-Papua	–0,3552
4	Wilayah Sumatera	–0,3940
5	Wilayah Sulawesi	–0,7693
6	Wilayah Bali-Nusa Tenggara	–1,1543

Sumber: Asia Competitiveness Institute

Untuk Kondisi Finansial, Bisnis, dan Tenaga Kerja (Tabel 4.6), Wilayah Jawa menduduki peringkat teratas. Dengan skor terstandardisasi sebesar 1,6700, selisih antara Jawa dan Kalimantan tidaklah begitu signifikan sebagaimana pada lingkup-lingkup lain.

Sebagai pusat jasa keuangan Indonesia, keunggulan Wilayah Jawa atas wilayah lainnya dalam konteks ini adalah sangat lumrah. Dibutuhkan usaha yang maksimal bagi wilayah lain untuk mengambil alih posisi Jawa. DKI Jakarta, Jawa Tengah, Jawa Timur dan Jawa Barat masuk dalam peringkat lima teratas secara nasional sementara Banten menduduki posisi ke-22.

Tabel 4.7. Kualitas Hidup dan Pembangunan Infrastruktur Tahun 2014: Peringkat dan Skor

Peringkat	Wilayah	Skor
1	*Wilayah Jawa*	*1,0603*
2	Wilayah Kalimantan	0,7425
3	Wilayah Sumatera	0,4385
4	Wilayah Sulawesi	0,2448
5	Wilayah Bali-Nusa Tenggara	–0,5423
6	Wilayah Maluku-Papua	–1,9438

Sumber: Asia Competitiveness Institute

Seperti yang ditunjukkan pada Tabel 4.7, Wilayah Jawa masih menempati urutan pertama untuk lingkup Kualitas Hidup dan Pembangunan Infrastruktur. Untuk lingkup ini, sebaran skor terstandardisasi relatif lebih merata dengan selisih lebih tipis antara Jawa dengan wilayah-wilayah lain di bawahnya. Kalimantan di bawah Jawa dengan skor 0,7425, diikuti oleh Sumatera (0,4385) dan Sulawesi (0,2448).

Dalam hal infrastruktur fisik, Wilayah Jawa relatif unggul dibandingkan wilayah lainnya mengingat posisinya sebagai pusat pemerintahan, baik di era kolonial maupun pasca kemerdekaan Indonesia.

2.2 Analisis Jaring Daya Saing Median dan Maksimum

Untuk memiliki pemahaman lebih baik mengenai kekuatan dan kelemahan relatif Wilayah Jawa, pencapaian wilayah ini perlu dibandingkan dengan nilai tengah (median) dan nilai maksimum dari enam wilayah dalam 12 sub-lingkup.

Di Gambar 4.2, skor median untuk keenam wilayah Indonesia ditunjukkan melalui garis putus-putus warna merah, sedangkan skor Wilayah Jawa ditunjukkan dengan garis hijau pekat.

Wilayah Jawa menunjukkan kinerja baik, jauh di atas nilai median, dalam Infrastruktur Fisik; Fleksibilitas Pasar Tenaga Kerja; Kebijakan Pemerintah dan Ketahanan Fiskal; Daya Tarik terhadap Investasi Asing; serta Kedinamisan Ekonomi Regional.

Terlepas dari kinerjanya yang luar biasa dalam Daya Saing Keseluruhan, Wilayah Jawa memiliki skor yang agak rendah, di bawah median, untuk Kualitas Hidup, Pendidikan dan Stabilitas Sosial. Pada tingkat indikator, skor yang rendah ditemukan di Indeks Kualitas Lingkungan Hidup, akibat tingkat emisi tinggi yang berkontribusi terhadap polusi dan kerentanan terhadap bencana alam. Hal ini mengisyaratkan bahwa pembuat kebijakan harus memprioritaskan agenda ekonomi mereka ke arah perbaikan yang signifikan demi kualitas hidup masyarakat.

Jaring daya saing maksimum (Gambar 4.3) memperlihatkan sejauh mana skor terbaik untuk setiap sub-lingkup dalam kaitannya dengan skor Wilayah Jawa. Skor maksimum untuk keenam wilayah ditunjukkan dengan garis putus-putus berwarna cokelat, sedangkan skor untuk wilayah Jawa ditunjukkan dengan garis hijau pekat.

Gambar 4.2. Analisis Jaring Daya Saing Median Wilayah Jawa Tahun 2014

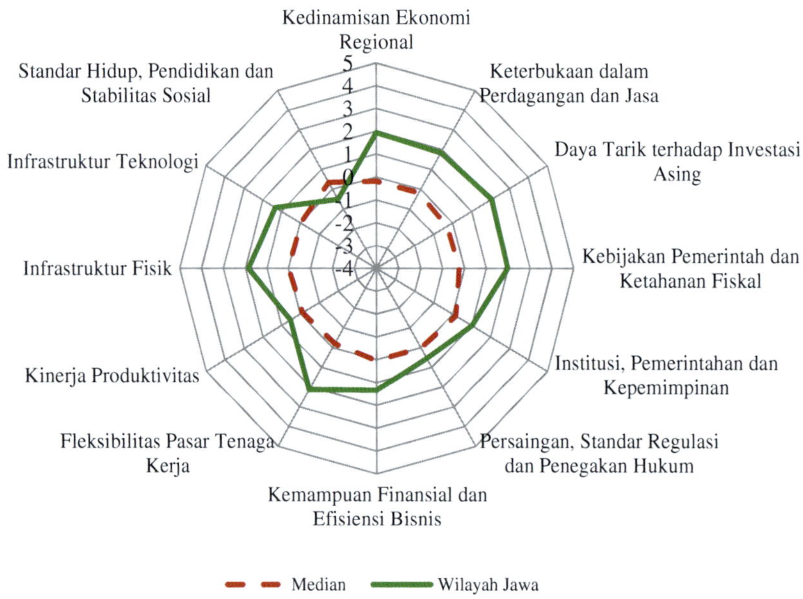

Sumber: Asia Competitiveness Institute

Gambar 4.3. Analisis Jaring Daya Saing Maksimum Wilayah Jawa Tahun 2014

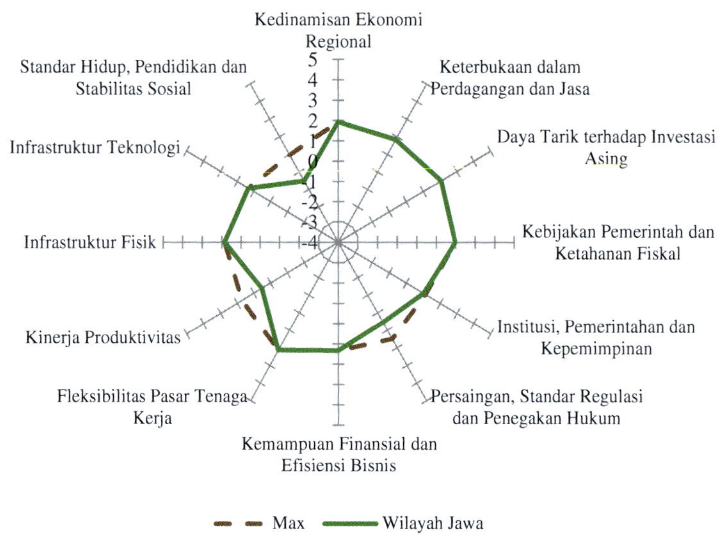

Sumber: Asia Competitiveness Institute

Wilayah Jawa meraih skor maksimum di hampir semua sub-lingkup. Wilayah ini memperoleh skor tertinggi dalam Kedinamisan Ekonomi Regional; Keterbukaan dalam Perdagangan dan Jasa; Daya Tarik terhadap Investasi Asing; Kebijakan Pemerintah dan Ketahanan Fiskal; Kemampuan Finansial dan Efisiensi Bisnis; Fleksibilitas Pasar Tenaga Kerja; Infrastruktur Fisik; dan Infrastruktur Teknologi. Skornya dalam Institusi, Pemerintahan dan Kepemimpinan berada tidak jauh di bawah nilai maksimum.

Secara kontras, Wilayah Jawa mendapatkan skor lebih rendah dari nilai maksimum untuk Persaingan, Standar Regulasi dan Penegakan Hukum; dan Kualitas Hidup, Pendidikan dan Stabilitas Sosial. Kinerja wilayah ini di bawah potensi yang dimiliki dan tentunya Jawa bisa menjadi lebih baik lagi.

2.3 Analisis Kekuatan dan Kelemahan

Tabel 4.8 dan 4.9 masing-masing menunjukkan indikator-indikator terkuat dan terlemah pada Wilayah Jawa. Tabel 4.8 menampilkan 20% indikator-indikator teratas dari Wilayah Jawa atau 21 indikator terkuat dari total 104 indikator, dimulai dari paling atas. Tabel 4.9 menampilkan 20% indikator-indikator terlemah, yaitu 21 indikator terbawah dari 104 indikator, yaitu dari peringkat 84 sampai dengan 104.[12]

Dengan kinerja baik di peringkat Daya Saing Keseluruhan dibandingkan wilayah lainnya, kekuatan Jawa didominasi oleh dua lingkup, yaitu Stabilitas Ekonomi Makro dan Kondisi Finansial, Bisnis dan Tenaga Kerja. Indikator terkuat di bawah Stabilitas Ekonomi Makro adalah Penanaman Modal Asing (#1); Impor Nonmigas (#4); Impor (#6); PDRB Industri Tersier (#7); PDRB Industri Sekunder (#10); PDRB Nonmigas (#12); Penanaman Modal Dalam Negeri (#13); PDRB (#16); dan Pembentukan Modal Tetap Bruto (#18). Sementara, terdapat tujuh indikator dari lingkup Kondisi Finansial, Bisnis dan Tenaga Kerja — Total Tabungan dan Deposito di Bank (#2); Total Pinjaman Bank (#3); Jumlah Pekerja di Sektor Sekunder (#5); Jumlah Pekerja di Sektor Tersier (#11); Jumlah Angkatan Kerja (#14); Jumlah Penduduk Bekerja (#15); dan Jumlah Cabang/ Kantor Bank (#19).

Sebaliknya, 13 indikator di bawah lingkup Kualitas Hidup dan Pembangunan Infrastruktur muncul dalam daftar 20% indikator terlemah. Termasuk di dalamnya antara lain adalah rasio murid per guru yang rendah di

Tabel 4.8. Daftar 20% Indikator Terkuat Wilayah Jawa Tahun 2014

Peringkat	20% Indikator Terkuat	Skor	Lingkup
1	Rata-rata Penanaman Modal Asing dalam 3 Tahun Terakhir	2,2283	SEM
2	Total Tabungan dan Deposito di Bank	2,2204	KFBTK
3	Total Pinjaman Bank	2,2167	KFBTK
4	Impor, Nonmigas	2,2085	SEM
5	Jumlah Pekerja di Sektor Sekunder	2,2080	KFBTK
6	Impor	2,2066	SEM
7	PDRB Industri Tersier	2,1884	SEM
8	Pendapatan Pajak Pemda	2,1738	PPI
9	Jumlah Penumpang Pesawat Domestik	2,1737	KHPI
10	PDRB Industri Sekunder	2,1731	SEM
11	Jumlah Pekerja di Sektor Tersier	2,1611	KFBTK
12	PDRB, Nonmigas	2,1592	SEM
13	Rata-rata Penanaman Modal Domestik dalam 3 Tahun Terakhir	2,1559	SEM
14	Jumlah Angkatan Kerja	2,1336	KFBTK
15	Jumlah Penduduk Bekerja	2,1302	KFBTK
16	Produk Domestik Regional Bruto (PDRB)	2,1283	SEM
17	Jumlah Penduduk	2,1225	KHPI
18	Pembentukan Modal Tetap Domestik Bruto	2,1219	SEM
19	Jumlah Cabang/Kantor Bank	2,1117	KFBTK
20	Pengeluaran Pemda	2,0865	PPI
21	Pendapatan Total Pemda	2,0716	PPI

Catatan: *SEM = Stabilitas Ekonomi Makro; PPI = Perencanaan Pemerintah dan Institusi; KFBTK = Kondisi Finansial, Bisnis dan Tenaga Kerja; KHPI = Kualitas Hidup dan Pembangunan Infrastruktur*
Sumber: Asia Competitiveness Institute

[12] 21 indikator terkuat dan 21 indikator terlemah ini didapatkan dengan mendata seluruh skor yang didapatkan Wilayah Jawa untuk 104 indikator dan mengurutkannya dari yang tertinggi ke terendah. Indikator-indikator yang muncul sebagai 21 indikator teratas diidentifikasikan sebagai kekuatan wilayah ini dan 21 indikator terbawah sebagai kelemahan. Perbandingan antarskor indikator untuk wilayah ini dilakukan tanpa membandingkan dengan skor indikator pada wilayah lain.

Tabel 4.9. Daftar 20% Indikator Terlemah Wilayah Jawa Tahun 2014

Peringkat	20% Indikator Terlemah	Skor	Lingkup
84	Produktivitas Industri Sekunder	–0,3011	KFBTK
85	Jumlah Kredit Bermasalah per Total Pinjaman Bank	–0,4639	KFBTK
86	Rasio Murid per Guru (Sekolah Dasar)	–0,4896	KHPI
87	Pertumbuhan Penduduk Perkotaan	–0,5264	KHPI
88	Rasio Gini	–0,5780	KHPI
89	Produktivitas Industri Primer	–0,6249	KFBTK
90	Penerapan Teknologi Informasi di Perusahaan	–0,7481	KFBTK
91	Jumlah Rumah Tangga dengan Jaringan Pipa Air	–0,7720	KHPI
92	Pertumbuhan Penduduk	–0,9621	KHPI
93	Rasio Penduduk per Pekerja Medis	–1,0918	KHPI
94	Kapasitas Peralatan Perusahaan	–1,1280	KFBTK
95	Rasio Murid per Guru (Menengah Pertama)	–1,1374	KHPI
96	Angka Partisipasi Sekolah (Menengah Atas)	–1,2513	KHPI
97	Rasio Penduduk per Fasilitas Kesehatan	–1,4355	KHPI
98	Tingkat Pengangguran	–1,5771	KFBTK
99	Penduduk per Jumlah Cabang/Kantor Bank	–1,6751	KFBTK
100	Kendaraan Bermotor yang Terdaftar	–1,8648	KHPI
101	Indeks Kualitas Lingkungan Hidup	–2,0017	KHPI
102	Rasio Murid per Guru (Menengah Atas)	–2,1547	KHPI
103	Fatalitas Berkaitan dengan Bencana Alam	–2,1949	KHPI
104	Jumlah Kredit Bermasalah	–2,2133	KFBTK

Catatan: SEM = Stabilitas Ekonomi Makro; PPI = Perencanaan Pemerintah dan Institusi; KFBTK = Kondisi Finansial, Bisnis dan Tenaga Kerja; KHPI = Kualitas Hidup dan Pembangunan Infrastruktur
Sumber: Asia Competitiveness Institute

sekolah dasar (#86); sekolah menengah pertama (#95); dan sekolah menengah atas (#102); angka partisipasi sekolah yang rendah untuk sekolah menengah atas (#96); tingkat kemacetan lalu lintas (#100); Indeks Kualitas Lingkungan Hidup (#101); dan Fatalitas Berkaitan dengan Bencana Alam (#103). Delapan indikator yang relatif lemah di bawah Kondisi Finansial, Bisnis dan Tenaga Kerja dapat menghambat Wilayah Jawa untuk mempertahankan atau memperbaiki daya saingnya. Indikator-indikator tersebut adalah Produktivitas Industri Sekunder (#84); Jumlah Kredit Bermasalah per Total Pinjaman Bank (#85); Produktivitas Industri Primer (#89); Penerapan Teknologi Informasi di Perusahaan (#90); Kapasitas Peralatan Perusahaan (#94); Tingkat Pengangguran (#98); Penduduk Per Jumlah Cabang/Kantor Bank (#99); dan Jumlah Kredit Bermasalah (#104).

3. TEMA KEBIJAKAN DAN STRATEGI PEMBANGUNAN

3.1 Kebijakan Pemerintah[13]

MP3EI mempunyai beragam usulan kebijakan dan regulasi untuk menciptakan industri manufaktur dan jasa yang terintegrasi di seluruh Pulau Jawa. Beberapa di antaranya terkait dengan perbaikan dalam hal konektivitas

[13] Di tingkat nasional, rencana pembangunan Indonesia didokumentasikan dalam Rencana Pembangunan Jangka Panjang Nasional (RPJPN) 2005–2025. Saat ini RPJPN berada dalam implementasi fase kedua melalui Rencana Pembangunan Jangka Menengah Nasional (RPJMN) 2010–2014. Pemerintah provinsi harus merujuk pada RPJMN 2010–2014 saat merumuskan atau menyesuaikan Rencana Pembangunan Jangka Menengah Daerah (RPJMD) di masing-masing provinsi sehingga dapat mencapai target pembangunan nasional. MP3EI tidak bertujuan untuk menggantikan RPJMN atau rencana pembangunan nasional dan provinsi yang sedang berjalan. Ini adalah dokumen kerja yang bersifat melengkapi rencana pembangunan tersebut yang bertujuan mengakselerasi dan memperluas pembangunan ekonomi di Indonesia.

infrastruktur, pasokan listrik, infrastruktur pendukung untuk perdagangan seperti bandara, pelabuhan laut dan pelabuhan daratan. Untuk sektor makanan dan minuman, wilayah ini didesain untuk bersaing di pasar global. Untuk industri tekstil, MP3EI bertujuan menciptakan integrasi vertikal antara aktivitas hulu dan hilir. Industri otomotif juga diharapkan akan meningkat, terutama di beberapa daerah seperti Jakarta, Bogor, Bekasi dan Karawang.

Dalam merancang klaster industri, area Jabodetabek memegang peranan penting, mengingat bahwa daerah ini menyumbang sebesar 60% pada kegiatan ekspor dan impor nasional, dan menjadi lokasi pilihan bagi industri makanan dan minuman, tekstil dan otomotif. Bandung dan wilayah sekitarnya akan menjadi pusat industri pertahanan dan tekstil, sedangkan pusat industri makanan dan minuman terdapat di Pasuruan-Malang, Gerbangkertosusila dan bagian selatan Jawa Tengah. Selain itu, Gerbangkertosusila akan menjadi pusat industri perkapalan, dan bagian selatan Jawa Tengah akan dikembangkan menjadi pusat industri tekstil.

Setiap provinsi memiliki kebijakan daerahnya masing-masing yang secara relatif sejalan dengan visi MP3EI.[14] Pemerintah Provinsi Banten telah mengidentifikasi lima area prioritas untuk memajukan potensi ekonomi dan daya saingnya, misalnya sebagai zona industri, zona pariwisata, zona pertanian, zona teritori dan zona pertumbuhan. Provinsi ini juga telah berkomitmen untuk membangun beberapa proyek infrastruktur strategis, seperti bandara baru di selatan Banten, jaringan listrik, sistem sumber daya air, pengembangan kapasitas Pelabuhan Merak dan pembangunan pelabuhan internasional di Bojonegara.

Untuk DKI Jakarta, kebijakan strategis provinsi ini berpusat pada peningkatan industri jasa untuk mendukung industri pengolahan dan investasi di seluruh Indonesia. Provinsi ini berperan sebagai pusat pemerintahan sekaligus pusat aktivitas keuangan. Kebijakan tata kota dirancang untuk mengatasi banjir, kemiskinan di daerah kumuh, kemacetan lalu lintas dan meningkatkan pengelolaan air bersih. Dalam hal infrastruktur, untuk mengurangi kemacetan lalu lintas dan banjir, pembangunan MRT dan kanal sedang dalam pelaksanaan.

Menurut Rencana Pembangunan Jangka Menengah Daerah (RPJMD) 2009–2013, Provinsi Jawa Barat akan berfokus pada pengembangan industri fesyen, sepatu, komponen industri, makanan dan minuman, telematika dan industri kreatif. Provinsi ini berencana untuk mengembangkan infrastrukturnya, seperti membangun bandara internasional baru di Kertajati yang memerlukan investasi sebesar 112,5 juta Dolar AS.[15]

Jawa Tengah akan berfokus pada pembangunan infrastruktur terkait dengan sistem transportasi, jalan dan energi untuk memperbaiki iklim usaha. Sebagai penghubung dua pusat industri utama, Jakarta dan Surabaya, pembangunan kapasitas infrastruktur adalah krusial bagi Jawa Tengah. Terdapat perkembangan besar dalam pembangunan jalur kereta api yang menyambungkan Jawa Barat dan Jawa Timur, yaitu proyek jalur kereta api Trans-Jawa. Beberapa proyek pembangkit listrik untuk mendukung penyediaan listrik di daerah industri juga sedang dikembangkan.

Dalam rangka mempercepat proses industrialisasi, Jawa Timur memiliki rencana ambisius untuk membangun klaster industri di Pelabuhan Tanjung Perak, sehingga dapat menyesuaikan dengan tingginya level aktivitas di Pelabuhan Tanjung Priok. Menurut MP3EI, Jawa Timur diarahkan sebagai pusat industri perkapalan serta makanan dan minuman, yang umumnya berlokasi di Surabaya, Pasuruan dan Malang. Layanan satu pintu untuk calon investor telah dirancang sebagai mekanisme untuk lebih meningkatkan investasi ke provinsi ini. Dalam RPJMD, pemerintah provinsi telah mencantumkan beberapa program, seperti mendorong usaha kecil dan menengah (UKM) sebagai basis industri di Jawa Timur dan mereorganisasi struktur industri untuk menyusun rantai nilai pada industri hulu hingga hilir. Dalam RPJMD 2014–2019, Jawa Timur juga menetapkan pembangunan dan pemberdayaan agroindustri, dalam aspek teknologi benih, pemupukan dan sistem irigasi, sebagai prioritasnya.

Tidak ada satupun dari 10 inisiatif dan investasi yang sudah direncanakan untuk Koridor Ekonomi Jawa terkait langsung dengan DI Yogyakarta. Menurut RPJMD 2009–2013 DI Yogyakarta, secara garis besar, memiliki tiga pilar pembangunan, yaitu pendidikan, budaya dan pariwisata. Hal ini terkait dengan banyaknya

[14] Badan Perencanaan Pembangunan Daerah, *Rencana Pembangunan Jangka Menengah Daerah (RPJMD) dari beberapa provinsi dengan jangka waktu pembangunan yang beragam.*

[15] Nurmayanti, "Pembangunan Bandara Kertajati Dikebut Buat Pemilu," *Liputan 6*, 3 April, 2014, diakses 24 Juni 2014, <http://bisnis.liputan6.com/read/2031766/pembangunan-bandara-kertajati-dikebut-buat-pemilu>.

nomenklatur yang merujuk Yogyakarta sebagai Kota Pendidikan dengan 131 universitas/lembaga pendidikan tinggi dan 6.700 sekolah, Kota Budaya dengan warisan budayanya yang ekstensif, Kota Perjuangan dengan sejarah perlawanan kemerdekaan melawan Belanda dan Kota Gudeg (Kota Eksotis, mengacu kepada makanan khas kota ini), merepresentasikan kekuatan Yogyakarta dalam sektor-sektor tersebut. Selain itu, pemerintah provinsi juga mendukung pengembangan sektor kelautan dan perikanan, pertanian dan industri.

Menurut Kementerian Koordinator Bidang Perekonomian, kecenderungan realisasi investasi dalam proyek MP3EI didominasi oleh proyek pemerintah dan BUMN.[16] Untuk itu, komitmen pemerintah provinsi untuk mendukung iklim investasi pada sektor industri melalui kebijakan-kebijakan terkait diperlukan untuk mencapai target MP3EI. Lebih jauh lagi, komitmen politik dari pemerintah daerah untuk membangun industrialisasi dan menggagas lebih banyak inisiatif kerja sama antara sektor publik dan swasta melalui Kerjasama Pemerintah dan Swasta (KPS) juga diperlukan.

Satu masalah penting masih menggantung akibat konflik berkepanjangan dalam proses pembebasan lahan. DPR telah mengesahkan Undang-Undang Pembebasan Lahan Tahun 2012 yang mengatur bahwa pembebasan lahan akan diprioritaskan untuk proyek fasilitas umum, termasuk jalan, bendungan, bandara, pelabuhan dan pembangkit listrik. Meskipun undang-undang ini telah ada, banyak proyek yang masih tertunda karena prosedur dan negosiasi pembebasan lahan yang lama. Baik proyek pemerintah maupun swasta harus melalui tahapan ini sebelum proyek dimulai, sehingga semakin menambah biaya untuk investasi. Analisis lebih lanjut tentang masalah ini dan hal-hal yang bisa menjadi solusi akan dijelaskan di Bagian 3.2.

3.2 Strategi Pembangunan

Analisis ACI menunjukkan bahwa baik investasi asing maupun domestik termasuk dalam indikator terkuat (Tabel 4.8) bagi Wilayah Jawa. Hal ini mengindikasikan bahwa Jawa memiliki iklim investasi yang unggul yang merupakan awal baik untuk membangun ekonomi yang lebih maju.

Dalam MP3EI, Jawa diarahkan sebagai pendorong industri manufaktur dan jasa. Wilayah ini akan dijadikan sebagai parameter untuk transisi dari industri primer ke industri tersier, mengikuti kesuksesan Singapura, Shenzhen dan Dubai. Mengingat wilayah ini bergerak ke arah struktur ekonomi yang lebih maju, penting untuk menggarisbawahi perlunya sumber daya manusia dan teknologi yang mumpuni untuk mendorong pertumbuhan ekonomi.

Akan tetapi, menurut temuan ACI, indikator terkait dengan pendidikan, seperti rasio jumlah murid per guru untuk sekolah dasar (#86); sekolah menengah pertama (#95); dan sekolah menengah atas (#102); serta angka partisipasi sekolah menengah atas (#96), termasuk dalam indikator terlemah. Sebuah studi dari Bank Dunia membuktikan adanya kesenjangan antara kuantitas dengan kualitas tenaga kerja.[17] Perbaikan untuk meningkatkan relevansi pendidikan menengah dan pendidikan tinggi dengan kebutuhan sektor manufaktur menjadi krusial.

Tenaga kerja berkualitas, pada level tertentu, akan memitigasi produktivitas rendah di industri sekunder saat ini. Untuk itu, wilayah ini perlu beralih dari industri padat karya menjadi industri padat modal dengan menarik lebih banyak investasi di sektor teknologi tinggi (*high-tech*), seperti alat pertahanan dan produk manufaktur kelas atas.

Dalam menyukseskan perannya sebagai pendorong industri nasional dan pengadaan jasa, hal pertama yang harus ditangani wilayah ini adalah masalah kekurangan sumber daya manusia melalui persyaratan wajib belajar 12 tahun serta memperbanyak lulusan sekolah menengah kejuruan (SMK). Seiring dengan beralihnya struktur ekonomi menjadi lebih kompleks, melatih kembali tenaga kerja yang sudah ada juga seharusnya dilakukan. Ini dapat dilakukan tidak hanya melalui Balai Latihan Kerja (BLK) yang dibentuk oleh pemerintah, tetapi juga oleh sektor swasta dalam mendukung pelatihan di dalam perusahaan.

---

[16] Kementerian Koordinator Bidang Perekonomian, *Masterplan Percepatan dan Perluasan Pembangunan Ekonomi Indonesia 2011–2015 (MP3EI)* (Jakarta: Kementerian Koordinator Bidang Perekonomian, 2011).

[17] World Bank, *Indonesia Skills Report: Trends in Skills Demand, Gaps, and Supply in Indonesia* (Washington DC: World Bank Publications, 2010).

Kedua, dalam rangka menarik investasi di industri padat modal, insentif untuk investor yang menjanjikan, seperti insentif pajak impor yang lebih rendah untuk mesin-mesin canggih dengan teknologi terbaru, perlu dipertimbangkan. Insentif untuk menurunkan pajak bisa menjadi salah satu alternatif mengatasi rendahnya realisasi investasi di sektor industri. Hal lain yang juga penting adalah penentuan rantai nilai di seluruh Indonesia. Misalnya, bahan baku untuk tepung beras bisa ditanam di Sulawesi dan Kalimantan, jagung bisa diproduksi di *food estate* di Papua, sedangkan pengolahannya dapat dilakukan di Pulau Jawa.

Ketiga, terkait dengan perbaikan dalam hal transportasi logistik, pemerintah seharusnya menekankan pada pembangunan akses tambahan untuk menghubungkan dua pelabuhan utama di Jawa, yaitu Tanjung Priok di DKI Jakarta dan Tanjung Perak di Surabaya. Membangun jalan tol dan jalur kereta alternatif di bagian selatan Pulau Jawa bisa menjadi solusi jangka panjang mengingat hal ini membutuhkan investasi yang besar. Pemerintah dapat juga mengoptimalkan penggunaan jalur kereta dengan meningkatkan frekuensi kereta pengangkut barang.

Perlu diingat bahwa permasalahan pembebasan lahan tetap menjadi kendala utama dalam sejumlah proyek infrastruktur. Meskipun undang-undang tentang pembebasan lahan telah disetujui, masih terdapat masalah yang harus dipecahkan. Salah satu kendala utama adalah penentuan harga tanah yang saat ini masih mengacu kepada Nilai Jual Obyek Pajak (NJOP), sementara pemilik lahan sering meminta harga yang lebih tinggi. Komite pembebasan lahan yang dibangun sesuai dengan proyek kerap menghadapi kesulitan dalam menentukan harga tanah karena perlunya negosiasi secara invidual. Sesi negosiasi komunitas mungkin bisa menjadi sebuah solusi untuk mendiskusikan penentuan harga tanah. Tim proyek juga bisa mengacu kepada alternatif lain selain NJOP untuk menilai harga tanah, seperti perbandingan dengan harga jual di area sekitar (seperti diadopsi di Malaysia, China, Amerika Serikat dan India) atau dengan menghitung harga tak terukur (*intangible cost*) — termasuk rasa kepemilikan di wilayah masyarakat adat tertentu. Kelebihan menggunakan pendekatan berbasis komunitas adalah pemberian kompensasi secara merata tanpa memicu konflik. Solusi lainnya termasuk kolaborasi dengan Bank Dunia atau Bank Pembangunan Asia (ADB) dalam konteks pertukaran pengetahuan (*knowledge sharing*) tentang petunjuk praktik terbaik terkait pembebasan lahan — baik pada tahap perencanaan maupun pelaksanaan — dan untuk mengevaluasi pelaksanaan di lapangan. Metode ini sudah diterapkan dengan baik di India.[18] Selain itu, pemerintah daerah juga memainkan peran penting dalam menegosiasikan proses tersebut. Kejelasan lebih lanjut terkait isu pertanahan memerlukan komitmen pemerintah pusat baik dalam sosialisasi dan maupun penegakan aturan pertanahan yang efektif dan efisien.

Pemerintah pusat, terutama Kementerian Energi dan Sumber Daya Mineral, harus mempercepat pengembangan energi terbarukan untuk mendukung pasokan listrik di Jawa. Jawa memiliki sumber daya panas bumi yang besar untuk menghasilkan tenaga listrik yang signifikan. Sebagai contoh, Jawa Barat memiliki potensi panas bumi setara dengan 6.000 MW. Penting untuk diingat bawah energi bersih harus selalu diprioritaskan dalam jangka panjang karena akan mendukung pembangunan berkelanjutan.

Khusus untuk DKI Jakarta, pemerintah provinsi perlu memberikan perhatian lebih pada kemacetan lalu lintas. Pemerintah DKI Jakarta di bawah kepemimpinan Basuki Tjahaja Purnama telah mulai membangun MRT yang sangat diperlukan dan diharapkan selesai pada tahun 2018. Akan tetapi, proyek ini bukan hanya satu-satunya solusi untuk mengatasi kemacetan. Membangun jalur kereta api tambahan sepanjang Jabodetabek serta ke bandara akan meningkatkan konektivitas. Mengingat proyek MRT dibiayai dan disupervisi oleh *Japan International Cooperation Agency* (JICA), Pemerintah DKI Jakarta dapat menggunakan model jalur kereta api di Tokyo untuk mengakomodasi penumpang yang padat di wilayah Jabodetabek. Koordinasi vertikal dan horizontal antara pemangku kepentingan terkait diperlukan untuk menyelaraskan proyek ini sekaligus menghindari tumpang tindih pelaksanaan kebijakan.

Sedikitnya keterlibatan DI Yogyakarta dalam program MP3EI tidak berarti bahwa provinsi ini hanya berkontribusi sedikit kepada Wilayah Jawa. Rencana untuk membangun zona industri di Piyungan dan Sentolo[19] patut diapresiasi. Saat ini, DI Yogyakarta hanya terlibat dalam mengubah limbah baja padat menjadi produk

[18] Ashwin Mahalingam dan Aditi Vyas, "Comparative Evaluation of Land Acquisition and Compensation Process across the World," *Economic and Political Weekly* Vol. XLVI No. 32 (2011): 94–102.

[19] Ekasanti Anugraheni, "DIY Wacanakan Kawasan Industri 100 Ha di Sentolo," *Tribun News*, 2 Oktober, 2013, diakses 24 Juni 2014, <http://jogja.tribunnews.com/2013/10/02/diy-wacanakan-kawasan-industri-100-ha-di-sentolo>.

bernilai tambah, tetapi masih dalam pengkajian sebab Peraturan Pemerintah No.18/1999 perlu direvisi untuk mengatur penggunaan limbah baja padat. DI Yogyakarta juga memiliki lebih sedikit insentif untuk membangun industri manufaktur mengingat provinsi ini jauh dari pelabuhan terdekat yang berlokasi di Tanjung Emas, Semarang. Transportasi kargo untuk ekspor utamanya terhambat oleh tidak cukupnya infrastruktur jalan yang menghubungkan Jawa Tengah dan DI Yogyakarta. Untuk itu, kolaborasi pemerintah kedua provinsi ini diperlukan untuk menyediakan infrastruktur yang cukup untuk mengangkut produk dari DI Yogyakarta ke Tanjung Emas. Sebagai alternatif, pembangunan pelabuhan daratan *(dry port)* bisa diimplementasikan pada *check point* kegiatan ekspor terdekat guna mengatasi kendala yang ada.

DAFTAR PUSTAKA

Anugraheni, Ekasanti. "DIY Wacanakan Kawasan Industri 100 Ha di Sentolo." *Tribun News,* 2 Oktober, 2013. Diakses 24 Juni 2014. <http://jogja.tribunnews.com/2013/10/02/diy-wacanakan-kawasan-industri-100-ha-di-sentolo>.

Atmanto, Sudar D. "Persaingan dan Pemanfaatan Sumber Daya Air dan Lahan." *Irigasi Pertanian* Vol. VII No. 22 (1995).

Badan Perencanaan Pembangunan Daerah. *Rencana Pembangunan Jangka Menengah Daerah (RPJMD) beberapa provinsi dengan jangka waktu yang beragam.*

Djumena, Erlangga. "Rel Ganda Selesai Jakarta-Surabaya Lebih Cepat 3 Jam." *Kompas,* 27 Maret, 2014. Diakses 24 Juni 2014. <http://bisniskeuangan.kompas.com/read/2014/03/27/0924327/Rel.Ganda.Selesai.Jakarta-Surabaya.Lebih.Cepat.3.Jam>.

Kementerian Koordinator Bidang Ekonomi. *Masterplan Percepatan dan Perluasan Pembangunan Ekonomi Indonesia 2011–2025 (MP3EI).* Jakarta: Kementerian Koordinator Bidang Ekonomi, 2011.

Kementerian Koordinator Bidang Ekonomi. *MP3EI Development Report.* Jakarta: Kementerian Koordinator Bidang Ekonomi Republik Indonesia, 2013.

Mahalingam, Ashwin dan Aditi Vyas. "Comparative Evaluation of Land Acquisition and Compensation Process across the World." *Economic and Political Weekly* Vol. XLVI No. 32 (2011): 94–102.

Nurmayanti, "Pembangunan Bandara Kertajati Dikebut Buat Pemilu," *Liputan 6*, 3 April, 2014. Diakses 24 Juni 2014. <http://bisnis.liputan6.com/read/2031766/pembangunan-bandara-kertajati-dikebut-buat-pemilu>.

Pemerintah Provinsi DKI Jakarta. "Jakarta Urban Transport Problems and Their Environmental Impacts." Diakses 24 Juni, 2014. <http://www.ui.ac.id/download/apru-awi/jakarta-local-goverment.pdf>.

PT PLN. *Statistik PLN 2012*. Jakarta: PLN, 2012.

Tan, Khee Giap dan Mulya Amri. "Subnational Competitiveness and National Performance: Analysis and Simulation for Indonesia." *Journal of Centrum Cathedra: The Business and Economic Research Journal* Vol. 6 No. 2 (2013): 173–192.

Tan, Khee Giap, Mulya Amri, Linda Low dan Tan Kong Yam. *Analisa Daya Saing dan Strategi Pembangunan untuk 33 Provinsi di Indonesia.* Singapore: World Scientific, 2013.

Tan, Khee Giap, Mulya Amri, Linda Low dan Tan Kong Yam. *Competitiveness Analysis and Development Strategies for 33 Indonesian Provinces.* Singapore: World Scientific, 2013.

The Jakarta Post. "Traffic Jams Cost Jakarta 3B Annually." 10 Februari, 2011. Diakses 24 Juni 2014. <http://www.thejakartapost.com/news/2011/02/10/traffic-jams-cost-jakarta-3b-annually.html>.

World Bank. "Annex 5: Jakarta Case Study." Di *Climate Change, Disaster Risk and the Urban Poor,* diedit oleh Judy L. Baker, 199–215. Washington DC: World Bank Publications, 2012.

World Bank. *Indonesia Skills Report: Trends in Skills Demand, Gaps, and Supply in Indonesia.* Washington DC: World Bank Publications, 2010.

World Bank. "Moving Cargo Faster in Indonesia's Main Sea Port," 19 Februari, 2014. Diakses 24 Juni 2014. <http://www.worldbank.org/in/news/feature/2014/02/19/moving-cargo-faster-in-indonesia-main-sea-port>.

Bab 5
Analisis Daya Saing Wilayah Kalimantan

Kalimantan Barat, Kalimantan Tengah, Kalimantan Selatan dan Kalimantan Timur

1. PENGANTAR

1.1 Latar Belakang

Gambar 5.1 menunjukkan provinsi-provinsi di Wilayah Kalimantan sebagaimana tercantum dalam Masterplan Percepatan dan Perluasan Pembangunan Ekonomi Indonesia 2011–2015 (MP3EI).[1] Provinsi-provinsi tersebut beserta ibu kotanya masing-masing adalah Kalimantan Barat (Pontianak), Kalimantan Tengah (Palangkaraya), Kalimantan Selatan (Banjarmasin), Kalimantan Timur (Samarinda) dan provinsi baru Kalimantan Utara (Tanjung Selor). Kalimantan Utara menjadi provinsi ke-34 di Indonesia pada tahun 2012 dan terdiri dari beberapa kabupaten yang sebelumnya adalah bagian dari Kalimantan Timur. Kota lainnya yang memegang peranan penting secara perekonomian adalah Balikpapan di Kalimantan Timur, yang didominasi oleh industri minyak dan gas bumi, perdagangan dan jasa.

Pada Gambar 5.1, sisipan peta (kanan atas) menunjukkan peringkat daya saing yang dipublikasikan oleh *Asia Competitiveness Institute* (ACI) menggunakan skema warna lampu lalu lintas dengan warna hijau menunjukkan provinsi-provinsi dengan peringkat 10 teratas, diikuti dengan warna kuning yang menunjukkan 13 provinsi dengan peringkat menengah dan warna merah yang menunjukkan provinsi-provinsi yang mempunyai daya saing yang lebih rendah. Kalimantan Utara belum termasuk dalam daftar ini karena data belum tersedia pada saat penelitian ini dilakukan. Dua provinsi di Kalimantan masuk dalam daftar 10 teratas, yaitu Kalimantan Timur di peringkat ketiga dan Kalimantan Selatan di peringkat kedelapan. Sementara itu, Kalimantan Tengah dan Kalimantan Barat masing-masing berada di posisi ke-15 dan ke-18.[2]

Kalimantan merupakan wilayah terluas di Indonesia dengan daratan yang mencapai 544.150,07 kilometer persegi, atau 28,48% dari luas Indonesia. Wilayah ini terdiri dari lima provinsi, 47 kabupaten, sembilan kota, 616 kecamatan dan 7.044 desa. Pulau Borneo sendiri terbagi dalam wilayah tiga negara, yaitu Indonesia — yang mencakup dua per tiga dari pulau tersebut, bagian Malaysia yaitu Sabah dan Sarawak, serta Brunei Darussalam. Wilayah Kalimantan berbatasan dengan Sabah dan Sarawak di Utara, Pulau Jawa di Selatan, Sulawesi di Timur dan Sumatera di Barat.

Hingga tahun 2011, jumlah penduduk di Kalimantan mencapai sekitar 14.062.883 dan 66% di antaranya berada dalam rentang usia produktif (15–64 tahun). Suku asli Kalimantan, yaitu Banjar, Dayak dan Kutai, tersebar di seluruh wilayah ini. Terdapat juga suku Jawa, Tiongkok, Melayu, Bugis dan pendatang lainnya yang tinggal di Kalimantan Selatan dan Kalimantan Timur dalam jumlah yang signifikan.

Kalimantan kaya dengan sumber daya energi dan mineral. Hampir 50% dari produk domestik regional bruto (PDRB) bersumber dari minyak dan gas bumi. Di dalam MP3EI, wilayah ini disebut sebagai Koridor Ekonomi Kalimantan dan diarahkan untuk menjadi "Pusat Produksi dan Pengolahan Hasil Tambang dan Lumbung Energi

[1] Kementerian Koordinator Bidang Perekonomian, *Masterplan Percepatan dan Perluasan Pembangunan Ekonomi Indonesia 2011–2025 (MP3EI)* (Jakarta: Kementerian Koordinator Bidang Perekonomian, 2011).

[2] Lihat Tan Khee Giap *et al.*, *Competitiveness Analysis and Development Strategies for 33 Indonesian Provinces* (Singapore: World Scientific, 2013) yang diterjemahkan ke dalam Bahasa Indonesia, Tan Khee Giap *et al.*, *Analisa Daya Saing dan Strategi Pembangunan untuk 33 Provinsi di Indonesia* (Singapore: World Scientific, 2013), dan makalah ilmiah Tan Khee Giap dan Mulya Amri, "Subnational Competitiveness and National Performance: Analysis and Simulation for Indonesia," *Journal of Centrum Cathedra: The Business and Economic Research Journal* Vol. 6 No. 2 (2013): 173–192 yang merupakan kajian awal penyusunan peringkat daya saing provinsi-provinsi di Indonesia.

Gambar 5.1. Peta Wilayah Kalimantan

Sumber: Asia Competitiveness Institute

Nasional." Hal ini tercermin dari daftar rencana investasi *fast track* di dalam MP3EI, yang berkonsentrasi pada minyak dan gas bumi, batu bara, bijih besi, baja, bauksit dan kayu. Pusat ekonomi utama di Kalimantan adalah Pontianak, Palangkaraya, Banjarmasin dan Samarinda, yang akan tersambung dengan jalur konektivitas di sepanjang koridor ini.

Kalimantan mempunyai jaringan sungai yang luas yang berfungsi sebagai jalur transportasi dan lokasi ekowisata. Di provinsi Kalimantan Timur, provinsi terkaya di wilayah ini, mengalir Sungai Mahakam, sepanjang 920 kilometer dari bagian barat ke bagian timur provinsi, yang menjadi jalur transportasi utama di Kalimantan, terutama untuk mengangkut minyak sawit (CPO) dan batu bara ke pelabuhan. Sungai Barito berperan penting dalam menghubungkan Kalimantan Selatan dengan Kalimantan Tengah, sedangkan Sungai Kapuas, sungai terpanjang di Indonesia dengan panjang lebih dari 1.000 kilometer, terletak di Kalimantan Barat. Sungai tersebut juga menjadi akses transportasi bagi masyarakat lokal dan penduduk asli.

Walau memiliki sumber daya alam yang kaya, isu seperti penurunan industrialisasi, produktivitas yang rendah dan kurangnya kapasitas untuk menciptakan sektor manufaktur bernilai tambah dari sumber daya yang melimpah perlu diselesaikan agar tidak menghambat pertumbuhan ekonomi. Restrukturisasi dan diversifikasi industri diperlukan untuk menghindari ketergantungan berlebihan terhadap ekspor bahan mentah. Pengolahan di sektor hilir akan menumbuhkembangkan sektor sekunder dan tersier yang belum berkembang di wilayah ini.

Keberlanjutan lingkungan hidup untuk pembangunan ekonomi memerlukan upaya pemerintah dan sektor swasta untuk saling bekerja sama dalam membangun daya saing Wilayah Kalimantan. Investasi yang krusial untuk infrastruktur, manajemen sumber daya dan manufaktur di sektor hilir sedang dipersiapkan. Provinsi-provinsi di wilayah ini berusaha untuk terkoneksi dengan negara-negara tetangga, seperti Malaysia atau Filipina, namun tentunya upaya untuk meningkatkan konektivitas di dalam setiap provinsi dan antarprovinsi merupakan prioritas kunci.

Selain itu, peningkatan dalam program pendidikan dan pelatihan juga harus dilakukan demi penghidupan yang lebih baik. Praktik tata kelola yang baik atas kebijakan pembangunan perlu diperkuat. Hal ini akan mendorong peningkatan kualitas hidup dan mengatasi kesenjangan pembangunan antarwilayah dan juga antara kota dan desa. Untuk itu, koordinasi yang kuat dalam proses perencanaan dan implementasi, baik pada perencanaan jangka menengah di level nasional maupun provinsi, perlu dilakukan secara harmonis.

Seperti yang terlihat di Tabel 5.1, Wilayah Kalimantan sangat tergantung pada kegiatan ekstraktif seperti yang terlihat dari perbedaan yang signifikan antara nilai total PDRB dengan dan tanpa pertambangan. Kontribusi sektor primer terhadap PDRB mencapai 47,68% di 2011. Penerimaan dari sektor ini membuat Kalimantan dapat

Table 5.1. Wilayah Kalimantan: Indikator Ekonomi Dasar

A. Jumlah Penduduk	**2006**	**2011**
Penduduk total	12.408.993	14.062.883
% perkotaan	36,94	41,32
B. Luas Wilayah		**2011**
Km^2		544.150,07
% terhadap luas negara		28,48
C. Produk Domestik Regional Bruto (PDRB)	**2006**	**2011**
Rupiah (juta)	160.687.207	199.968.400
Rupiah (juta) tanpa minyak & gas	111.458.112	159.192.800
Rupiah (juta) tanpa minyak & gas & mineral	89.303.648	114.302.345
D. Komposisi Ekonomi, dalam % PDRB	**2006**	**2011**
Sektor Primer	43,40	47,68
Sektor Sekunder	31,65	23,60
Sektor Tersier	24,95	28,71
E. PDRB per kapita	**2006**	**2011**
Rupiah (juta)	12,95	14,22
Rupiah (juta) tanpa minyak & gas	8,98	11,32
Rupiah (juta) tanpa minyak & gas & mineral	7,20	8,13
F. Tingkat Kemiskinan	**2006**	**2011**
% dari jumlah penduduk	11,78	7,01
G. Indeks Pembangunan Manusia	**2006**	**2011**
Indeks	69,75	72,93

PDRB atas dasar Harga Konstan Tahun 2000
Sumber: Asia Competitiveness Institute menggunakan data Badan Pusat Statistik (BPS)

Tabel 5.2. Produk dan Aktivitas Utama

Primer	Pertambangan (batu bara, bijih besi, emas, bauksit, khromit, berlian, batu mulia, pasir kuarsa, fosfat, granit), minyak mentah, gas alam, kayu, perkebunan (karet, minyak sawit, kelapa, kopi), perikanan (budidaya tambak, budidaya keramba, perikanan tangkap, budidaya jaring apung, budidaya kolam, budidaya sawah, budidaya laut), pertanian (beras, jagung, pisang), peternakan (sapi, kerbau, kambing, kuda, domba) dan kehutanan (kayu, rotan)
Sekunder	Industri pengolahan, konstruksi dan manufaktur
Tersier	Pariwisata, restoran, perdagangan dan jasa

Sumber: Asia Competitiveness Institute

meningkatkan kesejahteraan warganya, dengan penurunan tingkat kemiskinan dari 11,78% di tahun 2006 menjadi 7,01% di tahun 2011.

1.2 Sektor dan Kegiatan Utama

Tabel 5.2 menegaskan kembali bahwa Wilayah Kalimantan memiliki ketergantungan yang tinggi terhadap aktivitas ekonomi di sektor primer. Secara total, hampir separuh dari PDRB wilayah ini berasal dari sektor ekstraktif. Kalimantan Timur dan Kalimantan Selatan kaya akan batu bara dan minyak sawit. Sementara hasil kayu banyak berasal dari Kalimantan Tengah, Kalimantan Timur dan Kalimantan Barat. Bijih besi banyak diekstraksi di Kalimantan Tengah dan Kalimantan Selatan. Kalimantan Barat memiliki cadangan bauksit terbesar di Indonesia. Meskipun demikian, kesenjangan pembangunan terjadi antara provinsi yang kaya akan minyak dan gas bumi dengan provinsi lainnya yang tidak memiliki sumber daya alam tersebut.

PDRB sektor sekunder secara signifikan telah mengalami penurunan sejak 2006, turun menjadi 23,60% pada tahun 2011. Oleh karena itu, menciptakan produk dengan nilai tambah dalam pengolahan makanan dan produksi barang adalah penting, dan hal ini juga sekaligus mendiversifikasi struktur ekonomi di wilayah ini. Kalimantan Timur berfokus pada beragam industri, pertanian dan fasilitas pengolahaan *oleochemical* di Maloy, sebagai upaya memanfaatkan sumber daya alam tidak terbarukan. Kalimantan Tengah memiliki potensi dalam pengolahan beragam produk perkebunan. Kalimantan Selatan memiliki beragam produk perikanan dan kehutanan. Ekonomi Kalimantan Barat dibangun dari pertanian dan kegiatan produksi barang konsumsi.

Sektor tersier digerakkan oleh sektor pariwisata yang masih dini namun tumbuh pada tingkat yang stabil. Lokasi utama sektor tersebut termasuk Berau, tepi Sungai Mahakam dan Taman Laut Derawan di Kalimantan Timur. Tempat wisata lainnya adalah pasar lokal terapung di Kalimantan Selatan dan Taman Nasional Tanjung Puting di Kalimantan Tengah. Pemandangan alam yang menarik dan pengalaman budaya bisa dikembangkan lebih jauh untuk meningkatkan penerimaan daerah dari sektor pariwisata.

1.3 Ketersediaan Infrastruktur

Layanan infrastruktur dasar, seperti jalan, listrik dan air bersih, berperan krusial dalam memperkecil kesenjangan antara pedesaan dan perkotaan, dan antarprovinsi. Di Wilayah Kalimantan, konektivitas di dalam provinsi masih terkendala oleh kurangnya infrastruktur. Wilayah Kalimantan yang sangat luas dengan jalur sungai yang ekstensif dan saling memotong berkontribusi pada tingginya biaya transportasi dan logistik. Secara keseluruhan, Kalimantan masih tertinggal dalam hal infrastruktur jalan.[3]

Infastruktur, secara umum, merupakan barang publik yang disediakan oleh pemerintah. Mengingat bahwa sektor swasta mendapat manfaat dari konektivitas antar daerah industri yang lebih baik yaitu dengan menghemat biaya dan waktu, tren kerja sama sektor publik dengan sektor swasta, atau Kerjasama Pemerintah dan Swasta (KPS), sedang berkembang. Meski demikian, kerjasama tersebut masih sangat rendah jika dibandingkan dengan Wilayah Jawa. Hal ini mengindikasikan bahwa insentif perlu diformulasikan secara strategis.[4]

Saat ini terdapat delapan bandara internasional yang melayani lima provinsi dan 27 bandara domestik dan regional yang sedang direncanakan. Kalimantan Tengah memiliki beberapa bandara, termasuk Bandara Tjilik Riwut di Palangkaraya, Bandara Iskandar di Pangkalan Bun dan Bandara H. Asan di Sampit. Terdapat tujuh bandara di Kalimantan Barat, dengan satu bandara internasional, Bandara Supadio, di Pontianak. Bandara utama Kalimantan Timur, Bandara Internasional Sepinggan di Balikpapan, didukung oleh tiga bandara. Terdapat tiga bandara di Kalimantan Selatan, yaitu Bandara Internasional Syamsudin Noor di Banjarmasin, Bandara Bersujud di Batulicin dan Bandara Stagen di Kotabaru.

Wilayah Kalimantan mempunyai beberapa pelabuhan utama. Empat pelabuhan di Kalimantan Selatan adalah Pelabuhan Kotabaru, Pelabuhan Batulicin, *North Pulau Laut Coal Terminal* (NPLCT) dan Pelabuhan Trisakti di Banjarmasin. Kalimantan Barat memiliki delapan pelabuhan, yaitu Kendawangan, Ketapang, Merbau-Paloh, Pontianak, Singkawang, Sintete, Telok Air dan Telok Melano. Kalimantan Tengah memiliki 10 pelabuhan. Terdapat juga Pelabuhan Pangkalan Bun di tepi Sungai Kotawaringin dan Pelabuhan Sampit di Kabupaten Kotawaringin Timur. Keduanya adalah pelabuhan ekspor utama untuk mengangkut produk minyak sawit dari provinsi tersebut. Kalimantan Timur dengan cepat membangun kapasitas pelabuhannya. Pada tahun 2011, provinsi ini sudah memiliki 15 pelabuhan (domestik dan internasional), termasuk pelabuhan TPK Palaran yang baru dirampungkan.

---

[3] Organisation for Economic Cooperation and Development (OECD), "Structural Policy Country Notes: Indonesia," di *Southeast Asian Economic Outlook 2013: With Perspectives on China and India* (OECD Publishing, 2013).

[4] OECD, "Structural Policy Country Notes: Indonesia."

Pasokan energi tetap menjadi masalah di wilayah ini meskipun cadangan energi yang dimiliki sedemikian melimpah. Meningkatnya permintaan energi dan terbatasnya kapasitas pembangkit listrik yang ada sering menyebabkan putusnya aliran listrik dan kerap terjadinya pemadaman. Menurut Kementerian Energi dan Sumber Daya Mineral, rasio elektrifikasi di wilayah ini masih rendah. Rasio tersebut adalah 45,83% untuk Kalimantan Barat, 72,29% untuk Kalimantan Selatan, 45,22% untuk Kalimantan Tengah dan 68,56% untuk Kalimantan Timur.[5]

Kurangnya pasokan listrik telah membatasi potensi penggunaan teknologi informasi dan komunikasi (TIK) untuk meningkatkan efisiensi birokrasi. *E-government* berperan krusial bagi komunikasi antara pemerintah, dunia usaha dan masyarakat. Penerapannya pada umumnya ditemukan di Kalimantan Timur, di mana rencana untuk mengimplementasikan layanan elektronik untuk penerbitan perizinan, pengobatan, keuangan mikro dan standardisasi sedang disiapkan. Konektivitas melalui sebuah kebijakan yang terintegrasi diperlukan oleh semua provinsi, dimulai infrastruktur khusus untuk mengembangkan *e-governance*. Untuk itu, peran teknologi dan pertukaran informasi menjadi penting dalam memajukan *e-governance.*

2. DAYA SAING RELATIF WILAYAH

Kerangka daya saing wilayah mengikuti pendekatan yang sama dengan daya saing provinsi, sebagaimana telah dijelaskan secara rinci di Bab 1. Penjelasan lebih lanjut tentang penjumlahan indikator masing-masing provinsi menjadi skor regional dapat ditemukan di Bab 2.

2.1 Peringkat Daya Saing Enam Wilayah — Peringkat dan Skor menurut Lingkup[6]

Tabel 5.3. Daya Saing Keseluruhan Tahun 2014: Peringkat dan Skor

Peringkat	Wilayah	Skor
1	Wilayah Jawa	1,7233
2	*Wilayah Kalimantan*	*0,6511*
3	Wilayah Sulawesi	–0,0392
4	Wilayah Sumatera	–0,0741
5	Wilayah Bali-Nusa Tenggara	–0,9839
6	Wilayah Maluku-Papua	–1,2772

Sumber: Asia Competitiveness Institute

Seperti yang terlihat pada Tabel 5.3, Wilayah Kalimantan berada di urutan kedua setelah Jawa dengan skor 0,6511 untuk Daya Saing Keseluruhan. Wilayah ini diikuti oleh Sulawesi dengan skor -0,0392 di posisi ketiga. Jarak antara skor Kalimantan dengan Sulawesi relatif jauh. Akan tetapi, Wilayah Jawa masih jauh mendominasi ekonomi Indonesia. Dengan sumber daya alamnya yang melimpah, Kalimantan perlu mengelolanya dengan bijaksana agar bisa benar-benar mengembangkan potensinya.

Daya saing Wilayah Kalimantan yang relatif tinggi didorong oleh kinerja Kalimantan Timur dan Kalimantan Selatan, yang masing-masing menempati urutan ketiga dan kedelapan dalam peringkat provinsi. Kalimantan Tengah dan Kalimantan Barat masing-masing menempati peringkat ke-15 dan ke-18.

[5] Kementerian Energi dan Sumber Daya Mineral, "Rasio Elektrifikasi 14 Provinsi Diatas 60%," diakses 25 Juni 2014, <http://www.esdm.go.id/berita/39-listrik/2719-rasio-elektrifikasi-14-provinsi-diatas-60.html>.

[6] Hasil daya saing tahun 2014 berdasarkan data yang diperbaharui di tahun 2011 dan survei ACI yang dilakukan di tahun 2013. Keterlambatan data tersebut dikarenakan oleh waktu yang diperlukan sampai akhirnya angka tetap data terkait dipublikasikan, untuk selanjutnya dianalisa.

Tabel 5.4. Stabilitas Ekonomi Makro Tahun 2014: Peringkat dan Skor

Peringkat	Wilayah	Skor
1	Wilayah Jawa	2,0461
2	Wilayah Sumatera	0,1112
3	*Wilayah Kalimantan*	*0,0350*
4	Wilayah Sulawesi	–0,3896
5	Wilayah Maluku-Papua	–0,7943
6	Wilayah Bali-Nusa Tenggara	–1,0085

Sumber: Asia Competitiveness Institute

Untuk Stabilitas Ekonomi Makro (Tabel 5.4), Wilayah Kalimantan menempati peringkat ketiga dengan skor 0,0350, setelah Wilayah Sumatera dan Jawa yang masing-masing menduduki posisi kedua dan pertama. Akan tetapi, dalam konteks selisih skor antara Sumatera (0,1112) dan Kalimantan, terlihat jelas bahwa Kalimantan dapat dengan mudah mengejar Sumatera, sementara tetap sulit bagi Kalimantan untuk bersaing dengan Jawa.

Wilayah Kalimantan mungkin tidak perlu khawatir akan dilampaui oleh Wilayah Sulawesi yang saat ini berada di posisi keempat. Dalam wilayah Kalimantan sendiri, Kalimantan Timur dan Kalimantan Selatan sekali lagi mengungguli rekan-rekannya, dengan masing-masing menduduki posisi keempat dan ke-10 dalam peringkat provinsi. Dua provinsi ini masuk dalam daftar 10 teratas dan memiliki kinerja yang lebih baik dalam Stabilitas Ekonomi Makro dibandingkan dengan Kalimantan Tengah (peringkat ke-15) dan Kalimantan Barat (peringkat ke-21). Persaingan antarwilayah dan antarprovinsi sebenarnya merupakan salah satu cara untuk belajar praktik terbaik (*best practices*) antara satu sama lain.

Tabel 5.5. Perencanaan Pemerintah dan Institusi Tahun 2014: Peringkat dan Skor

Peringkat	Wilayah	Skor
1	Wilayah Jawa	1,4124
2	Wilayah Sulawesi	0,7733
3	*Wilayah Kalimantan*	*0,5582*
4	Wilayah Sumatera	–0,4219
5	Wilayah Bali-Nusa Tenggara	–0,8284
6	Wilayah Maluku-Papua	–1,4937

Sumber: Asia Competitiveness Institute

Untuk Perencanaan Pemerintah dan Institusi (Tabel 5.5), Kalimantan menempati peringkat ketiga secara nasional (0,5582), berada di bawah Wilayah Sulawesi dan di atas Wilayah Sumatera. Dengan menduduki nilai tengah atau rata-rata di antara keenam wilayah, hal ini tidak mencerminkan potensi Wilayah Kalimantan yang sesungguhnya, mengingat sumber daya alamnya yang melimpah. Untuk itu, Kalimantan harus fokus untuk memperbaiki kekurangannya supaya dapat meraih potensinya yang sesungguhnya. Wilayah Kalimantan, secara umum, memiliki kinerja memadai dalam lingkup ini. Kalimantan Timur menduduki peringkat keempat, sementara Kalimantan Selatan, Kalimantan Barat, dan Kalimantan Tengah masing-masing menduduki peringkat ke-11, ke-13 dan ke-19.

Tabel 5.6. Kondisi Finansial, Bisnis dan Tenaga Kerja Tahun 2014: Peringkat dan Skor

Peringkat	Wilayah	Skor
1	Wilayah Jawa	1,6700
2	*Wilayah Kalimantan*	*1,0027*
3	Wilayah Maluku-Papua	–0,3552
4	Wilayah Sumatera	–0,3940
5	Wilayah Sulawesi	–0,7693
6	Wilayah Bali-Nusa Tenggara	–1,1543

Sumber: Asia Competitiveness Institute

Kalimantan menduduki peringkat kedua untuk lingkup Kondisi Finansial, Bisnis dan Tenaga Kerja (Tabel 5.6) dengan skor 1,0027. Wilayah Kalimantan mampu mengembangkan potensinya lebih jauh dalam bidang ini untuk terus mengejar posisi puncak yang ditempati oleh Wilayah Jawa (1,6700).

Di antara semua provinsi, Kalimantan Timur masih mendominasi, dengan menduduki peringkat keempat. Akan tetapi, Kalimantan Barat juga meraih posisi yang dapat diperhitungkan di peringkat kedelapan diikuti oleh Kalimantan Tengah yang menduduki peringkat kesembilan. Hal ini mendorong provinsi-provinsi tersebut masuk di lingkaran 10 teratas, sementara Kalimantan Selatan berada di peringkat ke-15. Kinerja yang unggul dari mayoritas provinsi-provinsi di wilayah ini berkontribusi kepada tingginya daya saing Wilayah Kalimantan untuk lingkup ini.

Tabel 5.7. Kualitas Hidup dan Pembangunan Infrastruktur Tahun 2014: Peringkat dan Skor

Peringkat	Wilayah	Skor
1	Wilayah Jawa	1,0603
2	*Wilayah Kalimantan*	*0,7425*
3	Wilayah Sumatera	0,4385
4	Wilayah Sulawesi	0,2448
5	Wilayah Bali-Nusa Tenggara	–0,5423
6	Wilayah Maluku-Papua	–1,9438

Sumber: Asia Competitiveness Institute

Terakhir, di dalam lingkup Kualitas Hidup dan Pembangunan Infrastruktur (Tabel 5.7), Wilayah Kalimantan sekali lagi meraih posisi kedua di bawah Wilayah Jawa. Ini adalah lingkup yang penting untuk diperbaiki agar Kalimantan bisa bersaing dengan posisi teratas, yaitu Wilayah Jawa. Akan tetapi, tepat di bawah Kalimantan, posisi Wilayah Sumatera yang berada di posisi ketiga (0,4385) perlu diperhatikan, mengingat bahwa wilayah ini mempunyai potensi untuk lebih unggul jika Kalimantan tidak berusaha mempertahankan atau meningkatkan kinerjanya.

Di lingkup ini, kesenjangan di dalam wilayah bisa terlihat jelas, dengan Kalimantan Timur meraih peringkat kedua dan Kalimantan Selatan berada di peringkat keenam, sementara Kalimantan Tengah hanya menempati peringkat ke-17 dan Kalimantan Barat jauh tertinggal di peringkat ke-30. Meskipun Wilayah Kalimantan menempati posisi kedua, hal ini tidak bisa dilihat sebagai sebuah alasan untuk berpuas diri dalam mendorong konektivitas yang lebih baik antara provinsi-provinsi yang kurang berkembang dengan yang sudah maju, karena masih banyak potensi lainnya yang dapat dikembangkan dari sokongan sumber daya alam yang melimpah.

2.2 Analisis Jaring Daya Saing Median dan Maksimum

Untuk memiliki pemahaman lebih baik mengenai kekuatan dan kelemahan relatif Wilayah Kalimantan, pencapaian wilayah ini perlu dibandingkan dengan nilai tengah (median) dan nilai maksimum dari enam wilayah dalam 12 sub-lingkup.

Kalimantan menduduki posisi kedua untuk peringkat Daya Saing Keseluruhan, menempatkan wilayah ini sebagai salah satu wilayah dengan kinerja tertinggi. Hal ini ditunjukkan dalam Gambar 5.2, yang memperlihatkan skor median daya saing keenam wilayah Indonesia dengan garis putus-putus warna merah, sedangkan skor Wilayah Kalimantan ditunjukkan dengan garis hijau pekat.

Untuk 12 sub-lingkup, Kalimantan mempunyai skor yang jauh di atas median untuk Kinerja Produktivitas dan Infrastruktur Teknologi. Kinerjanya dalam Kemampuan Finansial dan Efisiensi Bisnis serta Persaingan, Standar Regulasi dan Penegakan Hukum juga lebih baik dari skor median. Skor pada sub-lingkup lainnya juga

Gambar 5.2. Analisis Jaring Daya Saing Median Wilayah Kalimantan Tahun 2014

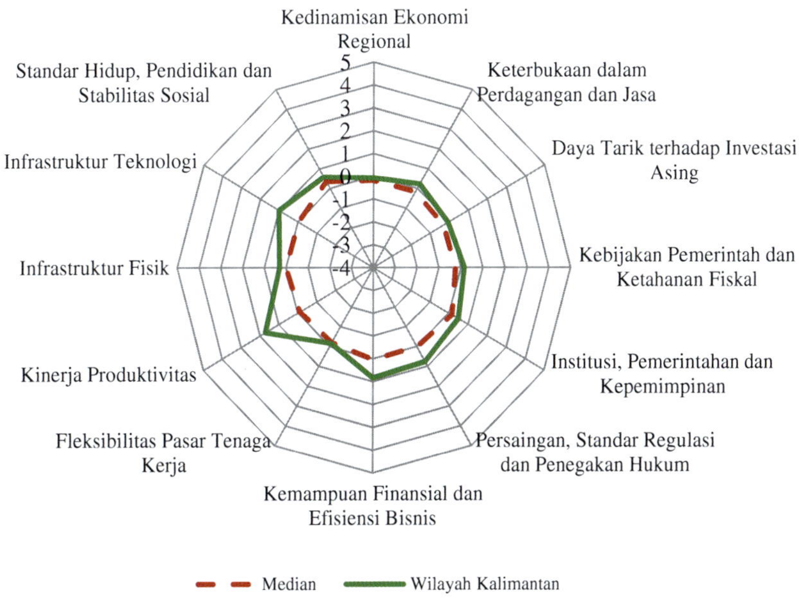

Sumber: Asia Competitiveness Institute

Gambar 5.3. Analisis Jaring Daya Saing Maksimum Wilayah Kalimantan Tahun 2014

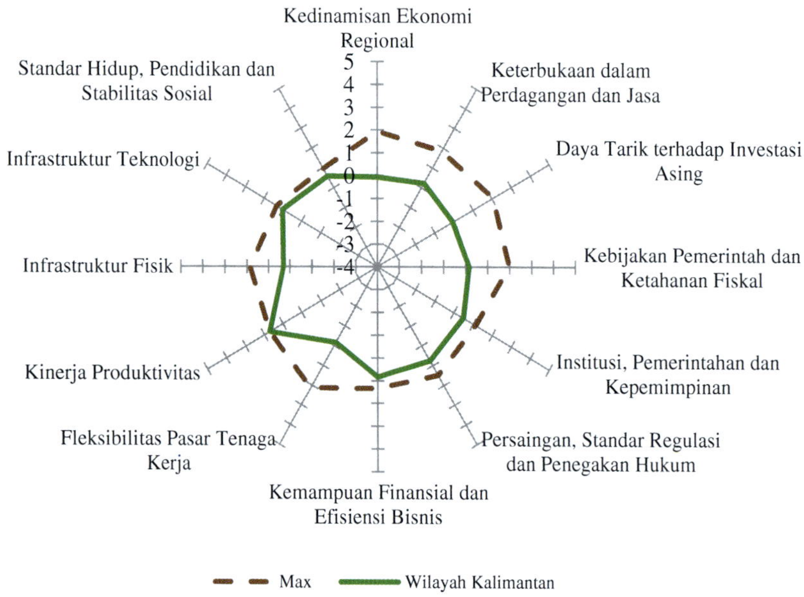

Sumber: Asia Competitiveness Institute

lebih tinggi dari skor median meskipun dengan selisih yang lebih tipis. Dengan potensi yang dimiliki, Kalimantan seharusnya bekerja keras untuk meningkatkan skor-skor tersebut, terutama dalam sub-lingkup Fleksibilitas Pasar Tenaga Kerja yang berada pada garis batas skor median.

Jaring Daya Saing Maksimum (Gambar 5.3) memperlihatkan sejauh mana skor terbaik untuk setiap sub-lingkup dalam kaitannya dengan skor Wilayah Kalimantan. Skor maksimum untuk keenam wilayah ditunjukkan dengan garis putus-putus berwarna cokelat, sedangkan skor untuk wilayah Kalimantan ditunjukkan dengan garis hijau pekat.

Sebagaimana diilustrasikan pada Gambar 5.3, Kalimantan telah mengimbangi skor terbaik nasional pada empat dari total 12 sub-lingkup, yaitu: Kinerja Produktivitas; Infrastruktur Teknologi; Kualitas Hidup, Pendidikan dan Stabilitas Sosial; serta Kemampuan Finansial dan Efisiensi Bisnis. Kalimantan bahkan meraih skor maksimum dalam sub-lingkup Kinerja Produktivitas.

Kalimantan masih perlu memperkecil jarak dengan skor terbaik untuk delapan dari total 12 sub-lingkup, termasuk Infrastruktur Fisik; Fleksibilitas Pasar Tenaga Kerja; Kedinamisan Ekonomi Regional; Keterbukaan dalam Perdagangan dan Jasa; Daya Tarik terhadap Investasi Asing; Kebijakan Pemerintah dan Ketahanan Fiskal; Institusi, Pemerintahan dan Kepemimpinan; serta Persaingan, Standar Regulasi dan Penegakan Hukum.

2.3 Analisis Kekuatan dan Kelemahan

Tabel 5.8 dan 5.9 masing-masing memperlihatkan indikator-indikator terkuat dan terlemah untuk Wilayah Kalimantan. Tabel 5.8 menampilkan 20% indikator teratas atau 21 indikator terkuat dari total 104 indikator pada wilayah ini, dimulai dari paling atas. Tabel 5.9 menunjukkan 20% indikator-indikator terlemah, yaitu 21 indikator terbawah dari 104 indikator, yaitu dari peringkat 84 sampai dengan 104.[7]

[7] 21 indikator terkuat dan 21 indikator terlemah ini didapatkan dengan mendata seluruh skor yang didapatkan Wilayah Kalimantan untuk 104 indikator dan mengurutkannya dari yang tertinggi ke terendah. Indikator-indikator yang muncul sebagai 21 indikator teratas diidentifikasikan sebagai kekuatan wilayah ini dan 21 indikator terbawah sebagai kelemahan. Perbandingan antarskor indikator untuk wilayah ini dilakukan tanpa membandingkan dengan skor indikator pada wilayah lain.

Tabel 5.8. Daftar 20% Indikator Terkuat Wilayah Kalimantan Tahun 2014

Peringkat	20% Indikator Terkuat	Skor	Lingkup
1	Bongkar Muat Kargo di Pelabuhan Internasional	2,1070	KHPI
2	Produktivitas Industri Primer	2,0641	KFBTK
3	Jumlah Kepemilikan Laptop	1,8664	KHPI
4	Bongkar Muat Kargo di Pelabuhan Domestik	1,8105	KHPI
5	Rasio Penduduk per Pekerja Medis	1,7882	KHPI
6	PDRB per kapita	1,7539	SEM
7	Produktivitas Keseluruhan	1,6708	KFBTK
8	Keterbukaan dalam Perdagangan	1,5279	SEM
9	Akses Internet di Kantor	1,4754	KHPI
10	PDRB per kapita, Nonmigas	1,4686	SEM
11	Kapasitas Sumber Daya Manusia di Perusahaan	1,4662	KFBTK
12	Produktivitas Industri Sekunder	1,4430	KFBTK
13	Keseimbangan Fiskal	1,4192	PPI
14	Jumlah Rumah Tangga dengan Jaringan Pipa Air	1,4154	KHPI
15	Akses Internet dengan Telepon Genggam	1,3885	KHPI
16	Produktivitas Keseluruhan, Nonmigas	1,3498	KFBTK
17	Tingkat Partisipasi Angkatan Kerja	1,3052	KFBTK
18	Gairah Kompetisi dan Kolaborasi	1,2840	PPI
19	Penduduk per Jumlah Cabang/Kantor Bank	1,1881	KFBTK
20	Akses Internet di Rumah	1,1493	KHPI
21	Jumlah Kredit Bermasalah per Total Pinjaman Bank	0,9982	KFBTK

Catatan: SEM = Stabilitas Ekonomi Makro; PPI = Perencanaan Pemerintah dan Institusi; KFBTK = Kondisi Finansial, Bisnis dan Tenaga Kerja; KHPI = Kualitas Hidup dan Pembangunan Infrastruktur

Sumber: Asia Competitiveness Institute

Tabel 5.8 menunjukkan bahwa beberapa indikator, baik dari lingkup Kualitas Hidup dan Pembangunan Infrastruktur serta Kondisi Finansial, Bisnis dan Tenaga Kerja, mendominasi kekuatan Kalimantan. Tiga kekuatan teratas adalah Bongkar Muat Kargo di Pelabuhan Internasional (#1); Produktivitas Industri Primer (#2); dan Jumlah Kepemilikan Laptop (#3). Secara total, terdapat empat indikator dari lingkup Kualitas Hidup dan Pembangunan Infrastruktur yang masuk dalam lima indikator terkuat. Kekuatan lain yang menjanjikan adalah Produktivitas Keseluruhan (#7); Kapasitas Sumber Daya Manusia di Perusahaan (#11); Produktivitas Industri Sekunder (#12); Produktivitas Keseluruhan Nonmigas (#16); dan Tingkat Partisipasi Angkatan Kerja (#17) yang juga merefleksikan kekuatan pada lingkup Kondisi Finansial, Bisnis dan Tenaga Kerja.

Menariknya, indikator-indikator dari dua lingkup ini juga mendominasi daftar 20% indikator terlemah, masing-masing menyumbang delapan indikator. Indeks Kualitas Lingkungan Hidup (#88); Kualitas Pendidikan (#92); dan Kualitas Infrastruktur Fisik (#104) menggambarkan beberapa keterbatasan terlepas dari kekuatan yang tercatat pada Tabel 5.8. Dari lingkup Kondisi Finansial, Bisnis dan Tenaga Kerja, perlu menjadi catatan bahwa Jumlah Pekerja di Sektor Sekunder (#91); Jumlah Pekerja di Sektor Tersier (#95); dan Jumlah Angkatan Kerja (#96) menggambarkan kurangnya pengembangan sumber daya manusia di wilayah ini. Terdapat pula kelemahan krusial lainnya yang terkait dengan lingkup Stabilitas Ekonomi Makro, misalnya Inflasi (#103) dan Pertumbuhan PDRB (#90).

Tabel 5.9. Daftar 20% Indikator Terlemah Wilayah Kalimantan Tahun 2014

Peringkat	20% Indikator Terlemah	Skor	Lingkup
84	Pembentukan Modal Tetap Domestik Bruto	–0,4562	SEM
85	Jumlah Cabang/Kantor Bank	–0,4636	KFBTK
86	Total Pinjaman Bank	–0,4702	KFBTK
87	PDRB Industri Tersier	–0,4771	SEM
88	Indeks Kualitas Lingkungan Hidup	–0,4887	KHPI
89	Impor, Nonmigas	–0,4928	SEM
90	Pertumbuhan PDRB	–0,4969	SEM
91	Jumlah Pekerja di Sektor Sekunder	–0,5256	KFBTK
92	Kualitas Pendidikan	–0,5298	KHPI
93	Strategi Perusahaan	–0,5382	KFBTK
94	Kendaraan Bermotor yang Terdaftar	–0,5415	KHPI
95	Jumlah Pekerja di Sektor Tersier	–0,5431	KFBTK
96	Jumlah Angkatan Kerja	–0,5478	KFBTK
97	Jumlah Penduduk Bekerja	–0,5502	KFBTK
98	Jumlah Pekerja di Sektor Primer	–0,5638	KFBTK
99	Jumlah Penduduk	–0,5660	KHPI
100	Panjang Jalan Beraspal (Total)	–0,7042	KHPI
101	Jumlah Penumpang Pesawat Internasional	–0,7201	KHPI
102	Angka Partisipasi Sekolah (Menengah Atas)	–0,9406	KHPI
103	Inflasi	–1,2708	SEM
104	Kualitas Infrastruktur Fisik	–1,4563	KHPI

Catatan: SEM = Stabilitas Ekonomi Makro; PPI = Perencanaan Pemerintah dan Institusi; KFBTK = Kondisi Finansial, Bisnis dan Tenaga Kerja; KHPI = Kualitas Hidup dan Pembangunan Infrastruktur

Sumber: Asia Competitiveness Institute

3. TEMA KEBIJAKAN DAN STRATEGI PEMBANGUNAN

3.1 Kebijakan Pemerintah[8]

Kalimantan sangat kaya akan sumber energi dalam bentuk minyak, gas dan batu bara. Adalah logis jika kemudian sektor pertambangan, energi dan perkebunan diidentifikasi sebagai industri prioritas untuk dipromosikan di dalam strategi MP3EI. Permintaan akan energi terus meningkat seiring dengan cepatnya pertumbuhan kegiatan ekonomi di seluruh Indonesia. Untuk itu, kesuksesan pembangunan di wilayah lain sesungguhnya bergantung pada kemampuan Kalimantan untuk memenuhi permintaan energi tersebut untuk memperluas pertumbuhan ekonomi nasional. Di dalam Wilayah Kalimantan, selain bergantung pada perolehan pendapatan dari minyak bumi, ada baiknya upaya untuk restrukturisasi dan diversifikasi ekonomi juga dilakukan.

Beberapa upaya untuk mendorong perbaikan infrastruktur dan reformasi regulasi telah direncanakan di dalam MP3EI, termasuk kontrak bagi hasil minyak dan gas bumi yang menarik dan pengurangan subsidi gas. Produksi batu bara dipercepat melalui reformasi beberapa peraturan terkait dengan izin pakai lahan dan insentif pajak

[8] Di tingkat nasional, rencana pembangunan Indonesia didokumentasikan dalam Rencana Pembangunan Jangka Panjang Nasional (RPJPN) 2005–2025. Saat ini RPJPN berada dalam implementasi fase kedua melalui Rencana Pembangunan Jangka Menengah Nasional (RPJMN) 2010–2014. Pemerintah provinsi harus merujuk pada RPJMN 2010–2014 saat merumuskan atau menyesuaikan Rencana Pembangunan Jangka Menengah Daerah (RPJMD) di masing-masing provinsi sehingga dapat mencapai target pembangunan nasional. MP3EI tidak bertujuan untuk menggantikan RPJMN atau rencana pembangunan nasional dan provinsi yang sedang berjalan. Ini adalah dokumen kerja yang bersifat melengkapi rencana pembangunan tersebut yang bertujuan mengakselerasi dan memperluas pembangunan ekonomi di Indonesia.

guna mendorong penggunaan teknologi yang lebih ramah lingkungan. Rencana insentif lainnya juga diterapkan untuk meningkatkan investasi di komoditas lainnya, misalnya minyak sawit, bauksit, bijih besi dan kayu. Lebih lanjut, pemerintah mendorong investasi di sektor hilir dengan nilai tambah yang lebih tinggi misalnya pembangunan smelter alumina dan industri pengolahan bijih besi. Undang-undang No. 4 Tahun 2009, tentang pertambangan mineral dan batu bara yang melarang ekspor mineral yang belum diolah, bertujuan untuk mendorong fasilitas pengolahan domestik dalam rangka memberikan nilai tambah pada produk pertambangan, sehingga meningkatkan penerimaan negara.

Sejalan dengan MP3EI, beberapa proyek infrastruktur telah diidentifikasi untuk Wilayah Kalimantan antara lain:

a. Penambahan kapasitas dua pelabuhan di Kalimantan Tengah, yaitu Pelabuhan Kumai dan Pangkalan Bun untuk meningkatkan ekspor;
b. Membangun pelabuhan untuk menghubungkan Sungai Barito di Kalimantan Tengah dan Sungai Mahakam di Kalimantan Timur, dan merencanakan sistem jalur kereta api untuk batu bara;
c. Membangun model zona inovasi berbasis energi tidak terbarukan dan energi terbarukan di Kalimantan Timur;
d. Menciptakan kebijakan yang ramah investor untuk mendanai industri smelter alumina dan industri hilir lainnya dari bauksit yang melimpah;
e. Percepatan rencana investasi untuk membangun perkebunan hutan industri dalam skala komersil di seluruh Pulau Kalimantan;
f. Masterplan Jalur Kereta Trans Kalimantan yang terdiri atas 10 proyek jalur kereta api di Kalimantan yang akan dibangun dengan skema KPS di tahun 2020. Proyek ini termasuk Banjarmasin–Pelaihari–Batakan dan Tanjung–Martapura–Banjarbaru–Bandara Banjarmasin di Kalimantan Selatan, Balikpapan–Samarinda dan Tanjung Redeb–Lubuk Tutung di Kalimantan Timur, dan sebuah proyek antarprovinsi untuk menghubungkan Muara Teweh (Kalimantan Tengah) — Samarinda (Kalimantan Timur).

Sampai dengan kuartal pertama 2014, terdapat hampir 136 komitmen proyek infrastruktur yang direncanakan untuk Wilayah Kalimantan, dengan porsi yang signifikan didanai baik oleh inisiatif KPS maupun sektor swasta.[9] Lebih dari 47 proyek berada dalam tahap awal konstruksi (*groundbreaking)* di kuartal pertama 2014, sebuah hal yang menjanjikan untuk perkembangan pelaksanaan proyek-proyek MP3EI selanjutnya.

MP3EI juga menguraikan perlunya untuk meningkatkan kualitas pendidikan, memberikan pelatihan keterampilan untuk mengembangkan sumber daya manusia untuk beradaptasi dengan teknologi baru, terutama dalam industri minyak dan gas, batu bara, minyak sawit dan bauksit. Meskipun demikian, tidak ada penyebutan secara rinci tentang perencanaan sumber daya manusia untuk sektor kayu, yang merupakan sektor penting terutama bagi provinsi Kalimantan Tengah dan Kalimantan Barat. Oleh karena itu, diperlukan upaya untuk memperjelas rencana pembangunan nasional yang mencakup lintas sektor.

Terlepas dari infrastruktur untuk konektivitas antarwilayah, hampir semua provinsi mengembangkan rencana pembangunan yang komprehensif dan spesifik untuk beberapa tahun ke depan yang menyuarakan visi yang termuat dalam MP3EI.[10]

Kalimantan Timur, sebagai provinsi terdepan, menghadapi tantangan yang mendesak dalam pengelolaan dampak lingkungan dari ekstraksi sumber daya alam. Oleh karena itu, dalam Rencana Pembangunan Jangka Menengah Daerah (RPJMD) 2013–2018, Kalimantan Timur mengartikulasikan inisiatif *Kaltim Green* untuk menjaga keberlanjutan lingkungan hidup dan kesejahteraan penduduk dalam aktivitas ekonominya. Sebagai tambahan, provinsi ini juga berupaya untuk mengatasi hal-hal yang menyebabkan kemunduran daya saing seperti yang terkait dengan pengembangan sumber daya manusia dan kekurangan energi yang diakibatkan oleh pertumbuhan cepat secara sporadis. Provinsi ini berkomitmen untuk menciptakan koordinasi yang lebih baik

[9] Kementerian Koordinator Bidang Perekonomian, "Perkembangan MP3EI Q1 2014" (Presentasi PowerPoint, 2014).

[10] Badan Perencanaan Pembangunan Daerah, *Rencana Pembangunan Jangka Menengah Daerah (RPJMD) dari beberapa provinsi dengan jangka waktu pembangunan yang beragam.*

antara pemerintah daerah, membangun lebih banyak pembangkit listrik yang proporsional dengan energi yang diproduksi dan mengatasi korupsi.

Di sisi lain, Kalimantan Barat menekankan perlunya peningkatan daya saing manufaktur dan pertanian untuk menarik lebih banyak investasi ke provinsi tersebut. Dalam RPJMD 2013–2018, Kalimantan Barat berupaya untuk mewujudkan pembangunan dengan mengedepankan reformasi birokrasi, meningkatkan pelatihan pekerja terampil dan stabilisasi sektor pertaniannya yang luas dari guncangan luar dan lingkungan.

Kalimantan Tengah, dalam RPJMD 2010–2015, merumuskan kebijakan untuk menangani faktor-faktor yang mempengaruhi akses terhadap kesehatan dan pendidikan, memberdayakan ekonomi skala kecil dan meningkatkan kapasitas daya respons pemerintah. Kebijakan-kebijakan ini termasuk menciptakan klaster-klaster industri yang bisa menyerap banyak tenaga kerja, meningkatkan kuantitas dan kualitas institusi pendidikan dan kesehatan, mengintegrasikan transportasi, komunikasi dan teknologi ke dalam kebijakan publik dan mereformasi birokrasi.

Terakhir, Kalimantan Selatan, dalam RPJMD 2011–2015, menyuarakan keinginan untuk menangani keterbatasan akses kesehatan dan pendidikan, mengembangkan perdagangan yang lebih kompetitif dan ekonomi berbasis industri, sekaligus mengelola sumber daya alam secara lebih efisien dengan memperkuat kerja sama antara pemerintah provinsi dan pemerintah daerah. Beberapa inisiatif yang layak dicatat adalah mengembangkan peran industri dan sektor swasta dalam kegiatan perekonomian, meningkatkan wajib belajar menjadi 12 tahun dan mengumpulkan informasi tentang habitat sumber daya alam provinsi ini.

Rencana-rencana tersebut adalah logis, tetapi yang sulit adalah eksekusi dan implementasi dengan strategi pembangunan yang tepat, yang akan dibahas lebih lanjut pada bagian 3.2.

3.2 Strategi Pembangunan

Kalimantan merupakan pusat pembangunan di bagian timur Indonesia, dengan sumber daya alam yang signifikan di sektor pertanian, pertambangan, perikanan dan perkebunan. Memprioritaskan pembangunan yang adil menjadi lebih penting, mengingat bahwa Wilayah Kalimantan akan memiliki lima provinsi, dengan Kalimantan Utara menjadi provinsi ke-34 di Indonesia. Peringkat daya saing Kalimantan yang tinggi saat ini dapat dikaitkan dengan Kalimantan Timur dan Kalimantan Selatan, yang masing-masing menempati posisi ketiga dan kedelapan, dalam peringkat provinsi untuk lingkup Daya Saing Keseluruhan, dan Kalimantan Tengah dan Kalimantan Barat yang masing-masing berada di posisi ke-15 dan ke-18.

Mengingat pentingnya fungsi untuk meningkatkan daya saing ekonomi dan pelayanan sosial, pengeluaran untuk infrastruktur telah diprioritaskan baik dalam rencana pembangunan nasional maupun rencana pembangunan provinsi. Rencana Pembangunan Jangka Menengah Nasional (RPJMN) 2010–2014 mengindikasikan bahwa pembangunan infrastruktur termasuk konstruksi jalan memiliki peran yang semakin penting dalam meningkatkan kesejahteraan masyarakat dan pertumbuhan ekonomi.[11] Revitalisasi industri, sebagai contoh, tidak akan sukses tanpa adanya sarana jalan yang cukup, mengingat meningkatnya dominasi biaya transportasi di dalam struktur biaya pada komoditas pertanian dan industri. Dengan menghubungkan pusat-pusat ekonomi utama di Kalimantan, perusahaan-perusahaan yang terlibat dalam pertambangan, terutama batu bara, bisa berbagi penggunaan infrastruktur guna meningkatkan efisiensi produksi.

Meskipun demikian, infrastruktur jalan masih belum memadai, terutama pada tingkat antarprovinsi. Kualitas dan kuantitas jalan-jalan utama masih menjadi salah satu kelemahan krusial, sebagaimana diidentifikasikan dalam analisis ACI pada Tabel 5.9. *Kalimantan Highway*, yang menghubungkan Brunei Darussalam, Indonesia dan Malaysia, memiliki potensi besar dalam mendorong kerja sama dan integrasi internasional. Jalur jalan yang memadai menjadi krusial untuk mengangkut barang-barang industri serta hasil pertanian, tambang dan minyak bumi dari pusat-pusat provinsi serta daerah industri dan perkebunan ke pelabuhan.

Meningkatkan dan membangun penghubung yang penting di seluruh provinsi juga akan memfasilitasi perdagangan dan mendorong investasi serta pertumbuhan ekonomi dengan meningkatkan akses pada pelayanan sosial

[11] Badan Perencanaan Pembangunan Nasional, *Rencana Pembangunan Jangka Menengah Nasional 2010–2014 (RPJMN)* (Jakarta: Badan Perencanaan Pembangunan Nasional, 2010).

dan tenaga kerja. Hubungan antara pemerintah dengan kalangan usaha dan *Business-to-Business* (B2B) seharusnya dapat mendorong investasi ini dan menerapkan infrastruktur baru, mengingat bahwa hal ini penting bagi semua pemangku kepentingan. Hal ini dapat dilakukan melalui penggunaan infrastruktur bersama yang sudah ada maupun yang akan datang antara industri dan sektor yang berbeda.

Untuk sektor sekunder dan tersier, beberapa provinsi seperti Kalimantan Barat memiliki kinerja yang lebih baik dari provinsi lainnya. Fokus pada agroindustri dan manufaktur produk konsumen merupakan awal yang menjanjikan untuk menciptakan kesempatan kerja bagi tenaga semi-terampil yang lebih banyak. Hal ini tentunya perlu didukung dengan investasi skala besar di bidang pendidikan, kesehatan, pelatihan dan infrastruktur fisik yang memungkinkan tenaga kerja untuk berkembang dan mendapatkan keterampilan yang dibutuhkan untuk memproduksi berbagai barang. ACI telah mengidentifikasi Kapasitas Pelabuhan Wilayah Kalimantan sebagai bagian dari 20% indikator terkuat wilayah ini (Tabel 5.8). Pembangunan dan pengembangan lebih lanjut dari pelabuhan-pelabuhan ini, baik pelabuhan udara, laut, atau sungai, dan jalan lintas Kalimantan menjadi krusial bagi seluruh provinsi untuk dapat memproduksi lebih banyak barang bernilai tambah secara lebih efisien.

Dalam implementasi rencana pembangunan Wilayah Kalimantan, patut diperhatikan untuk menjaga keberlanjutan lingkungan hidup seraya mengakselerasi industrialisasi. Kalimantan memiliki wilayah hutan terbesar kedua setelah Papua dan dianggap sebagai salah satu "paru-paru" dunia, yang memiliki hutan hujan yang luas dan keanekaragaman hayati yang kaya dengan wilayah seluas 41 juta hektar. Indeks Kualitas Lingkungan wilayah ini, yang berada pada angka 64,14, termasuk rendah dibandingkan wilayah lain dengan sumber daya alam yang melimpah, misalnya Sumatera dengan angka indeks 72,83 atau Papua dengan angka indeks 71,99.[12] Hal ini juga telah diidentifikasi oleh ACI sebagai salah satu dari 20% indikator terlemah di wilayah ini (Tabel 5.9). Sementara itu, melimpahnya alam dan habitat hutan hujan di Pulau Borneo yang unik menunjukkan adanya potensi untuk membangun daya tarik pariwisata dan investasi, yang akan berdampak positif ke sektor jasa lainnya. Potensi ekowisata ini seharusnya bisa diperhatikan sebagai isu lintas sektor, terutama yang secara khusus berinteraksi dengan hutan hujan, sumber air dan sumber daya air laut.

Hal ini berarti bahwa sumber pendapatan utama wilayah ini, seperti gas alam, minyak bumi, kayu, bauksit, batu bara dan kelapa sawit, seharusnya lebih memperhatikan akibat dari ekstraksi sumber daya alam dalam kaitannya dengan penurunan kualitas lingkungan hidup. Pemerintah telah menyadari isu ini dengan melakukan pemetaan yang rinci terhadap hutan produksi dan hutan alam dan memaksimalkan proses industri untuk memanfaatkan produk hutan selain ekspor kayu mentah. Sebagai contoh, terdapat juga potensi pasar yang besar untuk produk kreatif bernilai tambah, seperti buah-buahan, rotan, bambu, sarang lebah, sutra dan gaharu. Untuk mendorong sektor swasta, insentif untuk mempromosikan usaha yang ramah lingkungan, seperti insentif pajak untuk menjaga hutan hujan atau menanam hutan bakau yang ramah lingkungan, sudah disarankan oleh masyarakat sipil.[13] Inisiatif dari PBB untuk pengurangan emisi dari deforestasi dan degradasi hutan (REDD+) yang bertujuan untuk melindungi hutan hujan di Kalimantan dan memanfaatkan pasar karbon global bagi negara Indonesia dapat menggerakkan kebijakan dari pendekatan sektor ekstraktif menjadi produktif.[14]

Sebagaimana dapat kita lihat pada analisis ACI, kondisi ekonomi Wilayah Kalimantan saat ini mendukung industri ekstraktif skala besar yang merupakan hasil penanaman modal asing (PMA) di sektor primer. Hal ini telah menyebabkan kesenjangan antara industri skala besar dengan usaha kecil dan menengah (UKM). Kurangnya tenaga kerja terampil, kualitas pendidikan dan ketersediaan infrastruktur dan konektivitas menjadikan pola investasi membatasi pengembangan sektor sekunder dan tersier yang lebih berkelanjutan.

Wilayah Kalimantan perlu untuk mempertimbangkan rencana jangka panjang yang berkelanjutan sebagaimana telah dirumuskan dalam RPJMN dan RPJMD masing-masing provinsi dan seharusnya tidak mengabaikan kesejahteraan demi mengejar percepatan pertumbuhan yang tidak berkelanjutan. Pemerintah pusat, provinsi

---

[12] Indeks Kualitas Lingkungan merupakan bagian dari lingkup Kualitas Hidup dan Pembangunan Infrastruktur dalam kerangka daya saing yang dikembangkan ACI. Indikator ini merupakan penjumlahan indeks polusi udara, polusi air dan luas hutan.

[13] Tunggadewa Mattangkilang, "Activist Call Efforts to Save Balikpapan Bay", *The Jakarta Globe,* 28 Mei, 2014, diakses 25 Juni 2014, <http://www.thejakartaglobe.com/news/activists-call-efforts-save-balikpapan-bay/>.

[14] UN-REDD+. "Indonesia's Green Economy Corridor Initiative", diakses 4 Agustus, 2014, <http://sustainabledevelopment.un.org/index.php?page=view&type=1006&menu=1348&nr=2229>.

dan kabupaten/kota telah menargetkan visi yang menjanjikan bagi wilayah ini. Kementerian Koordinator Bidang Perekonomian dapat memainkan peran penting dalam menghubungkan titik-titik vital sebagai sebuah pendekatan yang menyeluruh, terintegrasi dan sistemik dalam strategi pembangunan. Untuk mencapai hal tersebut, diperlukan komunikasi yang efektif dan kebijakan yang teratur antara berbagai lapisan pemerintahan. Pada akhirnya, daya saing-lah yang akan menggerakan momentum. ACI telah menunjukkan jalan berdasarkan analisis atas 33 provinsi.

DAFTAR PUSTAKA

Badan Perencanaan Pembangunan Daerah. *Rencana Pembangunan Jangka Menengah Daerah (RPJMD) beberapa provinsi dengan jangka waktu yang beragam.*

Badan Perencanaan Pembangunan Nasional. *Rencana Pembangunan Jangka Menengah Nasional (RPJMN) 2010–2014.* Jakarta: Badan Perencanaan Pembangunan Nasional, 2010.

Kementerian Energi dan Sumber Daya Mineral, "Rasio Elektrifikasi 14 Provinsi Diatas 60%." Diakses 25 Juni 2014. <http://www.esdm.go.id/berita/39-listrik/2719-rasio-elektrifikasi-14-provinsi-diatas-60.html>.

Kementerian Koordinator Bidang Perekonomian. *Masterplan Percepatan dan Perluasan Pembangunan Ekonomi Indonesia 2011–2025 (MP3EI).* Jakarta: Kementerian Koordinator Bidang Perekonomian, 2011.

Kementerian Koordinator Bidang Perekonomian. "Progress of MP3EI Q1 2014." PowerPoint presentation, 2014.

Mattangkilang, Tunggadewa. "Activists Call Efforts to Save Balikpapan Bay." *The Jakarta Globe,* 28 Mei, 2014. Diakses 25 Juni 2014. <http://www.thejakartaglobe.com/news/activists-call-efforts-save-balikpapan-bay/>.

Organisation for Economic Cooperation and Development (OECD). "Structural Policy Country Notes: Indonesia." Di *Southeast Asian Economic Outlook 2013: With Perspectives on China and India.* OECD Publishing, 2013.

Tan, Khee Giap dan Mulya Amri. "Subnational Competitiveness and National Performance: Analysis and Simulation for Indonesia." *Journal of Centrum Cathedra: The Business and Economic Research Journal* Vol. 6 No. 2 (2013): 173–192.

Tan, Khee Giap, Mulya Amri, Linda Low dan Tan Kong Yam. *Analisa Daya Saing dan Strategi Pembangunan untuk 33 Provinsi di Indonesia.* Singapore: World Scientific, 2013.

Tan, Khee Giap, Mulya Amri, Linda Low dan Tan Kong Yam. *Competitiveness Analysis and Development Strategies for 33 Indonesian Provinces.* Singapore: World Scientific, 2013.

UN-REDD+. "Indonesia's Green Economy Corridor Initiative." Diakses 4 Agustus 2014. <http://sustainabledevelopment.un.org/index.php?page=view&type=1006&menu=1348&nr=2229>.

Bab 6
Analisis Daya Saing Wilayah Sulawesi

Sulawesi Selatan, Sulawesi Tengah, Sulawesi Tenggara, Sulawesi Utara, Gorontalo dan Sulawesi Barat

1. PENGANTAR

1.1 Latar Belakang

Gambar 6.1 memperlihatkan provinsi-provinsi dalam Wilayah Sulawesi sebagaimana termuat dalam Masterplan Percepatan dan Perluasan Pembangunan Ekonomi Indonesia 2011–2025 (MP3EI).[1] Provinsi-provinsi tersebut berikut ibu kotanya masing-masing adalah Sulawesi Selatan (Makassar), Sulawesi Tengah (Palu), Sulawesi Tenggara (Kendari), Sulawesi Utara (Manado), Gorontalo (Gorontalo) dan Sulawesi Barat (Mamuju). Gorontalo dan Sulawesi Barat dikategorikan sebagai provinsi muda di Indonesia. Gorontalo, yang sebelumnya merupakan bagian dari Sulawesi Utara, dibentuk pada tahun 2000. Sulawesi Barat menjadi provinsi baru di wilayah ini setelah berpisah dengan Sulawesi Selatan di tahun 2004. Bitung di Sulawesi Utara, bersama dengan Palu, mendapatkan status Kawasan Ekonomi Khusus (KEK) pada tahun 2014.

Pada Gambar 6.1, sisipan peta (kanan atas) menunjukkan peringkat daya saing yang dipublikasikan oleh *Asia Competitiveness Institute* (ACI) menggunakan skema warna lampu lalu lintas dengan warna hijau menunjukkan provinsi-provinsi dengan peringkat 10 teratas, diikuti dengan warna kuning yang menunjukkan 13 provinsi dengan peringkat menengah dan warna merah yang menunjukkan provinsi-provinsi yang mempunyai peringkat daya saing lebih rendah. Dua provinsi di Wilayah Sulawesi muncul sebagai bagian dari 10 teratas, yaitu Sulawesi Selatan di peringkat ketujuh dan Sulawesi Utara di peringkat ke-10. Sulawesi Tengah berada di posisi ke-21 sementara provinsi lainnya, Sulawesi Barat (ke-25), Gorontalo (ke-28), dan Sulawesi Tenggara (ke-29), masuk dalam peringkat 10 terbawah.[2]

Sulawesi (sebelumnya dikenal sebagai Celebes) merupakan pulau terbesar ke-11 di dunia dan keempat di Indonesia, setelah Kalimantan, Sumatera dan Papua, dengan luas daratan 188.522,36 km^2 atau 9,87% dari wilayah Indonesia. Sulawesi berbatasan dengan Borneo di barat, Filipina di utara, Laut Flores di Selatan dan Maluku di Timur.

Pada tahun 2011, jumlah penduduk Wilayah Sulawesi adalah 17.624.762 orang dengan latar belakang yang beragam. Mayoritas penduduk di Sulawesi Selatan adalah Muslim, sementara agama dominan di Sulawesi Utara adalah Kristen. Suku terbesar adalah Bugis, Makassar, Manado dan Toraja. Lebih dari 40% dari jumlah penduduk menetap di Sulawesi Selatan, sementara provinsi dengan tingkat urbanisasi yang tinggi adalah Sulawesi Utara dengan jumlah penduduk perkotaan mencapai 45%. Bahasa daerah seperti Bahasa Makassar atau Bahasa Manado lazim digunakan bersamaan dengan bahasa nasional, Bahasa Indonesia.

Sulawesi memiliki panorama alam yang indah, seperti gunung-gunung berapi, pegunungan, ngarai, hutan hujan tropis, danau, sungai dan pantai berpasir putih. Pulau ini dikelilingi oleh terumbu karang dan merupakan tuan rumah taman-taman laut yang indah, seperti Bunaken, Banggai, Taman Nasional Taka Bonerate di Selayar

---

[1] Kementerian Koordinator Bidang Perekonomian, *Masterplan Percepatan dan Perluasan Pembangunan Ekonomi Indonesia 2011–2025 (MP3EI)* (Jakarta: Kementerian Koordinator Bidang Perekonomian, 2011).

[2] Lihat Tan Khee Giap *et al.*, *Competitiveness Analysis and Development Strategies for 33 Indonesian Provinces* (Singapore: World Scientific, 2013) yang diterjemahkan ke dalam Bahasa Indonesia, Tan Khee Giap *et al.*, *Analisa Daya Saing dan Strategi Pembangunan untuk 33 Provinsi di Indonesia* (Singapore: World Scientific, 2013), dan makalah ilmiah Tan Khee Giap dan Mulya Amri, "Subnational Competitiveness and National Performance: Analysis and Simulation for Indonesia," *Journal of Centrum Cathedra: The Business and Economic Research Journal* Vol. 6 No. 2 (2013): 173–192 yang merupakan kajian awal penyusunan peringkat daya saing provinsi-provinsi di Indonesia.

Gambar 6.1. Peta Wilayah Sulawesi

Sumber: Asia Competitiveness Institute

dan Taman Nasional Wakatobi, tempat spesies langka dilindungi di habitat alami mereka. Tana Toraja merupakan lokasi pariwisata lainnya, dimana Suku Toraja yang masih tradisional tinggal di rumah leluhur mereka, Tongkonan.

Sulawesi dianugerahi sumber daya alam yang melimpah dan tanah yang subur yang cocok untuk komoditas pertanian. Dengan daerah wilayah maritimnya yang luas, Sulawesi juga memiliki beragam potensi untuk perikanan dan kegiatan pariwisata. MP3EI menetapkan Wilayah Sulawesi sebagai "Pusat Produksi dan Pengolahan Hasil Pertanian, Perkebunan, Perikanan, Minyak dan Gas serta Pertambangan Nasional." Hal ini sekaligus merumuskan lima kegiatan ekonomi utama, yaitu pertanian (padi, jagung, kedelai dan singkong), kakao, perikanan, nikel, serta minyak dan gas bumi.

Tabel 6.1 menunjukkan produk domestik regional bruto (PDRB) yang telah meningkat secara signifikan dari 79.152.635 juta Rupiah pada tahun 2006 menjadi 115.132.900 juta Rupiah pada tahun 2011, atau naik sebesar 45%. Dari perincian PDRB, terlihat jelas bahwa wilayah ini tidak terlalu bergantung pada minyak dan gas bumi serta mineral, meskipun salah satu fokus MP3EI di wilayah ini adalah untuk membangun sektor tersebut. Kontribusi terbesar PDRB berasal dari sektor tersier sebesar 47,93%, diikuti oleh sektor primer dengan 33,47%. Angka kemiskinan wilayah ini telah turun dari 17,79% pada tahun 2006 menjadi 12,17% pada tahun 2011. Indeks pembangunan manusia (IPM) juga telah meningkat dari 69,28% pada tahun 2006 menjadi 72,21% pada tahun 2011.

1.2 Sektor dan Kegiatan Utama

Tabel 6.2 menegaskan kembali keragaman aktivitas ekonomi di Sulawesi. Sebagaimana diindikasikan pada Tabel 6.1, sektor primer berkontribusi sebesar 33,47% terhadap PDRB wilayah ini pada tahun 2011. Setiap provinsi memiliki karakteristik masing-masing dalam konteks keberagaman kegiatan ekonomi. Sulawesi Tengah menyumbang produksi perikanan terbesar di Indonesia dan memiliki potensi untuk menjadi pusat pengembangan rumput laut. Sulawesi Tengah dan Sulawesi Selatan berkontribusi sebesar 75% kepada ekspor dan produksi kakao dari Indonesia. Sulawesi Barat telah menjadi sentra produksi beras dan secara konsisten menghasilkan surplus beras sejak 2009, serta juga menargetkan untuk memproduksi 140.000 ton jagung pada tahun 2014. Di Gorontalo, terdapat tiga provinsi, yaitu Gorontalo Utara, Boalemo dan Pohuwato, yang telah ditetapkan sebagai pusat ekonomi berbasis perikanan, atau secara lokal dikenal dengan istilah program "Minapolitan." Program percobaan di Kabupaten Pohuwato terfokus pada budidaya perikanan. Untuk sektor pertambangan, Sulawesi memiliki cadangan nikel yang besar di Sorowako, Kabupaten Luwu Timur di Sulawesi

Tabel 6.1. Wilayah Sulawesi: Indikator Ekonomi Dasar

A. Jumlah Penduduk	**2006**	**2011**
Penduduk total	16.051.981	17.624.762
% perkotaan	28,44	33,61
B. Luas Wilayah		**2011**
Km^2		188.522,36
% terhadap luas negara		9,87
C. Produk Domestik Regional Bruto (PDRB)	**2006**	**2011**
Rupiah (juta)	79.152.635	115.132.900
Rupiah (juta) tanpa minyak & gas	78.927.700	114.675.000
Rupiah (juta) tanpa minyak & gas & mineral	74.931.627	110.674.653
D. Komposisi Ekonomi, dalam % PDRB	**2006**	**2011**
Sektor Primer	39,05	33,47
Sektor Sekunder	18,41	18,60
Sektor Tersier	42,54	47,93
E. PDRB per kapita	**2006**	**2011**
Rupiah (juta)	4,93	6,53
Rupiah (juta) tanpa minyak & gas	4,92	6,51
Rupiah (juta) tanpa minyak & gas & mineral	4,67	6,28
F. Tingkat Kemiskinan	**2006**	**2011**
% dari jumlah penduduk	17,79	12,17
G. Indeks Pembangunan Manusia	**2006**	**2011**
Indeks	69,28	72,21

PDRB atas dasar Harga Konstan Tahun 2000
Sumber: Asia Competitiveness Institute menggunakan data Badan Pusat Statistik (BPS)

Tabel 6.2. Produk dan Aktivitas Utama

Primer	Beras, kakao, jagung, kedelai, kacang tanah, cengkeh, kopi, teh, minyak sawit, karet, kayu, rumput laut, perikanan, nikel, batu bara, tembaga, minyak dan gas bumi
Sekunder	Industri makanan dan minuman, tepung, tekstil, petrokimia, baja, suplai gas dan air
Tersier	Pertemuan, insentif, konferensi dan pameran (MICE), transportasi, pariwisata dan perdagangan

Sumber: Asia Competitiveness Institute

Selatan, Kabupaten Morowali di Sulawesi Tengah, Pomalaa, Kabupaten Kokala dan Kabupaten Konawe di Sulawesi Tenggara.

Sektor sekunder masih relatif belum berkembang. Pengolahan nikel di Sulawesi Tenggara diharapkan akan memproduksi hingga 25.000 *nickel pig iron* per tahun. Sulawesi Tengah memfokuskan pada pengembangan industri hilir dari sumber daya kakao dan rotan serta pengolahan sumber daya mineralnya. Industri di Sulawesi Utara termasuk ikan kalengan serta makanan dan minuman. Dengan penunjukan Palu dan Bitung sebagai KEK, kontribusi sektor sekunder diharapkan akan tumbuh secara eksponensial.

Sebagai sektor yang mendominasi kontribusi terhadap PDRB (47,93%), sebagian besar dari sektor tersier didorong oleh perdagangan dan pariwisata. Dengan peran penting Makassar sebagai pusat perdagangan untuk bagian timur Indonesia, tidak mengejutkan jika kontribusi perdagangan eceran dan grosir di Sulawesi Selatan melebihi 10 triliun Rupiah pada tahun 2012.[3] Sebagai sebuah wilayah, Sulawesi kaya akan keanekaragaman

[3] Atas dasar Harga Konstan Tahun 2000 dari PDRB menurut lapangan usaha.

budaya, kuliner dan panorama alam dengan sektor perhotelan yang sedang berkembang. Sulawesi tidak hanya menarik untuk pariwisata, tetapi juga untuk aktivitas MICE yang merupakan lokomotif pertumbuhan terutama di Manado dan Makassar.

1.3 Ketersediaan Infrastruktur

Untuk transportasi darat, Trans Sulawesi merupakan rute utama yang menghubungkan provinsi-provinsi di wilayah ini. Panjang jalan beraspal bervariasi antarprovinsi, mulai dari 16.472 kilometer di Sulawesi Selatan, hingga 2.055 kilometer di Sulawesi Barat dan 2.568 kilometer di Gorontalo. Meskipun hal ini bisa dikaitkan dengan perbedaan luasnya provinsi, wilayah ini mengalami kemunduran dalam hal kualitas jalan, sebagaimana ditemukan bahwa sekitar 70% responden yang disurvei berpendapat bahwa infrastruktur jalan di Sulawesi Tenggara adalah "buruk" atau "sangat buruk", dan 40% responden yang disurvei memberi pandangan yang sama terhadap kualitas jalan di Sulawesi Tengah.[4] Memahami pentingnya transportasi darat untuk konektivitas di dalam maupun antarprovinsi, MP3EI telah mengidentifikasi beberapa proyek perbaikan jalan di wilayah ini. Hal ini penting sekali untuk mendorong efisiensi dan efektivitas rantai suplai di Sulawesi.

Dalam hal transportasi udara, meskipun terdapat beberapa bandara lokal di setiap provinsi, hanya ada dua bandara internasional di Sulawesi, yaitu Bandara Internasional Sultan Hasanuddin di Makassar (Sulawesi Selatan) dan Bandara Sam Ratulangi di Manado (Sulawesi Utara). Bandara-bandara utama di provinsi lainnya adalah Bandara Tampa Padang di Mamuju (Sulawesi Barat), Bandara Jalaluddin (Gorontalo), Bandara Mutiara di Palu (Sulawesi Tengah) dan Bandara Haluoleo di Kendari (Sulawesi Tenggara). Menurut Angkasa Pura, kepadatan penumpang di Bandara Hasanuddin telah mencapai 9,6 juta atau melebihi kapasitasnya yang sebesar 7,5 juta per tahun. Pengelola bandara tersebut berencana untuk menambah kapasitas bandara menjadi 30 juta penumpang per tahun untuk mengantisipasi pertumbuhan kepadatan lalu lintas udara di masa mendatang.

Terkait dengan transportasi laut, Pelabuhan Soekarno-Hatta di Makassar merupakan satu-satunya pelabuhan internasional di Sulawesi. Volume kontainer yang bisa dilayani telah bertambah secara signifikan dari 372.532 setara unit 20-kaki peti kemas (TEUs) di tahun 2009 menjadi melebihi 500.000 TEUs di tahun 2012, dan diharapkan akan meningkat lebih jauh di tahun-tahun yang akan datang. BUMN pengelola pelabuhan, yaitu PT Pelindo IV, telah berencana untuk membangun Makassar New Port yang dinanti-nantikan, dengan kapasitas antara 250.000–300.000 TEUs untuk mendukung Pelabuhan Soekarno-Hatta dan lebih jauh memudahkan distribusi barang tidak hanya di Sulawesi, tetapi juga di wilayah timur seperti Maluku dan Papua. Status Bitung sebagai KEK akan mendorong kebutuhan pelabuhan yang lebih maju untuk mendukung aktivitas industri di kawasan ini.

Pasokan listrik di seluruh Wilayah Sulawesi relatif bervariasi dan ini telah menjadi salah satu penghambat dalam mencapai keseimbangan pertumbuhan di seluruh provinsi. Menurut PT Perusahaan Listrik Negara (PT PLN), rasio elektrifikasi pada tahun 2011 di beberapa provinsi termasuk tinggi: 77,99% di Sulawesi Utara, 71,97% di Sulawesi Selatan, 67,38% di Gorontalo dan 62,03% di Sulawesi Tengah. Walau demikian, rasio kelistrikan masih rendah khususnya untuk Sulawesi Barat dan Sulawesi Tenggara, masing-masing 33,56% dan 51,08%.[5] Dalam membenahi postur ekonomi Wilayah Sulawesi untuk menjadi pusat pembangunan di wilayah timur Indonesia, perbaikan yang signifikan dalam pasokan energi adalah kewajiban. Untuk memenuhi aspirasi ini, MP3EI telah mengidentifikasi 18 proyek terkait dengan pembangkit listrik dan energi, mulai dari pembangkit listrik panas bumi hingga jaringan transmisi dan pembangunan gardu induk di seluruh wilayah ini.

---

[4] Organisation for Economic Cooperation and Development (OECD), "Structural Policy Country Notes: Indonesia," di *Southeast Asian Economic Outlook 2013: With Perspectives on China and India* (OECD Publishing, 2013).

[5] PT PLN, *Statistik PLN 2012* (Jakarta: PLN, 2012).

2. DAYA SAING RELATIF WILAYAH

Kerangka daya saing wilayah mengikuti pendekatan yang sama dengan daya saing provinsi, sebagaimana telah dijelaskan secara lebih rinci di Bab 1. Penjelasan lebih lanjut tentang penjumlahan indikator masing-masing provinsi menjadi skor regional dapat ditemukan di Bab 2.

2.1 Peringkat Daya Saing Enam Wilayah—Peringkat dan Skor menurut Lingkup[6]

Tabel 6.3. Daya Saing Keseluruhan Tahun 2014: Peringkat dan Skor

Peringkat	Wilayah	Skor
1	Wilayah Jawa	1,7233
2	Wilayah Kalimantan	0,6511
3	*Wilayah Sulawesi*	*–0,0392*
4	Wilayah Sumatera	–0,0741
5	Wilayah Bali-Nusa Tenggara	–0,9839
6	Wilayah Maluku-Papua	–1,2772

Sumber: Asia Competitiveness Institute

Wilayah Sulawesi menduduki posisi ketiga dalam peringkat Daya Saing Keseluruhan (Tabel 6.3). Dengan skor –0,0392, Sulawesi berada jauh di bawah Jawa dan Kalimantan.

Daya saing Sulawesi bisa dikaitkan dengan posisi tinggi dari Sulawesi Selatan dan Sulawesi Utara, yang masing-masing berada di posisi ketujuh dan ke-10 dalam peringkat Daya Saing Keseluruhan dari 33 provinsi. Meskipun demikian, skor wilayah ini menurun akibat kinerja rendah dari Sulawesi Tengah (ke-21), Sulawesi Barat (ke-25), Gorontalo (ke-28) dan Sulawesi Tenggara (ke-29). Peringkat daya saing seperti ini mendorong persaingan sehat antarwilayah dalam rangka meningkatkan daya saing Indonesia di tatanan global.

Tabel 6.4. Stabilitas Ekonomi Makro Tahun 2014: Peringkat dan Skor

Peringkat	Wilayah	Skor
1	Wilayah Jawa	2,0461
2	Wilayah Sumatera	0,1112
3	Wilayah Kalimantan	0,0350
4	*Wilayah Sulawesi*	*–0,3896*
5	Wilayah Maluku-Papua	–0,7943
6	Wilayah Bali-Nusa Tenggara	–1,0085

Sumber: Asia Competitiveness Institute

Pada Tabel 6.4, Wilayah Sulawesi berada di peringkat keempat, dengan skor negatif (–0,3896) untuk lingkup Stabilitas Ekonomi Makro. Hasil ini sesuai dengan kinerja provinsi-provinsinya, mengingat bahwa tidak ada satupun provinsi di wilayah ini yang masuk dalam peringkat 10 teratas di lingkup Stabilitas Ekonomi Makro pada 33 provinsi. Peringkat teratas adalah Sulawesi Selatan yang berada di posisi ke-11, sementara peringkat terendah adalah Gorontalo di posisi ke-25. Provinsi-provinsi lainnya termasuk dalam kategori 13 provinsi dengan kinerja menengah.

Meskipun Wilayah Maluku-Papua menduduki posisi kelima dengan skor yang jauh lebih rendah sebesar –0,7943, Wilayah Sulawesi seharusnya jangan berpuas diri dan fokus untuk menangani beberapa isu terkait dengan Stabilitas Ekonomi Makro untuk memperbaiki kinerjanya.

[6] Hasil daya saing tahun 2014 berdasarkan data yang diperbaharui di tahun 2011 dan survei ACI yang dilakukan di tahun 2013. Keterlambatan data tersebut dikarenakan oleh waktu yang diperlukan sampai akhirnya angka tetap data terkait dipublikasikan, untuk selanjutnya dianalisa.

Tabel 6.5. Perencanaan Pemerintah dan Institusi Tahun 2014: Peringkat dan Skor

Peringkat	Wilayah	Skor
1	Wilayah Jawa	1,4124
2	*Wilayah Sulawesi*	*0,7733*
3	Wilayah Kalimantan	0,5582
4	Wilayah Sumatera	–0,4219
5	Wilayah Bali-Nusa Tenggara	–0,8284
6	Wilayah Maluku-Papua	–1,4937

Sumber: Asia Competitiveness Institute

Sulawesi berada di posisi kedua untuk Perencanaan Pemerintah dan Institusi dengan skor sebesar 0,7733 yang melebihi separuh skor Jawa (1,4124; Tabel 6.5). Posisi Sulawesi yang patut diapresiasi ini merefleksikan kekuatan tiap provinsi yang mendapatkan peringkat relatif tinggi dibandingkan kinerjanya dalam lingkup lain. Tiga dari enam provinsi di wilayah ini termasuk dalam peringkat 10 teratas. Sulawesi Selatan memimpin dengan menduduki peringkat ketiga, diikuti oleh Sulawesi Utara di peringkat kedelapan dan Sulawesi Barat di peringkat ke-10.

Wilayah Sulawesi masih memiliki peluang besar untuk menyetarai atau bahkan mempunyai skor yang lebih baik dari Wilayah Jawa jika kinerjanya dalam lingkup Perencanaan Pemerintah dan Institusi lebih ditingkatkan. Resep ini terutama relevan untuk tiga provinsi lain yang masuk dalam kategori 13 menengah, yaitu Sulawesi Tengah yang menduduki peringkat (ke-12), Gorontalo (ke-18) dan Sulawesi Tenggara (ke-22).

Tabel 6.6. Kondisi Finansial, Bisnis dan Tenaga Kerja Tahun 2014: Peringkat dan Skor

Peringkat	Wilayah	Skor
1	Wilayah Jawa	1,6700
2	Wilayah Kalimantan	1,0027
3	Wilayah Maluku-Papua	–0,3552
4	Wilayah Sumatera	–0,3940
5	*Wilayah Sulawesi*	*–0,7693*
6	Wilayah Bali-Nusa Tenggara	–1,1543

Sumber: Asia Competitiveness Institute

Sulawesi menempati urutan kelima dalam lingkup Kondisi Finansial, Bisnis dan Tenaga Kerja dengan skor –0,7693 (Tabel 6.6). Mengingat selisih yang besar dengan Sumatera, Sulawesi harus bekerja keras untuk meningkatkan peringkatnya. Kinerjanya yang relatif rendah merupakan cerminan dari peringkat masing-masing provinsi untuk lingkup ini. Sulawesi Selatan menjadi satu-satunya provinsi yang termasuk peringkat 10 teratas, sementara Sulawesi Utara adalah satu-satunya yang termasuk kategori 13 menengah. Provinsi-provinsi lainnya termasuk peringkat 10 terbawah dengan Gorontalo menduduki posisi terendah (peringkat ke-33) untuk lingkup ini.

Tabel 6.7. Kualitas Hidup dan Pembangunan Infrastruktur Tahun 2014: Peringkat dan Skor

Peringkat	Wilayah	Skor
1	Wilayah Jawa	1,0603
2	Wilayah Kalimantan	0,7425
3	Wilayah Sumatera	0,4385
4	*Wilayah Sulawesi*	*0,2448*
5	Wilayah Bali-Nusa Tenggara	–0,5423
6	Wilayah Maluku-Papua	–1,9438

Sumber: Asia Competitiveness Institute

Seperti yang terlihat pada Tabel 6.7, Sulawesi menduduki posisi keempat dengan skor 0,2448. Meskipun selisihnya dengan Wilayah Bali-Nusa Tenggara yang berada di posisi kelima cukup signifikan, hal ini seharusnya tidak membuat Sulawesi terlena dan harus berusaha untuk memperbaiki Kualitas Hidup dan Pembangunan Infrastruktur.

Sulawesi Selatan secara konsisten menunjukkan kinerja yang baik dengan meraih posisi kesembilan dalam peringkat provinsi, sementara Sulawesi Utara berada di posisi ke-12. Akan tetapi, kesenjangan tetap ada karena provinsi-provinsi lainnya memperoleh peringkat yang lebih rendah. Sulawesi Tengah berada di peringkat ke-20, Sulawesi Tenggara ke-24, Gorontalo ke-27 dan Sulawesi Barat ke-29. Kurangnya infrastruktur yang memadai telah menjadi masalah bagi sebagian besar provinsi-provinsi yang berada di bagian timur Indonesia. Dengan MP3EI yang bertujuan untuk mendorong pertumbuhan yang lebih merata di seluruh Indonesia, banyak proyek infrastruktur yang sedang disiapkan dan diharapkan akan meningkatkan skor daya saing Wilayah Sulawesi.

2.2 Analisis Jaring Daya Saing Median dan Maksimum

Untuk memiliki pemahaman lebih baik mengenai peta kekuatan dan kelemahan relatif Wilayah Sulawesi, pencapaian wilayah ini perlu dibandingkan dengan nilai tengah (median) dan nilai maksimum dari keenam wilayah dalam 12 sub-lingkup. Tabel 6.3 menunjukkan Daya Saing Keseluruhan Sulawesi di peringkat ketiga dari keenam wilayah, membuat Sulawesi menjadi wilayah dengan kinerja rata-rata. Gambar 6.2 memperlihatkan skor median untuk keenam wilayah Indonesia dengan garis putus-putus warna merah, sedangkan skor Wilayah Sulawesi ditunjukkan dengan garis hijau pekat.

Sulawesi berada jauh di atas skor median untuk dua dari 12 sub-lingkup tersebut, yaitu untuk Persaingan, Standar Regulasi dan Penegakan Hukum; serta Institusi, Pemerintahan dan Kepemimpinan. Dua sub-lingkup ini berada di bawah lingkup Perencanaan Pemerintah dan Institusi, dimana Sulawesi meraih posisi kedua, yang merupakan posisi terbaik yang didapat Sulawesi pada tingkat lingkup.

Sub-lingkup lain dengan skor di atas median adalah Kualitas Hidup, Pendidikan dan Stabilitas Sosial; serta Daya Tarik terhadap Investasi Asing, sedangkan skor Infrastruktur Teknologi hampir sama dengan skor median. Sub-lingkup terakhir ini sangat krusial untuk menentukan apakah pertumbuhan dan daya saing berjalan dinamis atau statis.

Skor untuk sub-lingkup lainnya relatif lebih rendah dari skor median. Dua sub-lingkup, Keterbukaan dalam Perdagangan dan Jasa; serta Kemampuan Finansial dan Efisiensi Bisnis, menjadi sub-lingkup dengan skor yang jauh lebih rendah dari skor median dan memerlukan perbaikan yang signifikan. Kinerja Sulawesi yang relatif rendah dalam Kondisi Finansial, Bisnis dan Tenaga Kerja, seperti yang terlihat pada Tabel 6.6, juga terefleksikan dalam skor yang berada di bawah median untuk semua sub-lingkup dalam lingkup ini. Usaha untuk meningkatkan indikator-indikator ekonomi mikro ini menjadi kunci bagi Sulawesi untuk memperbaiki postur daya saingnya.

Jaring Daya Saing Maksimum pada Gambar 6.3 memperlihatkan sejauh mana skor terbaik untuk setiap sub-lingkup dalam kaitannya dengan skor Wilayah Sulawesi. Skor maksimum untuk keenam wilayah ditunjukkan dengan garis putus-putus berwarna cokelat, sedangkan skor untuk wilayah Sulawesi ditunjukkan dengan garis hijau pekat.

Sebagaimana diilustrasikan pada Gambar 6.3, Sulawesi meraih skor maksimum pada dua dari 12 sub-lingkup, yaitu Institusi, Pemerintahan dan Kepemimpinan; serta Persaingan, Standar Regulasi dan Penegakan Hukum yang berada di bawah lingkup Perencanaan Pemerintah dan Institusi. Ini konsisten dengan Tabel 6.5 yang menampilkan pencapaian luar biasa Sulawesi di peringkat kedua. Dalam satu sub-lingkup, Kualitas Hidup, Pendidikan dan Stabilitas Sosial, skor Sulawesi sangat dekat dengan skor maksimum.

Gambar 6.2. Analisis Jaring Daya Saing Median Wilayah Sulawesi Tahun 2014

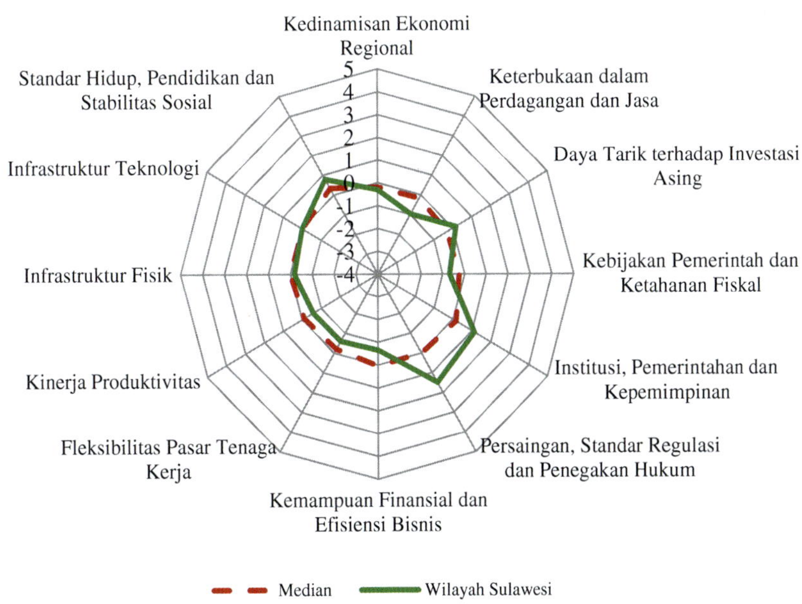

Sumber: Asia Competitiveness Institute

Gambar 6.3. Analisis Jaring Daya Saing Maksimum untuk Wilayah Sulawesi Tahun 2014

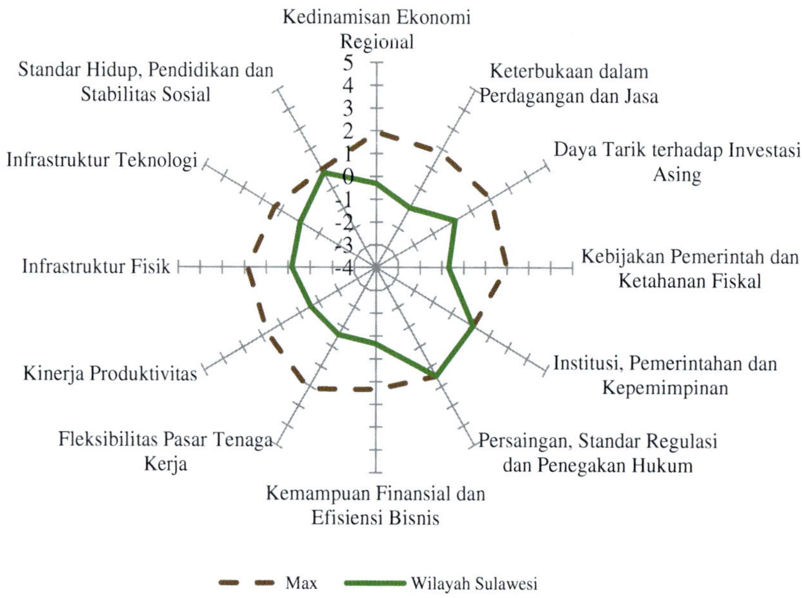

Sumber: Asia Competitiveness Institute

Sulawesi masih perlu memperkecil selisih dengan skor maksimum pada sembilan dari 12 sub-lingkup. Hal tersebut termasuk Infrastruktur Fisik; Infrastruktur Teknologi; Fleksibilitas Pasar Tenaga Kerja; Kedinamisan Ekonomi Regional; Keterbukaan dalam Perdagangan dan Jasa; Daya Tarik terhadap Investasi Asing; Kebijakan Pemerintah dan Ketahanan Fiskal; Kinerja Produktivitas; serta Kemampuan Finansial dan Efisiensi Bisnis.

Berdasarkan analisis jaring daya saing median dan maksimum, perlu diingat bahwa Sulawesi menunjukkan kinerja yang sangat baik dalam Perencanaan Pemerintah dan Institusi. Wilayah ini seharusnya bisa menjadikan kekuatan tersebut sebagai modal untuk memperbaiki kinerja pada lingkup-lingkup yang lain.

2.3 Analisis Kekuatan dan Kelemahan

Tabel 6.8 dan 6.9 masing-masing memperlihatkan indikator-indikator terkuat dan terlemah untuk Wilayah Sulawesi. Tabel 6.8 menampilkan 20% indikator teratas atau 21 indikator terkuat dari total 104 indikator pada wilayah ini, berurutan dari yang teratas. Tabel 6.9 menunjukkan 20% indikator-indikator terlemah, yaitu 21 indikator terbawah dari total 104 indikator, yaitu dari peringkat 84 sampai dengan 104.[7]

Tiga indikator terkuat adalah Pertumbuhan Penduduk Perkotaan, Ekspektasi dan Perkembangan Pemda dan Kualitas Infrastruktur Fisik. Secara umum, sebagian besar dari 20% indikator terkuat berasal dari lingkup Perencanaan Pemerintah dan Institusi (sembilan indikator) dan Kualitas Hidup dan Pembangunan Infrastruktur (tujuh indikator). Indikator-indikator lain dalam lingkup Perencanaan Pemerintah dan Institusi yang seharusnya dimanfaatkan lebih jauh adalah Penegakan Hukum (#4); Kapasitas Kepemerintahan Provinsi (#5); dan Kualitas Peraturan Daerah (#6). Indikator-indikator lain yang masuk dalam 20% indikator terkuat dari lingkup Kualitas Hidup dan Pembangunan Infrastruktur adalah Kemudahan Untuk Mendapatkan Properti (#7) dan Rasio Murid per Guru (Menengah Atas) (#13).

[7] 21 indikator terkuat dan 21 indikator terlemah ini didapatkan dengan mendata seluruh skor yang didapatkan Wilayah Sulawesi untuk 104 indikator dan mengurutkannya dari yang tertinggi ke terendah. Indikator-indikator yang muncul sebagai 21 indikator teratas diidentifikasikan sebagai kekuatan wilayah ini dan 21 indikator terbawah sebagai kelemahan. Perbandingan antarskor indikator untuk wilayah ini dilakukan tanpa membandingkan dengan skor indikator pada wilayah lain.

Tabel 6.8. Daftar 20% Indikator Terkuat Wilayah Sulawesi Tahun 2014

Peringkat	20% Indikator Terkuat	Skor	Lingkup
1	Pertumbuhan Penduduk Perkotaan	1,7594	KHPI
2	Ekspektasi dan Perkembangan Pemda	1,7398	PPI
3	Kualitas Infrastruktur Fisik	1,7054	KHPI
4	Penegakan Hukum	1,6458	PPI
5	Kapasitas Kepemerintahan Provinsi	1,5767	PPI
6	Kualitas Peraturan Daerah	1,5542	PPI
7	Kemudahan untuk Mendapatkan Properti	1,5023	KHPI
8	Tingkat Efisiensi Pemda	1,4778	PPI
9	Koordinasi dengan Pemerintah Kabupaten/Kota	1,4534	PPI
10	Tingkat Kebersihan dari Korupsi	1,4321	PPI
11	Promosi dan Pengelolaan Investasi	1,3900	SEM
12	Pertumbuhan PDRB	1,3826	SEM
13	Rasio Murid per Guru (Sekolah Menengah Pertama)	1,3677	KHPI
14	Akuntabilitas dan Inklusivitas Pemda	1,2126	PPI
15	Tingkat Keamanan	1,1301	PPI
16	Ketersediaan dan Keterjangkauan Sarana Umum	1,0177	KHPI
17	Rasio Murid per Guru (Sekolah Dasar)	0,8958	KHPI
18	Rasio Murid per Guru (Menengah Atas)	0,8940	KHPI
19	Kinerja Perusahaan	0,8808	KFBTK
20	Inflasi	0,8558	SEM
21	Kapasitas Sumber Daya Manusia di Perusahaan	0,8270	KFBTK

Catatan: *SEM = Stabilitas Ekonomi Makro; PPI = Perencanaan Pemerintah dan Institusi; KFBTK = Kondisi Finansial, Bisnis dan Tenaga Kerja; KHPI = Kualitas Hidup dan Pembangunan Infrastruktur*
Sumber: Asia Competitiveness Institute

Kekuatan lain terkait dengan Stabilitas Ekonomi Makro adalah Promosi dan Pengelolaan Investasi (#11); Pertumbuhan PDRB (#12); dan inflasi yang relatif rendah (#20). Untuk lingkup Kondisi Finansial, Bisnis dan Tenaga Kerja, Sulawesi memiliki Kinerja Perusahaan (#19) dan Kapasitas Sumber Daya Manusia di Perusahaan (#21) yang baik.

Indikator-indikator dari 20% indikator terlemah didominasi oleh lingkup Kualitas Hidup dan Pembangunan Infrastruktur (tujuh indikator). Lingkup ini juga menyumbang jumlah indikator yang sama di 20% indikator terkuat (Tabel 6.8). Indikator-indikator terlemah terdiri dari Jumlah Kredit Bermasalah per Total Pinjaman Bank (#104); Tingkat Kriminalitas (#103); dan Tingkat Partisipasi Tenaga Kerja (#102), dimana sebagian besar dari indikator-indikator ini berasal dari Kondisi Finansial, Bisnis dan Tenaga Kerja. Indikator-indikator tersebut berkontribusi terhadap rendahnya peringkat Sulawesi sebagaimana ditunjukkan di Tabel 6.6. Meskipun lingkup Perencanaan Pemerintah dan Institusi tampil kuat di Wilayah Sulawesi, tiga dari lima indikator di bawah sub-lingkup Kebijakan Pemerintah dan Ketahanan Fiskal termasuk dalam 20% indikator terlemah.

Tiga indikator terlemah di bawah Kualitas Hidup dan Pembangunan Infrastruktur adalah Angka Harapan Hidup Saat Lahir (#100); Rasio Gini (#97); dan Bongkar Muat Kargo di Pelabuhan Domestik (#92). Seiring dengan membaiknya pembangunan ekonomi dan daya saing, indikator-indikator kualitas hidup tersebut akan juga terangkat. Untuk Stabilitas Ekonomi Makro, tiga indikator terlemah adalah Keterbukaan dalam Perdagangan (#99); Ekspor (#96); dan Ekspor Nonmigas (#94).

Tabel 6.9. Daftar 20% Indikator Terlemah Wilayah Sulawesi Tahun 2014

Peringkat	20% Indikator Terlemah	Skor	Lingkup
84	Pengeluaran Pemda	–0,6272	PPI
85	Pendapatan Total Pemda	–0,6679	PPI
86	Angka Partisipasi Sekolah (Menengah Pertama)	–0,6720	KHPI
87	PDRB per Kapita	–0,6741	SEM
88	Bongkar Muat Kargo di Pelabuhan Internasional	–0,6802	KHPI
89	Jumlah Penumpang Pesawat Internasional	–0,7223	KHPI
90	PDRB Industri Primer	–0,7282	SEM
91	Jumlah Penduduk Perkotaan	–0,7353	KHPI
92	Bongkar Muat Kargo di Pelabuhan Domestik	–0,8062	KHPI
93	Produktivitas Industri Sekunder	–0,8242	KFBTK
94	Ekspor, Nonmigas	–0,8433	SEM
95	Indeks Persepsi Korupsi	–0,8491	PPI
96	Ekspor	–0,9212	SEM
97	Rasio Gini	–1,0141	KHPI
98	Keseimbangan Fiskal	–1,1767	PPI
99	Keterbukaan Dalam Perdagangan	–1,2402	SEM
100	Angka Harapan Hidup Saat Lahir	–1,3598	KHPI
101	Penerapan Teknologi Informasi di Perusahaan	–1,5157	KFBTK
102	Tingkat Partisipasi Angkatan Kerja	–1,5755	KFBTK
103	Tingkat Kriminalitas	–1,6670	PPI
104	Jumlah Kredit Bermasalah per Total Pinjaman Bank	–1,6878	KFBTK

Catatan: SEM = Stabilitas Ekonomi Makro; PPI = Perencanaan Pemerintah dan Institusi; KFBTK = Kondisi Finansial, Bisnis dan Tenaga Kerja; KHPI = Kualitas Hidup dan Pembangunan Infrastruktur
Sumber: Asia Competitiveness Institute

3. TEMA KEBIJAKAN DAN STRATEGI PEMBANGUNAN

3.1 Kebijakan Pemerintah[8]

Wilayah Sulawesi dianugerahi sumber daya alamnya yang beragam, mulai dari tanaman pangan, hortikultura, tanaman perkebunan dan perikanan, hingga nikel, minyak dan gas bumi. Sektor-sektor tersebut menjadi aktivitas ekonomi unggulan yang dirumuskan dalam MP3EI. Wilayah ini juga dikenal sebagai pusat perdagangan untuk kegiatan ekonomi di bagian timur Indonesia dan memiliki banyak lokasi tempat tujuan wisata yang menarik.

Melalui MP3EI, beberapa rekomendasi kebijakan telah dipersiakan untuk mempercepat pembangunan pada sektor-sektor unggulan. Dalam konteks pertanian, beberapa kebijakan tengah disiapkan, termasuk optimalisasi penggunaan lahan, perbaikan kualitas tempat penyimpanan dan mempromosikan pemberdayaan dan pembangunan kapasitas institusi serta akses pendanaan bagi petani. Untuk kakao, kebijakan-kebijakan tersebut tidak hanya bertujuan untuk meningkatkan produktivitas, keberlanjutan dan kualitas bijih kakao, tetapi juga untuk menghasilkan produk olahan dan produk pemurnian yang menarik bagi pasar ekspor.

[8] Di tingkat nasional, rencana pembangunan Indonesia didokumentasikan dalam Rencana Pembangunan Jangka Panjang Nasional (RPJPN) 2005–2025. Saat ini RPJPN berada dalam implementasi fase kedua melalui Rencana Pembangunan Jangka Menengah Nasional (RPJMN) 2010–2014. Pemerintah provinsi harus merujuk pada RPJMN 2010–2014 saat merumuskan atau menyesuaikan Rencana Pembangunan Jangka Menengah Daerah (RPJMD) di masing-masing provinsi sehingga dapat mencapai target pembangunan nasional. MP3EI tidak bertujuan untuk menggantikan RPJMN atau rencana pembangunan nasional dan provinsi yang sedang berjalan. Ini adalah dokumen kerja yang bersifat melengkapi rencana pembangunan tersebut yang bertujuan mengakselerasi dan memperluas pembangunan ekonomi di Indonesia.

Mengingat bahwa Sulawesi memiliki sumber daya maritim yang melimpah, MP3EI juga meletakkan perikanan sebagai sektor terdepan untuk lebih jauh membangun ekonomi berbasis kemaritiman dalam rangka memanfaatkan potensi besar budidaya perikanan terutama untuk budidaya udang berkualitas tinggi. Usaha yang bersifat holistik dijalankan untuk memastikan iklim yang kondusif untuk membangun sektor perikanan, dari optimalisasi infrastruktur pendukung, seperti pelabuhan penangkapan ikan, unit pengolahan dan tempat penyimpanan untuk meningkatkan standar pengolahan industri. Dengan aspirasi menjadikan Indonesia sebagai poros maritim dunia yang diluncurkan di bawah kepemimpinan Presiden Joko Widodo, kebijakan yang lebih spesifik dengan menargetkan sektor perikanan akan dijalankan.

MP3EI juga memasukkan nikel sebagai produk ekonomi utama sebab Sulawesi memiliki cadangan nikel terbesar di Indonesia. Wilayah ini sedang berupaya untuk menyederhanakan peraturan dan birokrasi dengan mempertimbangkan keberlanjutan ekosistem. Langkah selanjutnya terkait dengan upaya menciptakan industri hilir untuk transisi dari sektor pertambangan yang cenderung ekstraktif menuju proses pengolahan dan pemurnian.

Di samping aktivitas ekonomi di sektor unggulan ini, pemerintah pusat dan daerah telah sepakat untuk membangun infrastruktur di Wilayah Sulawesi, terutama yang mendukung KEK Bitung dan Palu. Hal tersebut termasuk membangun kapasitas pelabuhan di masing-masing tempat dan memastikan pasokan listrik yang cukup. Bahkan, beberapa proyek terkait dengan pembangunan pembangkit listrik, gardu induk dan jaringan transmisi di semua provinsi sedang dikerjakan.

Rencana Pembangunan Jangka Menengah Nasional (RPJMN) 2010–2014 menggarisbawahi kebutuhan untuk membangun komoditas terpilih yang memiliki daya saing tinggi melalui kerja sama dalam manajemen dan pemasaran lintas sektor dan lintas provinsi.[9] Sulawesi diarahkan untuk menjadi pusat produksi pertanian dan perikanan, termasuk berperan sebagai lumbung pangan nasional.

Mengikuti MP3EI dan RPJMN, setiap provinsi memiliki Rencana Pembangunan Jangka Menengah Daerah (RPJMD) masing-masing yang merumuskan strategi khusus untuk beberapa tahun ke depan.[10]

Di Sulawesi Selatan, memperbaiki daya saing merupakan salah satu target utama yang dituangkan dalam RPJMD 2013–2018. Provinsi ini menargetkan untuk meningkatkan kerjasama antarkabupaten dan kota, sekaligus kerjasama regional dengan provinsi lain di Sulawesi dan bagian timur Indonesia. Selain itu, provinsi ini juga berkomitmen untuk membangun lingkungan bisnis yang kondusif dan mengembangkan sistem inovasi lokal untuk menempatkan Sulawesi Selatan sebagai pusat barang dan jasa di bagian timur Indonesia. Komoditas primer yang terdaftar di MP3EI, misalnya kakao dan rumput laut, juga menjadi komoditas strategis yang dituangkan dalam RPJMD provinsi ini. Hal ini menggambarkan keselerasan antara pembangunan yang dicita-citakan pemerintah pusat dan pemerintah daerah.

Untuk Sulawesi Utara, RPJMD juga mendorong pemangku kepentingan di provinsi ini untuk bekerja sama dan berkolaborasi dalam rangka mengoptimalkan seluruh kapasitas untuk mewujudkan Sulawesi Utara yang sejahtera. Provinsi ini telah mengembangkan beberapa klaster industri, seperti pariwisata, terutama untuk kegiatan MICE. Sektor ini tidak terdaftar dalam MP3EI, tetapi telah diakui sebagai satu aktivitas ekonomi yang memberikan kontribusi signifikan untuk pembangunan wilayah ini secara keseluruhan. Sulawesi Utara juga berencana untuk membangun kawasan metropolitan terintegrasi, mencakup Kota Manado, Bitung dan Tomohon. Manado ditetapkan sebagai pusat pemerintahan, perdagangan dan jasa, sementara Bitung mempunyai peran yang lebih penting sebagai pusat pelabuhan, terutama setelah mendapatkan status sebagai KEK.

Visi Sulawesi Tengah adalah untuk menjadi setara dengan provinsi-provinsi maju lainnya di kawasan timur Indonesia dan mempercepat pertumbuhan ekonomi melalui industri pertanian dan kelautan berkualitas tinggi didukung oleh sumber daya manusia yang kompetitif. Untuk pertanian, pemerintah provinsi memfokuskan pada pengembangan rumput laut sebagai komoditas unggulan dengan membangun beberapa klaster dan membentuk industri pengolahan rumput laut.

---

[9] Badan Perencanaan Pembangunan Nasional, *Rencana Pembangunan Jangka Menengah Nasional (RPJMN) 2010–2014* (Jakarta: Badan Perencanaan Pembangunan Nasional, 2010).

[10] Badan Perencanaan Pembangunan Daerah, *Rencana Pembangunan Jangka Menengah Daerah (RPJMD) dari beberapa provinsi dengan jangka waktu pembangunan yang beragam.*

Fokus utama Sulawesi Barat adalah mempercepat pertumbuhan ekonomi dan kesejahteraan masyarakatnya dengan strategi pembangunan yang berpihak kepada pertumbuhan ekonomi, penduduk miskin, lapangan kerja, pengembangan sumber daya manusia dan lingkungan (*pro-growth, pro-poor, pro-job, pro-human development* dan *pro-environment*). Dalam RPJMD 2011–2016, provinsi ini menekankan pengembangan dan perbaikan kualitas infrastruktur untuk mendorong sektor unggulan seperti agroindustri, minyak sawit, minyak dan gas bumi, serta mineral. Sulawesi Barat juga menegaskan pentingnya pembangunan yang berkelanjutan dan berkomitmen untuk menjaga dan merehabilitasi kawasan yang dilindungi.

Gorontalo memiliki visi untuk mempercepat pembangunan ekonomi yang merata di provinsi ini. Dalam misinya, Gorontalo akan membangun klaster-klaster potensial untuk perikanan dan pertanian yang selaras dengan tema MP3EI untuk Wilayah Sulawesi. Pemerintah Sulawesi Tenggara memiliki visi agar provinsi ini menjadi sejahtera, berswasembada dan kompetitif. Kendari ditetapkan sebagai pusat sektor perikanan, sementara daerah lainnya di provinsi ini diidentifikasi sebagai titik aktivitas penambangan nikel dan pusat kawasan pangan (*food estate*) dengan memanfaatkan produksi pertanian. Sebuah "jalur penghubung ekonomi" juga akan menghubungkan Kendari dengan Palu di Sulawesi Tengah, Makassar di Sulawesi Selatan dan Mamuju di Sulawesi Barat.

Strategi untuk meningkatkan akses dan kualitas pendidikan dan kesehatan telah terintegrasi dalam RPJMD masing-masing provinsi untuk memastikan tersedianya sumber daya manusia yang mumpuni untuk mendukung pertumbuhan ekonomi. Revitalisasi pemerintah daerah juga menjadi fokus strategi mereka dalam mempromosikan tata kelola yang baik.

3.2 Strategi Pembangunan

Dengan kinerjanya yang menonjol sebagai peringkat kedua dalam lingkup Perencanaan Pemerintah dan Institusi, Sulawesi seharusnya memanfaatkan kecakapan sektor pemerintahannya untuk mendorong percepatan pembangunan ekonomi di wilayah ini. Sulawesi Selatan bisa menjadi sebuah model untuk provinsi-provinsi lain karena telah meraih beragam penghargaan yang menegaskan praktik tata kelola pemerintahan yang baik di provinsi ini. Hal ini sangat relevan mengingat Gorontalo dan Sulawesi Tenggara tertinggal jauh di belakang, dengan masing-masing provinsi berada di peringkat ke-18 dan ke-22 dalam lingkup Perencanaan Pemerintah dan Institusi. Salah satu cara untuk membangun pemerintahan yang baik adalah dengan memastikan bahwa rencana pembangunan di seluruh lapisan pemerintahan, baik itu di tingkat pusat, provinsi, kabupaten ataupun kota berjalan selaras. Dengan pemerintah daerah yang berkomitmen dan terpercaya, hal ini akan meningkatkan daya tarik wilayah ini sebagai tujuan investasi baik bagi investor domestik maupun asing. Pemerintah seharusnya juga memanfaatkan kapabilitasnya dalam meyakinkan sektor swasta untuk mengambil bagian dalam proyek infrastruktur dengan mekanisme Kerjasama Pemerintah dan Swasta (KPS).

Provinsi-provinsi di Sulawesi akan mendapatkan manfaat lebih jika wilayah ini menerapkan kolaborasi yang efektif untuk menciptakan kerangka rantai nilai (*value chain*) yang terintegrasi untuk produk utama mereka. Sebagai contoh, klaster-klaster industri dapat berkoordinasi pada tingkat regional berdasarkan sektor unggulannya masing-masing. Kota-kota lain mampu berperan sebagai sentra pengolahan yang akan mengirimkan produknya ke Makassar atau Manado untuk dikirim ke wilayah lain.

Dengan konsolidasi penegakan hukum dan peraturan, wilayah ini bahkan bisa menciptakan pelayanan satu pintu terintegrasi yang akan memudahkan proses membuka dan melaksanakan usaha. Dengan cara tersebut, wilayah ini bisa menikmati keuntungan dari skala dan cakupan ekonomi (*economies of scale and scope*). Infrastruktur memainkan peranan penting untuk memfasilitasi konektivitas di wilayah ini. Hal ini menggarisbawahi pentingnya pelabuhan-pelabuhan yang selama ini kurang berkembang, sebagaimana ditunjukkan dalam 20% indikator terlemah ACI (Tabel 6.9), yaitu untuk Bongkar Muat Kargo pada Pelabuhan Internasional (#88) dan Bongkar Kargo pada Pelabuhan Domestik (#92). Gubernur Sulawesi Selatan terus menerus mendorong realisasi pembangunan Makassar *New Port* untuk mengurangi kepadatan di Pelabuhan Soekarno-Hatta. Penambahan kapasitas pelabuhan akan memfasilitasi dan mengurangi kepadatan di Pelabuhan Tanjung Priok dan Tanjung Perak di Pulau Jawa. Infrastruktur untuk menghubungkan wilayah ini melalui jalur darat juga penting sebagai salah satu alternatif jalur transportasi. Perbaikan jalan yang rusak akan menghubungkan pusat pertanian dan perdagangan dengan lebih baik untuk meningkatkan tingkat produktivitas sektor pertanian.

Untuk menonjolkan potensi Wilayah Sulawesi dalam sektor pertanian, salah satu alternatifnya adalah memperkuat "Agropolitan." Hal ini merupakan strategi pembangunan pedesaan dari bawah ke atas (*bottom-up*) yang mencakup integrasi kegiatan pertanian dan non-pertanian, sistem pendukung fisik dan institusi, optimalisasi penggunaan sumber daya dan pembangunan pusat pelayanan lokal yang berperan sebagai perantara dengan pusat perkotaan dan metropolitan.[11] Sektor primer ini tidak bisa disebut inferior dibandingkan dengan sektor lainnya. Dengan pendekatan yang inovatif, penerapan teknologi dan intensifikasi penelitian dan pengembangan, bukan tidak mungkin untuk meningkatkan produktivitas di sektor pertanian.

Peluang untuk membangun industri pengolahan menjadi terbuka lebar setelah pemerintah pusat memberikan status KEK kepada Palu dan Bitung. Pada tahap awal, Kementerian Koordinator Bidang Perekonomian telah mendata sejumlah investor domestik dan asing dari beragam sektor, seperti pengolahan nikel, otomotif dan properti, yang berminat untuk membangun fasilitas produksi di KEK. Wilayah Sulawesi seharusnya dapat menangkap kesempatan ini untuk mempromosikan sektor hilir bagi bahan mentah yang dimiliki. Pada saat yang bersamaan, perlu dipastikan adanya transfer pengetahuan dan teknologi serta keterlibatan usaha kecil dan menengah (UKM) agar proses industrialisasi juga melibatkan masyarakat lokal. Sektor padat modal ini akan meningkatkan Produktivitas Sektor Sekunder (#93) yang saat ini masuk dalam daftar 20% indikator terlemah (Tabel 6.9).

Secara serempak, wilayah ini harus memperkuat sumber daya manusianya untuk memastikan bahwa pertumbuhan sektor sekunder yang cepat didukung oleh tenaga kerja yang cakap dan terampil. Meningkatkan pendidikan kejuruan merupakan salah satu strategi yang bisa dijalankan oleh sektor swasta. Sebagai contoh yang cukup signifikan, Astra mendirikan institut kejuruan Politeknik Manufaktur Astra. Peran lain yang dapat dijalankan oleh sektor swasta adalah dengan berkolaborasi dengan sekolah kejuruan yang sudah ada untuk berkontribusi dalam hal memberikan masukan bagi kurikulum dan perlengkapan pelatihan lainnya untuk memastikan agar siswa dibekali dengan keterampilan yang relevan sesuai dengan permintaan industri. Balai Latihan Kerja (BLK) juga merupakan salah satu strategi penting untuk melatih pekerja yang sudah ada untuk beradaptasi dengan teknologi yang lebih maju. Hal ini mengantisipasi dan menyiapkan pekerja dalam menghadapi beragam perubahan struktural dalam komposisi industri di wilayah ini.

Aspek keberlanjutan jangan sampai diabaikan di saat wilayah ini bersiap-siap menghadapi pertumbuhan industri yang cepat. RPJMN, yang dinyatakan kembali dalam rencana provinsi, juga menggarisbawahi kebijakan untuk menjaga dan merehabilitasi daerah konservasi untuk setidaknya 40% dari total area di Sulawesi. Semua kegiatan ekonomi harus mematuhi undang-undang lingkungan hidup, termasuk pemberlakuan moratorium konsesi hutan. Saat ini, Sulawesi memiliki beberapa wilayah yang diperuntukkan sebagai wilayah kunci keanekaragaman hayati atau *key biodiversity area*. Penetapan ini penting untuk menangani konservasi keanekaragaman hayati di setiap lokasi terkait. Pemerintah memiliki peran penting dalam memastikan bahwa lingkungan wilayah ini terjaga untuk melindungi kehidupan flora dan fauna. Sebagai tambahan, wilayah ini harus memastikan adanya evaluasi dampak lingkungan yang komprehensif untuk mencegah adanya pertukaran (*trade-off*) antara pertumbuhan industri dengan kerusakan lingkungan.

Provinsi-provinsi di wilayah ini juga mencita-citakan pertumbuhan yang merata dan berpihak pada rakyat miskin (*pro-poor*). Menurut analisis kekuatan dan kelemahan yang dikembangkan oleh ACI, wilayah ini memiliki Rasio Gini (#97) yang relatif tinggi dan Angka Harapan Hidup saat Lahir (#100) yang rendah. Untuk mengatasi hal ini, salah satu strategi yang bisa dijalankan adalah mendorong akses yang merata terhadap pendidikan dan kesehatan yang berkualitas dengan menyediakan beasiswa dan asuransi kesehatan yang terjangkau bagi rakyat miskin. Wilayah ini seharusnya juga memastikan bahwa setiap daerah dilengkapi dengan jumlah sekolah dan pusat kesehatan yang memadai, termasuk guru dan tenaga medisnya.

Secara umum, Wilayah Sulawesi memiliki potensi besar untuk menjadi pusat pertumbuhan wilayah timur Indonesia yang memainkan peran aktif dalam pembangunan ekonomi nasional. Wilayah ini tidak hanya dianugerahi dengan beragam sumber daya alam dan keindahan panorama, tetapi juga telah berkembang menjadi contoh teladan akan tata kelola pemerintahan yang baik. Pemerintah wilayah ini memiliki kemampuan untuk

---

[11] A. Buang *et al.*, "The Agropolitan Way of Re-Empowering the Rural Poor," *World Applied Sciences Journal (Special Issue of Human Dimensions of Development)* No. 13 (2011): 01–06.

mendorong pembangunan ekonomi dan menarik keterlibatan swasta untuk berperan dalam pembangunan beragam industri. Pemerintah yang berkomitmen dan terpercaya dapat membuka jalan bagi Wilayah Sulawesi untuk terus meningkatkan daya saingnya.

DAFTAR PUSTAKA

Badan Perencanaan Pembangunan Daerah. *Rencana Pembangunan Jangka Menengah Daerah (RPJMD) beberapa provinsi dengan jangka waktu yang beragam.*

Badan Perencanaan Pembangunan Nasional. *Rencana Pembangunan Jangka Menengah Nasional (RPJMN) 2010–2014.* Jakarta: Badan Perencanaan Pembangunan Nasional, 2010.

Buang, A., A. Habibah, J. Hamzah dan Y.S. Ratnawati. "The Agropolitan Way of Re-Empowering the Rural Poor." *World Applied Sciences Journal (Special Issue of Human Dimensions of Development)* No. 13 (2011): 01–06.

Kementerian Koordinator Bidang Perekonomian. *Masterplan Percepatan dan Perluasan Pembangunan Ekonomi Indonesia 2011–2025 (MP3EI).* Jakarta: Kementerian Koordinator Bidang Perekonomian, 2011.

Organisation for Economic Cooperation and Development (OECD). "Structural Policy Country Notes: Indonesia." Di *Southeast Asian Economic Outlook 2013: With Perspectives on China and India.* OECD Publishing, 2013.

PT PLN. *Statistik PLN 2012.* Jakarta: PLN, 2012.

Tan, Khee Giap dan Mulya Amri. "Subnational Competitiveness and National Performance: Analysis and Simulation for Indonesia." *Journal of Centrum Cathedra: The Business and Economic Research Journal* Vol. 6 No. 2 (2013): 173–192.

Tan, Khee Giap, Mulya Amri, Linda Low dan Tan Kong Yam. *Analisa Daya Saing dan Strategi Pembangunan untuk 33 Provinsi di Indonesia.* Singapore: World Scientific, 2013.

Tan, Khee Giap, Mulya Amri, Linda Low dan Tan Kong Yam. *Competitiveness Analysis and Development Strategies for 33 Indonesian Provinces.* Singapore: World Scientific, 2013.

Bab 7
Analisis Daya Saing Wilayah Bali-Nusa Tenggara

Bali, Nusa Tenggara Barat dan Nusa Tenggara Timur

1. PENGANTAR

1.1 Latar Belakang

Gambar 7.1 menunjukkan provinsi-provinsi di Wilayah Bali-Nusa Tenggara seperti yang tertuang dalam Masterplan Percepatan dan Perluasan Pembangunan Ekonomi Indonesia 2011–2025 (MP3EI).[1] Provinsi-provinsi tersebut dengan ibu kotanya masing-masing adalah Bali (Denpasar), Nusa Tenggara Barat (Mataram) dan Nusa Tenggara Timur (Kupang). Secara keseluruhan, tiga pulau ini mencakup daerah seluas 73.070,48 kilometer persegi. Secara geografis, wilayah ini berbatasan dengan Pulau Jawa di sebelah barat, Laut Jawa di utara, Samudera Hindia di selatan dan Republik Demokratik Timor-Leste di timur.

Sisipan pada Gambar 7.1 (kanan atas) menunjukkan peringkat daya saing yang dipublikasikan oleh *Asia Competitiveness Institute* (ACI) menggunakan skema warna lampu lalu lintas, dengan warna hijau menunjukkan 10 provinsi dengan peringkat teratas, diikuti dengan warna kuning yang menunjukkan 13 provinsi dengan peringkat menengah dan warna merah yang menunjukkan 10 provinsi yang berada di peringkat terbawah. Bali dan Nusa Tenggara Barat menjadi bagian dari provinsi-provinsi di posisi menengah, dengan masing-masing berada di peringkat ke-14 dan ke-22. Nusa Tenggara Timur tertinggal di belakang dengan peringkat ke-32.[2]

Tiga pulau tersebut memiliki karakteristik yang unik. Secara historis, Bali sangat dipengaruhi oleh budaya dan tradisi Hindu. Warisan budaya yang unik dengan keindahan pantainya memposisikan Bali sebagai daerah tujuan wisata berkelas internasional. Nusa Tenggara Barat, di sisi lain, sangat dipengaruhi oleh Islam, dengan lebih dari 90% penduduknya adalah Muslim. Selain pantainya yang masih belum terjamah, Taman Nasional Gunung Rinjani dan Danau Segara Anak menjadi daya tarik bagi wisatawan lokal maupun mancanegara. Di sisi lain, penduduk Nusa Tenggara Timur didominasi oleh umat Kristiani. Salah satu tujuan wisatanya yang paling menarik adalah Taman Nasional Komodo yang menjadi rumah bagi kadal raksasa langka, komodo.

Menurut MP3EI, tema pembangunan untuk Koridor Ekonomi Bali-Nusa Tenggara adalah "Pintu Gerbang Pariwisata dan Pendukung Pangan Nasional." Koridor ini terdiri dari empat sentra ekonomi utama, yaitu Denpasar, Pulau Lombok, Mataram dan Kupang. Mengingat kekuatan utama wilayah ini yang terletak pada kualitas lingkungannya yang menonjol di atas wilayah lainnya, penekanan pada sektor kunci pariwisata, perikanan dan peternakan sudah sangat selaras.[3]

Terlepas dari jaraknya yang relatif dekat dengan Jawa sebagai wilayah yang paling maju secara ekonomi, Wilayah Bali-Nusa Tenggara cenderung mempunyai tingkat investasi yang relatif rendah, baik dari investor luar negeri maupun domestik, jika dibandingkan dengan wilayah-wilayah lainnya. Tidak hanya itu, wilayah ini

[1] Kementerian Koordinator Bidang Perekonomian, *Masterplan Percepatan dan Perluasan Pembangunan Ekonomi Indonesia 2011–2025 (MP3EI)* (Jakarta: Kementerian Koordinator Bidang Perekonomian, 2011).

[2] Lihat Tan Khee Giap *et al.*, *Competitiveness Analysis and Development Strategies for 33 Indonesian Provinces* (Singapore: World Scientific, 2013) yang diterjemahkan ke dalam Bahasa Indonesia, Tan Khee Giap *et al.*, *Analisa Daya Saing dan Strategi Pembangunan untuk 33 Provinsi di Indonesia* (Singapore: World Scientific, 2013), dan makalah ilmiah Tan Khee Giap dan Mulya Amri, "Subnational Competitiveness and National Performance: Analysis and Simulation for Indonesia," *Journal of Centrum Cathedra: The Business and Economic Research Journal* Vol. 6 No. 2 (2013): 173–192 yang merupakan kajian awal penyusunan peringkat daya saing provinsi-provinsi di Indonesia.

[3] Sebagaimana terlihat pada skor Wilayah Bali-Nusa Tenggara yang relatif tinggi untuk Indeks Kualitas Lingkungan Hidup yang menjadi bagian dari lingkup Kualitas Hidup dan Pembangunan Infrastruktur dalam kerangka daya saing dari ACI. Indeks Kualitas Lingkungan Hidup merupakan agregasi dari indeks polusi udara, polusi air dan luas tutupan hutan.

Gambar 7.1. Peta Wilayah Bali-Nusa Tenggara

Sumber: Asia Competitiveness Institute

diasosiasikan dengan kesenjangan pendapatan yang tinggi dan berada di posisi terbawah dalam indeks pembangunan manusia (IPM) pada tahun 2011, sebagaimana diindikasikan pada posisi Nusa Tenggara Barat di peringkat ke-32 dan Nusa Tenggara Timur di peringkat ke-31. Kesenjangan antara Bali dan Nusa Tenggara juga relevan dalam hal ketidakseimbangan angka kemiskinan, yaitu 4,59% untuk Bali, 19,67% untuk Nusa Tenggara Barat dan 20,48% untuk Nusa Tengara Timur pada tahun 2011. Rasio yang tidak merata ini harus diatasi agar wilayah tersebut mencapai peranan sebagaimana yang telah tertuang dalam MP3EI.

Tabel 7.1 menunjukkan bahwa komposisi ekonomi Bali-Nusa Tenggara didominasi oleh sektor sekunder (55,14%). Produk domestik regional bruto (PDRB) per kapita juga meningkat dari 4 juta Rupiah pada tahun 2006 menjadi 4,77 juta Rupiah pada tahun 2011.

1.2 Sektor dan Kegiatan Utama

Baik Tabel 7.1 dan Tabel 7.2 menunjukkan pentingnya sektor pertanian, perikanan dan peternakan di wilayah ini. Di Bali, pertanian dan perikanan mendominasi kegiatan ekonomi primer dan menyumbang hampir 20% dari PDRB provinsi ini pada tahun 2011, sementara di Nusa Tenggara Timur, peternakan dan pertanian berkontribusi sekitar 38% dari PDRB provinsi pada tahun 2011. Rumput laut merupakan potensi lain yang belum sepenuhnya dikembangkan di Nusa Tenggara Timur karena ketersediaan area yang luas yang cocok untuk sektor ini. Untuk Nusa Tenggara Barat, di samping aktivitas peternakan dan pertanian yang cukup kuat, pertambangan juga menjadi pilar penting yang berkontribusi besar terhadap pendapatan ekspor provinsi ini. Undang-undang No. 4 Tahun 2009, mengenai pertambangan mineral dan batu bara yang melarang ekspor mineral tanpa diolah dan berlaku semenjak 12 Januari 2014, telah memberikan dampak negatif pada kontribusi sektor pertambangan di provinsi ini. Undang-undang ini bertujuan mendorong kegiatan hilir yang bernilai tambah lebih tinggi yang dapat menciptakan lebih banyak lapangan kerja.

Sektor sekunder belum begitu berkembang di Wilayah Bali-Nusa Tenggara. Di Bali, kegiatan manufaktur secara umum tidak digalakkan untuk menjaga kualitas lingkungan hidup, kecuali untuk kegiatan manufaktur skala kecil seperti pengolahan makanan dan produksi garmen. Oleh karena itu, sektor sekunder hanya berkontribusi sekitar 15% dari PDRB provinsi Bali di tahun 2011. Sektor sekunder di Nusa Tenggara Timur juga relatif kecil dan hanya berkontribusi sekitar 9% dari PDRB. Termasuk di antaranya adalah industri makanan dan minuman, tekstil, mebel dan usaha kecil dan menengah (UKM) lainnya. Ini juga berlaku untuk Nusa Tenggara Barat yang memerlukan restrukturisasi ekonomi untuk meningkatkan daya saingnya, terutama untuk industri pengolahan daging.

Tabel 7.1. Wilayah Bali-Nusa Tenggara: Indikator Ekonomi Dasar

A. Jumlah Penduduk	**2006**	**2011**
Penduduk total	12.027.468	13.293.476
% perkotaan	34,32	39,21
B. Luas Wilayah		**2011**
Km^2		73.070,48
% terhadap luas negara		3,82
C. Produk Domestik Regional Bruto (PDRB)	**2006**	**2011**
Rupiah (juta)	48.156.959	63.435.700
Rupiah (juta) tanpa minyak & gas	48.156.959	63.435.700
Rupiah (juta) tanpa minyak & gas & mineral	44.400.328	58.681.817
D. Komposisi Ekonomi, dalam % PDRB	**2006**	**2011**
Sektor Primer	37,37	32,01
Sektor Sekunder	12,01	12,85
Sektor Tersier	50,61	55,14
E. PDRB per Kapita	**2006**	**2011**
Rupiah (juta)	4,00	4,77
Rupiah (juta) tanpa minyak & gas	4,00	4,77
Rupiah (juta) tanpa minyak & gas & mineral	3,69	4,41
F. Tingkat Kemiskinan	**2006**	**2011**
% dari jumlah penduduk	22,21	15,46
G. Indeks Pembangunan Manusia	**2006**	**2011**
Indeks	65,69	68,75

PDRB atas dasar Harga Konstan Tahun 2000
Sumber: Asia Competitiveness Institute menggunakan data Badan Pusat Statistik (BPS)

Tabel 7.2. Produk dan Aktivitas Utama

Primer	Peternakan, tanaman pangan (jagung dan beras), perikanan dan pertambangan (tembaga, emas, perak dan pasir besi)
Sekunder	Kerajinan, pengolahan makanan, tekstil dan mebel
Tersier	Pariwisata, restoran, perhotelan, perdagangan dan jasa

Sumber: Asia Competitiveness Institute

Sektor tersier menjadi sektor paling dominan di Wilayah Bali-Nusa Tenggara, terutama di Bali dan Nusa Tenggara Barat, dengan kontribusi terhadap PDRB tahun 2011 mencapai 66,35% dan 52,69% di masing-masing provinsi. Industri perhotelan dan pariwisata di kedua provinsi berperan sebagai katalis utama pertumbuhan ekonomi. Bersama dengan pantai yang memukau, laut yang indah dan terumbu karang untuk ekowisata, wisata budaya juga menjadi keunikan wilayah ini.

1.3 Ketersediaan Infrastruktur

Ketersediaan infrastruktur yang memadai merupakan salah satu agenda yang dirumuskan dalam MP3EI untuk mempercepat pertumbuhan ekonomi Wilayah Bali-Nusa Tenggara. Sebagai bagian dari proyek-proyek andalan MP3EI, jalan tol sepanjang 12,7 kilometer yang menghubungkan Nusa Dua-Ngurah Rai-Tanjung Benoa telah selesai hanya dalam jangka waktu 14 bulan dan diakui sebagai sebuah kesuksesan. Jalan tol ini dinamai "Bali Mandara" dan bertujuan memitigasi kepadatan berlebih pada lalu lintas Nusa Dua-Ngurah Rai yang kedepannya dapat meningkatkan pembangunan pariwisata di Bali.

Terdapat dua bandara internasional di wilayah ini, yaitu Bandara Internasional Ngurah Rai di Bali dan Bandara Internasional Lombok di Nusa Tenggara Barat. Dengan hampir 40% kedatangan penerbangan internasional ke Indonesia adalah menuju Bali, Bandara Internasional Ngurah Rai telah diperluas secara signifikan untuk meningkatkan kapasitas penerbangan dan penumpang.

Sebagai wilayah kepulauan, transportasi laut memainkan peran penting dalam menghubungkan pulau-pulau ini. Di Bali, selain tiga pelabuhan feri untuk penumpang, provinsi ini juga memiliki dua pelabuhan untuk kontainer di Benoa yang terletak di bagian selatan dan Celukan Bawang di utara. Untuk Nusa Tenggara Barat, terdapat tiga pelabuhan utama, yaitu Pelabuhan Lembar dengan kapasitas terbesar, Badas dan Bima. Sedangkan Nusa Tenggara Timur memiliki satu pelabuhan internasional, yaitu Pelabuhan Tenau di Kupang dan beberapa pelabuhan nasional, seperti Wini di Kabupaten Timor Tengah, Larantuka di Flores Timur dan Labuan Bajo di Manggarai Barat.

Wilayah ini menyadari betapa pentingnya menaikkan pasokan listrik, mengingat tingkat pemakaian listrik yang diperkirakan akan meningkat seiring dengan pembangunan beberapa proyek yang sedang dilakukan. Beberapa proyek untuk meningkatkan pasokan listrik telah dilakukan di Bali. Konstruksi kabel bawah laut Jawa-Bali, pembangkit listrik gas di Celukan Bawang dan transmisi listrik tegangan tinggi Bali Crossing akan secara signifikan meningkatkan pasokan listrik yang sangat dibutuhkan.

2. DAYA SAING RELATIF WILAYAH

Kerangka daya saing wilayah mengikuti pendekatan yang sama dengan daya saing provinsi, sebagaimana telah dijelaskan secara lebih rinci di Bab 1. Penjelasan lebih lanjut tentang penjumlahan indikator masing-masing provinsi menjadi skor regional dapat ditemukan di Bab 2.

2.1 Peringkat Daya Saing Enam Wilayah — Peringkat dan Skor menurut Lingkup[4]

Tabel 7.3. Daya Saing Keseluruhan Tahun 2014: Peringkat dan Skor

Peringkat	Wilayah	Skor
1	Wilayah Jawa	1,7233
2	Wilayah Kalimantan	0,6511
3	Wilayah Sulawesi	–0,0392
4	Wilayah Sumatera	–0,0741
5	*Wilayah Bali-Nusa Tenggara*	*–0,9839*
6	Wilayah Maluku-Papua	–1,2772

Sumber: Asia Competitiveness Institute

Seperti yang terlihat pada Tabel 7.3, Wilayah Bali-Nusa Tenggara menduduki peringkat kelima (–0,9839) untuk Daya Saing Keseluruhan, di atas Wilayah Maluku-Papua yang menduduki posisi terbawah (–1,2772). Tiga provinsi di Wilayah Bali-Nusa Tenggara memiliki kinerja bervariasi dengan Bali menempati peringkat ke-14, Nusa Tenggara Barat peringkat ke-22 dan Nusa Tenggara Timur hampir berada pada posisi terbawah (ke-32). Meski demikian, semua skor provinsi-provinsi tersebut negatif dan berada di bawah rata-rata nasional.

Selisih skor antara Wilayah Bali-Nusa Tenggara dan Wilayah Sumatera lebih besar dibandingkan selisih dengan Wilayah Maluku-Papua. Ini berarti akan lebih sulit bagi Bali-Nusa Tenggara untuk melampaui Sumatera.

Agar Wilayah Bali-Nusa Tenggara dapat meningkatkan skornya dan naik menuju posisi yang lebih aman dan berdaya saing dalam peringkat ACI, diperlukan sebuah strategi yang dirancang dengan baik dan diimplementasikan dengan seksama.

[4]Hasil daya saing tahun 2014 berdasarkan data yang diperbaharui di tahun 2011 dan survei ACI yang dilakukan di tahun 2013. Keterlambatan data tersebut dikarenakan oleh waktu yang diperlukan sampai akhirnya angka tetap data terkait dipublikasikan, untuk selanjutnya dianalisa.

Tabel 7.4. Stabilitas Ekonomi Makro Tahun 2014: Peringkat dan Skor

Peringkat	Wilayah	Skor
1	Wilayah Jawa	2,0461
2	Wilayah Sumatera	0,1112
3	Wilayah Kalimantan	0,0350
4	Wilayah Sulawesi	–0,3896
5	Wilayah Maluku-Papua	–0,7943
6	*Wilayah Bali-Nusa Tenggara*	*–1,0085*

Sumber: Asia Competitiveness Institute

Skor Wilayah Bali-Nusa Tenggara bahkan berada lebih rendah dari Wilayah Maluku-Papua dan Wilayah Sulawesi di lingkup Stabilitas Ekonomi Makro, yaitu dengan posisi terbawah atau peringkat keenam (–1,0085; Tabel 7.4).

Rendahnya posisi Bali-Nusa Tenggara dalam lingkup ini dapat dikaitkan dengan rendahnya peringkat Nusa Tenggara Barat dan Nusa Tenggara Timur yang termasuk dalam kelompok 10 provinsi terbawah, dengan masing-masing provinsi menempati peringkat ke-27 dan ke-33. Bali hanya menduduki peringkat ke-18.

Dengan selisih skor antara Bali-Nusa Tenggara dengan Maluku-Papua yang relatif kecil, Bali-Nusa Tenggara seharusnya bisa melampaui Maluku-Papua dengan strategi pembangunan dan implementasinya yang lebih komprehensif.

Tabel 7.5. Perencanaan Pemerintah dan Institusi Tahun 2014: Peringkat dan Skor

Peringkat	Wilayah	Skor
1	Wilayah Jawa	1,4124
2	Wilayah Sulawesi	0,7733
3	Wilayah Kalimantan	0,5582
4	Wilayah Sumatera	–0,4219
5	*Wilayah Bali-Nusa Tenggara*	*–0,8284*
6	Wilayah Maluku-Papua	–1,4937

Sumber: Asia Competitiveness Institute

Berdasarkan Tabel 7.5, Wilayah Bali-Nusa Tenggara berada di posisi kelima (–0,8284) untuk lingkup Perencanaan Pemerintah dan Institusi. Peringkat setiap provinsi di wilayah ini bervariasi dengan Nusa Tenggara Barat menduduki peringkat ke-15, Bali di peringkat ke-24 dan Nusa Tenggara Timur di peringkat ke-32.

Walau terdapat kemungkinan untuk mengejar posisi Sumatera di peringkat keempat, Bali-Nusa Tenggara akan mengalami kesulitan saat berusaha mendaki ke peringkat yang lebih tinggi lagi. Hal ini disebabkan oleh selisih skor yang cukup besar antara Wilayah Bali-Nusa Tenggara dan Wilayah Kalimantan yang berada pada posisi ketiga dengan skor yang jauh lebih tinggi (0,5582).

Tabel 7.6. Kondisi Finansial, Bisnis dan Tenaga Kerja Tahun 2014: Peringkat dan Skor

Peringkat	Wilayah	Skor
1	Wilayah Jawa	1,6700
2	Wilayah Kalimantan	1,0027
3	Wilayah Maluku-Papua	–0,3552
4	Wilayah Sumatera	–0,3940
5	Wilayah Sulawesi	–0,7693
6	*Wilayah Bali-Nusa Tenggara*	*–1,1543*

Sumber: Asia Competitiveness Institute

Untuk lingkup Kondisi Finansial, Bisnis dan Tenaga Kerja, Wilayah Bali-Nusa Tenggara menduduki peringkat keenam, dengan skor –1,1543 (Tabel 7.6). Terdapat perbedaan skor yang sangat besar dengan Wilayah Sulawesi (–0,7693) sehingga agak sulit bagi Bali-Nusa Tenggara untuk mengejar ketertinggalannya.

Untuk menaikkan peringkat wilayah Bali-Nusa Tenggara, setiap provinsi harus memperbaiki diri secara signifikan. Bali dan Nusa Tenggara Barat masing-masing hanya menduduki peringkat ke-17 dan ke-20, sementara Nusa Tenggara Barat berada pada posisi bawah, di peringkat ke-29 diantara 33 provinsi.

Tabel 7.7. Kualitas Hidup dan Pembangunan Infrastruktur Tahun 2014: Peringkat dan Skor

Peringkat	Wilayah	Skor
1	Wilayah Jawa	1,0603
2	Wilayah Kalimantan	0,7425
3	Wilayah Sumatera	0,4385
4	Wilayah Sulawesi	0,2448
5	*Wilayah Bali-Nusa Tenggara*	*–0,5423*
6	Wilayah Maluku-Papua	-1,9438

Sumber: Asia Competitiveness Institute

Untuk lingkup Kualitas Hidup dan Pembangunan Infrastruktur, Bali-Nusa Tenggara memiliki skor –0,5423 dan berada pada posisi kelima (Tabel 7.7). Meskipun Bali memiliki kinerja menonjol pada tingkat provinsi (peringkat kedelapan), skor wilayah ini relatif rendah, dipengaruhi oleh kinerja Nusa Tenggara Barat dan Nusa Tenggara Timur yang termasuk dalam kelompok 10 provinsi terbawah (masing-masing dengan peringkat ke-26 dan ke-32).

Pada posisi saat ini, Bali-Nusa Tenggara berada jauh di atas Maluku-Papua. Akan tetapi, wilayah ini perlu usaha lebih untuk mengejar Sulawesi karena selisih skornya yang cukup signifikan. Memberdayakan teknologi informasi dan komunikasi (TIK) merupakan strategi yang tepat karena ini tidak hanya akan menaikkan posisi Bali-Nusa Tenggara dalam lingkup ini, tetapi juga memberikan efek pengganda untuk meningkatkan kinerja produktivitas.

2.2 Analisis Jaring Daya Saing Median dan Maksimum

Untuk memiliki pemahaman lebih baik mengenai peta kekuatan dan kelemahan relatif Wilayah Bali-Nusa Tenggara, pencapaian wilayah ini perlu dibandingkan dengan nilai tengah (median) dan nilai maksimum dari keenam wilayah dalam 12 sub-lingkup. Gambar 7.2 memperlihatkan skor median untuk keenam wilayah Indonesia dengan garis putus-putus warna merah, sedangkan skor Wilayah Bali-Nusa Tenggara ditunjukkan dengan garis hijau pekat.

Skor Bali–Nusa Tenggara untuk semua sub-lingkup berada di bawah median. Hal ini menggambarkan posisi Bali-Nusa Tenggara yang berada pada posisi kelima dalam peringkat Daya Saing Keseluruhan. Sub-lingkup dimana perolehan skor Bali-Nusa Tenggara sedikit di bawah median adalah Kualitas Hidup, Pendidikan dan Stabilitas Sosial; Fleksibilitas Pasar Tenaga Kerja; Institusi, Pemerintahan dan Kepemimpinan; Kebijakan Pemerintah dan Ketahanan Fiskal; dan Daya Tarik terhadap Investasi Asing. Di sisi lain, skor Wilayah Bali-Nusa

Gambar 7.2. Analisis Jaring Daya Saing Median Wilayah Bali-Nusa Tenggara Tahun 2014

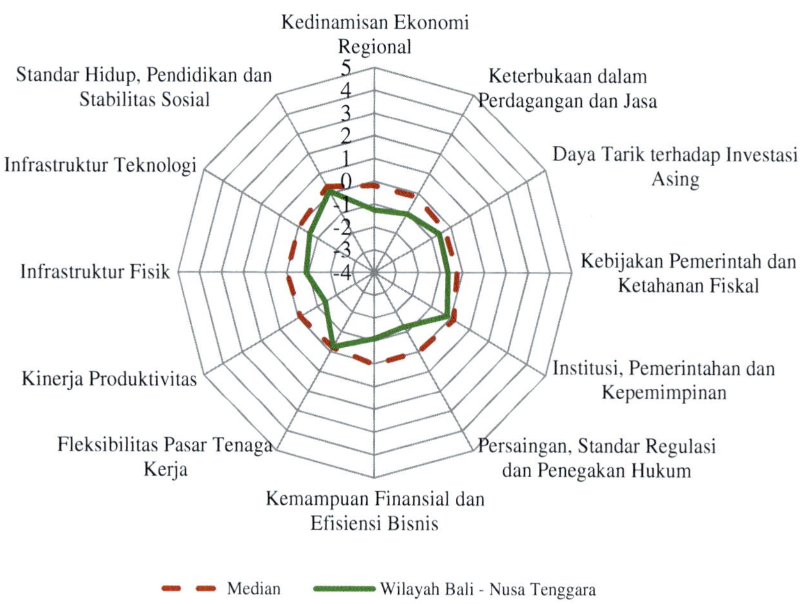

Sumber: Asia Competitiveness Institute

Gambar 7.3. Analisis Jaring Daya Saing Maksimum Wilayah Bali-Nusa Tenggara Tahun 2014

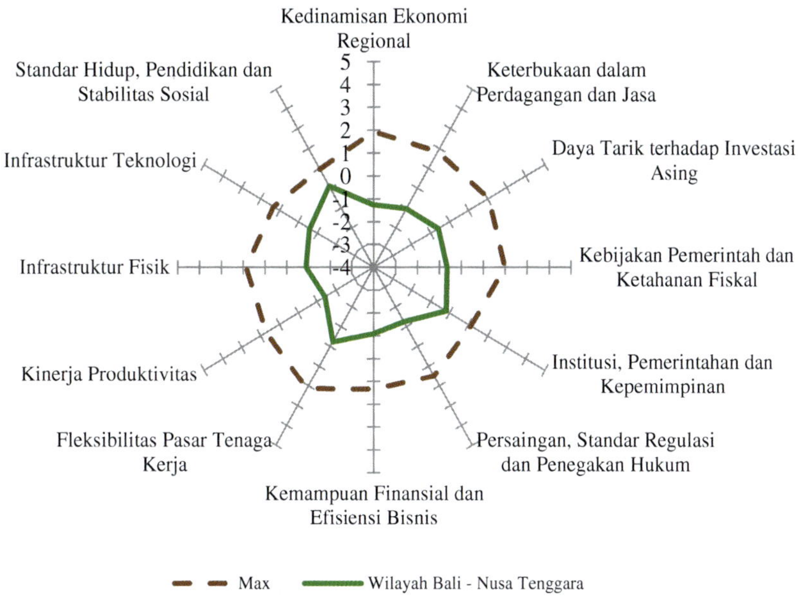

Sumber: Asia Competitiveness Institute

Tenggara berada jauh di bawah wilayah lain khususnya untuk dua sub-lingkup, yaitu Persaingan, Standar Regulasi dan Penegakan Hukum; serta Kinerja Produktivitas.

Analisis jaring daya saing maksimum pada Gambar 7.3 memperlihatkan sejauh mana skor terbaik untuk setiap sub-lingkup dalam kaitannya dengan skor Wilayah Bali-Nusa Tenggara. Skor maksimum untuk keenam wilayah ditunjukkan dengan garis putus-putus berwarna cokelat, sedangkan skor untuk wilayah Bali-Nusa Tenggara ditunjukkan dengan garis hijau pekat.

Skor Bali-Nusa Tenggara di 12 sub-lingkup masih berada di bawah skor maksimum secara keseluruhan. Sub-lingkup utama dimana skor wilayah ini secara relatif tidak terlalu jauh dari skor maksimum adalah Kualitas Hidup, Pendidikan dan Stabilitas Sosial; serta Institusi, Pemerintahan dan Kepemimpinan. Dua sub-lingkup dimana skor wilayah ini sangat jauh tertinggal adalah Kedinamisan Ekonomi Regional; dan Kinerja Produktivitas, yang menunjukkan bahwa Wilayah Bali-Nusa Tenggara perlu mengatasi hambatan dalam dua sub-lingkup ini guna meningkatkan daya saingnya.

2.3 Analisis Kekuatan dan Kelemahan

Tabel 7.8 dan 7.9 masing-masing menunjukkan indikator-indikator terkuat dan terlemah pada Wilayah Bali-Nusa Tenggara. Tabel 7.8 menampilkan 20% indikator-indikator teratas atau 21 indikator terkuat dari total 104 indikator, diurutkan dari yang teratas. Tabel 7.9 menampilkan 20% indikator-indikator terbawah atau 21 indikator terlemah, yaitu dari peringkat 84 sampai dengan 104.[5]

Menurut Tabel 7.8, sebagian besar dari 20% indikator terkuat yang dimiliki Wilayah Bali-Nusa Tenggara berasal dari lingkup Kualitas Hidup dan Pembangunan Infrastruktur, yang secara total terdiri dari 12 indikator. Termasuk di dalamnya adalah Rasio Penduduk per Fasilitas Kesehatan (#3); Angka Partisipasi Sekolah

[5] 21 indikator terkuat dan 21 indikator terlemah ini didapatkan dengan mendata seluruh skor yang didapatkan Wilayah Bali-Nusa Tenggara untuk 104 indikator dan mengurutkannya dari yang tertinggi ke terendah. Indikator-indikator yang muncul sebagai 21 indikator teratas diidentifikasikan sebagai kekuatan wilayah ini dan 21 indikator terbawah sebagai kelemahan. Perbandingan antarskor indikator untuk wilayah ini dilakukan tanpa membandingkan dengan skor indikator pada wilayah lain.

Tabel 7.8. Daftar 20% Indikator Terkuat Wilayah Bali-Nusa Tenggara Tahun 2014

Peringkat	20% Indikator Terkuat	Skor	Lingkup
1	Indeks Persepsi Korupsi	2,0077	PPI
2	Tingkat Pengangguran	1,8546	KFBTK
3	Rasio Penduduk per Fasilitas Kesehatan	1,5689	KHPI
4	Angka Partisipasi Sekolah (Menengah Atas)	1,2822	KHPI
5	Jumlah Rumah Tangga dengan Jaringan Pipa Air	1,2358	KHPI
6	Angka Partisipasi Sekolah (Menengah Pertama)	1,1486	KHPI
7	Jumlah Kredit Bermasalah per Total Pinjaman Bank	1,0103	KFBTK
8	Indeks Kualitas Lingkungan Hidup	1,0028	KHPI
9	Penerapan Teknologi Informasi di Perusahaan	0,7408	KFBTK
10	Upah Minimum Pekerja per Bulan	0,7011	KFBTK
11	Jumlah Kredit Bermasalah	0,5513	KFBTK
12	Jumlah Penumpang Pesawat Internasional	0,5446	KHPI
13	Tingkat Kriminalitas	0,4754	PPI
14	Rasio Penduduk per Pekerja Medis	0,4125	KHPI
15	Rasio Gini	0,4111	KHPI
16	Angka Partisipasi Sekolah (Pendidikan Dasar)	0,3693	KHPI
17	Rasio Murid per Guru (Sekolah Menegah Atas)	0,3658	KHPI
18	Tingkat Partisipasi Angkatan Kerja	0,3245	KFBTK
19	Rasio Murid per Guru (Sekolah Menengah Pertama)	0,2828	KHPI
20	Fatalitas Berkaitan Dengan Bencana Alam	0,2770	KHPI
21	Pendapatan Pajak per Pendapatan Total Pemda	0,2302	PPI

Catatan: SEM = Stabilitas Ekonomi Makro; PPI = Perencanaan Pemerintah dan Institusi; KFBTK = Kondisi Finansial, Bisnis dan Tenaga Kerja; KHPI = Kualitas Hidup dan Pembangunan Infrastruktur
Sumber: Asia Competitiveness Institute

Menengah Atas (#4); Jumlah Rumah Tangga dengan Jaringan Pipa Air (#5); Angka Partisipasi Sekolah Menengah Pertama (#6); dan Indeks Kualitas Lingkungan Hidup (#8).

Tiga lingkup lain juga berkontribusi terhadap kekuatan Wilayah Bali-Nusa Tenggara. Indikator yang menempati posisi teratas adalah Indeks Persepsi Korupsi (#1); dan Tingkat Kriminalitas yang rendah (#13); serta Pendapatan Pajak per Pendapatan Total Pemda (#21), dimana semuanya berasal dari lingkup Perencanaan Pemerintah dan Institusi. Indikator lainnya yang berasal dari lingkup Kondisi Finansial, Bisnis dan Tenaga Kerja meliputi Tingkat Pengangguran (#2); Jumlah Kredit Bermasalah per Total Pinjaman Bank (#7); dan Penerapan Teknologi Informasi di Perusahaan (#9).

Tabel 7.9 menunjukkan bahwa kelemahan Wilayah Bali-Nusa Tenggara berasal dari semua lingkup. Indikator terlemah wilayah ini terkait dengan Kemudahan Transaksi di Bank (#104) yang merupakan indikator di bawah lingkup Kondisi Finansial, Bisnis dan Tenaga Kerja. Hubungan Tenaga Kerja (#100); Produktivitas Industri Sekunder (#101); Produktivitas Keseluruhan (#97); dan Produktivitas Keseluruhan Nonmigas (#98) juga merupakan beberapa kelemahan yang berasal dari lingkup ini.

Indikator-indikator terkait dengan tata kelola juga muncul dalam daftar 20% indikator terlemah, termasuk Gairah Kompetisi dan Kolaborasi (#103); dan Tingkat Efisiensi Pemda (#90). Banyak juga indikator-indikator dari lingkup Kualitas Hidup dan Pembangunan Infrastruktur yang menjadi bagian dari kelemahan wilayah ini. Termasuk di dalamnya Angka Harapan Hidup saat Lahir (#95); IPM (#93); Rata-rata Lama Sekolah (#91); dan Kemudahan Untuk Mendapatkan Properti (#88). Indikator-indikator dari lingkup Stabilitas Ekonomi Makro yang menjadi kelemahan termasuk pertumbuhan PDRB yang relatif rendah (#102); inflasi yang relatif tinggi (#99); dan tingkat keterbukaan dalam perdagangan yang lebih rendah (#96).

Tabel 7.9. Daftar 20% Indikator Terlemah Wilayah Bali-Nusa Tenggara Tahun 2014

Peringkat	20% Indikator Terlemah	Peringkat	Lingkup
84	PDRB Sektor Primer	–1,0071	SEM
85	Ekspor	–1,0112	SEM
86	Produktivitas Industri Tersier	–1,0319	KFBTK
87	Akses Internet dengan Telpon Genggam	–1,0420	KHPI
88	Kemudahan Untuk Mendapatkan Properti	–1,1749	KHPI
89	Kapasitas Sumber Daya Manusia di Perusahaan	–1,1815	KFBTK
90	Tingkat Efisiensi Pemda	–1,1947	PPI
91	Rata-rata Lama Sekolah	–1,2211	KHPI
92	PDRB per Kapita	–1,2302	SEM
93	Indeks Pembangunan Manusia	–1,2310	KHPI
94	PDRB per Kapita, Nonmigas	–1,2442	SEM
95	Angka Harapan Hidup Saat Lahir	–1,2653	KHPI
96	Keterbukaan Dalam Perdagangan	–1,3149	SEM
97	Produktivitas Keseluruhan	–1,3390	KFBTK
98	Produktivitas Keseluruhan, Nonmigas	–1,3629	KFBTK
99	Inflasi	–1,4324	SEM
100	Hubungan Tenaga Kerja	–1,4486	KFBTK
101	Produktivitas Industri Sekunder	–1,5052	KFBTK
102	Pertumbuhan PDRB	–1,8188	SEM
103	Gairah Kompetisi dan Kolaborasi	–1,8858	PPI
104	Kemudahan Transaksi di Bank	–2,0767	KFBTK

Catatan: *SEM = Stabilitas Ekonomi Makro; PPI = Perencanaan Pemerintah dan Institusi; KFBTK = Kondisi Finansial, Bisnis dan Tenaga Kerja; KHPI = Kualitas Hidup dan Pembangunan Infrastruktur*
Sumber: Asia Competitiveness Institute

3. TEMA KEBIJAKAN DAN STRATEGI PEMBANGUNAN

3.1 Kebijakan Pemerintah[6]

Di dalam MP3EI, Wilayah Bali-Nusa Tenggara diharapkan untuk menjadi "Pintu Gerbang Pariwisata dan Pendukung Pangan Nasional" dengan memfokuskan pada tiga kegiatan ekonomi yang memiliki keunggulan daya saing, yaitu pariwisata, perikanan dan peternakan. Bali masih menjadi tumpuan utama untuk pariwisata Indonesia, mengingat bahwa 36% dari 8,04 juta turis mancanegara yang berkunjung pada tahun 2012 datang melalui Bali, dibandingkan dengan yang melalui Bandara Internasional Lombok di Nusa Tenggara Barat yang jumlahnya masih relatif kecil. Bandara Ngurah Rai telah mengalami peningkatan total penumpang sebesar 12,9% dari 3,76 juta menjadi 4,24 juta pada tahun 2013.

MP3EI telah mengidentifikasi beberapa proyek yang khusus disiapkan untuk mendorong sektor pariwisata di wilayah ini. Pembangunan Bali International Park berjalan cepat dengan penyelesaian proyek telah mencapai lebih dari 80%. Proyek ini diharapkan akan mengangkat pulau ini sebagai daerah pariwisata terintegrasi yang

[6]Di tingkat nasional, rencana pembangunan Indonesia didokumentasikan dalam Rencana Pembangunan Jangka Panjang Nasional (RPJPN) 2005–2025. Saat ini RPJPN berada dalam implementasi fase kedua melalui Rencana Pembangunan Jangka Menengah Nasional (RPJMN) 2010–2014. Pemerintah provinsi harus merujuk pada RPJMN 2010–2014 saat merumuskan atau menyesuaikan Rencana Pembangunan Jangka Menengah Daerah (RPJMD) di masing-masing provinsi sehingga dapat mencapai target pembangunan nasional. MP3EI tidak bertujuan untuk menggantikan RPJMN atau rencana pembangunan nasional dan provinsi yang sedang berjalan. Ini adalah dokumen kerja yang bersifat melengkapi rencana pembangunan tersebut yang bertujuan mengakselerasi dan memperluas pembangunan ekonomi di Indonesia.

mendukung seni, budaya, industri dan komunitas yang berkelanjutan. Mandalika Integrated Resort sebagai proyek investasi besar lainnya di Nusa Tenggara Barat menghadapi beberapa isu strategis seperti pembebasan lahan dan penerbitan dokumen analisis mengenai dampak lingkungan hidup (AMDAL) yang harus diselesaikan sebelum pembangunan.[7]

MP3EI merupakan sebuah rencana komprehensif yang juga mencakup aspek keamanan, promosi dan pemasaran, tata kelola, serta konektivitas. Lingkungan yang aman bagi wisatawan menjadi hal terpenting, terutama mengingat insiden yang sebelumnya pernah terjadi di Bali dan Nusa Tenggara Barat.

Strategi promosi dan pemasaran serta aktivitas yang dirancang untuk memenuhi target pasar yang berbeda akan membantu Bali-Nusa Tenggara menjadi tujuan wisata berkelas internasional yang unggul dan dapat bersaing langsung dengan obyek wisata lainnya di Asia Tenggara. Strategi untuk memberdayakan dinas pariwisata terkait untuk pemasaran dan promosi, meningkatkan kesadaran masyarakat lokal dengan memperkuat standar lingkungan hidup, memperluas pelayanan publik terutama untuk fasilitas transportasi, kelistrikan dan komunikasi yang akan membantu untuk memperpanjang waktu tinggal dan belanja para turis. Pada akhirnya, konektivitas antara Bali-Nusa Tenggara dan provinsi tetangga lainnya menjadi penting untuk menciptakan sebuah pengalaman berwisata yang holistik, "*Bali and Beyond*." Ini akan membantu tujuan MP3EI untuk menjadikan wilayah ini sebagai pintu gerbang pariwisata Indonesia.

Perikanan menjadi kegiatan ekonomi utama lainnya di Wilayah Bali-Nusa Tenggara dengan potensi besar yang belum tereksploitasi, terutama di daerah Nusa Tenggara. Dari hampir 25.000 hektar lautan yang mempunyai potensi mutiara pada tahun 2008, hanya sebesar 7% yang sudah dimanfaatkan secara efektif. Hal yang sama juga ditemukan dengan komoditas rumput laut yang memiliki potensi lebih dari 20.000 hektar, tetapi hanya 30% yang sudah dieksploitasi. Perikanan laut memiliki potensi sekitar 2.000 hektar, namun hanya 30% yang telah dieksploitasi dengan efektif. Pembuat kebijakan perlu meningkatkan kinerja sektor perikanan secara keseluruhan, mengingat kontribusinya yang signifikan, yaitu sebesar 73% dari nilai ekspor wilayah Nusa Tenggara.

Inisiatif strategis untuk mendorong sektor perikanan di wilayah ini telah diusulkan melalui MP3EI. Di antaranya yang paling penting adalah pembentukan infrastruktur terkait dengan perikanan, misalnya pusat pembibitan, kolam dan pusat pelatihan yang bertujuan untuk meningkatkan kapasitas dan kapabilitas sektor perikanan. Penyatuan teknologi dan pengetahuan praktis industri juga akan mendukung produksi perikanan olahan dengan nilai tambah tinggi, misalnya ikan beku, ikan kalengan, pengolahan makanan ikan dan pengolahan tepung rumput laut.

MP3EI merumuskan dan mendukung industri perikanan bernilai tambah tinggi di dalam klaster-klaster industri yang dapat lebih jauh membangun kerja sama dan pemasaran produk-produk tersebut di negara-negara lain. Inisiatif menarik lainnya adalah rencana untuk membangun kawasan Minapolitan sentra produksi garam di Nusa Tenggara Timur, mengingat bahwa wilayah ini memiliki lahan luas yang cocok untuk produksi garam. Rencana ini bertujuan untuk meningkatkan produksi garam nasional yang saat ini masih kurang dan masih bergantung pada impor. Hingga tahun 2011, pemerintah provinsi telah menyiapkan 9.000 hektar lahan untuk mendukung proyek ini dengan keterlibatan investor, baik dari dalam maupun luar negeri.[8]

Sektor lainnya yang menjadi salah satu kegiatan ekonomi utama di Wilayah Bali-Nusa Tenggara adalah peternakan, terutama peternakan sapi yang juga menghasilkan produk turunan, misalnya susu, kulit, pupuk alam dan biogas. Strategi akselerasi untuk bidang ini mencakup penciptaan iklim bisnis peternakan yang kondusif, meningkatkan produktivitas pertanian untuk mencapai swasembada daging, meningkatkan sektor hilir sekaligus peraturan dan institusi peternakan, serta memperkuat infrastruktur. Fokus akan diberikan pada pembangunan industri pengolahan sapi, seperti industri tepung tulang, kulit, pupuk organik, dan biogas. Produk-produk ini dikonsumsi secara lokal serta memiliki potensi ekspor yang tinggi.

---

[7] Komite Percepatan dan Perluasan Pembangunan Ekonomi Indonesia (KP3EI), *Laporan Perkembangan Pelaksanaan MP3EI s.d. Maret 2013* (Jakarta: Kementerian Koordinator Bidang Perekonomian, 2013), 39–41.

[8] Ade Marboen, "NTT siapkan 9000 hektar padang garam," *Antara News*, 26 September, 2011, diakses 24 Juni 2014, <http://www.antaranews.com/berita/277166/ntt-siapkan-9000-hektare-padang-garam>.

Setiap Rencana Pembangunan Jangka Menengah Daerah (RPJMD) masing-masing provinsi secara umum melengkapi dan selaras dengan MP3EI.[9] Contohnya, RPJMD 2008–2013 untuk Provinsi Bali mengusulkan misi untuk meningkatkan kesejahteraan, antara lain melalui peningkatan pariwisata dan pada saat yang bersamaan menjaga kelestarian lingkungan dan budaya. Meningkatkan toleransi antaragama dan antarkomunitas diidentifikasikan sebagai salah satu strategi untuk menciptakan lingkungan yang aman yang dibutuhkan untuk pertumbuhan. Seperti MP3EI, rencana pembangunan juga menekankan pentingnya infrastruktur dan fasilitas yang memadai dalam mempercepat pertumbuhan ekonomi, khususnya di sektor pariwisata.

Di sisi lain, bersamaan dengan identifikasi MP3EI tentang peternakan dan perikanan sebagai sektor terdepan untuk pertumbuhan di wilayah ini, Nusa Tenggara Barat mengunggulkan tiga komoditas utama — sapi, jagung dan rumput laut, dalam rencana pembangunannya. Provinsi ini telah menargetkan untuk mencapai jumlah populasi sapi sebesar satu juta ekor melalui program "Bumi Sejuta Sapi." Pembangunan pariwisata juga mendapatkan prioritas tinggi dengan mega proyek Mandalika Resort yang mendapat dukungan penuh dari pemerintah provinsi. Rencana pembangunan juga menekankan pentingnya mendidik sumber daya manusia sebagai sumber keunggulan daya saing dan mendukung pertumbuhan di semua sektor.

Nusa Tenggara Timur dalam RPJMD 2013–2018 juga mengikuti semangat MP3EI dalam menekankan pentingnya pariwisata, peternakan dan perikanan sebagai lokomotif utama pertumbuhan. Untuk mendukung aspirasinya dalam mengembangkan perikanan, provinsi ini menetapkan dirinya sebagai "Provinsi Kelautan dan Perikanan" dengan seperangkat strategi untuk mencapai tujuan tersebut. Termasuk di dalamnya, antara lain, adalah program untuk pemasaran produk perikanan dan panduan teknis untuk para nelayan. Pariwisata ditempatkan dalam konteks pertumbuhan ekonomi yang lebih luas dengan mencantumkan beberapa strategi, antara lain dengan memperluas promosi dan kerja sama investasi serta membangun tempat tujuan wisata.

Mengingat bahwa peningkatan infrastruktur merupakan misi inti MP3EI, sejumlah proyek untuk Wilayah Bali-Nusa Tenggara sudah direncanakan. Termasuk di dalam proyek-proyek tersebut adalah pembangunan jalur kereta di Bali, jaringan transmisi mata air di Guyangan Klungkung di Bali, perbaikan cakupan serat optik dalam kota dan pengaktifan *base station* di Bali-Nusa Tenggara dan perbaikan jalan Bangau-Dompu-Ramba-Labuan Bajo (159,25 kilometer) di Nusa Tenggara Timur.

Proyek jalur kereta Bali telah menarik perhatian karena proyek ini awalnya ditujukan untuk mendukung pariwisata dan pembangunan ekonomi, serta pada saat yang bersamaan mengatasi kemacetan lalu lintas di pulau ini. Jalur kereta akan memiliki panjang 560 kilometer, direncanakan akan mengelilingi Bali dan menghubungkan Denpasar di selatan dengan kabupaten lainnya. Akan tetapi, hasil studi kelayakan yang dilakukan PT Kereta Api Indonesia (PT KAI) pada tahun 2012 menunjukkan bahwa proyek ini secara ekonomis belum layak dan karenanya harus ditunda.

3.2 Strategi Pembangunan

MP3EI tidaklah dimaksudkan sebagai pengganti rencana strategi pembangunan pada tingkat nasional, termasuk Rencana Pembangunan Jangka Menengah Nasional (RPJMN) dan Rencana Pembangunan Jangka Panjang Nasional (RPJPN). MP3EI tetaplah menjadi bagian integral dari sistem perencanaan pembangunan nasional. Untuk itu, diperlukan upaya untuk menyelaraskan rencana-rencana pembangunan ini supaya tujuan dan visi MP3EI dapat tercapai.

Di dalam RPJMN 2010–2014, pemikiran konvensional tentang "Jawa-Bali" masih berkembang.[10] Strategi untuk membangun Bali-Nusa Tenggara sebagai satu unit wilayah masih dikesampingkan, mengingat bahwa Nusa Tenggara Timur dan Nusa Tenggara Barat sering dianggap sebagai entitas terpisah dari Bali dalam konteks strategi pembangunan. Selain itu, di dalam perencanaan pembangunan untuk mendorong pariwisata, perikanan dan peternakan di Wilayah Nusa Tenggara, terdapat penekanan kepada industri manufaktur dan jasa untuk

[9] Badan Perencanaan Pembangunan Daerah, *Rencana Pembangunan Jangka Menengah Daerah (RPJMD) dari beberapa provinsi dengan jangka waktu pembangunan yang beragam.*

[10] Badan Perencanaan Pembangunan Nasional, *Rencana Pembangunan Jangka Menengah Nasional (RPJMN) 2010–2014* (Jakarta: Badan Perencanaan Pembangunan Nasional, 2010).

Wilayah Jawa-Bali. Namun demikian, filosofi pembangunan yang berkesinambungan untuk pelestarian warisan budaya di Bali tetap diutamakan, yang juga didorong oleh MP3EI. Upaya untuk menyelaraskan semua strategi perencanaan pembangunan nasional diperlukan jika tujuan MP3EI ingin dicapai, terutama dengan kondisi dan situasi yang akan selalu berubah. Semua pihak terkait di tingkat nasional dan daerah seharusnya juga dapat bersikap teguh untuk memastikan implementasi kegiatan-kegiatan yang telah direncanakan dan secara bersamaan, mampu beradaptasi dengan dinamika perencanaan.

Analisis dari ACI, terutama analisis kekuatan dan kelemahan, memiliki implikasi kebijakan langsung terhadap Bali-Nusa Tenggara. Di antara kelemahan yang paling krusial adalah yang terkait dengan lingkup Kondisi Finansial, Bisnis dan Tenaga Kerja karena bisa menghambat percepatan pertumbuhan ekonomi di wilayah ini dan memiliki efek negatif terhadap lingkup yang lain, misalnya Stabilitas Ekonomi Makro terutama yang terkait dengan PDRB per kapita dan pertumbuhan PDRB. Permasalahan dalam pendanaan, produktivitas di sektor sekunder dan tersier, serta kapasitas sumber daya manusia juga harus ditangani dengan tepat. Mempertahankan kekuatan wilayah yang sudah diidentifikasi adalah hal yang penting.

Terkait dengan pendanaan, Kemudahan Transaksi di Bank masih menjadi sebuah masalah di wilayah ini, terutama di Provinsi Bali. Skor terstandardisasi yang sangat rendah untuk indikator ini bisa mengakibatkan pemilik bisnis beralih ke sumber pendanaan lain yang menawarkan tingkat bunga yang tidak kompetitif yang bahkan bisa meningkatkan kemungkinan wanprestasi (*default*).

Untuk memfasilitasi pembangunan di sektor tersier, kemudahan mengakses pembiayaan merupakan bagian integral dari usaha untuk menciptakan lingkungan bisnis yang kondusif. Dalam rangka memitigasi masalah ini, komunikasi yang intensif dan koordinasi antara pemilik usaha dan industri perbankan, termasuk bank BUMN, swasta dan daerah, dibutuhkan untuk memastikan situasi yang sama-sama menguntungkan bagi kedua belah pihak. Persyaratan administrasi seharusnya dibuat pragmatis dan praktis, sementara pemilik usaha memperkuat rencana bisnis mereka dan menghindari *moral hazard* yang bisa melunturkan kepercayaan dari bank. Inisiatif lain yang bisa diterapkan adalah program pemberdayaan dan mentoring bagi UKM sebagai program bersama yang melibatkan semua pihak kunci, termasuk pemerintah, dunia perbankan, komunitas bisnis dan lembaga swadaya masyarakat (LSM). Memaksimalkan peran Bank Pembangunan Daerah (BPD) juga dapat menjadi sebuah alternatif untuk menjangkau lebih banyak pengusaha yang prospektif sebagai sebuah sarana untuk menumbuhkan gairah kegiatan usaha di wilayah ini.

Rendahnya produktivitas industri sekunder di Bali dapat dikaitkan dengan upaya pelestarian kualitas lingkungan hidup dengan mengesampingkan kegiatan manufaktur. Hal ini seharusnya tidak sepenuhnya mengecilkan aktivitas kegiatan sekunder untuk berkembang selama perencanaan dan persyaratan perlindungan lingkungan hidup tetap dicermati. Nusa Tenggara Barat dan Nusa Tenggara Timur yang terdiri dari beberapa pulau utama sebenarnya dapat mengambil manfaat dari posisi geografis mereka dengan menetapkan pulau khusus sebagai sentra pengolahan sumber daya bahan mentah sehingga tidak mengganggu lingkungan di pulau lain dimana pariwisata adalah aktivitas ekonomi utama.

Rendahnya indikator Produktivitas Keseluruhan dan Produktivitas Industri Tersier patut diatasi dengan cermat. Hal ini bisa dilakukan dengan, antara lain, meningkatkan pendidikan kejuruan dan pelatihan di sektor pariwisata dan perhotelan untuk memperkuat kapabilitas sumber daya manusia di industri terkait yang kedepannya akan mampu menaikkan produktivitas. Langkah ini tidak hanya berada di bawah ranah kerja pemerintah semata. Melalui Kerjasama Pemerintah dan Swasta (KPS), sektor swasta sebagai pengguna akhir dari tenaga kerja seharusnya mengambil bagian dengan membangun pusat pelatihan atau mendukung program pelatihan kejuruan yang diinisiasi oleh pemerintah. Terlepas dari skenario ini, pemerintah harus menjalankan peranan yang proaktif untuk mempromosikan pentingnya dan manfaat dari pendidikan yang lebih tinggi, mengubah cara berpikir masyarakat supaya menginternalisasikan budaya belajar seumur hidup.

Untuk melengkapi strategi di atas, penggunaan TIK secara penuh dalam industri pariwisata dan perhotelan diperlukan untuk meningkatkan produktivitas. TIK juga seharusnya diintegrasikan pada sektor publik untuk meningkatkan penyediaan layanan publik yang nantinya bisa meningkatkan efisiensi pemerintah yang perlu diperbaiki lebih lanjut. Menurut survei yang dilakukan oleh Asosiasi Penyelenggara Jasa Internet Indonesia (APJII) pada tahun 2012, penetrasi internet di kota-kota utama di seluruh Wilayah Bali-Nusa Tenggara masih relatif rendah. Sebagai contoh, di Denpasar, penetrasi internet hanya 33,7% dari total populasi, sementara di

Mataram angka ini berada di sekitar 36,4% dan 20,2% di Kupang.[11] Hal ini memberikan Gambaran untuk mengembangkan aksesibilitas internet di seluruh wilayah dalam rangka mendukung peningkatan produktivitas dan efisiensi pemerintah, yang juga bisa diterapkan dalam bentuk *e-government*. Pengembangan cakupan serat optik sebagai sebuah komitmen strategis di bawah MP3EI merupakan sebuah langkah yang tepat dan perlu untuk didukung.

Ketika mendiskusikan strategi pembangunan terkait dengan Wilayah Bali-Nusa Tenggara, satu fakta penting yang tidak boleh dilewatkan adalah kesenjangan antara Bali, Nusa Tenggara Barat dan Nusa Tenggara Timur. Sebagai contoh dalam hal Daya Saing Keseluruhan, berdasarkan peringkat dari ACI, Bali berada di peringkat ke-14, sedangkan Nusa Tenggara Barat hanya memegang posisi ke-22 dan Nusa Tenggara Timur menempati posisi ke-32. Kesenjangan juga terlihat dalam PDRB dan pendapatan per kapita, dimana Bali mengungguli dua provinsi lainnya dengan nilai PDRB sebesar 30,75 triliun Rupiah dan pendapatan per kapita sebesar 7.744.100 Rupiah. Sementara itu, PDRB dan pendapatan per kapita untuk Nusa Tenggara Barat masing-masing hanya sebesar 19,43 triliun Rupiah dan 4.274.900 Rupiah, dan Nusa Tenggara Timur sebesar 13,25 triliun Rupiah untuk PDRB dan 2.773.900 Rupiah untuk pendapatan per kapita.

Pada dasarnya, MP3EI mungkin merupakan jawaban yang tepat untuk menutup kesenjangan antarprovinsi di Indonesia, tidak hanya antara Bali dan Nusa Tenggara, tetapi juga antara provinsi-provinsi lainnya.[12] Hal ini disebabkan oleh MP3EI yang menekankan peningkatan potensi ekonomi yang unik dan berbeda dari setiap wilayah dan kemudian memperbaiki konektivitas antarwilayah dalam lingkup nasional maupun internasional guna menciptakan sistem kegiatan ekonomi yang terintegrasi. Melalui rencana ini, pembangunan ekonomi tidak hanya terkonsentrasi pada wilayah tertentu saja, tetapi lebih terdiversifikasi karena setiap wilayah memiliki potensi ekonomi yang beragam dan akses yang lebih luas ke pasar domestik dan internasional. MP3EI juga memberikan perhatian khusus untuk peningkatan kapabilitas sumber daya manusia yang dibutuhkan untuk menutup kesenjangan ekonomi di seluruh provinsi dan wilayah.

DAFTAR PUSTAKA

Asosiasi Penyelenggara Jasa Internet Indonesia (APJII). *Profil Pengguna Internet Indonesia 2012*. Jakarta: APJII, 2012.

Badan Perencanaan Pembangunan Daerah. *Rencana Pembangunan Jangka Menengah Daerah (RPJMD) beberapa provinsi dengan jangka waktu yang beragam.*

Kementerian Koordinator Bidang Perekonomian. *Masterplan Percepatan dan Perluasan Pembangunan Ekonomi Indonesia 2011–2015 (MP3EI)*. Jakarta: Kementerian Koordinator Bidang Perekonomian, 2011.

Komite Percepatan dan Perluasan Pembangunan Ekonomi Indonesia (KP3EI). *Laporan Perkembangan Pelaksanaan MP3EI s.d. Maret 2013*. Jakarta: Kementerian Koordinator Bidang Perekonomian, 2013, 39–41.

Kuncoro, Mudrajad. "Economic Geography of Indonesia: Can MP3EI Reduce Inter-Regional Inequality?" Presentasi di Kuala Lumpur International Business, Economics and Law Conference (KLIBEL) 2013, Kuala Lumpur, Malaysia, 8–9 April, 2013.

Marboen, Ade. "NTT siapkan 9000 hektar padang garam". *Antara News*, 26 September, 2011. Diakses 24 Juni 2014. <http://www.antaranews.com/berita/277166/ntt-siapkan-9000-hektare-padang-garam>.

Tan, Khee Giap dan Mulya Amri. "Subnational Competitiveness and National Performance: Analysis and Simulation for Indonesia." *Journal of Centrum Cathedra: The Business and Economic Research Journal* Vol. 6 No. 2 (2013): 173–192.

Tan, Khee Giap, Mulya Amri, Linda Low dan Tan Kong Yam. *Analisa Daya Saing dan Strategi Pembangunan untuk 33 Provinsi di Indonesia*. Singapore: World Scientific, 2013.

Tan, Khee Giap, Mulya Amri, Linda Low danTan Kong Yam. *Competitiveness Analysis and Development Strategies for 33 Indonesian Provinces*. Singapore: World Scientific, 2013.

[11] Asosiasi Penyelenggara Jasa Internet Indonesia (APJII), *Profil Pengguna Internet Indonesia 2012* (Jakarta: APJII, 2012), 29.

[12] Mudrajad Kuncoro, "Economic Geography of Indonesia: Can MP3EI Reduce Inter-Regional Inequality?" (Presentasi di Kuala Lumpur International Business, Economics and Law Conference (KLIBEL) 2013, Kuala Lumpur, Malaysia, 8–9 April, 2013).

Bab 8
Analisis Daya Saing Wilayah Maluku-Papua

Maluku, Maluku Utara, Papua dan Papua Barat

1. PENGANTAR

1.1 Latar Belakang

Gambar 8.1 menunjukkan provinsi-provinsi di Wilayah Maluku-Papua sebagaimana tertuang dalam Masterplan Percepatan dan Perluasan Pembangunan Ekonomi Indonesia 2011–2025 (MP3EI).[1] Provinsi-provinsi tersebut berikut ibu kotanya masing-masing adalah Maluku (Ambon), Maluku Utara (Sofifi), Papua (Jayapura) dan Papua Barat (Manokwari). Di antara keenam wilayah di Indonesia, wilayah ini memiliki wilayah daratan terbesar kedua setelah Kalimantan. Dengan luas sekitar 494.956 kilometer persegi, Wilayah Maluku-Papua mencakup 25,9% dari wilayah daratan Indonesia. Terlepas dari wilayahnya yang luas, wilayah ini hanya dihuni oleh 2,7% penduduk Indonesia. Provinsi Maluku dan Maluku Utara sebagian besar berbentuk kepulauan, dengan 90,5% wilayahnya merupakan lautan. Provinsi Papua dan Papua Barat merupakan bagian dari daratan luas yang mencakup setengah dari Pulau Nugini dan berbagi wilayah dengan negara Papua Nugini.

Seperti yang terlihat pada Gambar 8.1, sisipan peta (kanan atas) menunjukkan peringkat daya saing yang dipublikasikan oleh *Asia Competitiveness Institute* (ACI) menggunakan skema warna lampu lalu lintas, dengan warna hijau menunjukkan 10 provinsi teratas, diikuti dengan warna kuning yang menunjukkan 13 provinsi dengan peringkat menengah dan warna merah yang menunjukkan 10 provinsi yang berada di peringkat terbawah. Hanya Maluku yang termasuk dalam 13 provinsi dengan peringkat menengah, menempati peringkat ke-23, sementara tiga provinsi lainnya termasuk dalam 10 provinsi terbawah.[2]

Sampai dengan tahun 2011, jumlah penduduk di Wilayah Maluku-Papua berkisar 6.419.425 jiwa, dimana 63% dari populasi tersebut berada pada usia produktif (15–64 tahun). Papua dan Papua Barat memiliki tingkat pertumbuhan penduduk terbesar di Indonesia, yaitu masing-masing 5,57% dan 3,76%. Walau demikian, kepadatan penduduk dua provinsi tersebut merupakan yang terendah di Indonesia dengan kepadatan sebesar sembilan dan delapan orang per kilometer persegi. Maluku dan Maluku Utara masing-masing memiliki kepadatan sebesar 33 dan 32 orang per kilometer persegi, dengan tingkat pertumbuhan jumlah penduduk yang berada pada level moderat yaitu 2,77% dan 2,41%. Wilayah ini memiliki suku bangsa yang beragam, dimana suku asli tinggal dengan pendatang dalam jumlah yang signifikan, yang sebagian besar berasal dari Jawa dan Sulawesi.

Wilayah Maluku-Papua kaya akan sumber daya energi dan mineral, dengan hampir 40% dari total produk domestik regional bruto (PDRB) berasal dari minyak, gas dan mineral. Sebagian besar dari sumber daya ini ditemukan di Papua dan Papua Barat. Wilayah ini juga memiliki wilayah pesisir yang luas karena bentangan alam Maluku yang berbentuk kepulauan. Ditambah dengan adanya laut dalam, kondisi ini menyediakan potensi perikanan yang luar biasa bagi wilayah ini.

---

[1] Kementerian Koordinator Bidang Perekonomian, *Masterplan Percepatan dan Perluasan Pembangunan Ekonomi Indonesia 2011–2025 (MP3EI)* (Jakarta: Kementerian Koordinator Bidang Perekonomian, 2011).

[2] Lihat Tan Khee Giap *et al.*, *Competitiveness Analysis and Development Strategies for 33 Indonesian Provinces* (Singapore: World Scientific, 2013) yang diterjemahkan ke dalam Bahasa Indonesia, Tan Khee Giap *et al.*, *Analisa Daya Saing dan Strategi Pembangunan untuk 33 Provinsi di Indonesia* (Singapore: World Scientific, 2013), dan makalah ilmiah Tan Khee Giap dan Mulya Amri, "Subnational Competitiveness and National Performance: Analysis and Simulation for Indonesia," *Journal of Centrum Cathedra: The Business and Economic Research Journal* Vol. 6 No. 2 (2013): 173–192 yang merupakan kajian awal penyusunan peringkat daya saing provinsi-provinsi di Indonesia.

Gambar 8.1. Peta Wilayah Maluku-Papua

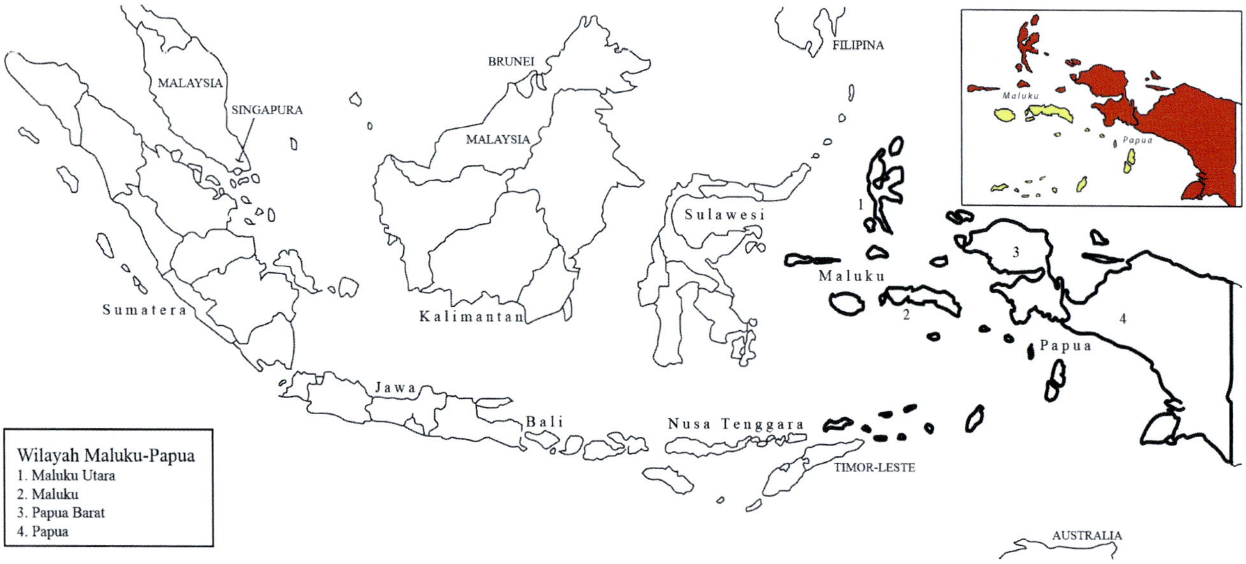

Sumber: Asia Competitiveness Institute

Dalam MP3EI, Wilayah Maluku-Papua ditetapkan sebagai "Pusat Pengembangan Pangan, Perikanan, Energi dan Pertambangan Nasional." Didukung oleh tujuh sentra ekonomi (Sofifi, Ambon, Sorong, Manokwari, Timika, Jayapura dan Merauke), kegiatan ekonomi difokuskan pada pertanian pangan, tembaga, nikel, pertambangan minyak dan gas, serta perikanan. Konektivitas melalui transportasi darat dan laut penting untuk merealisasikan potensi wilayah ini.

Terlepas dari beberapa rencana, pembangunan di Wilayah Maluku dan Papua sarat akan tantangan. Bahkan dengan pertumbuhan PDRB 7% per tahun selama tahun 2006 hingga tahun 2009, PDRB wilayah ini masih jauh tertinggal jika dibandingkan dengan wilayah-wilayah Indonesia lainnya. Selain Kabupaten Mimika, sebagian besar kabupaten di Papua dan Papua Barat memiliki PDRB per kapita yang jauh lebih rendah dari rata-rata nasional. Pertumbuhan PDRB yang relatif tinggi belum ditransformasi menjadi peluang untuk mengembangkan sektor sekunder dan tersier berikut kesempatan kerja di sektor tersebut. Meskipun angka kemiskinan telah turun sebesar 8% selama tahun 2006–2011, angka indikator ini masih cenderung tinggi, yaitu di atas 20%.

Di wilayah ini, beberapa hal yang sangat mendesak yang patut diperbaiki adalah risiko investasi yang tinggi, kepastian bisnis yang rendah, fasilitas irigasi yang terbatas untuk mendukung produktivitas pertanian dan kurangnya infrastruktur fisik. Skala ekonomi juga sulit dicapai dengan jumlah penduduk yang sedikit dan tersebar di wilayah bergunung terjal di seluruh pulau, kecuali di bagian selatan yang memiliki tanah rata yang luas. Isu keamanan di Papua dan Papua Barat juga masih nyata. Di daerah gunung terpencil di Papua, situasi sehari-hari bisa menjadi tidak stabil ketika anggota gerakan separatis berpapasan dengan anggota Tentara Nasional Indonesia (TNI) atau kegiatan operasional perusahaan tambang internasional. Perusahaan-perusahaan ini mengalami kesulitan dalam mempekerjakan penduduk lokal yang berpendidikan rendah, sehingga menyulut sentimen negatif terhadap perusahaan tambang dan pekerja asing yang terkesan merebut lahan, mata pencaharian dan kesempatan kerja dari penduduk lokal. Isu-isu tersebut membuat implementasi kebijakan di Maluku-Papua menjadi semakin penuh tantangan.

Ketergantungan Wilayah Maluku-Papua yang tinggi terhadap kegiatan ekstraktif dapat dilihat dari perbedaan yang signifikan antara total PDRB dengan dan tanpa pertambangan (Tabel 8.1). Kontribusi sektor primer terhadap PDRB mencapai 65,20% di tahun 2006 dan 46,15% di tahun 2011. Di sisi lain, penerimaan dari sektor ini memberi bekal bagi wilayah ini untuk meningkatkan kesejahteraan penduduknya, seperti terlihat dari menurunnya angka kemiskinan dari 33,79% pada tahun 2006 menjadi 25,23% pada tahun 2011.

Tabel 8.1. Wilayah Maluku-Papua: Indikator Ekonomi Dasar

A. Jumlah Penduduk	**2006**	**2011**
Penduduk total	4.889.527	6.419.425
% perkotaan	26,65	29,38
B. Luas Wilayah		**2011**
Km^2		494.956,85
% terhadap luas negara		25,90
C. Produk Domestik Regional Bruto (PDRB)	**2006**	**2011**
Rupiah (juta)	29.750.695	40.791.100
Rupiah (juta) tanpa minyak & gas	28.390.700	35.394.800
Rupiah (juta) tanpa minyak & gas & mineral	18.533.609	24.216.979
D. Komposisi Ekonomi, dalam % PDRB	**2006**	**2011**
Sektor Primer	65,20	46,15
Sektor Sekunder	11,04	25,83
Sektor Tersier	23,76	28,02
E. PDRB per Kapita	**2006**	**2011**
Rupiah (juta)	6,08	6,35
Rupiah (juta) tanpa minyak & gas	5,81	5,51
Rupiah (juta) tanpa minyak & gas & mineral	3,79	3,77
F. Tingkat Kemiskinan	**2006**	**2011**
% dari jumlah penduduk	33,79	25,23
G. Indeks Pembangunan Manusia	**2006**	**2011**
Indeks	65,98	68,17

PDRB atas dasar Harga Konstan Tahun 2000
Sumber: Asia Competitiveness Institute menggunakan data Badan Pusat Statistik (BPS)

Tabel 8.2. Produk dan Aktivitas Utama

Primer	Pertambangan (tembaga, nikel, emas, perak, minyak dan gas bumi), perkebunan (kakao, kelapa dan kopi), perikanan (budidaya tambak, budidaya keramba, perikanan tangkap, budidaya jaring apung, budidaya kolam, budidaya sawah dan akuakultur), pertanian (tebu, sagu, beras, jagung dan pisang), peternakan (babi, sapi, kerbau, kambing, kuda dan domba) dan rempah-rempah (pala dan cengkeh)
Sekunder	Pengolahan minyak dan gas, konstruksi, mebel dan kerajinan
Tersier	Pariwisata, restoran, hotel, properti dan jasa bisnis

Sumber: Asia Competitiveness Institute

1.2 Sektor dan Kegiatan Utama

Tabel 8.2 menunjukkan bahwa Wilayah Maluku-Papua sangat bergantung pada aktivitas ekonomi sektor primer, yang terdiri dari pertambangan energi dan bahan mentah, seperti minyak, gas, batu bara dan sumber daya mineral lainnya seperti tembaga, nikel dan emas. Kegiatan pertambangan tersebut terkonsentrasi di beberapa kabupaten, sehingga terlihat kesenjangan PDRB yang sangat mencolok antara satu kabupaten dengan yang lainnya.

Persediaan minyak dan gas bumi yang substansial ditemukan di Sorong, Blok Pantai Barat Sarmi, Sermai dan Teluk Bintuni. Nikel ditemukan dalam jumlah besar di Weda, Kabupaten Halmahera Tengah, sedangkan tembaga ditambang dalam jumlah besar di Timika. Cadangan tembaga di Papua sangat melimpah, dengan kegiatan penambangan terbesar saat ini dioperasikan oleh PT Freeport Indonesia.

Kegiatan perikanan sebagian besar terfokus pada perairan Maluku yang telah dicanangkan sebagai Lumbung Ikan Nasional dengan potensinya yang melimpah. Kegiatan perikanan di Maluku Utara berkonsentrasi pada pengolahan dan distribusi. Kawasan Mega Minapolitan di Morotai diinisiasi berdasarkan karakter tersebut.

Sektor sekunder telah meningkat dua kali lipat semenjak tahun 2006. Kegiatan manufaktur di Pulau Papua didorong oleh kegiatan pengolahan gas alam cair (LNG) di Bintuni, Papua Barat. Di samping kegiatan pengolahan LNG ini, kegiatan manufaktur lainnya masih relatif sedikit, dengan beberapa kegiatan di industri makanan (seperti pengolahan ikan di Sorong) dan pembuatan mebel. Sektor ini juga didominasi oleh jasa konstruksi, yang berkontribusi lebih dari 22% dari total PDRB Papua di tahun 2011.

Di Kepulauan Maluku, industri pengolahan masih terus berkembang walaupun jumlahnya relatif kecil. Industri pengolahan utama adalah logam dan bahan kimia, produk pertanian, kehutanan, industri kecil dan kerajinan di Provinsi Maluku. Terdapat pertumbuhan yang signifikan pada industri makanan, baik di sektor formal maupun informal. Selain itu, di Provinsi Maluku Utara, sebagian besar industri bergerak di sektor yang terkait dengan makanan dan minuman, pakaian, percetakan, produk logam dan mebel.

Sektor tersier didorong oleh pertumbuhan sektor pariwisata yang dirintis. Sektor perdagangan dan jasa mendominasi di Provinsi Papua karena sumber daya alamnya yang melimpah serta efek sebaran (*spillover*) dari aktivitas pertambangannya. Papua Barat memiliki lokasi menyelam (*diving*) yang terkenal di dunia, Raja Ampat, serta kaya akan keanekaragaman hayati flora dan fauna. Akan tetapi, industri pariwisata ini masih terhambat akibat kurangnya infrastruktur, yang membuat akses ke wilayah ini menjadi tantangan tersendiri. Selain itu, terdapat pula kesulitan untuk merekrut dan melatih staf lokal.

1.3 Ketersediaan Infrastruktur

Transportasi udara menjadi metode utama untuk menghubungkan daratan yang relatif luas dengan banyaknya pegunungan di Wilayah Maluku-Papua. Terdapat empat bandara di Papua, yaitu Frans Kaisiepo di Biak, Bandara Sentani di Jayapura, Bandara Mopah di Merauke dan Bandara Wamena. Beberapa rencana telah disiapkan untuk meningkatkan kualitas bandara yang ada, serta membangun bandara baru. Landasan pacu Bandara Sentani akan ditambah menjadi 3.000 meter. Sementara landasan pacu Bandara Mopah akan dikembangkan untuk mengantisipasi kapasitas penerbangan yang lebih tinggi. Bandara kecil Waghete akan segera dibangun di daerah pegunungan seperti Deiyai. Selain itu, Bandara Mozes Kilangin di Timika, yang sebagian besar digunakan untuk landasan helikopter, saat ini tengah dikembangkan oleh pemerintah pusat, provinsi dan Kabupaten Mimika. Hal ini ditujukan untuk mempercepat proses penyediaan infrastruktur pendukung untuk Pekan Olah Raga Nasional (PON) 2020 yang rencananya akan berlangsung di Papua.

Papua Barat juga akan meningkatkan kualitas bandara yang ada dan membangung bandara baru lainnya. Di provinsi ini, terdapat Bandara Rendani di Manokwari dan Domine Eduard Osok di Sorong. Bandara yang baru saja dibangun adalah Bandara Fakfak dan Bandara Kaimana. Kementerian Perhubungan telah menandatangani nota kesepahaman dengan pemerintah daerah untuk membangun pagar di sepanjang landasan pacu Bandara Domine Eduard Osok.

Maluku mempunyai 11 bandara, termasuk Amahai, Bandanaira, Bula, Dobo, Dumatubun, Kisar, Larat, Namlea, Nomrole dan Orolit, dengan hanya Bandara Pattimura di ibu kota Ambon yang melayani penerbangan internasional. Di Maluku Utara, terdapat 11 bandara untuk tujuh kabupaten dan satu kotamadya. Meskipun demikian, hanya satu bandara, yaitu Bandara Sultan Baabullah, yang dianggap sebagai bandara kelas 2 yang melayani rute antarprovinsi. Sebuah bandara internasional, Bandara Leo Wattimena, sedang direncanakan di Baruba, Pulau Morotai, dengan memanfaatkan bandara peninggalan perang dunia yang memiliki tujuh landasan pacu. Selain itu, tiga bandara lain juga sedang direncanakan, yaitu di Halmahera Barat (Bandara Domato), Halmahera Selatan (Pulau Obi) dan Halmahera Tengah.

Transportasi laut merupakan metode utama untuk mengangkut barang antardaerah perkotaan. Dalam konteks konektivitas laut, saat ini hanya terdapat dua pelabuhan internasional yang berlokasi di Jayapura (Papua) dan Sorong (Papua Barat). Di samping itu, terdapat juga dua pelabuhan nasional, masing-masing berlokasi di Manokwari dan Kaimana. Melalui pemahaman bahwa konektivitas merupakan tulang punggung wilayah ini, pemerintah pusat, melalui kementerian koordinator, telah melaksanakan beberapa proyek untuk mendorong semangat kerja sama di wilayah ini.

Konektivitas yang terintegrasi dan menghubungkan seluruh sentra ekonomi menjadi hal yang krusial. Trans-Maluku sebagai sebuah kombinasi antara proyek perbaikan jalan dan transportasi laut saat ini sedang disiapkan. Pada tahun 2012, Maluku memiliki 19 dari total 40 dermaga yang dibutuhkan. Maluku Utara hanya mempunyai satu pelabuhan utama, Pelabuhan Ahmad Yani di Pulau Ternate. Selain itu, Maluku Utara juga mempunyai 40 pelabuhan permanen, 15 pelabuhan semipermanen, 53 pelabuhan kayu dan satu pelabuhan pantai. Untuk penyeberangan feri, terdapat delapan pelabuhan penyeberangan dengan delapan lainnya sedang dalam tahap pembangunan.

Di Papua, terdapat satu pelabuhan internasional yang berlokasi di Kota Jayapura serta 25 pelabuhan nasional, satu pelabuhan regional dan 78 pelabuhan lokal. Terdapat juga pelabuhan kontainer di Manokwari dan Sorong di Papua Barat. Provinsi ini juga berencana membangun pelabuhan baru di Bintuni, yang merupakan tempat operasional kegiatan pertambangan gas bumi yang dimiliki perusahaan British Petroleum, dan juga di Kaimana Selatan.

Terkait dengan infrastruktur jalan, beberapa ruas jalan jarak jauh yang menghubungkan antarkota dapat ditemukan di Papua, menunjukkan adanya kemajuan. Termasuk di dalamnya adalah jalan Manokwari-Sorong dan Sorong-Mega Sausapor. Selain itu, kondisi jaringan jalan juga mengalami perbaikan. Beberapa jaringan jalan strategis di provinsi ini adalah Jayapura-Hamadi-Hotelkamp, Jayapura-Sarmi, Jayapura-Wamena-Mulia, Merauke-Tanah Merah-Waropko dan Timika-Mapuru Jaya-Pomako. Terlepas dari upaya ini, pertumbuhan yang pesat belum diiringi dengan kecepatan pembangunan dan perbaikan jalan yang memadai.

Rasio elektrifikasi telah meningkat di wilayah ini, meskipun masih lebih rendah jika dibandingkan dengan rata-rata nasional sebesar 72%. Tingkat elektrifikasi pada tahun 2011 untuk Provinsi Maluku, Maluku Utara, Papua dan Papua Barat masing-masing adalah 61,80%, 53,48%, 30,79% dan 54,29%.[3]

Infrastruktur telekomunikasi juga telah berkembang, walaupun masih relatif terbatas, dengan meningkatnya pemakaian telepon genggam. Meskipun demikian, distribusi infrastruktur ini belum merata di semua provinsi. Jaringan seluler memang telah meningkat tetapi tidak secepat perkembangan di wilayah lainnya di Indonesia. Akses internet melalui pita lebar (*broadband)* tetap menjadi tantangan, dan bahkan, koneksi internet melalui jaringan telepon seluler relatif masih rendah. Penetrasi telepon rumah oleh pemerintah hanya bisa mencapai kurang dari 15% dari total desa yang ada. Kesenjangan ini telah menghambat pengembangan apapun yang terkait dengan implementasi *e-system*, baik di pemerintahan maupun dunia usaha. Selain itu, pemanfaatan teknologi informasi dan komunikasi (TIK) umumnya ditemukan di ibu kota-ibu kota provinsi dan kabupaten-kabupaten utama. Rendahnya tingkat pendidikan serta tingginya angka buta huruf membuat wilayah ini sulit untuk meningkatkan pemanfaatan TIK.

Infrastruktur air bersih juga masih sangat terbatas. Air bersih yang disediakan oleh pemerintah hanya bisa dinikmati oleh beberapa pedesaan, kurang dari 10% dari total desa yang ada. Mayoritas penduduk harus bergantung pada pompa, sumber mata air, sungai dan danau, serta air hujan.

---

[3] PT PLN, *Statistik PLN 2012* (Jakarta: PLN, 2012), 20.

2. DAYA SAING RELATIF WILAYAH

Kerangka daya saing wilayah mengikuti pendekatan yang sama dengan daya saing provinsi sebagaimana telah dijelaskan secara lebih rinci di Bab 1. Penjelasan lebih lanjut tentang penjumlahan indikator masing-masing provinsi menjadi skor regional dapat ditemukan di Bab 2.

2.1 Peringkat Daya Saing Enam Wilayah — Peringkat dan Skor menurut Ruang Lingkup[4]

Tabel 8.3. Daya Saing Keseluruhan Tahun 2014: Peringkat dan Skor

Peringkat	Wilayah	Skor
1	Wilayah Jawa	1,7233
2	Wilayah Kalimantan	0,6511
3	Wilayah Sulawesi	–0,0392
4	Wilayah Sumatera	–0,0741
5	Wilayah Bali-Nusa Tenggara	–0,9839
6	*Wilayah Maluku-Papua*	*–1,2772*

Sumber: Asia Competitiveness Institute

Menurut Tabel 8.3, Wilayah Maluku-Papua menempati peringkat terakhir untuk Daya Saing Keseluruhan. Selisih skor antara Wilayah Maluku-Papua (–1,2772) dan Wilayah Bali-Nusa Tenggara (–0,9839) relatif tipis. Meskipun demikian, selisih antara dua wilayah ini dengan Wilayah Sumatera di peringkat keempat cukup substansial. Mengingat kekayaan sumber daya alam wilayah Maluku-Papua, wilayah ini harus mulai mengelola potensinya secara lebih optimal dan meningkatkan kualitas sumber daya manusianya.

Daya Saing Keseluruhan yang rendah untuk Wilayah Maluku-Papua dapat dikaitkan dengan kinerja Maluku Utara dan Papua yang masing-masing berada di peringkat ke-33 dan ke-31. Maluku dan Papua Barat menunjukkan kinerja yang lebih baik dengan masing-masing menduduki peringkat ke-23 dan ke-26.

Tabel 8.4. Stabilitas Ekonomi Makro Tahun 2014: Peringkat dan Skor

Peringkat	Wilayah	Skor
1	Wilayah Jawa	2,0461
2	Wilayah Sumatera	0,1112
3	Wilayah Kalimantan	0,0350
4	Wilayah Sulawesi	–0,3896
5	*Wilayah Maluku-Papua*	*–0,7943*
6	Wilayah Bali-Nusa Tenggara	–1,0085

Sumber: Asia Competitiveness Institute

Seperti yang terlihat di Tabel 8.4, Wilayah Maluku-Papua berada di peringkat kelima untuk lingkup Stabilitas Ekonomi Makro. Dengan mencermati selisih skor antara Wilayah Maluku-Papua (–0,7943) dan Wilayah Bali-Nusa Tenggara (–1,0085), terlihat jelas bahwa Bali-Nusa Tenggara dapat dengan mudah mengejar Maluku-Papua. Selain itu, terdapat kemungkinan bahwa Maluku-Papua bisa setara dengan Wilayah Sulawesi, mengingat perbedaan skor keduanya yang relatif kecil. Hal ini menunjukkan adanya persaingan yang relatif ketat di antara wilayah-wilayah yang menduduki posisi menengah ke bawah dalam peringkat daya saing.

Menurut peringkat provinsi ACI, Papua Barat merupakan satu-satunya provinsi dari Wilayah Maluku-Papua yang termasuk dalam kelompok 13 menengah, dengan posisi ke-14, sementara provinsi lainnya termasuk dalam kelompok 10 terbawah, dengan Maluku Utara di peringkat ke-32.

[4]Hasil daya saing tahun 2014 berdasarkan data yang diperbaharui di tahun 2011 dan survei ACI yang dilakukan di tahun 2013. Keterlambatan data tersebut dikarenakan oleh waktu yang diperlukan sampai akhirnya angka tetap data terkait dipublikasikan, untuk selanjutnya dianalisa.

Tabel 8.5. Perencanaan Pemerintah dan Institusi Tahun 2014: Peringkat dan Skor

Peringkat	Wilayah	Skor
1	Wilayah Jawa	1,4124
2	Wilayah Sulawesi	0,7733
3	Wilayah Kalimantan	0,5582
4	Wilayah Sumatera	–0,4219
5	Wilayah Bali-Nusa Tenggara	–0,8284
6	*Wilayah Maluku-Papua*	*–1,4937*

Sumber: Asia Competitiveness Institute

Tabel 8.5 menunjukkan Wilayah Maluku-Papua yang menempati peringkat terakhir dalam lingkup Perencanaan Pemerintah dan Institusi. Wilayah Maluku-Papua memiliki selisih yang cukup substansial dengan Wilayah Bali-Nusa Tenggara. Tidak mudah bagi Wilayah Maluku-Papua untuk mengejar ketinggalan dan menyamai performa Wilayah Bali-Nusa Tenggara di masa mendatang. Namun, skor kedua wilayah masih di rentang negatif yang memberikan pertanda bahwa kedua wilayah tersebut kemungkinan besar memiliki masalah yang serupa terkait dengan Perencanaan Pemerintah dan Institusi di provinsi-provinsinya.

Maluku di peringkat ke-20 menjadi satu-satunya provinsi dari wilayah ini yang termasuk dalam kelompok 13 menengah. Maluku Utara berada di posisi terakhir, menduduki peringkat ke-33. Wilayah ini harus tetap fokus memperbaiki kelemahannya untuk dapat memaksimalkan potensinya.

Tabel 8.6. Kondisi Finansial, Bisnis dan Tenaga Kerja Tahun 2014: Peringkat dan Skor

Peringkat	Wilayah	Skor
1	Wilayah Jawa	1,6700
2	Wilayah Kalimantan	1,0027
3	*Wilayah Maluku-Papua*	*–0,3552*
4	Wilayah Sumatera	–0,3940
5	Wilayah Sulawesi	–0,7693
6	Wilayah Bali-Nusa Tenggara	–1,1543

Sumber: Asia Competitiveness Institute

Berdasarkan Tabel 8.6, Wilayah Maluku-Papua memiliki kinerja lebih baik untuk lingkup Finansial, Bisnis dan Kondisi Tenaga Kerja dibanding lingkup lainnya. Wilayah ini menduduki peringkat ketiga dengan skor tertinggi (–0,3552) jika dibandingkan dengan perolehan skor di lingkup lainnya. Tentunya, ini menjadi lingkup dimana Maluku-Papua dapat meningkatkan performanya dan meraih posisi yang lebih tinggi.

Tabel 8.6 menunjukkan bahwa Maluku-Papua berada di bawah Wilayah Kalimantan yang menduduki posisi kedua (1,0027). Dengan selisih skor yang relatif besar, perlu upaya maksimal agar Wilayah Maluku-Papua dapat mengejar Wilayah Kalimantan.

Berdasarkan peringkat provinsi, Papua dan Papua Barat, masing-masing, menempati posisi ke-11 dan ke-12. Akan tetapi, baik Maluku (peringkat ke-23) maupun Maluku Utara (peringkat ke-31) menunjukkan kinerja yang relatif rendah. Kinerja Papua dan Papua Barat yang relatif baik berkontribusi atas tingginya daya saing Wilayah Maluku-Papua di lingkup ini, mengalahkan saingan terdekatnya, Wilayah Sumatera.

Tabel 8.7. Kualitas Hidup dan Pembangunan Infrastruktur Tahun 2014: Peringkat dan Skor

Peringkat	Wilayah	Skor
1	Wilayah Jawa	1,0603
2	Wilayah Kalimantan	0,7425
3	Wilayah Sumatera	0,4385
4	Wilayah Sulawesi	0,2448
5	Wilayah Bali-Nusa Tenggara	–0,5423
6	*Wilayah Maluku-Papua*	*–1,9438*

Sumber: Asia Competitiveness Institute

Tabel 8.7 menggambarkan posisi ekstrem yang dimiliki Wilayah Maluku-Papua untuk lingkup Kualitas Hidup dan Pembangunan Infrastruktur yang berada di posisi terbawah (–1,9438), tertinggal cukup jauh dari wilayah-wilayah lainnya.

Wilayah Maluku-Papua memiliki selisih yang signifikan dengan Wilayah Bali-Nusa Tenggara yang menduduki posisi kelima (–0,5423). Hal tersebut membutuhkan intervensi serius melalui insentif dengan target spesifik untuk melakukan perbaikan. Peringkat wilayah ini tentunya dipengaruhi oleh performa masing-masing provinsi, di mana Maluku hanya menempati peringkat ke-23, Papua Barat ke-28, Maluku Utara ke-31 dan Papua ke-33. Untuk meningkatkan produktivitasnya, satu aspek khusus yang memerlukan upaya terpadu dari pemerintah pusat, provinsi dan kabupaten/kota adalah pendidikan. Tingkat partisipasi pendidikan dasar di wilayah ini masih jauh di bawah rata-rata nasional, terutama di Papua.

2.2 Analisis Jaring Daya Saing Median dan Maksimum

Untuk memiliki pemahaman lebih baik mengenai peta kekuatan dan kelemahan relatif Wilayah Maluku-Papua, pencapaian wilayah ini perlu dibandingkan dengan nilai tengah (median) dan nilai maksimum dari keenam wilayah dalam 12 sub-lingkup. Gambar 8.2 memperlihatkan skor median untuk keenam wilayah Indonesia dengan garis putus-putus warna merah, sedangkan skor Wilayah Maluku-Papua ditunjukkan dengan garis hijau pekat.

Berdasarkan peringkat Daya Saing Keseluruhan, posisi Maluku-Papua berada di urutan keenam, sebagai wilayah dengan kinerja terendah. Hanya ada satu sub-lingkup, yaitu Kemampuan Finansial dan Efisiensi Bisnis, dimana Wilayah Maluku-Papua memiliki skor di atas median. Sedangkan untuk sub-lingkup lainnya, skor wilayah ini berada di bawah skor median, baik dengan selisih kecil maupun besar. Sub-lingkup dengan selisih skor yang relatif kecil dibandingkan dengan skor median antara lain: Kedinamisan Ekonomi Regional; Keterbukaan dalam Perdagangan dan Jasa; dan Kinerja Produktivitas. Analisis ini sekali lagi menunjukkan bawah Maluku-Papua masih tertinggal jauh di belakang skor median dalam hal sub-lingkup Kualitas Hidup, Pendidikan dan Stabilitas Sosial; Infrastruktur Teknologi; dan Infrastruktur Fisik, yang perlu lebih diperhatikan.

Analisis jaring daya saing maksimum pada Gambar 8.3 memperlihatkan sejauh mana skor terbaik untuk setiap sub-lingkup dalam kaitannya dengan skor Wilayah Maluku-Papua. Skor maksimum untuk keenam wilayah ditunjukkan dengan garis putus-putus berwarna cokelat, sedangkan skor untuk wilayah Maluku-Papua ditunjukkan dengan garis hijau pekat.

Wilayah Maluku-Papua memiliki selisih terkecil dengan skor maksimum dalam hal Kemampuan Finansial dan Efisiensi Bisnis. Meskipun demikian, wilayah ini tidak boleh berpuas diri. Skor yang tinggi dari wilayah dengan kinerja teratas, Wilayah Jawa, telah menaikkan tolok ukur dengan sangat tinggi, seperti yang terlihat pada skor di Tabel 8.3 dan Tabel 8.7. Meskipun demikian, selisih ini menunjukkan bahwa Wilayah Maluku-Papua memiliki potensi untuk bersaing, bahkan dengan Wilayah Jawa.

Sangat disayangkan bahwa pada sub-lingkup yang lain, skor Wilayah Maluku-Papua berada jauh di bawah skor maksimum. Dua sub-lingkup yang memerlukan perhatian lebih adalah Kualitas Hidup, Pendidikan dan Stabilitas Sosial; serta Institusi, Pemerintahan dan Kepemimpinan. Peningkatan skor di dua sub-lingkup tersebut

Gambar 8.2. Analisis Jaring Daya Saing Median Wilayah Maluku-Papua Tahun 2014

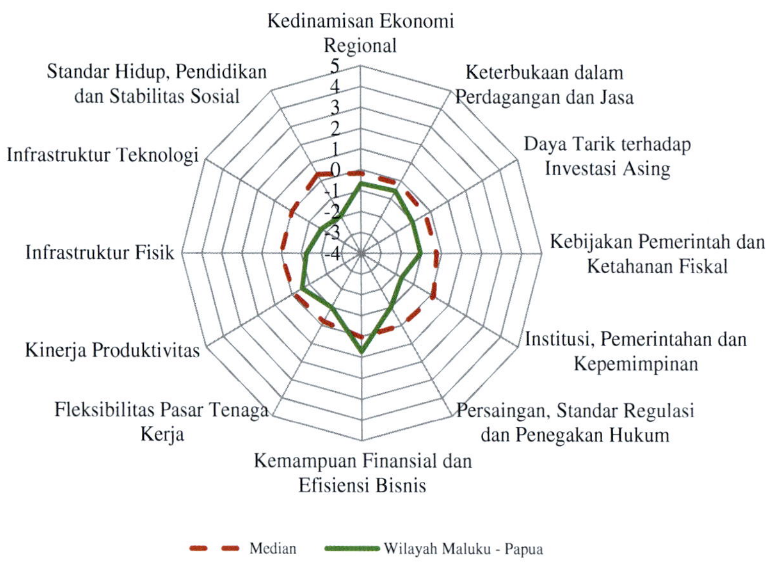

Sumber: Asia Competitiveness Institute

Gambar 8.3. Analisis Jaring Daya Saing Maksimum Wilayah Maluku-Papua Tahun 2014

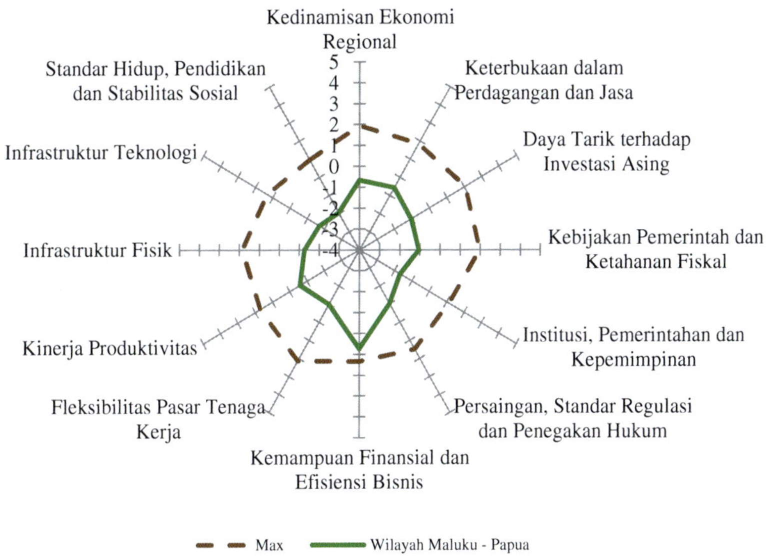

Sumber: Asia Competitiveness Institute

akan mengoptimalkan pencapaian di sub-lingkup lainnya. Inilah waktunya bagi pemerintah pusat, provinsi dan kabupaten/kota, untuk melakukan segala upaya untuk meningkatkan kedua aspek tersebut.

2.3 Analisis Kekuatan dan Kelemahan

Tabel 8.8 dan 8.9 masing-masing menunjukkan indikator-indikator terkuat dan terlemah di Wilayah Maluku-Papua. Tabel 8.8 menampilkan 20% indikator-indikator teratas atau 21 indikator terkuat dari total 104 indikator, diurutkan dari yang teratas. Tabel 8.9 menampilkan 20% indikator-indikator terbawah atau 21 indikator terlemah, yaitu dari peringkat 84 sampai dengan 104.[5]

Di Tabel 8.8, terlihat bahwa beberapa indikator dari lingkup Kondisi Finansial, Bisnis dan Tenaga Kerja (10 indikator) serta Kualitas Hidup dan Pembangunan Infrastruktur (delapan indikator) mendominasi kekuatan Wilayah Maluku-Papua. Tiga indikator terkuat adalah Pertumbuhan Jumlah Penduduk (#1); Kapasitas Peralatan Perusahaan (#2); dan Strategi Perusahaan (#3).

Kekuatan lain yang menjanjikan adalah Penerapan Teknologi Informasi di Perusahaan (#4); Produktivitas Industri Sekunder (#7); Jumlah Kredit Bermasalah (#11); Kemudahan Transaksi di Bank (#12); dan Tingkat Partisipasi Angkatan Kerja (#13). Hal ini merefleksikan kekuatan dari lingkup Kondisi Finansial, Bisnis dan Tenaga Kerja. Bersama dengan kekuatan ini, Pertumbuhan Jumlah Penduduk Perkotaan (#10); Keterbukaan dalam Perdagangan (#17); dan Gairah Kompetisi dan Kolaborasi (#18) juga menunjukkan arah yang menjanjikan bagi Maluku-Papua untuk berkembang lebih jauh.

Menariknya, bersama dengan lingkup Perencanaan Pemerintah dan Institusi, beberapa indikator dari Kualitas Hidup dan Pembangunan Infrastruktur juga mendominasi daftar 21 indikator terlemah. Kinerja

[5] 21 indikator terkuat dan 21 indikator terlemah ini didapatkan dengan mendata seluruh skor yang didapatkan Wilayah Maluku-Papua untuk 104 indikator dan mengurutkannya dari yang tertinggi ke terendah. Indikator-indikator yang muncul sebagai 21 indikator teratas diidentifikasikan sebagai kekuatan wilayah ini dan 21 indikator terbawah sebagai kelemahan. Perbandingan antarskor indikator untuk wilayah ini dilakukan tanpa membandingkan dengan skor indikator di wilayah lain.

Tabel 8.8. Daftar 20% Indikator Terkuat Wilayah Maluku-Papua Tahun 2014

Peringkat	20% Indikator Terkuat	Skor	Lingkup
1	Pertumbuhan Jumlah Penduduk	2,1357	KHPI
2	Kapasitas Peralatan Perusahaan	2,0734	KFBTK
3	Strategi Perusahaan	1,9182	KFBTK
4	Penerapan Teknologi Informasi di Perusahaan	1,5292	KFBTK
5	Jumlah Kendaraan Bermotor per Panjang Jalan Beraspal	1,4375	KHPI
6	Penduduk per Jumlah Cabang/Kantor Bank	1,0438	KFBTK
7	Produktivitas Industri Sekunder	0,8913	KFBTK
8	Inflasi	0,8864	SEM
9	Jumlah Kredit Bermasalah per Total Pinjaman Bank	0,7457	KFBTK
10	Pertumbuhan Jumlah Penduduk Perkotaan	0,7080	KHPI
11	Jumlah Kredit Bermasalah	0,5877	KFBTK
12	Kemudahan Transaksi di Bank	0,5493	KFBTK
13	Tingkat Partisipasi Angkatan Kerja	0,4939	KFBTK
14	Indeks Kualitas Lingkungan Hidup	0,4345	KHPI
15	Rasio Penduduk per Fasilitas Kesehatan	0,4234	KHPI
16	Fatalitas Berkaitan dengan Bencana Alam	0,3908	KHPI
17	Keterbukaan dalam Perdagangan	0,3771	SEM
18	Gairah Kompetensi dan Kolaborasi	0,1119	PPI
19	Angka Harapan Hidup saat Lahir	0,1096	KHPI
20	Tingkat Pengangguran	–0,0132	KFBTK
21	Rasio Murid per Guru (Menengah Atas)	–0,0254	KHPI

Catatan: SEM = Stabilitas Ekonomi Makro; PPI = Perencanaan Pemerintah dan Institusi; KFBTK = Kondisi Finansial, Bisnis dan Tenaga Kerja; KHPI = Kualitas Hidup dan Pembangunan Infrastruktur
Sumber: Asia Competitiveness Institute

pemerintah yang relatif rendah secara tidak langsung mempengaruhi kualitas pendidikan dasar dan layanan kesehatan.

Rincian skor pada Tabel 8.9 mengindikasikan bahwa pemerintah harus mengambil langkah serius untuk menyeimbangkan penerimaan dari sumber daya alam dengan pengembangan sumber daya manusia yang cakap. Angka Partisipasi Sekolah di Pendidikan Dasar (#104); Rasio Murid per Guru di Sekolah Dasar (#102); Tingkat Buta Huruf Dewasa (#97); dan Angka Partisipasi Sekolah Menengah Pertama (#96) adalah indikator-indikator dengan skor terendah. Dari aspek infrastruktur, Kualitas Infrastruktur Teknologi (#101) dan Rumah Tangga dengan Sambungan Listrik (#98) mengindikasikan bahwa kolaborasi antar pemerintah pusat, provinsi dan daerah diperlukan untuk menarik investasi guna mendukung pembangunan infrastruktur tersebut.

Akan tetapi, perbaikan dalam sektor-sektor tersebut mensyaratkan kepemimpinan dan manajemen yang kuat dari pemerintah daerah. Keamanan (#103) juga masuk dalam indikator terlemah. Hal ini penting untuk menjaga kegiatan usaha agar tetap bisa berjalan dan memastikan keamanan anak-anak untuk bersekolah. Pendapatan Pajak per Pendapatan Total Pemda (#99) juga termasuk dalam indikator terlemah, bersama dengan Korupsi (#89). Hubungan antara dua indikator ini dapat dijelaskan dengan rendahnya penilaian dalam kinerja Akuntabilitas dan Inklusivitas Pemda (#92) dan Koordinasi dengan Pemerintah Kabupaten/Kota (#91).

Tabel 8.9. Daftar 20% Indikator Terlemah Wilayah Maluku-Papua Tahun 2014

Peringkat	20% Daftar Indikator Terlemah	Peringkat	Lingkup
84	Kualitas Peraturan Daerah	–1,4673	PPI
85	Kapasitas Kepemerintahan Provinsi	–1,4742	PPI
86	Akses Internet di Sekolah	–1,4992	KHPI
87	Indeks Pembangunan Manusia	–1,5022	KHPI
88	Rasio Murid per Guru (Menengah Atas)	–1,5047	KHPI
89	Tingkat Kebersihan dari Korupsi	–1,6001	PPI
90	Upah Minimum Pekerja per Bulan	–1,6055	KFBTK
91	Koordinasi dengan Pemerintah Kabupaten/Kota	–1,6060	PPI
92	Akuntabilitas dan Inklusivitas Pemda	–1,6445	PPI
93	Kualitas Kesehatan	–1,6654	KHPI
94	Jumlah Sambungan Telepon	–1,6681	KHPI
95	Ketersediaan dan Keterjangkauan Sarana Umum	–1,6695	KHPI
96	Angka Partisipasi Sekolah (Menengah Pertama)	–1,7856	KHPI
97	Tingkat Buta Huruf (dewasa)	–1,8238	KHPI
98	Rumah Tangga dengan Sambungan Listrik	–1,8998	KHPI
99	Pendapatan Pajak per Pendapatan Total Pemda	–1,9089	PPI
100	Jumlah Kepemilikan Telepon Genggam	–1,9240	KHPI
101	Kualitas Infrastruktur Teknologi	–1,9360	KHPI
102	Rasio Murid per Guru (Sekolah Dasar)	–1,9713	KHPI
103	Keamanan	–2.0462	PPI
104	Angka Partisipasi Sekolah (Pendidikan Dasar)	–2.2259	KHPI

Catatan: SEM = Stabilitas Ekonomi Makro; PPI = Perencanaan Pemerintah dan Institusi; KFBTK = Kondisi Finansial, Bisnis dan Tenaga Kerja; KHPI = Kualitas Hidup dan Pembangunan Infrastruktur
Sumber: Asia Competitiveness Institute

3. TEMA KEBIJAKAN DAN STRATEGI PEMBANGUNAN

3.1 Kebijakan Pemerintah[6]

Dikenal dengan potensi sumber daya alamnya, Wilayah Maluku-Papua diimpikan untuk menjadi sentra pangan dan perikanan, serta pengembangan pertambangan di dalam MP3EI. Wilayah Merauke di Papua, secara spesifik, telah ditetapkan sebagai sentra lumbung pangan, yang menghasilkan tanaman pangan dan non-pangan melalui pembangunan *Merauke Integrated Food and Energy Estate* (MIFEE). Kepulauan Maluku memiliki potensi besar dalam perikanan dan telah ditetapkan sebagai Lumbung Ikan Nasional. Kawasan Mega Minapolitan di Morotai, Maluku Utara, telah ditetapkan sebagai pionir dari ide ini. Kebijakan dan regulasi dalam setiap strategi telah diselaraskan untuk mendukung implementasi tersebut. Infrastruktur pendukung untuk meningkatkan konektivitas antara sentra strategis ini juga telah diidentifikasi dan diformulasikan dalam sebuah rencana investasi.

[6]Di tingkat nasional, rencana pembangunan Indonesia didokumentasikan dalam Rencana Pembangunan Jangka Panjang Nasional (RPJPN) 2005–2025. Saat ini RPJPN berada dalam implementasi fase kedua melalui Rencana Pembangunan Jangka Menengah Nasional (RPJMN) 2010–2014. Pemerintah provinsi harus merujuk pada RPJMN 2010–2014 saat merumuskan atau menyesuaikan Rencana Pembangunan Jangka Menengah Daerah (RPJMD) di masing-masing provinsi sehingga dapat mencapai target pembangunan nasional. MP3EI tidak bertujuan untuk menggantikan RPJMN atau rencana pembangunan nasional dan provinsi yang sedang berjalan. Ini adalah dokumen kerja yang bersifat melengkapi rencana pembangunan tersebut yang bertujuan mengakselerasi dan memperluas pembangunan ekonomi di Indonesia.

MIFEE dibagi ke dalam 10 Klaster Sentra Produksi Pertanian (KSPP). Dalam periode pembangunan jangka pendek dari tahun 2011–2014, sentra produksi pertanian dalam MIFEE telah dibangun di Merauke, Kali Kumb, Yeinan dan Bian. Aktivitas bisnis pertanian ini didukung oleh ide sistem industri berbasis ilmu dan teknologi, modal, organisasi dan manajemen. Hal ini dengan lebih lanjut menekankan bahwa sektor pertanian tidaklah inferior dari sektor lainnya. Salah satu prioritas dari MIFEE adalah untuk memenuhi permintaan gula nasional, terutama dengan lahan luas yang dimiliki Papua yang sesuai untuk penanaman tebu.

Kementerian Kelautan dan Perikanan telah menetapkan rencana untuk industri pengolahan perikanan di Tual dan Seram, Maluku. Terlepas dari peluang yang besar, rencana ini masih dalam proses dan pada saat ini, kualitas ikan olahannya belum setara dengan kualitas yang diperlukan untuk bersaing dalam pasar ekspor yang lebih menguntungkan.

Pengembangan pertambangan nikel dan tembaga telah ditetapkan sebagai komoditas paling menjanjikan untuk wilayah ini. Meskipun demikian, nikel hanya diproduksi dalam bentuk bijih nikel. Untuk mendukung nilai ekspor yang lebih tinggi, wilayah ini perlu membangun infrastruktur untuk kegiatan pengilangan dan pengolahan, dan juga memfasilitasi pembangunan smelter.

Sejauh ini, rancangan teknis Rencana Pembangunan Jangka Menengah Nasional (RPJMN) 2015–2019 diselaraskan secara erat dengan MP3EI. Rencana untuk membangun enam daerah industri di wilayah ini dijabarkan secara jelas. Dua inisiatif skala nasional lainnya juga memiliki dampak terhadap pembangunan di Wilayah Maluku-Papua. Pertama adalah Rancangan Undang-Undang Percepatan Pembangunan Daerah Kepulauan (RUU PPDK). Maluku dan Maluku Utara termasuk dalam tujuh provinsi yang didefinisikan sebagai daerah kepulauan, dan karenanya, akan menjadi subyek dari rancangan undang-undang setelah diterapkan secara resmi. Berdasarkan rancangan undang-undang tersebut, pembangunan di daerah kepulauan perlu dilakukan dengan sebuah pendekatan regional berbasis kelautan, selain pendekatan standar sektoral yang umum digunakan di seluruh Indonesia. Tujuan rancangan undang-undang tersebut, antara lain, menghentikan kegiatan pencurian ikan oleh kapal asing di wilayah laut provinsi-provinsi ini. Proses yang tertunda lama dalam meratifikasi rancangan undang-undang tersebut berarti penundaan lebih lama dalam mengimplementasikan rencana untuk membangun Kawasan Lumbung Ikan Nasional di Maluku dan Maluku Utara.

Inisiatif lainnya yang berskala nasional juga terkait dengan Provinsi Papua dan Papua Barat. Pemerintah pusat telah membangun Unit Percepatan Pembangunan di Papua dan Papua Barat (UP4B). Unit tersebut bekerja khusus untuk memberikan pendampingan bagi kedua provinsi untuk mencapai target mereka dalam hal tata kelola, infrastruktur fisik, ekonomi lokal dan pendidikan.[7] Semenjak tahun 2001, Undang-Undang Otonomi Khusus berlaku untuk provinsi-provinsi di Wilayah Papua. Undang-undang tersebut menetapkan bahwa penerimaan dari sumber daya alam Wilayah Papua dalam porsi besar akan dikembalikan kepada Provinsi Papua dan Papua Barat, untuk digunakan melalui otonomi provinsi yang lebih luas. Meskipun demikian, semenjak penerapan undang-undang tersebut, keberlangsungan pembangunan masih jauh dari yang diharapkan, dimana kasus korupsi meningkat, politik didominasi oleh konflik perebutan kekuasaan dan uang, dan kualitas hidup belum meningkat secara signifikan. UP4B diharapkan akan membantu provinsi-provinsi ini membuat reformasi internal dan meraih hasil pembangunan yang nyata.

Setiap provinsi memiliki Rencana Pembangunan Jangka Menengah Daerah (RPJMD) masing-masing yang selaras dengan MP3EI dan inisiatif tingkat nasional lainnya.[8] Untuk Maluku, RPJMD 2014–2019 provinsi ini kemungkinan besar akan melanjutkan apa yang sudah tertera dalam RPJMD 2008–2013, yang menggarisbawahi tiga prioritas seperti perbaikan layanan dasar dan pembangunan pedesaan, percepatan pertumbuhan ekonomi berkelanjutan didukung oleh pembangunan pertanian, infrastruktur dan energi, serta memperkuat tata kelola daerah yang baik dengan meningkatkan upaya antikorupsi, reformasi birokrasi dan usaha menjaga perdamaian. Dalam terminologi yang lebih praktis, pemerintah provinsi mencita-citakan provinsi ini untuk unggul

---

[7] "Strategi Percepatan Pembangunan Provinsi Papua dan Papua Barat," *National Development and Planning Agency*, 24 April, 2014, diakses 24 Juli 2014, <http://www.bappenas.go.id/berita-dan-siaran-pers/strategi-percepatan-pembangunan-provinsi-papua-dan-papua-barat/>.

[8] Badan Perencanaan Pembangunan Daerah, *Rencana Pembangunan Jangka Menengah Daerah (RPJMD) dari beberapa provinsi dengan jangka waktu pembangunan yang beragam.*

sebagai Lumbung Ikan Nasional (*Golden Fishing Ground)*, dalam pariwisata laut dan maritim, perkebunan dan rempah-rempah (utamanya pala dan cengkeh), minyak, gas dan mineral.

Untuk Maluku Utara, menurut RPJMD 2009–2014, target provinsi ini adalah peningkatan standar hidup, produktivitas dan pemanfaatan sumber daya kelautan dan perkebunan, ketersediaan, kualitas dan aksesibilitas moda transportasi, dan keseimbangan pembangunan antara bagian utara dan selatan Maluku, dan antara sarana transportasi darat, laut dan udara. Untuk Papua, berdasarkan RPJMD, pola pembangunan akan didasarkan pada tiga aspek penting, yaitu pembangunan berorientasi pada sumber daya manusia, pertumbuhan yang inklusif dan berkelanjutan dan keseimbangan pembangunan di dalam provinsi. Aspek-aspek tersebut dipilih dengan kesadaran akan adanya kesenjangan pembangunan antarwilayah, contohnya antara daerah pegunungan tinggi dengan daerah pesisir.

Untuk memfasilitasi dunia usaha, Papua juga telah membentuk pelayanan terpadu satu pintu untuk pendaftaran izin usaha, bersama dengan pusat promosi investasi Papua di Tiongkok dan Jerman. Fokus otonomi khusus tetap menjadi isu kritis mengingat adanya kekhawatiran akan keberlangsungan hidup suku asli Papua. Mereka saat ini menghadapi risiko akibat kompetisi langsung dengan pendatang yang hidup di provinsi ini, atau bahkan dari kehadiran pihak luar yang bisa membawa dampak negatif terhadap mata pencarian mereka. Tidak ada kebijakan eksplisit atau inisiatif yang digagas untuk mengatasi masalah ini. Satu contoh khusus terkait dengan hal ini adalah Freeport di Kabupaten Mimika, sebuah perusahaan yang telah merekrut masyarakat lokal sebagai pekerja. Akan tetapi, jumlah masyarakat lokal yang direkrut masih rendah disebabkan oleh ketidaksesuaian kualifikasi atau keterampilan dengan yang dibutuhkan. Adalah sesuatu yang nyata dari contoh ini, bahwa pemerintah harus mengambil langkah untuk meningkatkan sistem pendidikan formal agar dapat menghasilkan lebih banyak pekerja yang kompeten.

RPJMD 2012–2016 Provinsi Papua Barat mengidentifikasi delapan misi utama, yaitu: (1) melaksanakan Undang-Undang Otonomi Khusus, dengan fokus membangun rasa keadilan dan pemerataan bagi masyarakat asli Papua; (2) mempercepat pertumbuhan ekonomi lokal dengan fokus pada pengembangan sumber daya manusia, manajemen sumber daya alam dan penciptaan iklim bisnis yang lebih baik; (3) mengurangi kemiskinan; (4) memperbaiki tata kelola dengan fokus menyediakan barang dan jasa bagi masyarakat luas dan memberantas korupsi dan inefisiensi; (5) memastikan pemerataan kesejahteraan dengan fokus mengatasi kesenjangan antara kota dan desa; (6) membangun sumber daya manusia yang bisa memberikan kontribusi bermakna kepada ekonomi; (7) menggunakan sumber daya alam untuk kesejahteraan masyarakat dengan fokus manajemen sumber daya alam yang lebih baik; dan (8) memastikan keberlanjutan lingkungan. Serupa dengan Papua, status otonomi khusus dan kebutuhan untuk mengakomodasi suku asli Papua dalam rangka menghadapi kegiatan ekonomi yang lebih modern juga menjadi bagian dari rencana pembangunan provinsi ini.

3.2 Strategi Pembangunan

Berdasarkan analisis daya saing ACI, Wilayah Maluku-Papua merupakan wilayah dengan daya saing yang paling rendah, seperti yang terlihat pada Tabel 8.3 untuk peringkat Daya Saing Keseluruhan. Meskipun demikian, jika kita mencermati isu ini dengan lebih rinci, kita dapat melihat bahwa untuk Stabilitas Ekonomi Makro serta Kondisi Finansial, Bisnis dan Tenaga Kerja (lihat Tabel 8.4 dan Tabel 8.6), Wilayah Maluku-Papua memiliki kinerja lebih baik dibandingkan dengan lingkup Perencanaan Pemerintah dan Institusi serta Kualitas Hidup dan Pembangunan Infrastruktur (lihat Tabel 8.5 dan Tabel 8.7). Hal tersebut menyiratkan bahwa wilayah ini ramah terhadap dunia usaha. Namun, hal ini dapat juga merupakan efek limpahan dari fakta bahwa wilayah ini memiliki potensi sumber daya alam yang melimpah dan anggaran keuangan publik yang besar sebagai hasil dari industri ekstraktif.

Meningkatkan kapasitas dan akuntabilitas pemerintah di level provinsi harus diupayakan lebih serius. Kebutuhan untuk memperkuat tata kelola, dimulai dengan memilki sebuah sistem yang memastikan akuntabilitas harus didukung dengan kepemimpinan yang dapat dipercaya oleh seluruh pemangku kepentingan dan membawa perubahan untuk perbaikan menyeluruh. Pembangunan kapasitas dan kapabilitas pegawai negeri menjadi unsur yang penting, begitu juga dengan sistem insentif yang memungkinkan mereka bekerja dengan penuh integritas dan membangun komitmen pribadi untuk bekerja dengan lebih baik. Hal ini mungkin terlihat seperti terminologi umum dalam setiap strategi, tetapi terbukti rumit bagi Maluku Utara dan Papua Barat sebagai provinsi baru. Begitu juga dengan Papua dan Papua Barat dalam mengelola pendanaan publik yang besar sebagai hasil dari undang-undang otonomi khusus, dimana penerimaan provinsi dalam jumlah besar dikembalikan ke provinsi tersebut oleh pemerintah pusat. Adalah penting agar pendanaan ini disalurkan ke daerah yang kurang berkembang untuk perbaikan infrastruktur dan penyediaan sarana publik. Hal ini memerlukan upaya kuat dan terstruktur di seluruh lapisan pemerintahan.

Saat ini, sejumlah peraturan, baik di tingkat pusat, provinsi maupun kabupaten/kota perlu diharmonisasi menjadi lebih baik untuk terus memicu pertumbuhan ekonomi di Wilayah Maluku-Papua. Inkonsistensi antara regulasi pemerintah pusat dan pemerintah daerah, atau antara satu kementerian dengan kementerian lainnya telah menyebabkan lambannya penerbitan izin pertambangan untuk kegiatan eksplorasi. Contoh lainnya adalah risiko ketidakpastian peraturan yang telah menghambat pembangunan industri tembaga di Papua. Karenanya, mengatasi masalah ini menjadi hal yang relevan terhadap kesuksesan setiap strategi dalam jangka panjang.

Pemerintah telah melaksanakan beberapa upaya untuk mengatasi hambatan regulasi, termasuk merevisi peraturan yang diperlukan untuk memudahkan kegiatan usaha, seperti pembebasan lahan dan insentif fiskal. Yang perlu dilakukan adalah memonitor implementasinya dari dekat dan memastikan bahwa semua pihak terkait (baik investor maupun penduduk lokal) mendapatkan manfaat dari peraturan ini.

Memberikan insentif yang komprehensif bagi dunia usaha akan membantu menumbuhkan lebih banyak investasi dengan cepat. Pada saat yang bersamaan, hal ini akan membantu memastikan semua pemain bersikap saling menghargai satu sama lain. Akan tetapi, untuk upaya ini, kontribusi yang seimbang harus datang baik dari pemerintah maupun pelaku bisnis. Analisis yang bersifat konsultatif juga harus melibatkan komunitas lokal, dengan alasan bahwa setiap investasi pada kegiatan ekstraktif ke depannya harus sadar akan adanya potensi konflik prioritas antara kepentingan bisnis, hak asasi manusia dan perubahan iklim.

Guna mendorong kegiatan usaha, Wilayah Maluku-Papua memerlukan infrastruktur dan konektivitas antarwilayah. Inilah momen untuk mewujudkan infrastruktur yang efisien yang dapat menjangkau masyarakat yang tinggal di wilayah terluar, terdepan dan pulau-pulau yang tertinggal. Perahu besar yang menghubungkan pulau-pulau besar dibutuhkan, begitu juga dengan transportasi untuk menghubungkan pulau-pulau kecil. Hal ini dapat membantu mengurangi kesenjangan harga antara wilayah barat dan timur Indonesia. Temuan ACI juga menekankan rendahnya kondisi infrastruktur fisik maupun infrastruktur teknologi di wilayah ini.

Di samping aspek tata kelola dan infrastruktur, mesin ekonomi wilayah ini, terutama di Papua dan Papua Barat, perlu dikembangkan melebihi sektor primer yang berbasis sumber daya alam. Saat ini, sektor kunci di Papua dan Papua Barat adalah sektor padat sumber daya alam dan padat modal yang menyebabkan adanya keterbatasan dalam kapasitas penciptaan lapangan kerja bagi masyarakat lokal dan keberlanjutan area sekitar. Dengan kata lain, jika strategi MP3EI menunjukkan keunggulannya dalam menciptakan hasil di Wilayah Jawa, Sumatera dan Sulawesi, strategi ini mungkin tidak akan memberikan hasil serupa di Wilayah Maluku-Papua.

Inilah saatnya untuk bergerak ke investasi dengan basis lebih luas yang menjaga potensi pertumbuhan dan mengurangi kemiskininan di Papua dan Papua Barat. Pengembangan kegiatan yang bernilai tambah untuk memproses produk dari sektor primer adalah esensial untuk membangun industrialisasi yang lebih inklusif di wilayah ini. Maluku dan Maluku Utara juga perlu mengatasi tantangan industrialisasi dan mengembangkan produksi pertanian dan perikanan yang sederhana menjadi industri pengolahan. Terutama untuk Maluku yang menduduki peringkat tertinggi di wilayah ini dalam konteks Daya Saing Keseluruhan, dengan peringkat ke-23. Agar industrialisasi dapat berhasil, skala ekonomi harus dipertimbangkan dengan hati-hati. Untuk itu, Wilayah Maluku-Papua perlu memperkuat sentra produksi dan konsumsi, serta memobilisasi kehadiran produsen dan konsumen di wilayah tersebut.

Penciptaan lapangan kerja untuk kesejahteraan generasi mendatang harus menjadi prioritas utama. Tenaga kerja lokal yang memiliki pengetahuan khusus atas kondisi lokal tetap memerlukan dukungan yang terstruktur dan tanpa henti dari pemerintah pusat dan daerah untuk benar-benar menjadi pekerja yang kompeten. Dunia usaha diharapkan dapat berkontribusi dalam bentuk pelatihan non-formal dan kejuruan bagi penduduk usia produktif. Hal ini seharusnya dilakukan selaras dengan MP3EI. Bagaimanapun juga, komitmen politik dan kepemimpinan pemerintah tetap diperlukan di setiap provinsi.

Dalam membangun sektor pertanian di Wilayah Maluku-Papua, diperlukan kerjasama lintas sektor, termasuk kehutanan dan perikanan. Ketahanan pangan diperlukan dan Papua memiliki potensi untuk menyediakan pangan melalui MIFEE dan program lainnya. Meskipun demikian, Papua juga merupakan salah satu sumber oksigen dunia dan hutan hujannya yang rimbun merupakan habitat keanekaragaman hayati yang kaya. Mengelola sumber daya yang sangat berharga dengan tanggungjawab merupakan bagian penting dari strategi umum untuk membangun wilayah ini.

Pada akhirnya, dalam rangka meningkatkan produktivitas Wilayah Maluku-Papua, serta daya saingnya, investasi di sektor infrastruktur, pengembangan sumber daya manusia, tata kelola yang baik dan manajemen sumber daya alam harus menjadi target utama. Pendidikan, baik formal maupun non-formal, harus menjadi prioritas untuk meraih kualitas hidup yang lebih baik bagi penduduk lokal. Di sisi lain, tata kelola yang baik perlu diperkuat dengan membangun kapasitas pejabat publik pada level provinsi dan kabupaten/kota. Hal ini dimaksudkan untuk mengefektifkan proses birokrasi dalam memberikan pelayanan publik.

Analisis mendalam mengenai tantangan dan hambatan sebagaimana ditemukan dalam bab ini diharapkan dapat membantu pemerintah dan investor untuk berkolaborasi dalam menjalankan strategi pembangunan. Fase kedua MP3EI seharusnya membangun fondasi yang kuat untuk tahap akhir, yang diharapkan selesai pada tahun 2025. Pada saat itu, Wilayah Maluku-Papua harus bisa menjadi satu entitas ekonomi yang berkelanjutan dengan akses ke sumber daya alam yang kaya dan tenaga kerja yang mumpuni, yang menduduki peringkat sebagai salah satu wilayah yang paling kompetitif di Asia Tenggara.

DAFTAR PUSTAKA

Badan Perencanaan Pembangunan Daerah. *Rencana Pembangunan Jangka Menengah Daerah (RPJMD) beberapa provinsi dengan jangka waktu yang beragam.*

Badan Perencanaan Pembangunan Nasional. *Rencana Pembangunan Jangka Menengah Nasional (RPJMN) 2010–2014.* Jakarta: Badan Perencanaan Pembangunan Nasional, 2010.

Badan Perencanaan Pembangunan Nasional. “Strategi Percepatan Pembangunan Provinsi Papua dan Papua Barat,” 24 April, 2014. Diakses 24 Juli 2014. http://www.bappenas.go.id/berita-dan-siaran-pers/strategi-percepatan-pembangunan-provinsi-papua-dan-papua-barat/.

Kementerian Koordinator Bidang Perekonomian. *Masterplan Percepatan dan Perluasan Pembangunan Ekonomi Indonesia 2011–2015 (MP3EI).* Jakarta: Kementerian Koordinator Bidang Perekonomian, 2011.

PT PLN. *Statistik PLN 2012.* Jakarta: PLN, 2012.

Tan, Khee Giap dan Mulya Amri. “Subnational Competitiveness and National Performance: Analysis and Simulation for Indonesia.” *Journal of Centrum Cathedra: The Business and Economic Research Journal* Vol. 6 No. 2 (2013): 173–192.

Tan, Khee Giap, Mulya Amri, Linda Low dan Tan Kong Yam. *Analisa Daya Saing dan Strategi Pembangunan untuk 33 Provinsi di Indonesia.* Singapore: World Scientific, 2013.

Tan, Khee Giap, Mulya Amri, Linda Low dan Tan Kong Yam. *Competitiveness Analysis and Development Strategies for 33 Indonesian Provinces.* Singapore: World Scientific, 2013.

Bab 9

Analisis Geweke dalam Hubungan Kausalitas untuk Provinsi Jawa Timur, Kalimantan Timur, Maluku Utara dan Nusa Tenggara Timur

1. LATAR BELAKANG DAN KONTRIBUSI YANG DIHARAPKAN

Asia Competitiveness Institute (ACI) telah memantau daya saing provinsi-provinsi di Indonesia sejak tahun 2013 melalui indeks daya saing provinsi. Indeks yang tersusun secara konstruktif mampu memberi gambaran yang komprehensif mengenai situasi yang ada dengan memperhitungkan beberapa aspek. Mengingat bahwa daya saing adalah isu multidimensi, ACI telah mengidentifikasi 104 indikator terkait, membaginya menjadi empat lingkup dan 12 sub-lingkup. Indeks-indeks tersebut merupakan hal yang dianggap lebih intuitif oleh berbagai pemangku kebijakan di Indonesia (sesuai dengan pengertian mereka atas situasi yang ada), sekaligus menyediakan wawasan baru yang terkadang berlawanan dengan pemahaman konvensional.[1]

Walaupun sebuah indeks mampu mengukur dan menggambarkan suatu kondisi, namun hal tersebut tidak bisa menjelaskan alasan mengapa beberapa kondisi tersebut terjadi. Contohnya, indeks daya saing provinsi ACI menggunakan 104 dimensi yang berbeda sehingga menjadikan DKI Jakarta, Jawa Timur dan Kalimantan Timur sebagai provinsi nomor satu, dua dan tiga yang paling kompetitif di Indonesia. Namun, tidak ada penjelasan secara rinci mengapa ketiga provinsi tersebut sangat kompetitif. Oleh karena itu, pertanyaan atas pendorong (atau tidak adanya) daya saing perlu dijawab melalui metodologi lain selain indeks. Bab ini melaporkan hasil dari analisis kausalitas di beberapa provinsi di Indonesia, menggunakan metodologi yang dikembangkan oleh Geweke pada tahun 1982.[2]

2. METODOLOGI PENELITIAN

Seperti metode yang dikembangkan oleh Granger[3] dan Sims,[4] analisis kausalitas Geweke memfokuskan pada analisis runtun waktu yang bersifat *wide-sense stationary*[5] dan *purely nondeterministic*[6] $Z = \{ z_t, t\ real \}$. Karena itu, vektor z_t bisa diekspresikan melalui representasi *autoregressive* sebagai berikut:

$$Z_t = \sum_{s=1}^{\infty} B_s Z_{t-s} + e_t$$

[1] Lihat Tan Khee Giap *et al.*, *Competitiveness Analysis and Development Strategies for 33 Indonesian Provinces* (Singapore: World Scientific, 2013) yang diterjemahkan ke dalam Bahasa Indonesia, Tan Khee Giap *et al.*, *Analisa Daya Saing dan Strategi Pembangunan untuk 33 Provinsi di Indonesia* (Singapore: World Scientific, 2013), dan makalah ilmiah Tan Khee Giap dan Mulya Amri, "Subnational Competitiveness and National Performance: Analysis and Simulation for Indonesia," *Journal of Centrum Cathedra: The Business and Economic Research Journal* Vol. 6 No. 2 (2013): 173–192 yang merupakan kajian awal penyusunan peringkat daya saing provinsi-provinsi di Indonesia.

[2] John Geweke, "Measurement of linear dependence and feedback between multiple time series," *Journal of the American Statistical Association* Vol. 77 No. 378 (1982): 304–313.

[3] C.W.J. Granger, "Investigating Causal Relations by Econometric Models and Cross-Spectral Methods," *Econometrica* Vol. 37 (1969): 424–438.

[4] Christopher A. Sims, "Money, Income, and Causality," *The American Economic Review* Vol. 62 No. 4 (September 1972): 540–552.

[5] *Wide-sense stationary* mengimplikasikan bahwa nilai rata-rata z_t tersedia dan tidak bergantung pada t, dan untuk semua t dan s, $cov(z_t, z_{t+s})$ tersedia dan bergantung pada s tetapi tidak pada t.

[6] *Purely nondeterministic* berarti bahwa hubungan antara z_t dan z_{t+p} hilang pada saat p meningkat.

Di mana e_t adalah *white noise* dan z_t bisa dipartisi menjadi $k\times 1$ dan $l\times 1$ sub-vektor x_t dan y_t. Geweke juga memperlihatkan bahwa bentuk *canonical* dari seri waktu *wide-sense stationary* $z_t = (x_t, y_t)$ adalah sebagai berikut:

$$x_t = \sum_{s=1}^{\infty} E_{1s}x_{t-s} + u_{1t} \qquad var(u_{1t}) = \Sigma_1 \tag{1}$$

$$x_t = \sum_{s=1}^{\infty} E_{2s}x_{t-s} + \sum_{s=1}^{\infty} F_{2s}y_{t-s} + u_{2t} \qquad var(u_{2t}) = \Sigma_2 \tag{2}$$

$$x_t = \sum_{s=1}^{\infty} E_{3s}x_{t-s} + \sum_{s=0}^{\infty} F_{3s}y_{t-s} + u_{3t} \qquad var(u_{3t}) = \Sigma_3 \tag{3}$$

$$x_t = \sum_{s=1}^{\infty} E_{4s}x_{t-s} + \sum_{s=-\infty}^{\infty} F_{4s}y_{t-s} + u_{4t} \qquad var(u_{4t}) = \Sigma_4 \tag{4}$$

$$y_t = \sum_{s=1}^{\infty} G_{1s}y_{t-s} + v_{1t} \qquad var(v_{1t}) = \mathrm{T}_1 \tag{5}$$

$$y_t = \sum_{s=1}^{\infty} G_{2s}y_{t-s} + \sum_{s=1}^{\infty} H_{2s}x_{t-s} + v_{2t} \qquad var(v_{2t}) = \mathrm{T}_2 \tag{6}$$

$$y_t = \sum_{s=1}^{\infty} G_{3s}y_{t-s} + \sum_{s=0}^{\infty} H_{3s}x_{t-s} + v_{3t} \qquad var(v_{3t}) = \mathrm{T}_3 \tag{7}$$

$$y_t = \sum_{s=1}^{\infty} G_{4s}y_{t-s} + \sum_{s=-\infty}^{\infty} H_{4s}x_{t-s} + v_{4t} \qquad var(v_{4t}) = \mathrm{T}_4 \tag{8}$$

2.1 Definisi: Mengukur *Feedback* Linear

Pengukuran *feedback* linear dari *Y* ke *X* didefinisikan sebagai:

$$F_{Y\to X} = \ln(|\Sigma_1| \,/\, |\Sigma_2|) \tag{9}$$

Pengukuran $F_{Y\to X}$ selalu tidak negatif dan menjadi nol hanya jika *feedback* linear dari Y ke X absen. Secara simetris, pengukuran *feedback* linear dari X ke Y didefinisikan sebagai:

$$F_{X\to Y} = \ln(|\mathrm{T}_1| \,/\, |\mathrm{T}_2|) \tag{10}$$

Pengukuran *feedback* yang bersifat instan (*instantaneous*) didefinisikan sebagai:

$$F_{X\cdot Y} = \ln(|\mathrm{T}_2| \times |\Sigma_2| \,/\, |\Upsilon|) \tag{11}$$

Di mana $\Upsilon = \mathrm{var}\begin{pmatrix} u_2 t \\ v_2 t \end{pmatrix} = \begin{bmatrix} \Sigma_2 & C \\ C' & \mathrm{T}_2 \end{bmatrix}$.

Karena itu, ukuran *feedback* linear antara kedua vektor X dan Y bisa didekomposisi menjadi jumlah ukuran *feedback* linear dari X ke Y, ukuran *feedback* dari Y ke X, dan *feedback* linear secara instan antara kedua vektor. Yaitu,

$$F_{X,Y} = F_{X\to Y} + F_{Y\to X} + F_{X\cdot Y} \tag{12}$$

Geweke juga membuktikan bahwa persamaan berikut ini adalah sepadan:

$$F_{X,Y} = \ln(|\Sigma_1| \times |\mathrm{T}_1| \,/\, |\Upsilon|) = \ln(|\Sigma_1| \,/\, |\Sigma_4|) = \ln(|\mathrm{T}_1| \,/\, |\mathrm{T}_4|) \tag{13}$$

$$F_{X\to Y} = \ln(|T_1| / |T_2|) = \ln(|\Sigma_3| / |\Sigma_4|) \quad (14)$$

$$F_{Y\to X} = \ln(|\Sigma_1| / |\Sigma_2|) = \ln(|T_3| / |T_4|) \quad (15)$$

$$F_{X\cdot Y} = \ln(|T_2| \times |\Sigma_2| / |Y|) = \ln(|\Sigma_2| / |\Sigma_3|) = \ln(|T_2| / |T_3|) \quad (16)$$

2.2 Distribusi Statistik

Di bawah hipotesis nul, tidak ada kausalitas searah dari Y ke X,
contoh jika $F_{Y\to X} = 0$, maka

$$n\hat{F}_{Y\to X} \sim X^2(klp) \quad (17)$$

jika $F_{X\to Y} = 0$, maka

$$n\hat{F}_{X\to Y} \sim X^2(klp) \quad (18)$$

jika $F_{X\cdot Y} = 0$, maka

$$n\hat{F}_{X\cdot Y} \sim X^2(kl) \quad (19)$$

Karena tes ini adalah sekumpulan hipotesis, $\hat{F}_{Y\to X}$, $\hat{F}_{X\to Y}$ dan $\hat{F}_{X\cdot Y}$ secara asimtotik independen. Ukuran *feedback* linear antara X dan Y, $F_{X,Y}$, bisa diuji secara bersamaan,
jika $F_{X,Y} = 0$, maka

$$n\hat{F}_{X,Y} \sim X^2(kl(2p+1)) \quad (20)$$

2.3 Interval Kepercayaan

Interval kepercayaan (CI) untuk 95% bisa dihitung sebagai berikut:
Untuk $\hat{F}_{Y\to X}$,

$$\left\{\left[\left(\hat{F}_{Y\to X} - \frac{klp-1}{3n}\right)^{1/2} - \frac{1.96}{\sqrt{n}}\right]^2 - \frac{2klp+1}{3n}, \left[\left(\hat{F}_{Y\to X} - \frac{klp-1}{3n}\right)^{1/2} + \frac{1.96}{\sqrt{n}}\right]^2 - \frac{2klp+1}{3n}\right\} \quad (21)$$

Untuk $\hat{F}_{X\to Y}$,

$$\left\{\left[\left(\hat{F}_{X\to Y} - \frac{klp-1}{3n}\right)^{1/2} - \frac{1.96}{\sqrt{n}}\right]^2 - \frac{2klp+1}{3n}, \left[\left(\hat{F}_{X\to Y} - \frac{klp-1}{3n}\right)^{1/2} + \frac{1.96}{\sqrt{n}}\right]^2 - \frac{2klp+1}{3n}\right\} \quad (22)$$

Untuk $\hat{F}_{X.Y}$,

$$\left\{\left[\left(\hat{F}_{X\cdot Y} - \frac{kl-1}{3n}\right)^{1/2} - \frac{1.96}{\sqrt{n}}\right]^2 - \frac{2kl+1}{3n}, \left[\left(\hat{F}_{X\cdot Y} - \frac{kl-1}{3n}\right)^{1/2} + \frac{1.96}{\sqrt{n}}\right]^2 - \frac{2kl+1}{3n}\right\} \quad (23)$$

Untuk $\hat{F}_{X,Y}$,

$$\left\{\left[\left(\hat{F}_{X,Y} - \frac{kl(2p+1)-1}{3n}\right)^{\frac{1}{2}} - \frac{1.96}{\sqrt{n}}\right]^2 - \frac{2kl(2p+1)+1}{3n}, \left[\left(\hat{F}_{X,Y} - \frac{kl(2p+1)-1}{3n}\right)^{\frac{1}{2}} + \frac{1.96}{\sqrt{n}}\right]^2 - \frac{2kl(2p+1)+1}{3n}\right\} \quad (24)$$

3. PEMILIHAN STUDI KASUS

Bab ini menjajaki kemungkinan-kemungkinan yang menjelaskan mengapa suatu provinsi memiliki daya saing tinggi ataupun rendah. Untuk itu, kami menganalisa empat provinsi secara mendetail. Kriteria pemilihan termasuk:

a. Provinsi yang secara konsisten mendapat peringkat tertinggi atau terendah pada indeks daya saing provinsi ACI di tahun 2013 dan 2014,
b. Provinsi yang merupakan bagian dari wilayah atau "koridor ekonomi" yang berbeda untuk menganalisa keragaman wilayah, dan
c. Provinsi yang memiliki penduduk dan struktur ekonomi yang beragam.

Untuk kriteria pertama, seperti dijelaskan di Bab 1, provinsi nomor satu adalah DKI Jakarta. Namun, mengingat peran unik Jakarta sebagai ibu kota negara dan juga skornya yang jauh lebih tinggi dari provinsi lainnya, maka Jakarta bisa dikategorikan sebagai anomali. Oleh karena itu, kami memilih Jawa Timur dan Kalimantan Timur, yang merupakan provinsi dengan daya saing nomor dua dan tiga, sebagai studi kasus. Skor terstandardisasi pada Daya Saing Keseluruhan juga tidak jauh berbeda, yaitu 1,82 untuk Jawa Timur, dan 1,56 untuk Kalimantan Timur.[7] Untuk provinsi dengan daya saing relatif rendah, pilihan tertuju pada peringkat ke-32 dan ke-33, yaitu Nusa Tenggara Timur dan Maluku Utara. Skor terstandardisasi provinsi-provinsi tersebut juga cukup dekat, yaitu –1,56 untuk Nusa Tenggara Timur dan –1,71 untuk Maluku Utara.

Jawa Timur dan Kalimantan Timur juga mendapat skor relatif tinggi dan termasuk dalam peringkat lima besar di empat lingkup daya saing. Sementara, provinsi yang kurang kompetitif, Maluku Utara dan Nusa Tenggara Timur, memposisikan diri di lima terbawah untuk tiga dari empat lingkup daya saing pada tahun 2013 dan 2014.[8]

Menurut kriteria kedua, pemilihan studi kasus juga didasarkan pada provinsi yang berasal dari koridor ekonomi yang berbeda. Jawa Timur termasuk dalam Koridor Ekonomi Jawa, Kalimantan Timur di Koridor Ekonomi Kalimantan, Nusa Tenggara Timur di Koridor Ekonomi Bali-Nusa Tenggara dan Maluku Utara termasuk Koridor Ekonomi Maluku-Papua. Keragaman geografis ini diharapkan bisa memberikan variasi dalam menganalisa secara lebih mendetail faktor-faktor yang menyebabkan tingginya dan rendahnya daya saing.[9] Gambar 9.1 menggambarkan peta geografis dari empat provinsi terpilih.

Gambar 9.1. Distribusi Provinsi untuk Daya Saing Keseluruhan

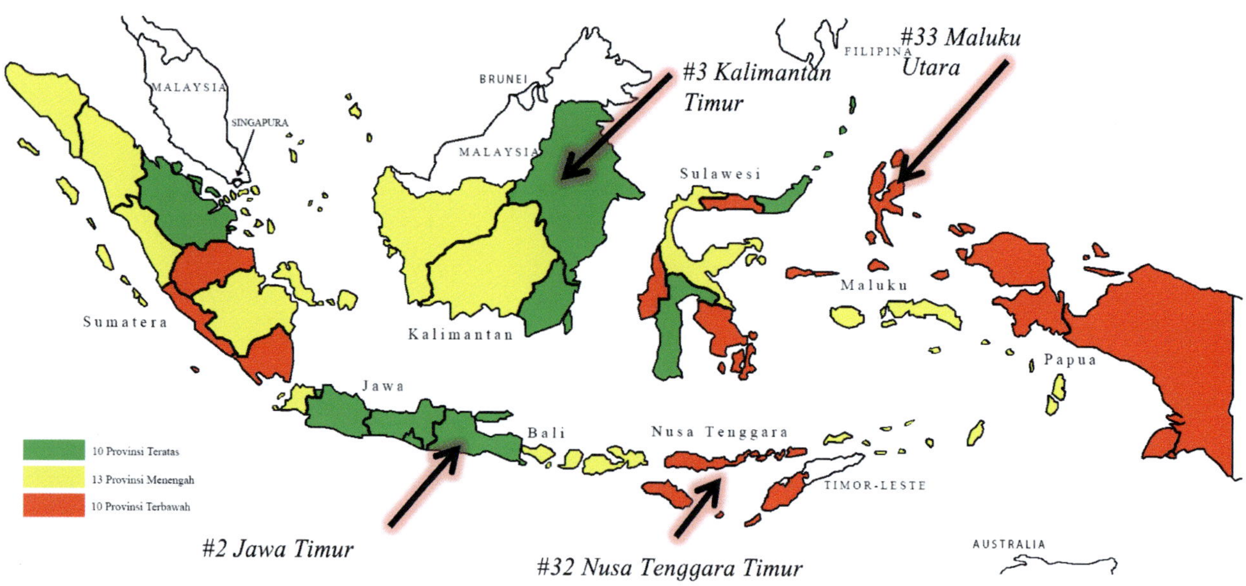

Sumber: Asia Competitiveness Institute

[7] Lihat Tabel 1.1 di Bab 1 untuk Peringkat Daya Saing Keseluruhan.
[8] Lihat Tabel 1.2 hingga 1.5 di Bab 1 untuk peringkat dan skor di semua lingkup.
[9] Lihat Bab 2 untuk informasi lebih lanjut mengenai pengelompokan wilayah.

Menurut kriteria ketiga, pemilihan provinsi didasarkan pada keragaman penduduk dan struktur ekonomi. Keempat provinsi tersebut juga memiliki latar belakang sosial ekonomi yang berbeda. Jawa Timur adalah provinsi yang padat akan penduduk perkotaan dengan ekonomi yang bergantung pada sektor manufaktur dan perdagangan. Kalimantan Timur adalah provinsi dengan area luas dan penduduk yang relatif sedikit serta kaya akan sumber daya alam (minyak, gas dan batu bara). Nusa Tenggara Timur dan Maluku Utara adalah provinsi kepulauan dengan populasi penduduk yang kecil dan ekonomi yang bergantung pada sektor pertanian dan perikanan. Namun, Maluku Utara, lebih terekspos dengan perdagangan karena mempunyai sejarah yang panjang dalam memproduksi rempah-rempah untuk pasar internasional.

3.1 Jawa Timur

3.1.1 *Karakteristik Utama*

Jawa Timur adalah provinsi dengan jumlah penduduk terbanyak kedua sesudah Jawa Barat. Di tahun 2011, populasinya mencapai 37,7 juta penduduk (sekitar 15% dari total penduduk di Indonesia), sementara Jawa Barat mempunyai populasi sebesar 43,8 juta penduduk. Ibu kota Jawa Timur, Surabaya, adalah kota kedua terbesar di Indonesia setelah Jakarta, dengan 2,8 juta penduduk pada tahun 2011. Daerah metropolitan Surabaya (Gerbangkertosusila) memiliki 9,1 juta penduduk pada tahun 2010, atau hampir seperempat dari populasi Jawa Timur. Hampir separuh (47,5%) dari penduduk Jawa Timur tinggal di daerah perkotaan.

Dalam hal ekonomi, Jawa Timur memiliki produk domestik regional bruto (PDRB) terbesar kedua di Indonesia setelah DKI Jakarta. Pada tahun 2011, PDRB Jawa Timur mencapai 366.984 miliar Rupiah atas dasar harga konstan 2000, sementara PDRB DKI Jakarta adalah 422.162 miliar Rupiah. Jawa Timur bahkan berada di posisi kedua untuk jumlah PDRB di tiga sektor. Untuk PDRB sektor primer, Jawa Timur berada di posisi kedua setelah Kalimantan Timur. Untuk PDRB sektor sekunder, Jawa Timur berada di posisi kedua setelah Jawa Barat. Untuk PDRB sektor tersier, Jawa Timur berada di posisi kedua setelah DKI Jakarta. Hal tersebut menunjukkan daya saing Jawa Timur yang komprehensif dengan kinerja tinggi di berbagai aspek ekonomi.

Kontribusi Jawa Timur terhadap ekspor nonmigas Indonesia juga signifikan, kedua terbesar setelah DKI Jakarta. Wilayah metropolitan Surabaya adalah salah satu kelompok zona industri terbesar di Indonesia, setelah wilayah metropolitan Jakarta (mencakup DKI Jakarta, Jawa Barat dan Banten). Kelompok zona industri lainnya terletak di Kepulauan Riau, Jawa Barat dan Jawa Tengah.

Menurut studi daya saing provinsi yang dilakukan oleh ACI, Jawa Timur meraih skor tertinggi untuk sub-lingkup Fleksibilitas Pasar Tenaga Kerja di tingkat nasional. Skor Jawa Timur untuk Fleksibilitas Pasar Tenaga Kerja adalah 3,47, sementara provinsi nomor dua pada sub-lingkup tersebut adalah Jawa Tengah dengan skor 2,96. Perbedaan skor ini cukup substansial. Hal yang menonjol dari Jawa Timur adalah tingginya jumlah tenaga kerja dan lapangan kerja, dan rendahnya tingkat pengangguran dengan upah minimum terendah kedua secara nasional.

Jawa Timur juga mendapat skor tertinggi untuk sub-lingkup Infrastruktur Fisik. Jawa Timur memiliki jalan beraspal terpanjang di Indonesia, 35.539 kilometer pada tahun 2011. Menempati posisi kedua adalah Jawa Tengah, dengan jalan beraspal sepanjang 22.897 kilometer. Pelabuhan Tanjung Perak juga merupakan pelabuhan tersibuk kedua di Indonesia setelah Pelabuhan Tanjung Priok di Jakarta. Untuk penerbangan domestik, bandar udaranya adalah yang tersibuk kedua setelah Bandara Soekarno-Hatta di Banten. Survei ACI menegaskan bahwa terdapat persepsi yang baik mengenai kualitas infrastruktur fisik di Jawa Timur.

Gambar 9.2 menunjukkan analisis jaring daya saing median untuk Jawa Timur yang menekankan kinerja baiknya di semua sub-lingkup, terutama di Fleksibilitas Pasar Tenaga Kerja; Infrastruktur Fisik; Kedinamisan Ekonomi Regional; dan Daya Tarik terhadap Investasi Asing.

Terlepas dari kinerja ekonomi Jawa Timur yang baik, masih terdapat ruang untuk perbaikan dalam mengurangi tingkat kemiskinan (13,85% pada tahun 2011) dan meningkatkan pembangunan sumber daya manusia. Pada tahun 2011, indeks pembangunan manusia (IPM) Jawa Timur adalah 72,18, dengan posisi ke-17 (median) dari 33 provinsi Indonesia.

Gambar 9.2. Analisis Jaring Daya Saing Median Jawa Timur Tahun 2014

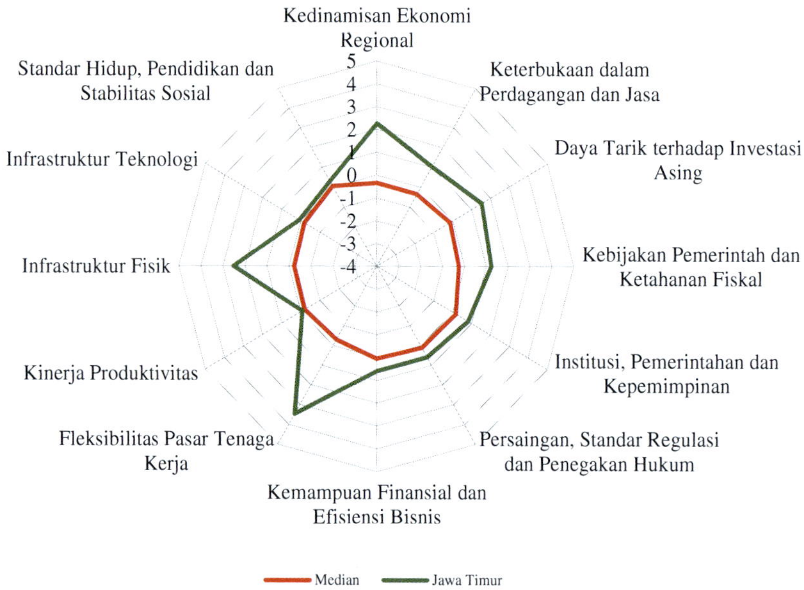

Sumber: Asia Competitiveness Institute

3.1.2 *Tren Pembangunan Ekonomi*

Pembangunan ekonomi Jawa Timur diikuti dengan pertumbuhan sektor tersier yang kuat dan stabil, melebihi pertumbuhan sektor primer dan sekunder. Fenomena tersebut dapat diartikan sebagai perubahan struktur ekonomi dari yang sebelumnya bergantung pada sektor primer dan sekunder, menuju ke arah sektor tersier. Di Gambar 9.3, kita bisa melihat bagaimana proporsi sektor tersier meningkat dengan penurunan sektor primer dan sekunder.

Jika dilihat lebih dekat, dari empat sektor teratas di Jawa Timur antara tahun 2000 dan 2011, kami menemukan bahwa sektor perdagangan, hotel dan restoran mengalami pertumbuhan tercepat dan menjadi sektor dengan kontribusi ekonomi terbesar, mengalahkan manufaktur sejak tahun 2005, seperti yang diilustrasikan pada Gambar 9.4.

Analisis kausalitas Geweke berikut menyelidiki faktor yang mungkin mendorong proses restrukturisasi ekonomi di Jawa Timur.

3.1.3 *Pengujian Hipotesis*

Melihat tren pembangunan ekonomi Jawa Timur, kami menemukan bahwa sektor perdagangan, hotel dan restoran mempunyai peningkatan tertinggi di tahun 2000–2011 (dalam nilai PDRB). Sektor ini bahkan mengalahkan kontribusi dari sektor manufaktur di tahun 2005 untuk menjadi sektor dengan kontribusi tertinggi kepada PDRB Jawa Timur.

Perdagangan, hotel dan restoran yang mewakili sektor jasa sangat bergantung pada ketersediaan dan kualitas tenaga kerja dan infrastruktur. Ketersediaan pekerja yang terlatih dalam industri jasa dan memiliki hubungan yang harmonis dengan perusahaan memastikan bahwa sektor ini bisa mendapatkan tenaga kerja yang dibutuhkan. Secara bersamaan, infrastruktur fisik yang baik memastikan sektor perdagangan berjalan dengan lancar.

Jawa Timur mendapat skor tertinggi untuk sub-lingkup Fleksibilitas Pasar Tenaga Kerja dan Infrastruktur Fisik secara nasional pada studi daya saing ACI. Oleh karena itu, kami akan menguji hipotesis bahwa **pasar tenaga kerja dan infrastruktur yang baik berkontribusi pada pertumbuhan sektor jasa yang tinggi di Jawa Timur.**

Gambar 9.3. Struktur Ekonomi Jawa Timur (2000–2011)

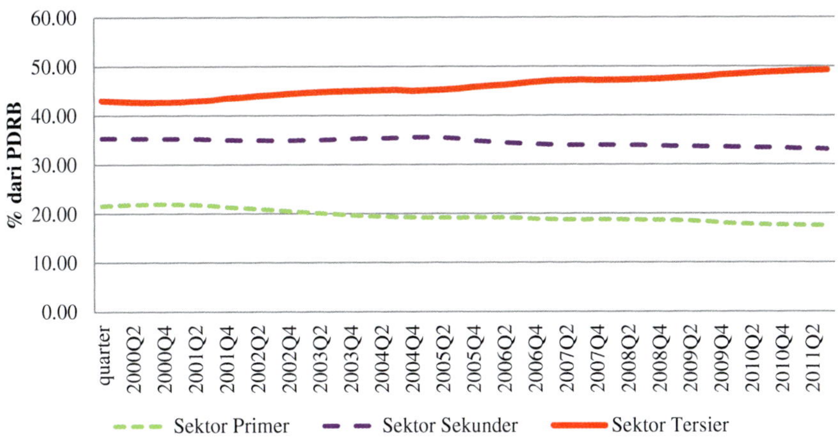

Sumber: Asia Competitiveness Institute menggunakan data Bank Dunia INDO-DAPOER

Gambar 9.4. PDRB Jawa Timur Berdasarkan Sektor (2000–2011)

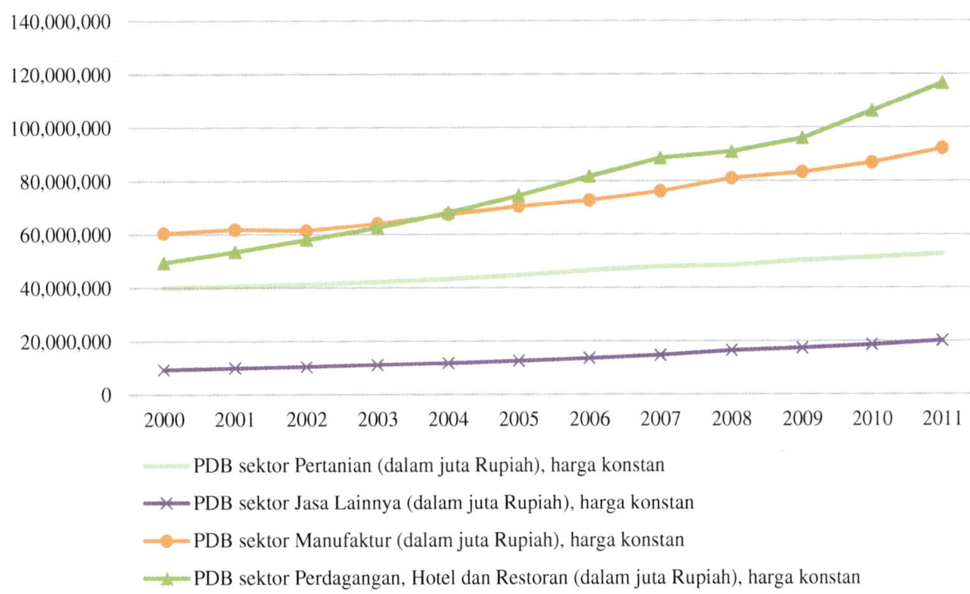

Sumber: Asia Competitiveness Institute menggunakan data Bank Dunia INDO-DAPOER

3.1.4 *Deskripsi Data*

Variabel dependen terpilih dalam analisis kausalitas Geweke adalah perubahan PDRB di sektor perdagangan, hotel dan restoran. Variabel tersebut dipilih untuk mewakili pertumbuhan sektor jasa di Jawa Timur. Di sini, perubahan (Δ) diambil dari perbedaan turunan pertama (*first order difference*).

Variabel independen adalah jumlah angkatan kerja yang bekerja (diukur dalam persentase), yang mewakili kondisi pasar tenaga kerja Jawa Timur, dan akses listrik (juga diukur dalam persentase), yang mewakili infrastruktur fisik provinsi. Untuk ketiga variabel tersebut, data berasal dari portal Bank Dunia *Indonesia Database for Policy and Economic Research* (INDO-DAPOER).

Untuk melakukan analisis kausalitas Geweke, kami membutuhkan data dengan runtun waktu yang panjang, setidaknya 30 data seri untuk setiap indikator. Dengan pertimbangan atas beberapa masalah, yaitu (i) terbatasnya data di tingkat provinsi yang mencakup runtun waktu 30 tahun ke belakang, dan (ii) adanya beberapa jeda struktural dalam sejarah politik ekonomi Indonesia, kami memilih menggunakan data kuartal (dibanding tahunan), untuk periode selama 12 tahun, dari tahun 2000 hingga 2011. Dengan mengubah data tahunan menjadi data kuartal, kami mendapatkan 48 poin data.

Tabel 9.1. Variabel yang digunakan dalam Analisis Kausalitas Geweke Jawa Timur

Variabel	Notasi	Definisi
X	GDPTHR	Δ PDRB di Perdagangan, Hotel dan Restoran (%)
Y1	EMPRAT	Tingkat Ketenagakerjaan (%)
Y2	ACCELEC	Akses Listrik (%)

Sumber: Asia Competitiveness Institute

Gambar 9.5. Tingkat Ketenagakerjaan di Jawa Timur (2000–2011)

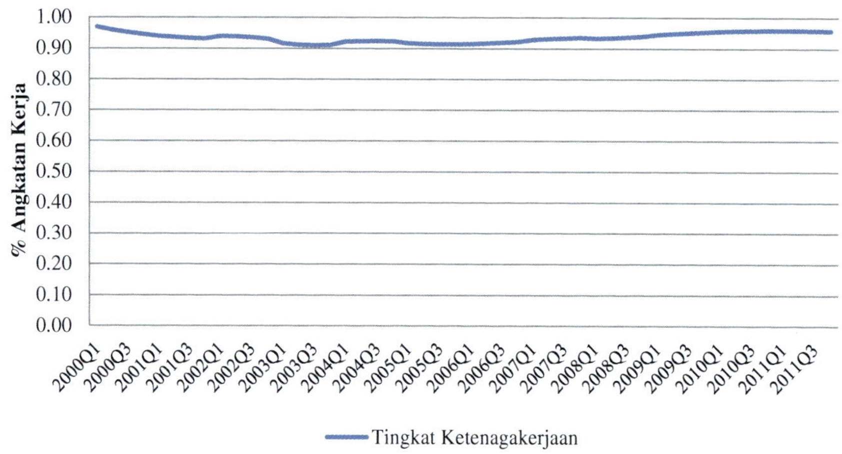

Sumber: Asia Competitiveness Institute menggunakan data Bank Dunia INDO-DAPOER

Gambar 9.6. Akses Listrik di Jawa Timur (2000–2011)

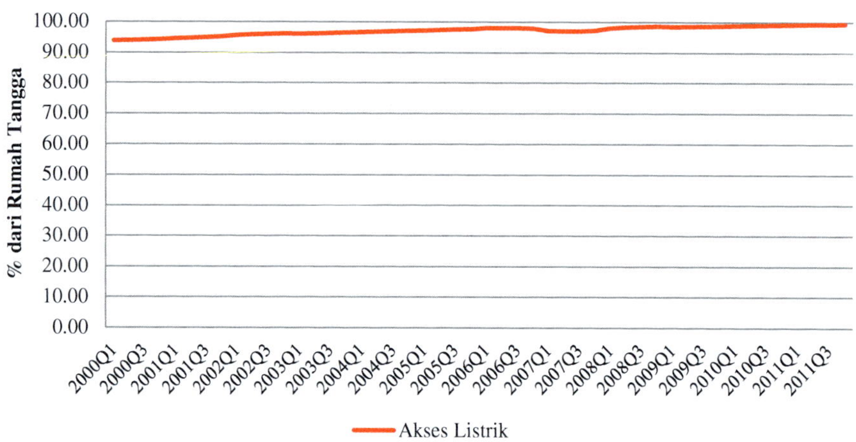

Sumber: Asia Competitiveness Institute menggunakan data Bank Dunia INDO-DAPOER

Pengubahan dari data tahunan menjadi kuartal menggunakan perangkat lunak Eviews. Metode konversi yang digunakan adalah "*Quadratic Match Sum*" untuk perubahan PDRB sektor perdagangan, hotel dan restoran, dan "*Quadratic Match Average*" untuk persentase angkatan kerja yang bekerja dan akses terhadap listrik. Semua variabel yang digunakan untuk estimasi empiris telah melalui cek statistik dan uji stasionaritas.

Gambar 9.5 menunjukkan bahwa Jawa Timur senantiasa memiliki tingkat ketenagakerjaan (EMPRAT) yang tinggi, di atas 90% dari kuartal pertama tahun 2000 hingga kuartal keempat tahun 2011. Terdapat beberapa fluktuasi antara tahun 2001 dan 2005, namun secara keseluruhan, dapat disimpulkan bahwa sejak tahun 2006, tingkat ketenagakerjaan Jawa Timur tumbuh dengan stabil.

Gambar 9.6 juga menunjukkan akses listrik (ACCELEC) yang tinggi dan meningkat di Provinsi Jawa Timur. Sejak tahun 2000, lebih dari 93% rumah tangga di Jawa Timur tersambung dengan aliran listrik dari Perusahaan Listrik Negara (PLN). Cakupannya terus meningkat dan di akhir tahun 2011, hampir semua rumah tangga (di atas 99%) sudah tersambung dengan listrik PLN.

3.1.5 *Temuan Empiris*

Analisis kausalitas Geweke dilakukan dalam model bivariat dan multivariat. Pada analisis bivariat, asosiasi variabel dependen (X) dan variabel independen (Y1 dan Y2) diuji secara terpisah. Hal ini berarti tes Geweke dilakukan antara X dan Y1, dan X dan Y2, tetapi juga terpisah dalam hal arah *feedback*, dari X menuju Y1 dan sebaliknya, dan dari X menuju Y2 dan sebaliknya. Hasil analisis bivariat ditunjukkan pada Tabel 9.2.

Tabel 9.2 menunjukkan total asosiasi yang signifikan antara GDPTHR dan EMPRAT dengan $F_{X,Y}$ yang signifikan di tingkat 1% di kedua arah. Mayoritas dari asosiasi terjadi secara instan di antara GDPTHR dan EMPRAT ($F_{X \cdot Y}$ signifikan di tingkat 1% di kedua arah). Namun, jika dilihat dari setiap arah, kami menemukan bahwa tidak ada *feedback* yang signifikan untuk $F_{X \to Y}$ dan $F_{Y \to X}$ ketika GDPTHR dianggap sebagai X dan EMPRAT dianggap sebagai Y. Kami hanya menemukan *feedback* yang signifikan (sampai tingkat 10%) pada $F_{X \to Y}$ ketika EMPRAT dianggap sebagai X dan GDPTHR sebagai Y.

Hal yang serupa kami temukan pada total asosiasi yang signifikan antara GDPTHR dan ACCELEC di setiap arah ($F_{X,Y}$ signifikan di tingkat 1% ketika GDPTHR dianggap sebagai X dan ACCELEC sebagai Y dan di tingkat 5% ketika ACCELEC dianggap sebagai X dan GDPTHR sebagai Y). Mayoritas dari asosiasi terjadi secara instan antara GDPTHR dan ACCELEC ($F_{X \cdot Y}$ signifikan di tingkat 1% untuk kedua arah). Ketika dilihat dari setiap arah, kami menemukan bahwa tidak ada *feedback* yang signifikan untuk $F_{X \to Y}$ dan $F_{Y \to X}$ ketika ACCELEC dianggap sebagai X dan GDPTHR dianggap sebagai Y. Namun, kami menemukan *feedback* yang signifikan (sampai tingkat 5%) untuk $F_{Y \to X}$ ketika GDPTHR dianggap sebagai X dan ACCELEC sebagai Y.

Pada analisis multivariat, kedua variabel independen (Y1 dan Y2) diuji terlebih dahulu dan digabungkan sebagai Y, dan asosiasinya dengan variabel dependen (X) kemudian diuji. Hasil analisa multivariat ditunjukkan di Tabel 9.3.

Tabel 9.2. Pengukuran *Feedback* Dua Arah Perubahan PDRB di Sektor Perdagangan, Hotel dan Restoran (GDPTHR), Tingkat Ketenagakerjaan (EMPRAT) dan Akses Listrik (ACCELEC) di Jawa Timur, Indonesia, 2000–2011[a,b]

Variabel		$H_0(F_{X,Y} = F_{X \to Y} + F_{Y \to X} + F_{X \cdot Y})$			
X	*Y*	$F_{X,Y}$	$F_{X \to Y}$	$F_{Y \to X}$	$F_{X \cdot Y}$
GDPTHR	EMPRAT	0,4202*** (0,0029)	0,0168 (0,6974)	0,1049 (0,1049)	0,2985*** (0,0003)
EMPRAT	GDPTHR	0,4450*** (0,0018)	0,1234* (0,0704)	0,0230 (0,6097)	0,2985*** (0,0003)
GDPTHR	ACCELEC	0, 4184*** (0,0030)	0,0013 (0,9726)	0,1541** (0,0364)	0,2630*** (0,0008)
ACCELEC	GDPTHR	0,3502** (0,0101)	0,0860 (0,1573)	0,0012 (0,9746)	0,2630*** (0,0008)

[a]*, ** dan *** menandakan tingkat signifikan 10%, 5% dan 1%, secara berurutan.
[b]interval kepercayaan akan disediakan sesuai permintaan
Sumber: Asia Competitiveness Institute

Tabel 9.3. Pengukuran *Feedback* Multiarah antara Perubahan PDRB di Sektor Perdagangan, Hotel dan Restoran (GDPTHR), Tingkat Ketenagakerjaan (EMPRAT) dan Akses Listrik (ACCELEC) di Jawa Timur, Indonesia, 2000–2011[a,b]

Variabel		$H_0(F_{X,Y} = F_{X \to Y} + F_{Y \to X} + F_{X \cdot Y})$			
X	*Y*	$F_{X,Y}$	$F_{X \to Y}$	$F_{Y \to X}$	$F_{X \cdot Y}$
GDPTHR	EMPRAT ACCELEC	0,8329*** (0,0001)	0,0341 (0,8326)	0,3640*** (0,0035)	0,4348*** (0,0001)

[a]*, ** dan *** menandakan tingkat signifikan 10%, 5% dan 1%, secara berurutan.
[b] interval kepercayaan akan disediakan sesuai permintaan.
Sumber: Asia Competitiveness Institute

Tabel 9.3 menunjukkan bahwa ketika EMPRAT dan ACCELEC digabungkan sebagai Y, kami menemukan total asosiasi yang signifikan antara X (GDPTHR) dan Y (yaitu EMPRAT dan ACCELEC) di tingkat 1%. Lebih dari separuh asosiasi tersebut (0,4348 dari 0,8329 atau 52,2%) terjadi di antara X dan Y secara instan, sementara 43,7% dari asosiasi (0,3640 dari 0,8329) berasal dari Y menuju X. Kedua arah asosiasi ini signifikan di tingkat 1%. Sementara itu, *feedback* dari X menuju Y tidak signifikan.

Kami bisa menyimpulkan bahwa pada kasus Jawa Timur, tingkat ketenagakerjaan dan akses listrik berkontribusi pada pertumbuhan PDRB di sektor perdagangan, hotel dan restoran, namun tidak sebaliknya. Arah kausalitas tidak berlangsung dua arah, dan kami *tidak bisa* mengatakan dengan pasti bahwa pertumbuhan sektor perdagangan, hotel dan restoran di Jawa Timur berkontribusi pada tingkat ketenagakerjaan dan akses listrik yang lebih tinggi.

3.1.6 *Implikasi Kebijakan*

Analisis kausalitas Geweke pada Jawa Timur menunjukkan bahwa tingginya akses listrik dan penyerapan tenaga kerja memberikan kontribusi positif pada pertumbuhan PDRB di sektor perdagangan, hotel dan restoran. Hal ini menandakan pentingnya infrastruktur dan sumber daya manusia untuk pembangunan ekonomi.

Seperti terlihat pada studi kasus di Jawa Timur, akses infrastruktur, terutama dalam hal kelistrikan, berkontribusi pada pertumbuhan ekonomi. Infrastruktur jalan, pelabuhan dan teknologi informasi, juga sama pentingnya. Pada analisis kausalitas Geweke untuk Jawa Timur lainnya (tidak disajikan di bab ini), kami juga menemukan *feedback* signifikan dari belanja pemerintah untuk infrastruktur terhadap pertumbuhan ekspor.

Analisis kausalitas Geweke untuk Jawa Timur juga menunjukkan bahwa pasar tenaga kerja yang baik sama pentingnya untuk mendorong pertumbuhan ekonomi. Tingkat ketenagakerjaan yang tinggi di Jawa Timur (tertinggi dari 33 provinsi di Indonesia) juga berkontribusi pada pertumbuhan PDRB di sektor tersier. Pasar tenaga kerja yang baik di Jawa Timur bukan hanya dikarenakan tingkat ketenagakerjaan yang tinggi. Namun, hal tersebut juga bisa disebabkan oleh rendahnya upah minimum provinsi. Pada tahun 2011, upah minimum provinsi Jawa Timur adalah yang terendah kedua di Indonesia. Survei ACI dengan pemilik usaha, pemerintah dan akademisi di tahun 2013 menegaskan bahwa hubungan tenaga kerja di Jawa Timur dalam kondisi relatif harmonis.

3.2 Kalimantan Timur

3.2.1 *Karakteristik Utama*

Kalimantan Timur adalah salah satu provinsi terkaya di Indonesia karena memiliki sumber daya alam yang melimpah. PDRB provinsi yang berasal dari minyak dan gas bumi merupakan yang kedua terbesar di Indonesia, setelah Riau. Pada tahun 2011, PDRB Kalimantan Timur dari minyak dan gas adalah 40.324 miliar Rupiah atas dasar harga konstan 2000, sementara PDRB Riau sebesar 50.250 miliar Rupiah. Namun, jika mineral dan batu bara dimasukkan, maka Kalimantan Timur menjadi provinsi terkaya dari gabungan minyak, gas, mineral dan batu bara. Pada tahun 2011, PDRB provinsi dari sumber daya alam ini mencapai 75.766 miliar Rupiah atas dasar harga konstan 2000, sementara Riau sebesar 51.295 miliar Rupiah. Sekitar dua per tiga (65,74%) PDRB Kalimantan Timur berasal dari minyak, gas, mineral dan batu bara, sementara untuk Riau, proporsinya hampir separuh (49,99%) dari PDRB terkait.

Sumber daya alam adalah salah satu faktor penting mengapa Kalimantan Timur memiliki anggaran belanja yang besar. Provinsi tersebut memiliki keseimbangan fiskal terbesar kedua setelah DKI Jakarta. Pada tahun 2011, keseimbangan fiskal Kalimantan Timur (selisih antara pendapatan dan pengeluaran) adalah sebesar 507.373 juta Rupiah, sementara DKI Jakarta adalah sebesar 806.216 juta Rupiah.

Karena besarnya PDRB dan relatif kecilnya jumlah penduduk (3,69 juta jiwa pada tahun 2011), PDRB per kapita Kalimantan Timur adalah yang kedua terbesar di Indonesia setelah DKI Jakarta. Pada tahun 2011, PDRB per kapita Kalimantan Timur adalah 31.227.100 Rupiah sementara DKI Jakarta adalah sebesar 43.389.800 Rupiah atas dasar harga konstan 2000. Provinsi dengan PDRB per kapita terbesar ketiga adalah Kepulauan Riau dengan 24.828.600 Rupiah.

Gambar 9.7. Analisis Jaring Daya Saing Median Kalimantan Timur Tahun 2014

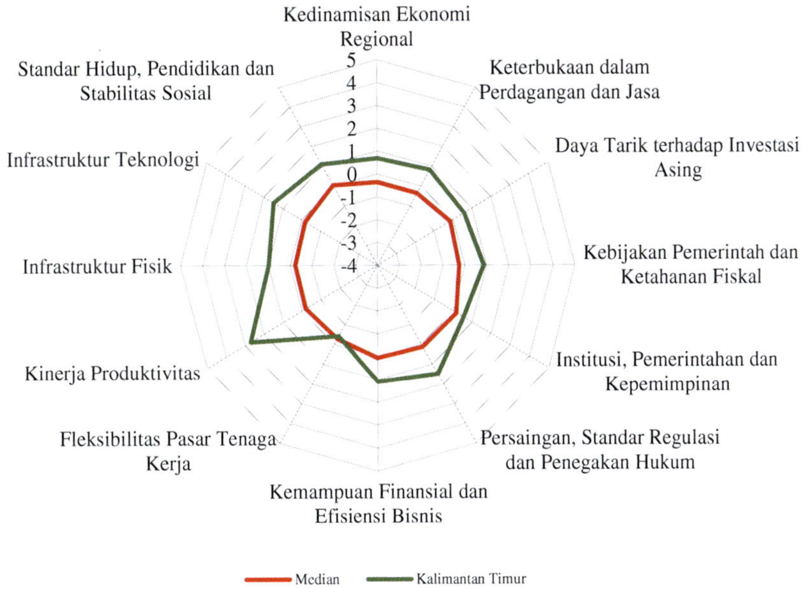

Sumber: Asia Competitiveness Institute

Dominasi sektor primer menghasilkan efek limpahan yang positif terhadap sektor tersier. Perdagangan, hotel, restoran dan jasa keuangan adalah sektor yang mengalami pertumbuhan positif (secara absolut dan relatif terhadap persentase PDRB Kalimantan Timur). Efek limpahan dari pertumbuhan berbasis sumber daya alam terhadap sektor jasa dapat dilihat, antara lain, dari sektor jasa keuangan. Survei ACI menegaskan bahwa Kalimantan Timur berada di posisi tiga besar secara nasional dalam hal kemudahan transaksi di bank.

Hal lain yang cukup terlihat di Kalimantan Timur adalah tingginya kualitas infrastruktur, baik Infrastruktur Fisik (mendapat peringkat ketujuh secara nasional) atau Infrastruktur Teknologi (peringkat kelima). Provinsi ini juga mendapat skor yang baik di sub-lingkup Kualitas Hidup, Pendidikan dan Stabilitas Sosial (peringkat kelima). Ketika dijumlahkan dalam lingkup Kualitas Hidup dan Pembangunan Infrastruktur, Kalimantan Timur mendapatkan peringkat kedua (skor: 1,59), sedikit di bawah DI Yogyakarta pada tempat pertama (skor: 1,65) dan di atas DKI Jakarta pada posisi ketiga (skor: 1,55).

Gambar 9.7 mengenai analisis jaring daya saing median Kalimantan Timur menggarisbawahi kinerja baik provinsi tersebut di hampir semua sub-lingkup, kecuali Fleksibilitas Pasar Tenaga Kerja. Kekuatan Kalimantan Timur terletak di Kinerja Produktivitas; Infrastruktur Teknologi; dan Persaingan, Standar Regulasi dan Penegakan Hukum. Untuk Fleksibilitas Pasar Tenaga Kerja, salah satu tantangan yang dihadapi Kalimantan Timur adalah menyebarkan peluang kerja kepada masyarakat luas, mengingat tingginya PDRB provinsi.

Kinerja ekonomi Kalimantan Timur yang baik dilengkapi dengan pencapaian IPM yang baik. Provinsi tersebut memiliki IPM tertinggi kelima di Indonesia dengan skor 76,22. Kondisi politik termasuk stabil, fasilitas publik tersedia dengan luas dan statistik pendidikan seperti tingkat literasi, angka partisipasi sekolah dan rata-rata lama sekolah juga cukup baik.

3.2.2 *Tren Pembangunan Ekonomi*

Kalimantan Timur memiliki aktivitas pengolahan minyak dan gas yang besar, yang membentuk sektor sekunder. Namun, batu bara memberikan kontribusi besar terhadap sektor primer terutama pada satu dekade terakhir. Pertumbuhan produksi mineral dan batu bara di Kalimantan Timur pada periode tahun 2000 hingga 2011 telah menciptakan perubahan struktur ekonomi di provinsi ini, menghasilkan penurunan secara relatif di sektor sekunder (pengolahan minyak dan gas) dalam persentase dari PDRB.

Gambar 9.8 mengilustrasikan struktur ekonomi Kalimantan Timur. Dengan naiknya sektor primer, sektor sekunder menurun sementara sektor tersier meningkat (secara relatif menurut persentase terhadap PDRB).

Gambar 9.8. Struktur Ekonomi Kalimantan Timur (2000–2011)

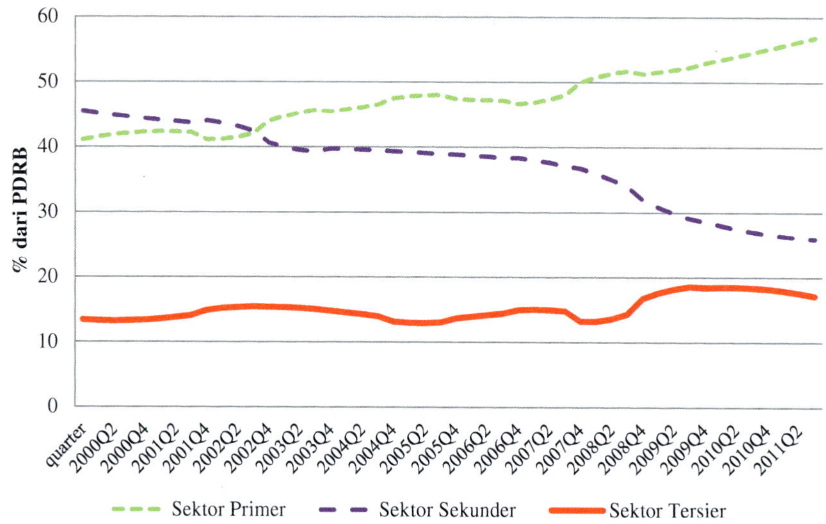

Sumber: Asia Competitiveness Institute menggunakan data Bank Dunia INDO-DAPOER

Gambar 9.9. PDRB Kalimantan Timur Berdasarkan Sektor (2000–2011)

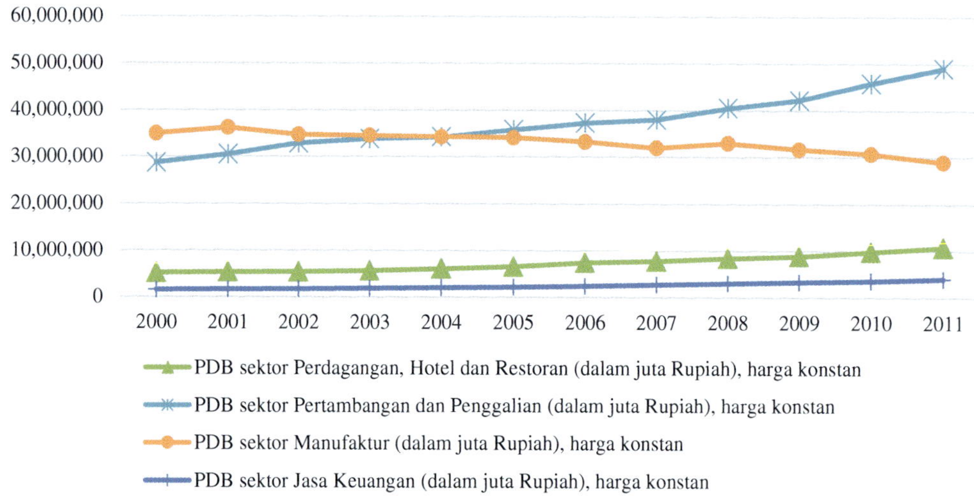

Sumber: Asia Competitiveness Institute menggunakan data Bank Dunia INDO-DAPOER

Sektor sekunder masih menyumbangkan porsi yang lebih besar untuk PDRB dibandingkan sektor tersier, namun kecenderungannya adalah penurunan sektor sekunder dan kenaikan sektor tersier.

Jika dilihat lebih dekat, sektor perdagangan, hotel dan restoran adalah sektor terbesar di antara sektor tersier Kalimantan Timur. Pola ini juga terlihat di Jawa Timur. Di antara sektor tersier Kalimantan Timur, seperti terlihat pada Gambar 9.9, sektor jasa keuangan memiliki ukuran lebih kecil dibandingkan perdagangan, hotel dan restoran, walaupun trennya terus berkembang. Di antara tahun 2000 hingga 2011, sektor perdagangan, hotel dan restoran meningkat 100%, dari 5.253 miliar Rupiah menjadi 10.803 miliar Rupiah, sementara sektor jasa keuangan meningkat sekitar 163%, dari 1.527 miliar Rupiah menjadi 4.023 miliar Rupiah atas dasar harga konstan 2000.

Analisis kausalitas Geweke berikut menyelidiki faktor-faktor yang mungkin menjadi pendorong pertumbuhan sektor perdagangan, hotel dan restoran di Kalimantan Timur.

3.2.3 *Pengujian Hipotesis*

Setelah meninjau tren pembangunan ekonomi Kalimantan Timur, kami melihat bahwa di antara sektor tersier provinsi tersebut, perdagangan, hotel dan restoran memiliki komposisi terbesar (51,5%), dan tumbuh 100%

dengan stabil antara tahun 2000–2011 (dalam nilai PDRB). Namun, sektor jasa keuangan bertumbuh lebih cepat dengan angka 163%, walau hanya membentuk 19,2% dari sektor tersier Kalimantan Timur.

Agar sektor perdagangan, hotel dan restoran terus berkembang, ketersediaan jasa keuangan yang dapat diandalkan menjadi hal yang penting. Menurut data dan hasil survei ACI, Kalimantan Timur berada di posisi ketiga dalam indikator Kemudahan Transaksi di Bank, dan keempat untuk Penduduk per Jumlah Cabang/ Kantor Bank. Ekspansi jasa keuangan juga bergantung pada ketersediaan pekerja terlatih di sektor keuangan. Pada saat yang bersamaan, infrastruktur fisik yang baik membuat pergerakan manusia dan barang menjadi lebih lancar.

Kalimantan Timur menempati posisi keempat dalam sub-lingkup Kemampuan Finansial dan Efisiensi Bisnis. Secara bersamaan, provinsi tersebut berada di posisi keenam untuk sub-lingkup Infrastruktur Fisik. Oleh karena itu, kami akan menguji hipotesis bahwa **ketersediaan pekerja jasa keuangan dan infrastruktur yang baik berkontribusi pada pertumbuhan sektor jasa yang tinggi di Kalimantan Timur.**

3.2.4 *Deskripsi Data*

Variabel dependen terpilih dalam analisis kausalitas Geweke adalah perubahan PDRB sektor perdagangan, hotel dan restoran. Variabel tersebut dipilih untuk mewakili pertumbuhan sektor jasa di Kalimantan Timur. Di sini, perubahan (Δ) diambil dari perbedaan turunan pertama (*first order difference*).

Variabel independen adalah pekerja jasa keuangan (dihitung berdasarkan jumlah pekerja), yang mewakili pertumbuhan sektor jasa keuangan Kalimantan Timur, dan panjang jalan beraspal (diukur dalam kilometer), yang mewakili infrastruktur fisik provinsi. Untuk ketiga variabel tersebut, data berasal dari portal Bank Dunia INDO-DAPOER.

Untuk melakukan analisis kausalitas Geweke, kami membutuhkan data dengan runtun waktu yang panjang, setidaknya 30 data seri untuk setiap indikator. Dengan pertimbangan akan beberapa masalah, yaitu (i) terbatasnya data di tingkat provinsi yang mencakup runtun waktu 30 tahun ke belakang, dan (ii) adanya beberapa jeda struktural dalam sejarah politik ekonomi Indonesia, kami memilih menggunakan data kuartal (dibanding tahunan), untuk periode selama 12 tahun, dari tahun 2000 hingga 2011. Dengan mengubah data tahunan menjadi data kuartal, kami mendapatkan 48 poin data.

Pengubahan dari data tahunan menjadi data per kuartal dilakukan menggunakan perangkat lunak Eviews. Metode konversi yang digunakan antara lain "*Quadratic Match Sum*" untuk perubahan PDRB di perdagangan, hotel dan restoran dan "*Quadratic Match Average*" untuk pekerja jasa keuangan dan panjang jalan beraspal. Semua variabel yang digunakan untuk estimasi empiris telah melalui cek statistik dan uji stasionaritas.

Gambar 9.10 menunjukkan bahwa Kalimantan Timur mengalami kenaikan tenaga kerja di sektor keuangan (EMPFIN) dari 10.921 orang di kuartal pertama tahun 2000 menjadi 46.646 di kuartal keempat tahun 2011. Peningkatan tersebut adalah sebesar 327% dalam periode 12 tahun. Fluktuasi besar terjadi antara tahun 2004 dan 2010, namun secara umum trennya cenderung meningkat.

Gambar 9.11 menunjukkan peningkatan panjang jalan beraspal (ROADS) di provinsi ini dari 2.171 kilometer di kuartal pertama tahun 2000 menjadi 6.166 kilometer di kuartal keempat tahun 2011. Peningkatan tersebut adalah sebesar 184% dalam kurun waktu 12 tahun. Serupa dengan data pekerja di sektor finansial, terdapat fluktuasi di antara tahun 2005 dan 2009.

Tabel 9.4. Variabel yang digunakan dalam Analisis Kausalitas Geweke Kalimantan Timur

Variabel	Notasi	Definisi
X	GDPTHR	Δ PDRB di Perdagangan, Hotel, dan Restoran (%)
Y1	EMPFIN	Pekerja Sektor Keuangan (jumlah)
Y2	ROADS	Panjang Jalan Beraspal (kilometer)

Sumber: Asia Competitiveness Institute

Gambar 9.10. Tenaga Kerja di Sektor Jasa Keuangan Kalimantan Timur

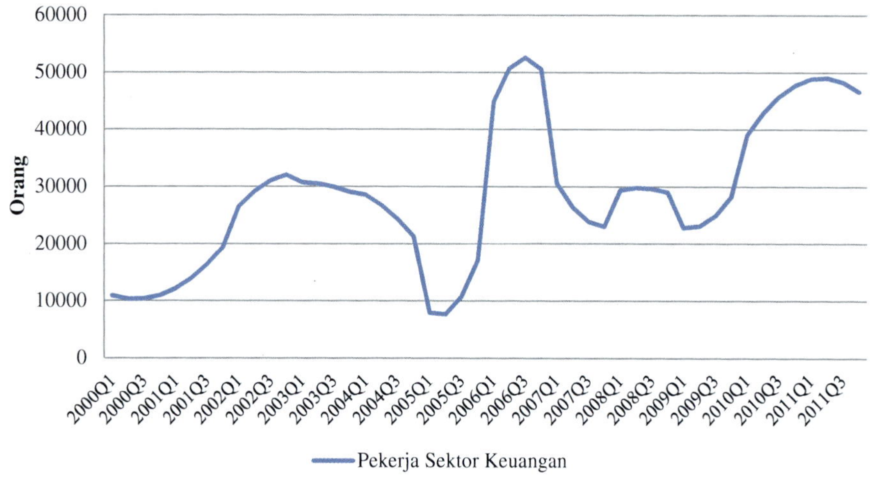

Sumber: Asia Competitiveness Institute menggunakan data Bank Dunia INDO-DAPOER

Gambar 9.11. Panjang Jalan Beraspal di Kalimantan Timur

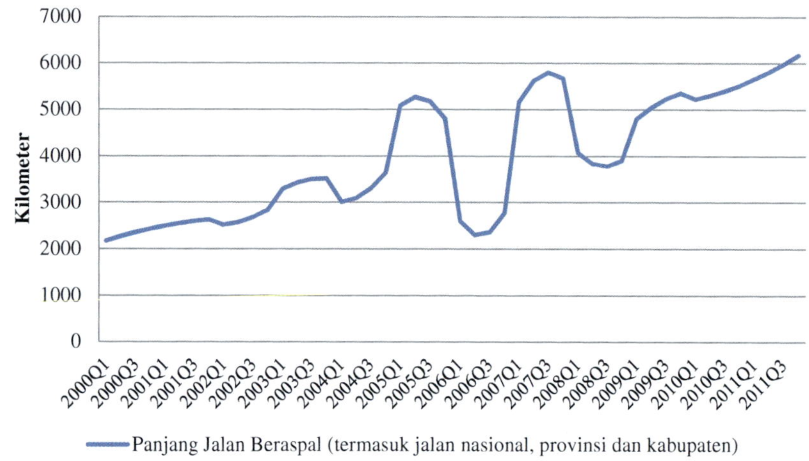

Sumber: Asia Competitiveness Institute menggunakan data Bank Dunia INDO-DAPOER

3.2.5 *Temuan Empiris*

Analisis kausalitas Geweke dilakukan dalam model bivariat dan multivariat. Pada analisis bivariat, asosiasi variabel dependen (X) dan variabel independen (Y1 dan Y2) diuji terpisah. Ini berarti bahwa uji Geweke dilakukan antara X dan Y1, serta antara X dan Y2, namun juga terpisah dalam hal arah *feedback*, dari X menuju Y1 dan sebaliknya, dan dari X menuju Y2 dan sebaliknya. Hasil analisis bivariat ditunjukkan di Tabel 9.5.

Tabel 9.5 menunjukkan total asosiasi yang signifikan antara GDPTHR dan EMPFIN pada dua arah ($F_{X,Y}$ signifikan di tingkat 1% untuk kedua arah). Mayoritas dari asosiasi terjadi secara instan antara GDPTHR dan EMPFIN ($F_{X \cdot Y}$ signifikan di tingkat 1% untuk kedua arah). Ketika dilihat dari masing-masing arah, kami menemukan *feedback* yang sangat signifikan (di tingkat 1%) untuk $F_{Y \to X}$ ketika GDPTHR dianggap sebagai X dan EMPFIN dianggap sebagai Y. *Feedback* tersebut memberikan kontribusi sebesar 0,2524 dari 1,6915 total asosiasi antara GDPTHR dan EMPFIN. Kami juga menemukan *feedback* yang signifikan (di tingkat 10%) untuk $F_{X \to Y}$ ketika EMPFIN dianggap sebagai X dan GDPTHR sebagai Y. *Feedback* tersebut memberikan kontribusi sebesar 0,1215 dari 1,6255 total asosiasi antara EMPFIN dan GDPTHR.

Kami juga menemukan total asosiasi yang signifikan antara GDPTHR dan ROAD di kedua arah ($F_{X,Y}$ signifikan di tingkat 1% untuk kedua arah). Mayoritas dari asosiasi terjadi secara instan antara GDPTHR dan ROAD ($F_{X \cdot Y}$ signifikan di tingkat 1% untuk kedua arah). Ketika dilihat dari masing-masing arah, kami menemukan

Tabel 9.5. Pengukuran *Feedback* Dua Arah Perubahan PDRB di Sektor Perdagangan, Hotel dan Restoran (GDPTHR), Jumlah Pekerja di Sektor Finansial (EMPFIN) dan Panjang Jalan Beraspal (ROAD) di Kalimantan Timur, Indonesia, 2000–2011[a,b]

Variabel		$H_0(F_{X,Y} = F_{X\to Y} + F_{Y\to X} + F_{X\cdot Y})$			
X	*Y*	$F_{X,Y}$	$F_{X\to Y}$	$F_{Y\to X}$	$F_{X\cdot Y}$
GDPTHR	EMPFIN	1,6915***	0,0333	0,2524***	1,4058***
		(0,000)	(0,4892)	(0,0044)	(0,0000)
EMPFIN	GDPTHR	1,6255***	0,1215*	0,0981	1,4058***
		(0,0000)	(0,0734)	(0,1213)	(0,0000)
GDPTHR	ROAD	1,8243***	0,0616	0,6492***	1,1135***
		(0,0000)	(0,2662)	(0,0000)	(0,0000)
ROAD	GDPTHR	1,6901***	0,3583***	0,2183***	1,1135***
		(0,0000)	(0,0005)	(0,0091)	(0,0000)

[a] *, ** dan *** menandakan tingkat signifikan 10%, 5% dan 1%, secara berurutan.
[b] interval kepercayaan akan disediakan sesuai permintaan.
Sumber: Asia Competitiveness Institute

Tabel 9.6 Pengukuran *Feedback* Multiarah antara Perubahan PDRB di Sektor Perdagangan, Hotel dan Restoran (GDPTHR), Jumlah Pekerja di Sektor Finansial (EMPFIN) dan Panjang Jalan Beraspal (ROAD) di Kalimantan Timur, Indonesia, 2000–2011[a,b]

Variabel		$H_0(F_{X,Y} = F_{X\to Y} + F_{Y\to X} + F_{X\cdot Y})$			
X	*Y*	$F_{X,Y}$	$F_{X\to Y}$	$F_{Y\to X}$	$F_{X\cdot Y}$
GDPTHR	EMPFIN	2,0054***	0,0509	0,7440***	1,2105***
	ROAD	(0,000)	(0,7014)	(0,0000)	(0,0000)

[a] *, ** dan *** menandakan tingkat signifikan 10%, 5% dan 1%, secara berurutan.
[b] interval kepercayaan akan disediakan sesuai permintaan.
Sumber: Asia Competitiveness Institute

feedback yang sangat signifikan (di tingkat 1%) untuk $F_{Y\to X}$ ketika GDPTHR dianggap sebagai X dan ROAD dianggap sebagai Y. *Feedback* ini memberikan kontribusi sebesar 0,6492 dari 1,8243 total asosiasi antara GDPTHR dan ROAD. Kami juga menemukan *feedback* yang signifikan (di tingkat 1%) untuk $F_{X\to Y}$ ketika ROAD dianggap sebagai X dan GDPTHR sebagai Y. *Feedback* ini memberikan kontribusi sebesar 0,3583 dari 1,6901 total asosiasi antara ROAD dan GDPTHR.

Pada analisis multivariat, kedua variabel independen (Y1 dan Y2) diuji dan digabungkan sebagai Y, dan asosiasinya dengan variabel dependen (X) kemudian diuji. Hasil multivariat diperlihatkan di Tabel 9.6.

Tabel 9.6 menunjukkan bahwa ketika EMPFIN dan ROAD digabung sebagai Y, kami menemukan total asosiasi yang signifikan antara X (GDPTHR) dan Y (yaitu EMPFIN dan ROAD) di tingkat 1%. Lebih dari separuh asosiasi tersebut (1,2105 dari 2,0054 atau 60,3%) terjadi secara instan antara X dan Y, sementara 37,1% *feedback* (0,7440 dari 2,0054) berasal dari Y menuju X. Kedua arah asosiasi ini signifikan di tingkat 1%. Namun, *feedback* dari X menuju Y tidaklah signifikan.

Karena itu kami bisa menyimpulkan bahwa untuk studi kasus Kalimantan Timur, jumlah pekerja di sektor jasa keuangan dan jalan panjang beraspal berkontribusi pada pertumbuhan PDRB di sektor perdagangan, hotel dan restoran, tetapi tidak sebaliknya. Arah kausalitas bukanlah dua arah, dan kami *tidak bisa* mengatakan dengan pasti bahwa pertumbuhan sektor perdagangan, hotel dan restoran di Kalimantan Timur berkontribusi pada tingginya angka jumlah pekerja di sektor jasa keuangan dan panjang jalan beraspal.

3.2.6 *Implikasi Kebijakan*

Analisis kausalitas Geweke untuk Kalimantan Timur menunjukkan bahwa peningkatan pekerja jasa keuangan dan jalan beraspal memberikan kontribusi positif terhadap pertumbuhan PDRB di sektor perdagangan, hotel dan restoran. Serupa dengan kesimpulan untuk Jawa Timur, hal tersebut menandakan pentingnya infrastruktur dan sumber daya manusia untuk pembangunan ekonomi.

Studi kasus Kalimantan Timur menunjukkan bahwa akses infrastruktur berkontribusi pada pertumbuhan ekonomi, terutama dalam bentuk perdagangan, hotel dan restoran. Contoh yang digunakan dalam analisis ini adalah jalan darat, namun kesimpulan dan implikasi kebijakan perlu diterapkan dalam bentuk infrastruktur penghubung lainnya. Pada analisis kausalitas Geweke lainnya (tidak disajikan di bab ini), akses listrik juga sangat memberikan kontribusi pada pertumbuhan sektor tersier, sebab hotel dan perkantoran membutuhkan sumber energi yang dapat diandalkan.

Analisis kausalitas Geweke untuk Kalimantan Timur juga menunjukkan bahwa kehadiran sektor keuangan dibutuhkan untuk mendukung pertumbuhan jasa lainnya seperti perdagangan, hotel dan restoran. Penambahan jumlah pekerja di sektor finansial menandakan bahwa bank merespons positif pada potensi ekonomi Kalimantan Timur. Hal ini juga terlihat pada sektor perbankan yang dinamis dan responsif di dalam survei ACI.

Keberadaan pekerja dengan keterampilan yang tepat untuk mendukung pertumbuhan industri (pada studi ini, sektor keuangan) adalah penting untuk terus mendukung pertumbuhan ekonomi. Tantangannya adalah bagaimana mengubah pertumbuhan agar lebih inklusif dan padat karya sehingga dapat menyebarkan peluang kerja ke masyarakat luas di provinsi ini dan mengurangi tingkat pengangguran dan pengangguran terselubung.

3.3 Maluku Utara

3.3.1 *Karakteristik Utama*

Maluku Utara adalah provinsi kepulauan yang terletak di Indonesia bagian timur, di antara Pulau Papua dan Pulau Sulawesi. Provinsi ini dibentuk pada tahun 1999 setelah berpisah dengan Provinsi Maluku. Kepulauan Maluku, dahulunya, adalah satu-satunya pemasok daun dan buah pala di dunia, dan kepulauan tersebut menjadi perebutan antara penjajah Eropa di antara abad ke-16 dan ke-19. Kepulauan Ternate dan Tidore, yang sekarang adalah bagian dari Provinsi Maluku Utara, dahulu adalah pusat kesultanan berbentuk kepulauan yang mempunyai pengaruh luas, didukung oleh hasil perdagangan rempah-rempah di masa prakolonial. Sampai sekarang, Indonesia masih merupakan eksportir pala terbesar di dunia, yang mayoritas berasal dari Kepulauan Maluku.

Jumlah penduduk Maluku Utara adalah yang terkecil ketiga di Indonesia, yaitu 1,06 juta jiwa pada tahun 2011. Provinsi dengan jumlah penduduk terkecil adalah Papua Barat (789.010 jiwa). PDRB Maluku Utara pada tahun 2011 (3.230 miliar Rupiah atas dasar harga konstan 2000) merupakan yang kedua terkecil setelah Gorontalo (3.141 miliar Rupiah). Maluku Utara juga memiliki PDRB per kapita terkecil keempat pada tahun 2011, yaitu 3.038.400 Rupiah.

Maluku Utara memiliki ekonomi berbasis pertanian, dengan sumbangan sektor primer mencapai 41% PDRB pada tahun 2011. Produk sektor primer terbesar adalah buah pala, daun pala, cengkih dan perikanan. Sektor sekunder (manufaktur) menyumbang sebesar 16% terhadap PDRB provinsi, termasuk diantaranya industri makanan, minuman, produk logam dan mebel. Mayoritas dari aktivitas manufaktur di Maluku Utara berasal dari kerajinan tangan skala kecil dengan produktivitas rendah. Sektor tersier mengambil porsi 42,5% dari PDRB Maluku Utara dan didominasi oleh aktivitas terkait dengan perdagangan dan pariwisata. Provinsi ini memiliki potensi besar di sektor perikanan dan pariwisata yang harus terus dikembangkan. Maluku Utara memiliki banyak situs sejarah dan budaya, juga tempat wisata alam dan bahari yang dikelilingi pasir putih, laut biru dan tempat menyelam.

Saat ini, Maluku Utara menghadapi tantangan besar berupa produktivitas. Indikator Produktivitas Industri Tersier merupakan yang terendah secara nasional dengan 8,63 juta Rupiah per pekerja per tahun. Produktivitas Sektor Primer di provinsi ini juga merupakan yang ketiga terendah dengan 5,32 juta Rupiah per pekerja per tahun. Untuk Produktivitas Sektor Sekunder, Maluku Utara terbilang lebih baik di posisi 10 terendah (menempati posisi ke-24 dari 33 provinsi) dengan 17,82 juta Rupiah per pekerja per tahun.

Analisis daya saing provinsi ACI menemukan bahwa Perencanaan Pemerintah dan Institusi Maluku Utara memerlukan perhatian lebih, dikarenakan provinsi ini menempati peringkat terakhir di antara 33 provinsi. Untuk

Gambar 9.12. Analisis Jaring Daya Saing Median Maluku Utara Tahun 2014

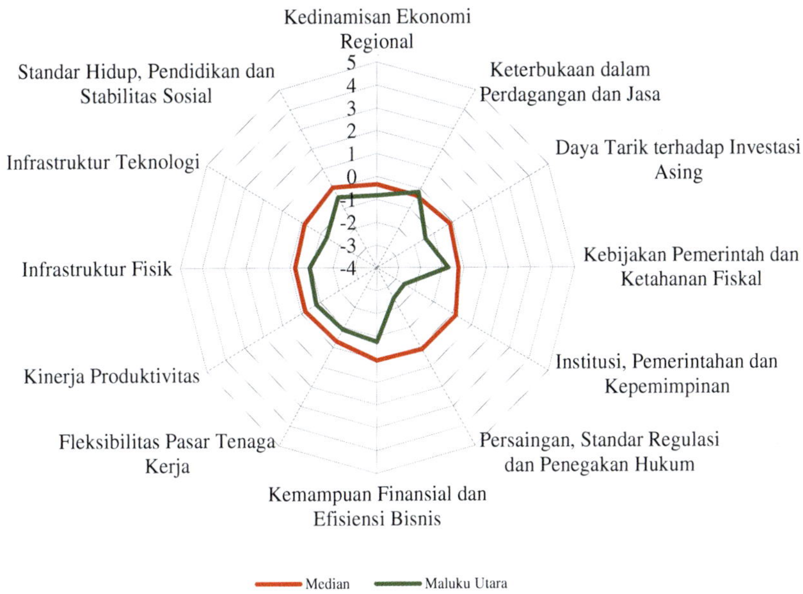

Sumber: Asia Competitiveness Institute

sub-lingkup Perencanaan Pemerintah dan Institusi, skor terstandardisasi Maluku Utara adalah -2,49, jauh lebih rendah dibandingkan skor Nusa Tenggara Timur di posisi ke-32 (-1,59).

Tantangan yang dihadapi Maluku Utara untuk menyediakan pelayanan sosial dan publik juga terlihat dari IPM. Per 2011, IPM Maluku Utara adalah 69,47. Indeks tersebut sudah membaik dibandingkan angka 67,50 pada tahun 2006, namun masih berada di peringkat ke-30 dari 33 provinsi pada tahun 2011.

Gambar 9.12 mengenai analisis jaring daya saing median ACI Maluku Utara memperlihatkan bahwa provinsi tersebut umumnya mendapat skor di bawah median untuk hampir semua sub-lingkup, kecuali Keterbukaan dalam Perdagangan dan Jasa. Untuk beberapa sub-lingkup, seperti Kualitas Hidup, Pendidikan dan Stabilitas Sosial, serta Kebijakan Pemerintah dan Ketahanan Fiskal, skor Maluku Utara tidak terlampau jauh dari median. Namun, kinerja Maluku Utara di beberapa sub-lingkup seperti Institusi, Pemerintahan dan Kepemimpinan; serta Persaingan, Standar Regulasi dan Penegakan Hukum; dan Daya Tarik terhadap Investasi Asing, perlu diperbaiki lebih lanjut.

3.3.2 *Tren Pembangunan Ekonomi*

Seperti terlihat di Gambar 9.13, pembangunan ekonomi Maluku Utara sejak tahun 2000 hingga 2010 ditandai dengan ekonomi skala kecil yang berkembang dari 1.879 miliar Rupiah menjadi 3.230 miliar Rupiah atas dasar harga konstan 2000. Provinsi rata-rata, sebagai perbandingan, tumbuh dari 41.378 miliar Rupiah menjadi 67.321 miliar Rupiah. Provinsi median pada tahun 2011 adalah Bali dengan PDRB 30.753 miliar Rupiah. Oleh karena itu, ekonomi Maluku Utara dalam periode 10 tahun telah tumbuh 71,8%, sementara provinsi lain secara rata-rata tumbuh 62,7%.

Walaupun pertumbuhan ekonomi Maluku Utara lebih besar dibandingkan dengan provinsi rata-rata, Maluku Utara memerlukan massa ekonomi yang lebih besar untuk dapat bersaing dengan provinsi lainnya. PDRB Maluku Utara mencapai 3.230 miliar Rupiah pada tahun 2011 atau 4,79% dari rata-rata PDRB provinsi.

Dengan penelaahan lebih jauh, Gambar 9.14 menunjukkan bahwa pertanian (termasuk perikanan) masih membentuk komponen terbesar dari PDRB Maluku Utara. Produk utama dari provinsi ini adalah pala, cengkih, kakao dan berbagai jenis ikan, terutama tuna. Perdagangan, hotel dan restoran adalah komponen kedua terbesar, tetapi mengalami pertumbuhan lebih besar dibandingkan sektor primer. Tren tersebut sepertinya menunjukkan bahwa sektor tersier berpotensi melewati sektor primer dalam hal kontribusi persentase terhadap PDRB dalam

Gambar 9.13. PDRB Maluku Utara Atas Dasar Harga Konstan 2000

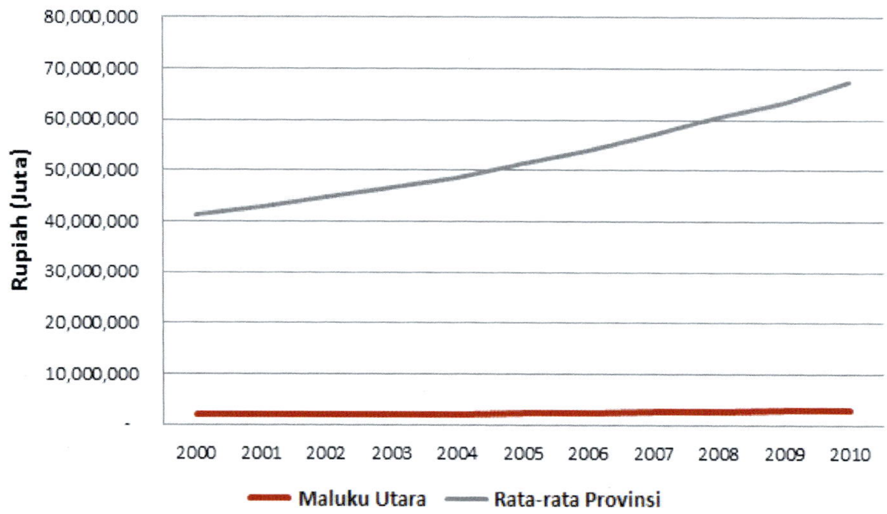

Sumber: Asia Competitiveness Institute menggunakan data Bank Dunia INDO-DAPOER

Gambar 9.14. PDRB Maluku Utara Berdasarkan Sektor (2000–2011)

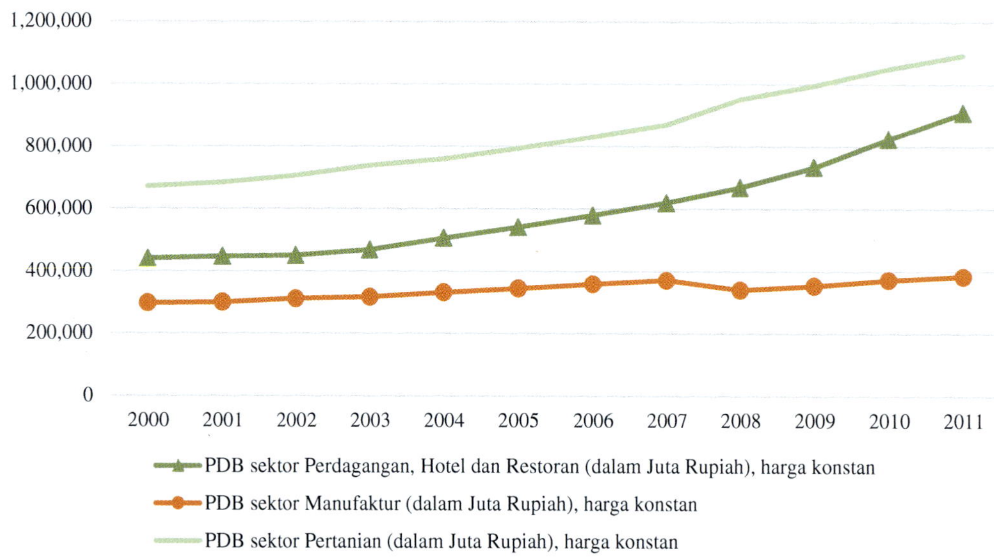

Sumber: Asia Competitiveness Institute menggunakan data Bank Dunia INDO-DAPOER

beberapa tahun ke depan. Sementara itu, pertumbuhan sektor manufaktur mengalami penurunan. Contohnya, jumlah usaha yang melakukan pengolahan ikan tidak banyak, meskipun terdapat jumlah tangkapan yang cukup besar. Dengan terbatasnya jumlah tempat penyimpanan dingin, sebagian besar ikan yang ditangkap diekspor secara langsung.

Analisis kausalitas Geweke berikut menyelidiki faktor-faktor yang mungkin menghambat Maluku Utara untuk mencapai massa ekonomi yang lebih besar.

3.3.3 *Pengujian Hipotesis*

Melihat tren pembangunan ekonomi Maluku Utara, kami menemukan bahwa jumlah PDRB provinsi ini relatif kecil, dengan pertumbuhan yang tidak lebih cepat dari provinsi rata-rata. Salah satu cara sebuah ekonomi berbasis pertanian dapat bertumbuh dengan lebih cepat adalah dengan melakukan transisi ke penekanan terhadap sektor manufaktur. Maluku Utara sudah menjadi provinsi berbasis pertanian (termasuk perikanan) dalam jangka waktu yang cukup lama, dan kini adalah waktunya untuk menjalankan lebih banyak aktivitas manufaktur. Sektor manufaktur bisa menyerap tenaga kerja dari sektor pertanian, menciptakan nilai tambah yang lebih tinggi karena lebih padat karya dan lebih memungkinkan untuk menarik masyarakat dari wilayah tetangga untuk bermigrasi ke provinsi ini.

Maluku Utara memproduksi rempah-rempah berkualitas (terutama buah pala, daun pala dan cengkih) dan hasil dari sektor perikanan dengan nilai tambah yang relatif kecil. Selama bertahun-tahun, struktur ekonomi provinsi ini tidak banyak berubah, dengan manufaktur secara konsisten berkontribusi sekitar 16%–17% kepada PDRB provinsi selama lebih dari 10 tahun. Untuk mendorong pertumbuhan ekonomi, sebagian besar dari aktivitas provinsi harus beralih ke aktivitas pengolahan.

Dari aktivitas manufaktur yang sudah ada di provinsi ini, perlu adanya produktivitas yang lebih tinggi. Dalam hal produktivitas keseluruhan, Maluku Utara mendapat peringkat ke-30 dari 33 provinsi. Produktivitas sektor sekunder Maluku Utara sedikit lebih baik dengan posisi ke-24 dari 33 provinsi, tetapi masih ada ruang untuk perbaikan. Karena itu kami akan menguji hipotesis berikut bahwa **Maluku Utara bisa menghasilkan pertumbuhan PDRB yang lebih tinggi, tetapi terhambat, antara lain oleh aktivitas dengan nilai tambah yang kecil (yang diwakili oleh sedikitnya sektor manufaktur) dan rendahnya produktivitas sektor manufaktur.**

3.3.4 *Deskripsi Data*

Variabel dependen terpilih dalam analisis kausalitas Geweke adalah perubahan PDRB (keseluruhan) Maluku Utara. Variabel tersebut dipilih karena mewakili pertumbuhan ekonomi Maluku Utara. Di sini, perubahan (Δ) diambil dari perbedaan turunan pertama (*first order difference*).

Variabel independen adalah perubahan kontribusi sektor sekunder terhadap PDRB (diukur dalam persentase) yang mewakili struktur ekonomi Maluku Utara, dan produktivitas sektor manufaktur (diukur dalam juta Rupiah, atas dasar harga konstan 2000) yang mewakili produktivitas sektor sekunder. Untuk ketiga variabel tersebut, data berasal dari portal Bank Dunia INDO-DAPOER.

Untuk melakukan analisis kausalitas Geweke, kami membutuhkan data dengan runtun waktu yang panjang, setidaknya 30 data seri untuk setiap indikator. Dengan pertimbangan akan beberapa masalah, yaitu (i) terbatasnya data di tingkat provinsi yang mencakup runtun waktu 30 tahun ke belakang, dan (ii) adanya beberapa jeda struktural dalam sejarah politik ekonomi Indonesia, kami memilih menggunakan data kuartal (dibanding tahunan), untuk periode selama 12 tahun, dari tahun 2000 hingga 2011. Dengan mengubah data tahunan menjadi data kuartal, kami mendapatkan 48 poin data.

Pengubahan dari data tahunan menjadi kuartal menggunakan perangkat lunak Eviews. Metode konversi yang digunakan adalah "*Quadratic Match Sum*" untuk perubahan PDRB dan produktivitas sektor manufaktur, dan "*Quadratic Match Average*" untuk perubahan kontribusi sektor sekunder terhadap PDRB. Semua variabel yang digunakan untuk estimasi empiris telah melalui cek statistik dan uji stasionaritas.

Seperti terlihat pada Gambar 9.15, kami menemukan bahwa struktur ekonomi Maluku Utara antara tahun 2000 dan 2011 hampir tidak berubah. Sektor primer dan sekunder masing-masing masih mengambil porsi sekitar 40%–42% dari PDRB provinsi pada tahun 2011, sama seperti pada tahun 2000. Sementara itu, aktivitas sektor sekunder (SECSEC) masih membentuk sekitar 16%–17% dari PDRB Maluku Utara pada tahun 2011, sama seperti pada tahun 2000.

Tabel 9.7. Variabel yang digunakan dalam Analisis Kausalitas Geweke Maluku Utara

Variabel	Notasi	Definisi
X	GRDP	Δ PDRB
Y1	SECSEC	Δ Persentase Sektor Sekunder terhadap PDRB
Y2	PROMAN	Produktivitas Sektor Manufaktur

Sumber: Asia Competitiveness Institute

Gambar 9.15. Struktur Ekonomi Maluku Utara

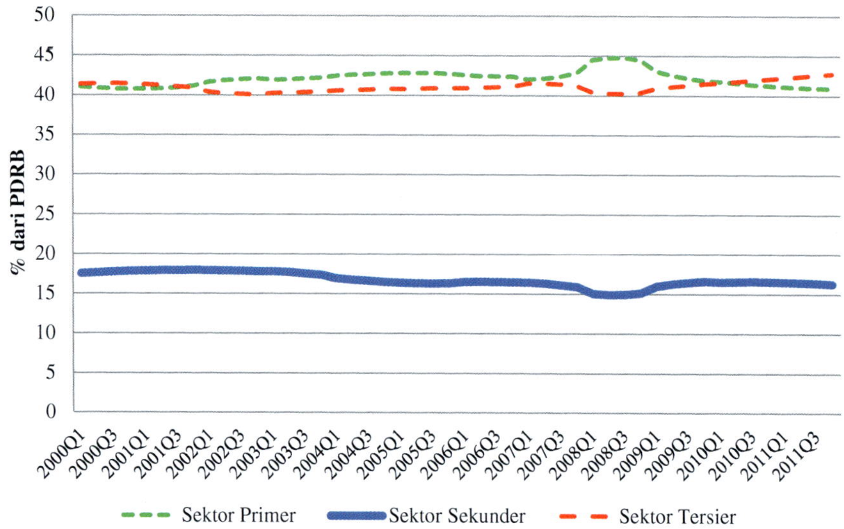

Sumber: Asia Competitiveness Institute menggunakan data Bank Dunia INDO-DAPOER

Gambar 9.16. Produktivitas Sektor Manufaktur Maluku Utara

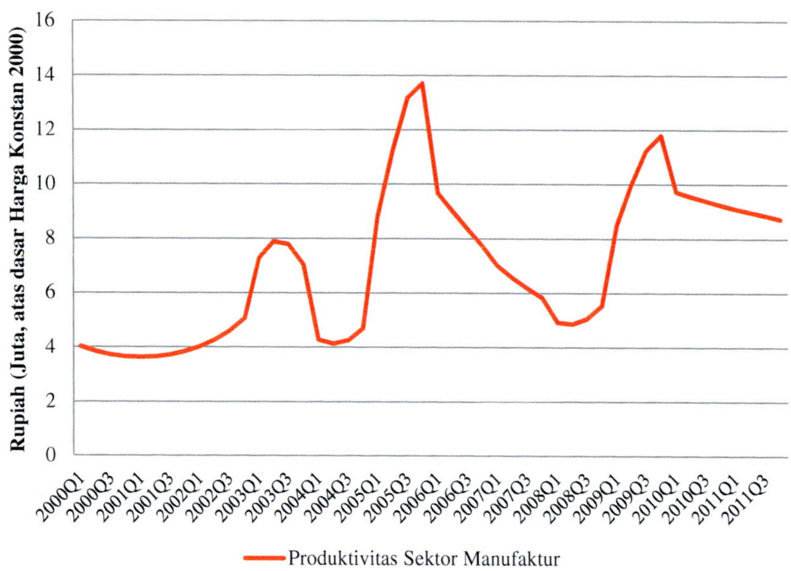

Sumber: Asia Competitiveness Institute menggunakan data Bank Dunia INDO-DAPOER

Gambar 9.16 menunjukkan peningkatan produktivitas sektor manufaktur (PROMAN) dari kuartal pertama tahun 2000 hingga kuartal keempat tahun 2011. Di sini, kami melihat bahwa produktivitas berfluktuasi, tetapi secara umum ada peningkatan dari 4,02 juta Rupiah menjadi 8,74 juta Rupiah atas dasar harga konstan 2000. Ini adalah peningkatan produktivitas sekitar 117% dalam periode 12 tahun yang cukup substansial, tetapi masih banyak yang dapat dicapai, mengingat bahwa Maluku Utara masih berada di posisi ke-24 dari 33 provinsi dalam hal produktivitas sektor sekunder pada tahun 2011.

3.3.5 *Temuan Empiris*

Analisis kausalitas Geweke dilakukan dengan model bivariat dan multivariat. Pada analisis bivariat, kedua arah asosiasi antara variabel dependen (X) dan variabel independen (Y1 dan Y2) diuji secara terpisah. Ini berarti bahwa uji Geweke dilakukan antara X dan Y1, serta antara X dan Y2, namun juga secara terpisah dalam hal arah *feedback*, dari X menuju Y1 dan sebaliknya, dan dari X menuju Y2 dan sebaliknya. Hasil analisis bivariat ditunjukkan di Tabel 9.8.

Tabel 9.8 menunjukkan total asosiasi yang signifikan antara GRDP dan SECSEC pada *feedback* kedua arah ($F_{X,Y}$ signifikan di tingkat 5% untuk X = GRDP dan Y = SECSEC, dan pada tingkat 10% untuk X = SECSEC dan Y = GRDP). Mayoritas asosiasi terjadi secara instan antara GDRP dan SECSEC ($F_{X \cdot Y}$ signifikan di tingkat 5% untuk kedua arah). Ketika dilihat dari masing-masing arah *feedback*, kami menemukan *feedback* yang signifikan (di tingkat 5%) untuk $F_{Y \to X}$ ketika GRDP dianggap sebagai X dan SECSEC dianggap sebagai Y. Namun, kami tidak menemukan *feedback* yang signifikan (pada $F_{X \to Y}$ atau $F_{Y \to X}$) ketika SECSEC dianggap sebagai X dan GRDP sebagai Y.

Kami juga menemukan total asosiasi yang signifikan antara GRDP dan PROMAN di *feedback* kedua arah ($F_{X,Y}$ signifikan di tingkat 10% untuk X = GRDP dan Y = PROMAN, dan di tingkat 5% untuk X = PROMAN dan Y = GRDP). Tidak ada asosiasi instan yang signifikan antara GRDP dan PROMAN ($F_{X,Y}$ tidak signifikan pada kedua arah). Namun, ketika dilihat dari masing-masing arah *feedback*, kami menemukan *feedback* yang signifikan (di tingkat 10%) untuk $F_{Y \to X}$ ketika GRDP dianggap sebagai X dan PROMAN dianggap sebagai Y. Kami juga menemukan *feedback* yang signifikan (sampai dengan tingkat 10%) untuk $F_{Y \to X}$ ketika PROMAN dianggap sebagai X dan GRDP sebagai Y.

Pada analisis multivariat, kedua variabel independen (Y1 dan Y2) digabungkan sebagai Y, dan asosiasinya dengan variabel dependen (X) kemudian diuji. Hasil analisa multivariat diperlihatkan pada Tabel 9.9.

Tabel 9.9 menunjukkan bahwa ketika SECSEC dan PROMAN digabungkan, kami menemukan total asosiasi yang signifikan antara X (GRDP) dan Y (yaitu SECSEC dan PROMAN) di tingkat 5%. Sekitar 33,9% dari asosiasi tersebut (0,1518 dari 0,4474) terjadi di antara X dan Y secara instan (signifikan di tingkat 5%). Sementara, 42% *feedback* (0,1882 dari 0,4474) terjadi dari Y menuju X (signifikan di tingkat 10%). *Feedback* dari X menuju Y, sayangnya, tidaklah signifikan.

Tabel 9.8. Pengukuran *Feedback* Dua Arah Perubahan PDRB (GRDP), Persentase Sektor Sekunder terhadap PDRB (SECSEC) dan Produktivitas Sektor Manufaktur (PROMAN) di Maluku Utara, Indonesia, 2000–2011[a,b]

Variabel		$H_0(F_{X,Y} = F_{X \to Y} + F_{Y \to X} + F_{X \cdot Y})$			
X	*Y*	$F_{X,Y}$	$F_{X \to Y}$	$F_{Y \to X}$	$F_{X \cdot Y}$
GRDP	SECSEC	0,2258** (0,0173)	0,0079 (0,5522)	0,1076** (0,0278)	0,1103** (0,0259)
SECSEC	GRDP	0,1491* (0,0817)	0,0356 (0,2053)	0,0032 (0,7045)	0,1103** (0,0259)
GRDP	PROMAN	0,2175* (0,0959)	0,0209 (0,6378)	0,1387* (0,0507)	0,0579 (0,1147)
PROMAN	GRDP	0,2727** (0,0388)	0,1040 (0,1069)	0,1108* (0,0923)	0,0579 (0,1147)

[a]*, ** dan *** menandakan tingkat signifikan 10%, 5% dan 1%, secara berurutan
[b]interval kepercayaan akan disediakan sesuai permintaan
Sumber: Asia Competitiveness Institute

Tabel 9.9. Pengukuran *Feedback* Multiarah antara Perubahan PDRB (GRDP), Persentase Sektor Sekunder terhadap PDRB (SECSEC) dan Produktivitas Sektor Manufaktur (PROMAN) di Maluku Utara, Indonesia, 2000–2011[a,b]

Variabel		$H_0(F_{X,Y} = F_{X \to Y} + F_{Y \to X} + F_{X \cdot Y})$			
X	*Y*	$F_{X,Y}$	$F_{X \to Y}$	$F_{Y \to X}$	$F_{X \cdot Y}$
GRDP	SECSEC PROMAN	0,4474** (0,0373)	0,1074 (0,3287)	0,1882* (0,0882)	0,1518** (0,0382)

[a]*, ** dan *** menandakan tingkat signifikan 10%, 5% dan 1%, secara berurutan.
[b] interval kepercayaan akan disediakan sesuai permintaan
Sumber: Asia Competitiveness Institute

Karena itu kami bisa menyimpulkan bahwa dalam kasus Maluku Utara, persentase sektor sekunder pada PDRB dan produktivitas sektor manufaktur berkontribusi pada tingkat pertumbuhan PDRB provinsi, tetapi tidak sebaliknya. Arah *feedback* tidak berlangsung dua arah, dan kami *tidak bisa* mengatakan dengan pasti bahwa perubahan PDRB Maluku Utara berkontribusi pada meningkatnya persentase sektor sekunder dan produktivitas sektor sekunder.

3.3.6 *Implikasi Kebijakan*

Analisis kausalitas Geweke untuk Maluku Utara memperlihatkan bahwa rendahnya skala aktivitas manufaktur serta rendahnya produktivitas sektor manufaktur sangat berhubungan dengan masa ekonomi provinsi yang relatif kecil. Ini menandakan pentingnya struktur ekonomi yang dinamis di dalam sebuah area untuk mendorong pengembangan klaster ekonomi.

Seperti diperlihatkan pada studi kasus di Maluku Utara, rendahnya skala aktivitas manufaktur secara terus menerus tidak berkontribusi pada tinggginya tingkat pertumbuhan PDRB yang diperlukan untuk meningkatkan output dari ekonomi provinsi. Implikasi kebijakan dilakukan untuk menambah lebih banyak aktivitas ekonomi bernilai tambah di Maluku Utara melalui fokus pengembangan sektor manufaktur. Peluang telah berdatangan untuk menciptakan nilai tambah dari produk pertanian (rempah-rempah) dan perikanan.

Analisis kausalitas Geweke untuk Maluku Utara juga menunjukkan bahwa produktivitas itu penting untuk meningkatkan pertumbuhan ekonomi. Sektor manufaktur di provinsi tersebut kini didominasi oleh industri kerajinan tangan yang relatif kecil, dengan produktivitas rendah. Jumlah perusahaan yang beroperasi dengan modal besar sangatlah terbatas. Kurangnya jumlah fasilitas penyimpanan dingin merupakan masalah penting untuk sebuah provinsi maritim. Terdapat banyak potensi untuk bisa meningkatkan produktivitas melalui penambahan nilai, tetapi hal ini membutuhkan investasi besar pada infrastruktur (seperti jalan, pelabuhan dan listrik) serta peralatan (seperti tempat penyimpanan dingin).

Meningkatkan produktivitas manufaktur tidak berarti meninggalkan produktivitas pertanian. Untuk sebuah provinsi dengan potensi besar di pertanian dan perikanan, produktivitas sektor manufaktur juga bergantung pada produktivitas sektor pertanian dan perikanan. Dengan produksi pertanian dan perikanan yang rendah, terdapat pasokan bahan mentah yang terbatas untuk aktivitas pengolahan berikutnya. Provinsi Maluku dan Maluku Utara telah diidentifikasi dalam Masterplan Percepatan dan Perluasan Pembangunan Ekonomi Indonesia 2011–2025 (MP3EI) sebagai pusat pengembangan pangan dan perikanan. Oleh karena itu, diperlukan strategi untuk memperbaiki produktivitas sektor sekunder dan sektor primer secara serentak.

Meningkatkan produktivitas Maluku Utara perlu dilakukan dengan mendorong kinerja usaha kecil dan menengah (UKM) lokal serta menarik investor berskala besar. UKM lokal telah akrab dengan potensi provinsi, dan ekonomi Maluku Utara akan mendapat banyak manfaat dengan menjadikan mereka bagian dari strategi untuk mencapai pertumbuhan ekonomi yang lebih tinggi.

3.4 Nusa Tenggara Timur

3.4.1 *Karakteristik Utama*

Nusa Tenggara Timur adalah provinsi kepulauan, berlokasi di bagian tenggara Indonesia, berbatasan dengan Timor Leste dan Australia. Provinsi ini merupakan bagian dari Kepulauan Sunda Kecil yang terletak di timur Jawa dan mencakup tiga provinsi, yaitu Bali, Nusa Tenggara Barat dan Nusa Tenggara Timur. Tidak seperti daerah Indonesia lainnya, Kepulauan Nusa Tenggara relatif lebih gersang dengan iklim kering dan hujan yang hanya turun sekitar empat bulan dalam setahun. Sebagian besar dari alamnya yang bergunung-gunung adalah sabana dan bukan hutan hujan tropis.

Struktur ekonomi Nusa Tenggara Timur didominasi oleh sektor primer dan tersier, dengan peranan kecil sektor sekunder. Sektor primer mencakup sekitar 38,36% dari PDRB pada tahun 2011 dan didominasi oleh hewan ternak seperti sapi dan kerbau, serta hasil pertanian seperti ubi kayu, ubi jalar dan jagung. Dengan garis pantai sepanjang 5.700 kilometer, terdapat potensi besar untuk sektor perikanan yang kini masih kurang dikembangkan. Sektor tersier mencakup 52,69% dari PDRB pada tahun 2011. Mayoritas berasal dari pelayanan publik dan sektor perdagangan, hotel dan restoran. Nusa Tenggara Timur juga memiliki potensi pariwisata yang besar dengan alam pegunungannya yang permai dan keanekaragaman hayati laut dengan banyaknya pulau-pulau dan batu karang. Hal tersebut, sayangnya, juga kurang dikembangkan. Sektor sekunder hanya mencakup 8,95% dari PDRB pada tahun 2011. Industri di provinsi ini termasuk makanan, minuman, tekstil, mebel dan kerajinan logam. Mayoritas adalah industri kerajinan tangan berskala kecil dengan sumber daya terbatas.

Nusa Tenggara Timur memiliki jumlah penduduk 4,78 juta jiwa pada tahun 2011, menjadikannya provinsi dengan peringkat ke-12 berdasarkan jumlah penduduk di Indonesia. Namun, provinsi ini memiliki tingkat urbanisasi terendah di Indonesia, dimana hanya 19,34% dari penduduknya tinggal di daerah perkotaan. Provinsi dengan angka urbanisasi terendah kedua di Indonesia pada tahun 2011 adalah Sulawesi Barat dengan tingkat urbanisasi 22,88%.

Terlepas dari potensinya, terdapat beberapa masalah yang menghalangi Nusa Tenggara Timur. Pertama, provinsi ini memiliki jumlah PDRB per kapita terkecil di Indonesia. Pada tahun 2011, PDRB per kapita provinsi ini adalah 2.773.900 Rupiah atas dasar harga konstan 2000. Provinsi dengan PDRB per kapita terkecil kedua dan ketiga pada tahun 2011 adalah Maluku dengan 2.860.000 Rupiah dan Gorontalo dengan 2.955.600 Rupiah.

Rendahnya produktivitas tenaga kerja berkaitan dengan rendahnya PDRB per kapita Nusa Tenggara Timur. Provinsi ini memiliki produktivitas tenaga kerja terendah, hanya menghasilkan 6,32 juta Rupiah per pekerja per tahun pada 2011. Ketika dibagi secara sektoral, produktivitas Nusa Tenggara Timur juga tidak membanggakan. Provinsi ini memiliki produktivitas tenaga kerja terendah di sektor primer, terendah ketiga di sektor sekunder dan terendah kedelapan di sektor tersier.

Nusa Tenggara Timur adalah salah satu provinsi dengan tingkat kemiskinan tertinggi di Indonesia. Sekitar seperlima (20,48%) dari jumlah penduduknya hidup di bawah garis kemiskinan pada tahun 2011. Angka tersebut sudah menunjukkan perbaikan dengan penurunan angka kemiskinan sekitar 30% pada tahun 2006. IPM juga rendah dengan posisi ke-31 dari 33 provinsi. Terlepas dari tingkat kemiskinan yang tinggi, Nusa Tenggara Timur memiliki tingkat pengangguran yang rendah, yaitu 2,69% pada tahun 2011, yang berarti bahwa mayoritas tenaga kerjanya memiliki pekerjaan, walaupun mungkin tidak dipekerjakan secara penuh.

Hubungan tenaga kerja menjadi salah satu masalah Nusa Tenggara Timur seperti ditemukan dalam analisis daya saing tahunan ACI, dimana hubungan tenaga kerja di provinsi ini menempati posisi ke-33 dari 33 provinsi. Gambar 9.17 menegaskan lemahnya kinerja provinsi ini dibandingkan dengan median provinsi Indonesia. Di 12 sub-lingkup, Nusa Tenggara Timur secara umum memiliki kinerja di bawah nilai median. Namun, kinerjanya bervariasi dari satu sub-lingkup ke sub-lingkup lainnya. Pada Keterbukaan dalam Perdagangan dan Jasa; Kebijakan Pemerintah dan Ketahanan Fiskal; dan Fleksibilitas Pasar Tenaga Kerja, Nusa Tenggara Timur tidak

Gambar 9.17. Analisis Jaring Daya Saing Median Nusa Tenggara Timur Tahun 2014

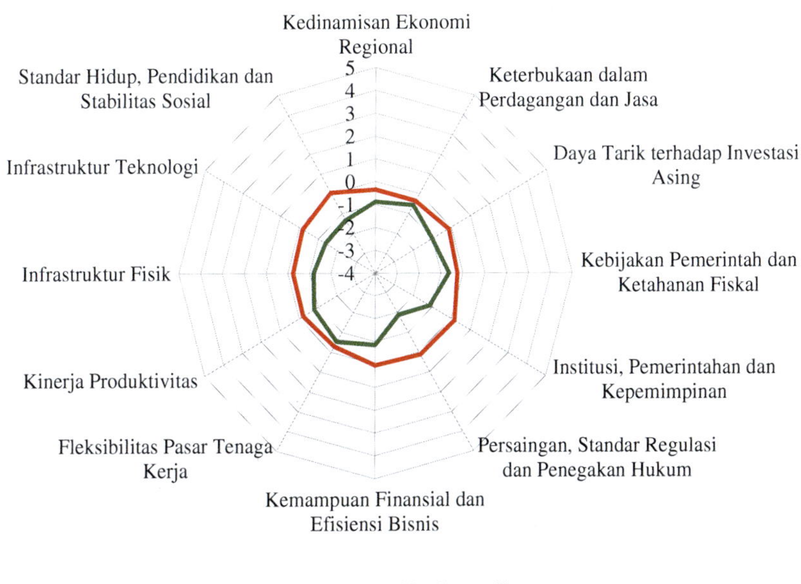

Sumber: Asia Competitiveness Institute

terlalu jauh di bawah nilai median provinsi-provinsi lainnya. Namun, untuk Persaingan, Standar Regulasi dan Penegakan Hukum; serta Infrastruktur Teknologi; dan Kualitas Hidup, Pendidikan dan Stabilitas Sosial, provinsi ini perlu bekerja keras untuk mengejar provinsi lainnya.

3.4.2 *Pola Pembangunan Ekonomi*

Seperti terlihat pada Gambar 9.18, pembangunan ekonomi Nusa Tenggara Timur ditandai dengan kecilnya ukuran ekonomi dibandingkan provinsi lainnya. Pada tahun 2011, PDRB Nusa Tenggara Timur adalah 12.531 miliar Rupiah, sementara rata-rata provinsi Indonesia adalah 67.321 miliar Rupiah atas dasar harga konstan 2000. Hal ini berarti bahwa PDRB Nusa Tenggara Timur hanya sekitar 18% dari rata-rata.

Agar Nusa Tenggara Timur bisa bersaing dengan provinsi Indonesia lainnya, provinsi ini memerlukan massa ekonomi yang lebih besar. Dalam periode 10 tahun, kita melihat ekonomi Nusa Tenggara Timur tumbuh sebesar 59,6%, dari 7.850 miliar Rupiah pada tahun 2000 menjadi 12.531 miliar Rupiah pada tahun 2010. Provinsi rata-rata, sebagai pembanding, tumbuh sebesar 62,7%, dari 41.378 miliar Rupiah menjadi 67.321 miliar Rupiah.

Setelah diselidiki lebih lanjut, Gambar 9.19 menunjukkan bahwa pertanian masih membentuk komponen terbesar dari PDRB Nusa Tenggara Timur. Produk utama provinsi tersebut adalah hasil ternak dan perkebunan.

Gambar 9.18. PDRB Nusa Tenggara Timur Atas Dasar Harga Konstan 2000

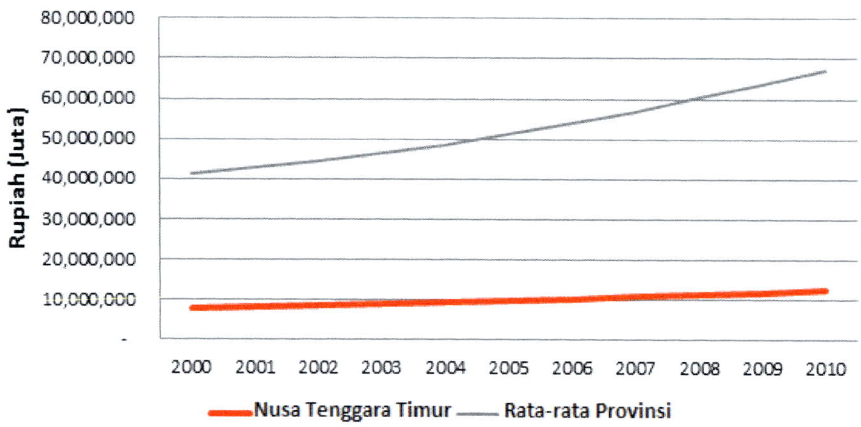

Sumber: Asia Competitiveness Institute menggunakan data Bank Dunia INDO-DAPOER

Gambar 9.19. PDRB Nusa Tenggara Timur Berdasarkan Sektor (2000–2011)

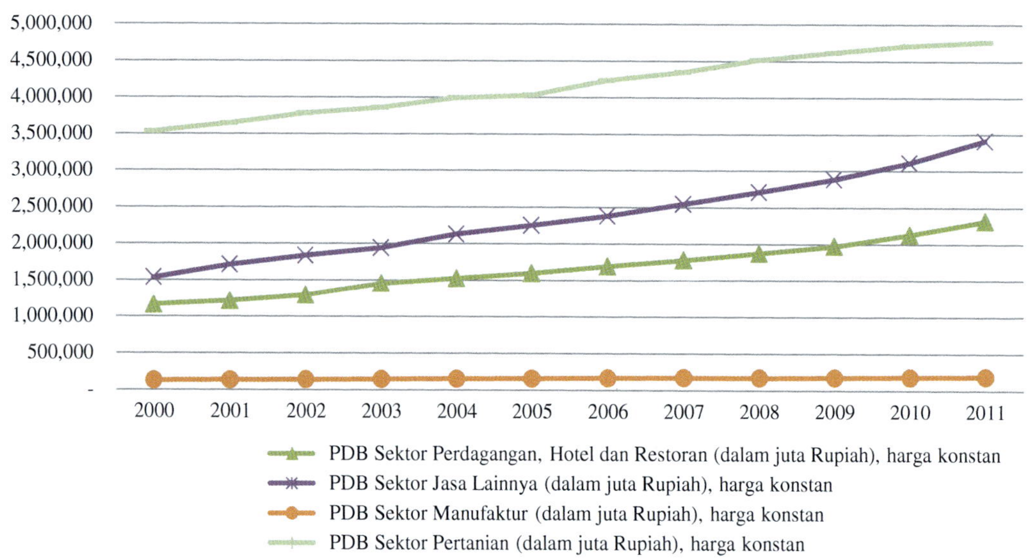

Sumber: Asia Competitiveness Institute menggunakan data Bank Dunia INDO-DAPOER

Gambar 9.20. Tingkat Pengangguran dan Pengangguran Terselubung di Nusa Tenggara Timur

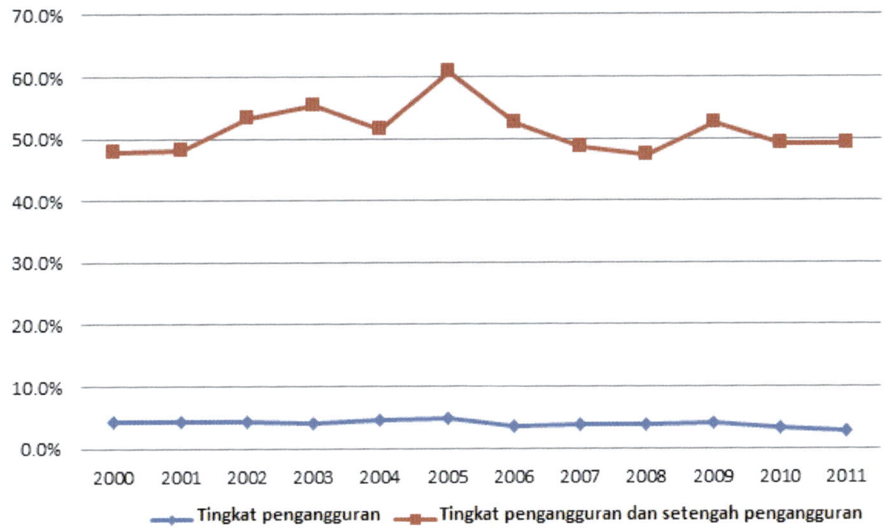

Sumber: Asia Competitiveness Institute menggunakan data Bank Dunia INDO-DAPOER

Sektor jasa lainnya, termasuk pelayanan publik, adalah komponen terbesar kedua dari PDRB Nusa Tenggara Timur dan juga memiliki pertumbuhan tercepat. Perdagangan, hotel dan restoran membentuk komponen ketiga terbesar, yang juga tumbuh dengan cepat walaupun tidak secepat sektor pelayanan publik. Namun, sektor manufaktur sangat kecil dan memiliki pertumbuhan yang lambat.

Tingkat pengangguran Nusa Tenggara Timur termasuk rendah, yaitu 2,69% pada tahun 2011. Namun, jika tingkat pengangguran dan pengangguran terselubung dipertimbangkan, maka kami menemukan adanya proporsi cukup besar dari tenaga kerja Nusa Tenggara Timur yang tercatat sebagai pengangguran terselubung. Pada tahun 2011, gabungan tingkat pengangguran dan pengangguran terselubung di Nusa Tenggara Timur adalah 49,2%, dan sepanjang dekade terakhir, kami bisa melihat dari Gambar 9.20 bahwa gabungan tingkat pengangguran dan pengangguran terselubung mencapai sekitar 50%.

Analisis kausalitas Geweke berikut menyelidiki faktor-faktor yang bisa menghambat Nusa Tenggara Timur dari mencapai massa ekonomi yang lebih besar.

3.4.3 *Pengujian Hipotesis*

Setelah meninjau tren pembangunan ekonomi Nusa Tenggara Timur, kami melihat bahwa PDRB provinsi tetap kecil, dengan pertumbuhan yang sedikit lebih lambat dibandingkan provinsi rata-rata. Salah satu cara agar ekonomi berbasis pertanian dapat tumbuh lebih cepat adalah dengan melakukan transisi ke arah pengembangan sektor manufaktur. Nusa Tenggara Timur telah menjadi provinsi berbasis pertanian (termasuk perikanan) dalam waktu yang cukup lama dan sudah saatnya untuk menjalankan lebih banyak aktivitas manufaktur. Sektor manufaktur dapat menyerap tenaga kerja dari sektor pertanian, menciptakan nilai tambah dan lebih padat karya, sehingga bisa menciptakan lapangan kerja yang lebih luas.

Saat ini sektor pertanian Nusa Tenggara Timur cenderung subsisten, dan kontribusi sektor pertanian terhadap PDRB secara relatif menurun (diimbangi oleh kenaikan sektor jasa, terutama pelayanan publik). Hal ini berarti bahwa mayoritas hasil pertanian akan dikonsumsi sendiri dan bukan untuk tujuan komersial. Oleh karena itu, sebagian besar produk pertanian tidak akan terkait dengan aktivitas bernilai tambah kecuali bila pola pertanian subsisten berubah. Banyak tenaga kerja yang bisa mendapatkan pekerjaan di pertanian subsisten, tetapi ini tidaklah cukup. Mereka mencari pekerjaan lain, namun surplus tenaga kerja dari sektor pertanian dengan produktivitas rendah tidak bisa diserap oleh ekonomi daerah yang kurang dinamis. Terlebih lagi, karena rendahnya keterampilan dan tingkat pendidikan, mereka tidak bisa diserap oleh sektor pelayanan publik. Hal ini menggambarkan hilangnya kesempatan bagi provinsi yang sebagian besar tenaga kerjanya setengah menganggur. Karena itu kami akan menguji hipotesis berikut bahwa **Nusa Tenggara Timur bisa menghasilkan PDRB**

yang lebih tinggi, tetapi dihambat oleh antara lain, nilai tambah yang rendah (seperti terlihat oleh rendahnya sektor manufaktur), dan besarnya tenaga kerja yang menganggur dan setengah menganggur yang tidak bisa dimanfaatkan oleh ekonomi daerah.

3.4.4 *Deskripsi Data*

Variabel dependen terpilih dalam analisis kausalitas Geweke adalah perubahan PDRB (keseluruhan) Nusa Tenggara Timur. Variabel ini dipilih untuk mewakili pertumbuhan ekonomi Nusa Tenggara Timur. Di sini, perubahan (Δ) diambil dari perbedaan turunan pertama (*first order difference*).

Variabel independen adalah perubahan kontribusi sektor sekunder terhadap PDRB (diukur dalam persentase) yang mewakili struktur ekonomi Nusa Tenggara Timur, dan jumlah tenaga kerja yang menganggur dan setengah menganggur (diukur dalam jumlah orang) yang menggambarkan hilangnya kesempatan dari tenaga kerja yang tidak dimanfaatkan. Data ketiga variabel diambil dari portal Bank Dunia INDO-DAPOER.

Untuk melakukan analisis kausalitas Geweke, kami membutuhkan data dengan runtun waktu yang panjang, setidaknya 30 data seri untuk setiap indikator. Dengan pertimbangan akan beberapa masalah, yaitu (i) terbatasnya data di tingkat provinsi yang mencakup runtun waktu 30 tahun ke belakang, dan (ii) adanya beberapa jeda struktural dalam sejarah politik ekonomi Indonesia, kami memilih menggunakan data kuartal (dibanding tahunan), untuk periode selama 12 tahun, dari tahun 2000 hingga 2011. Dengan mengubah data tahunan menjadi data kuartal, kami mendapatkan 48 poin data.

Pengubahan dari data tahunan menjadi kuartal menggunakan perangkat lunak Eviews. Metode konversi dari data tahunan menjadi kuartal antara lain adalah "*Quadratic Match Sum*" untuk perubahan PDRB dan "*Quadratic Match Average*" untuk perubahan kontribusi sektor sekunder terhadap PDRB serta jumlah tenaga kerja yang menganggur dan setengah menganggur. Semua variabel yang digunakan untuk estimasi empiris telah melalui cek statistik dan uji stasionaritas.

Gambar 9.21 menunjukkan bahwa struktur ekonomi Nusa Tenggara Timur antara tahun 2000 hingga 2011 telah berubah dengan meningkatnya sektor tersier dan menurunnya sektor primer. Namun, sektor sekunder

Tabel 9.10. Variabel yang digunakan dalam Analisis Kausalitas Geweke Nusa Tenggara Timur

Variabel	Notasi	Definisi
X	GRDP	Δ PDRB
Y1	SECSEC	Δ Persentase Sektor Sekunder terhadap PDRB
Y2	UNDEMP	Jumlah Tenaga Kerja yang masuk dalam kategori Pengangguran dan Pengangguran Terselubung

Sumber: Asia Competitiveness Institute

Gambar 9.21. Struktur Ekonomi Nusa Tenggara Timur

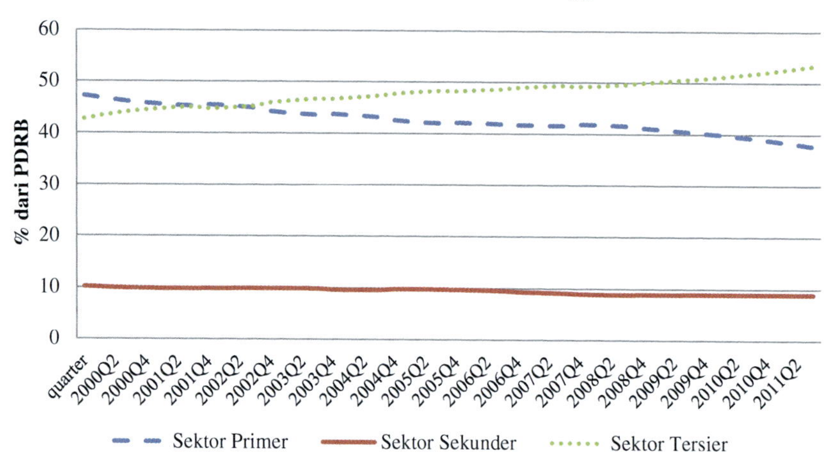

Sumber: Asia Competitiveness Institute menggunakan data Bank Dunia INDO-DAPOER

Gambar 9.22. Jumlah Pengangguran dan Pengangguran Terselubung di Nusa Tenggara Timur

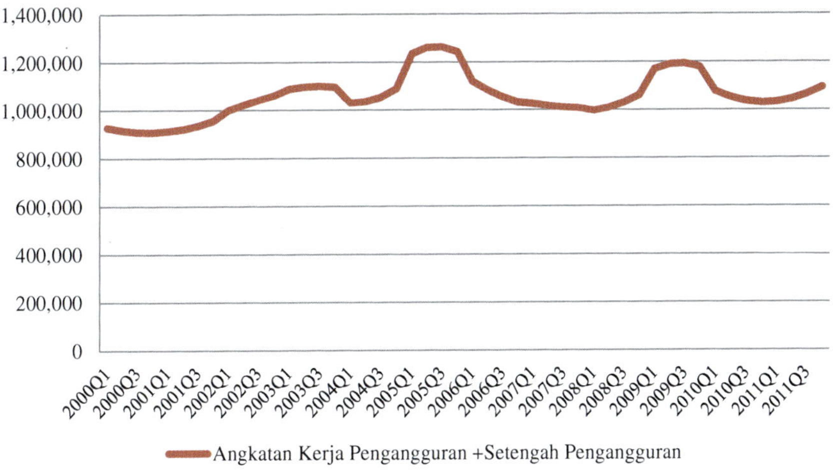

Sumber: Asia Competitiveness Institute menggunakan data Bank Dunia INDO-DAPOER

(SECSEC) tetap stagnan dalam hal persentase kontribusi terhadap PDRB. Di kuartal pertama tahun 2000, manufaktur menyumbang sekitar 10,11% dari PDRB Nusa Tenggara Timur. Di kuartal keempat tahun 2011, kontribusi tersebut sedikit menurun menjadi 8,9%.

Gambar 9.22 menunjukkan jumlah tenaga kerja yang menjadi pengangguran dan pengangguran terselubung (UNDEMP) dalam periode 12 tahun. Fluktuasi terjadi dalam kurun waktu tersebut. Misalnya, pada tahun 2005 dan 2009, terdapat lebih banyak pengangguran terselubung dibandingkan tahun-tahun lainnya, dengan puncaknya yang mencapai sekitar 1,2 juta jiwa. Namun, secara keseluruhan, kami melihat adanya peningkatan tren jumlah tenaga kerja yang tidak sepenuhnya dipekerjakan di ekonomi daerah Nusa Tenggara Timur.

3.4.5 *Temuan Empiris*

Analisis kausalitas Geweke dilakukan dengan model bivariat dan multivariat. Pada analisis bivariat, kedua arah asosiasi antara variabel dependen (X) dan variabel independen (Y1 dan Y2) diuji secara terpisah. Ini berarti bahwa uji Geweke dilakukan antara X dan Y1, serta antara X dan Y2, tetapi juga secara terpisah dalam hal arah, dari X menuju Y1 dan sebaliknya, dan dari X menuju Y2 dan sebaliknya. Hasil bivariat diperlihatkan di Tabel 9.11.

Tabel 9.11 menunjukkan total asosiasi yang signifikan antara GRDP dan SECSEC pada kedua arah ($F_{X,Y}$ signifikan di tingkat 1% di kedua arah). Mayoritas asosiasi terjadi secara instan antara GRDP dan SECSEC ($F_{X \cdot Y}$ signifikan di tingkat 1% di kedua arah). Ketika dilihat dari masing-masing arah *feedback*, kami menemukan *feedback* yang signifikan (di tingkat 1%) untuk $F_{Y \to X}$ ketika GRDP dianggap sebagai X dan SECSEC dianggap sebagai Y. Namun, kami tidak menemukan asosiasi yang signifikan (untuk $F_{X \to Y}$ atau $F_{Y \to X}$) ketika SECSEC dianggap sebagai X dan GRDP sebagai Y.

Kami menemukan total asosiasi yang signifikan antara GRDP dan UNDEMP di kedua arah ($F_{X,Y}$ signifikan di tingkat 1% di kedua arah). Mayoritas asosiasi terjadi secara instan antara GRDP dan UNDEMP ($F_{X \cdot Y}$ signifikan di tingkat 1% di kedua arah). Ketika dilihat dari masing-masing arah, kami menemukan *feedback* yang signifikan (di tingkat 5%) untuk $F_{Y \to X}$ ketika GRDP dianggap sebagai X dan UNDEMP dianggap sebagai Y. Kami juga menemukan *feedback* yang signifikan (sampai pada tingkat 5%) untuk $F_{X \to Y}$ ketika UNDEMP dianggap sebagai X dan GRDP sebagai Y.

Pada analisis multivariat, kedua variabel independen (Y1 dan Y2) digabungkan sebagai Y, dan asosiasinya dengan variabel dependen (X) kemudian diuji. Hasil multivariat diperlihatkan di Tabel 9.12.

Tabel 9.11. Pengukuran *Feedback* Dua Arah Perubahan PDRB (GRDP), Persentase Sektor Sekunder di PDRB (SECSEC) dan Jumlah Pengangguran dan Pengangguran Terselubung (UNDEMP) di Nusa Tenggara Timur, Indonesia, 2000–2011[a,b]

Variabel		$H_0(F_{X,Y} = F_{X\to Y} + F_{Y\to X} + F_{X\cdot Y})$			
X	*Y*	$F_{X,Y}$	$F_{X\to Y}$	$F_{Y\to X}$	$F_{X\cdot Y}$
GRDP	SECSEC	1,5640*** (0,0000)	0,0122 (0,4592)	0,2073*** (0,0023)	1,3445*** (0,0000)
SECSEC	GRDP	1,3606*** (0,0000)	0,0094 (0,5158)	0,0068 (0,5813)	1,3445*** (0,0000)
GRDP	UNDEMP	1,4365*** (0,0000)	0,1038 (0,1073)	0,2048** (0,0122)	1,1278*** (0,0000)
UNDEMP	GRDP	1,3257*** (0,0000)	0,1893** (0,0171)	0,0085 (0,8325)	1,1278*** (0,0000)

[a] *, ** dan *** menandakan tingkat signifikan 10%, 5% dan 1%, secara berurutan
[b] interval kepercayaan akan disediakan sesuai permintaan
Sumber: Asia Competitiveness Institute

Tabel 9.12. Pengukuran *Feedback* Multiarah antara PDRB (GRDP), Persentase Sektor Sekunder di PDRB (SECSEC), dan Jumlah Pengangguran dan Pengangguran Terselubung (UNDEMP) di Nusa Tenggara Timur, Indonesia, 2000–2011[ab]

Variabel		$H_0(F_{X,Y} = F_{X\to Y} + F_{Y\to X} + F_{X\cdot Y})$			
X	*Y*	$F_{X,Y}$	$F_{X\to Y}$	$F_{Y\to X}$	$F_{X\cdot Y}$
GRDP	SECSEC UNDEMP	2,3500*** (0,0000)	0,1242 (0,2543)	0,2446** (0,0326)	1,9812*** (0,0000)

[a] *, ** dan *** menandakan tingkat signifikan 10%, 5% dan 1%, secara berurutan
[b] interval kepercayaan akan disediakan sesuai permintaan
Sumber: Asia Competitiveness Institute

Tabel 9.12 menunjukkan bahwa ketika SECSEC dan UNDEMP digabungkan, kami menemukan total asosiasi yang signifikan antara X (GRDP) dan Y (yaitu SECSEC dan UNDEMP) di tingkat 1%. Mayoritas atau 84% dari asosiasi tersebut (1,9812 dari 2,3500) terjadi secara instan antara X dan Y di tingkat 1%, sementara 10,4% dari *feedback* (0,2446 dari 2,3500) terjadi dari Y menuju X di tingkat 5%. *Feedback* dari X menuju Y, namun, tidaklah signifikan.

Oleh karena itu, kami bisa menyimpulkan bahwa dalam studi kasus Nusa Tenggara Timur, persentase sektor sekunder pada PDRB dan jumlah pengangguran dan pengangguran terselubung berkontribusi pada tingkat pertumbuhan PDRB provinsi, namun tidak sebaliknya. Arah *feedback* tidak dua arah, dan kami *tidak bisa* mengatakan dengan pasti bahwa perubahan PDRB Nusa Tenggara Timur berkontribusi pada kenaikan persentase sektor sekunder dan jumlah pengangguran dan pengangguran terselubung.

3.4.6 *Implikasi Kebijakan*

Analisis kausalitas Geweke untuk Nusa Tenggara Timur menunjukkan bahwa rendahnya skala aktivitas manufaktur dan jumlah pengangguran serta pengangguran terselubung sangat berasosiasi dengan massa ekonomi provinsi yang kecil. Ini menandakan pentingnya manufaktur sebagai sektor padat karya yang dapat mendorong produktivitas lebih tinggi.

Meningkatkan nilai tambah melalui pengembangan sektor manufaktur adalah penting untuk meningkatkan ekonomi Nusa Tenggara Timur. Rendahnya persentase sektor sekunder berkontribusi pada rendahnya PDRB provinsi. Nusa Tenggara Timur perlu mengubah ketergantungannya terhadap pertanian subsisten. Terdapat peluang untuk mengembangkan pengolahan hasil ternak dan perkebunan. Infrastruktur dalam bentuk jalan dan pelabuhan, serta lingkungan usaha dan tata kelola ekonomi daerah yang baik akan membantu meningkatkan sektor ini.

Analisis kausalitas Geweke untuk Nusa Tenggara Timur juga menunjukkan bahwa kurangnya pemanfaatan tenaga kerja turut menghambat pertumbuhan ekonomi provinsi. Dengan melihat tingkat pengangguran terselubung, kami menemukan bahwa hal ini menyebabkan hilangnya kesempatan bagi provinsi dan juga masyarakat. Hal ini berkontribusi pada rendahnya produktivitas Nusa Tenggara Timur, yang kemudian berdampak terhadap kurangnya daya tarik provinsi untuk mendapatkan investasi. Penciptaan pekerjaan penuh waktu dan berjangka panjang sangatlah penting untuk provinsi tersebut. Manufaktur memberikan kesempatan untuk menyerap banyak tenaga kerja. Pendidikan kejuruan dan magang bisa membantu meningkatkan kualitas tenaga kerja Nusa Tenggara Timur.

4. KESIMPULAN

Analisis kausalitas Geweke dilakukan pada empat provinsi di Indonesia. Dua provinsi dipilih dari provinsi-provinsi yang paling kompetitif, dan dua lainnya dari provinsi-provinsi yang kurang kompetitif. Pengujian dilakukan untuk lebih memahami penjelasan mengapa provinsi tertentu bisa menjadi lebih kompetitif (atau sebaliknya) seiring berjalannya waktu.

Untuk provinsi yang lebih kompetitif, analisis kausalitas Geweke pada Jawa Timur dan Kalimantan Timur menunjukkan pentingnya pertumbuhan sektor tersier sebagai mesin pertumbuhan, dan bahwa pertumbuhan sektor tersier sangat berhubungan dengan pembangunan infrastruktur dan pasar tenaga kerja yang mendukung. Untuk kedua provinsi tersebut, variabel dependen yang terpilih adalah pertumbuhan sektor perdagangan, hotel dan restoran. Kedua provinsi ini menggunakan variabel yang berkaitan dengan infrastruktur, akses listrik untuk Jawa Timur dan panjang jalan beraspal untuk Kalimantan Timur. Kedua provinsi juga menggunakan variabel terkait pasar tenaga kerja, tingkat angkatan kerja yang bekerja untuk Jawa Timur dan jumlah pekerja di sektor finansial untuk Kalimantan Timur. Analisis kausalitas Geweke untuk kedua provinsi yang kompetitif ini menunjukkan bahwa pembangunan infrastruktur dan pasar tenaga kerja yang baik memberikan kontribusi signifikan terhadap pertumbuhan sektor perdagangan, hotel dan restoran di kedua provinsi.

Untuk provinsi yang kurang kompetitif, analisis kausalitas Geweke pada Maluku Utara dan Nusa Tenggara Timur menunjukkan pentingnya pertumbuhan PDRB keseluruhan sebagai kunci untuk meningkatkan masa ekonomi provinsi, dan defisiensi dari pertumbuhan yang sangat berhubungan dengan sektor manufaktur yang stagnan dan produktivitas yang rendah. Pada analisis Maluku Utara dan Nusa Tenggara Timur, variabel dependen terpilih adalah pertumbuhan PDRB. Kedua provinsi menggunakan variabel struktur ekonomi yang sama, yaitu persentase kontribusi sektor manufaktur terhadap PDRB selama 48 kuartal. Kedua provinsi juga menggunakan variabel terkait produktivitas, yaitu produktivitas sektor manufaktur untuk Maluku Utara dan jumlah pengangguran dan pengangguran terselubung (yang juga dapat dilihat melalui perspektif produktivitas) untuk Nusa Tenggara Timur.

Analisis kausalitas Geweke untuk provinsi yang kurang kompetitif menunjukkan bahwa sektor manufaktur dan produktivitas memberikan kontribusi signifikan pada tingkat pertumbuhan PDRB. Karena itu untuk meningkatkan pertumbuhan PDRB, provinsi yang kurang kompetitif harus mempertimbangkan untuk memberikan nilai tambah pada produknya dengan upaya yang lebih produktif.

DAFTAR PUSTAKA

Geweke, John. "Measurement of linear dependence and feedback between multiple time series." *Journal of the American Statistical Association* Vol. 77 No. 378 (1982): 304–313.

Granger, C.W.J. "Investigating Causal Relations by Econometric Models and Cross-Spectral Methods." *Econometrica* Vol. 37 (1969): 424–438.

Sims, Christopher A. "Money, Income, and Causality." *The American Economic Review* Vol. 62 No. 4 (September 1972): 540–552.

Tan, Khee Giap dan Mulya Amri. "Subnational Competitiveness and National Performance: Analysis and Simulation for Indonesia." *Journal of Centrum Cathedra: The Business and Economic Research Journal* Vol. 6 No. 2 (2013): 173–192.

Tan, Khee Giap, Mulya Amri, Linda Low dan Tan Kong Yam. *Analisa Daya Saing dan Strategi Pembangunan untuk 33 Provinsi di Indonesia*. Singapore: World Scientific, 2013.

Tan, Khee Giap, Mulya Amri, Linda Low dan Tan Kong Yam. *Competitiveness Analysis and Development Strategies for 33 Indonesian Provinces*. Singapore: World Scientific, 2013.

Catatan Pembahas: Analisis Kausalitas Geweke untuk Provinsi Berdaya Saing Tinggi dan Rendah di Indonesia

Umar Juoro, MA
Anggota Komite Ekonomi Nasional (KEN)
Indonesia

1. PENGANTAR

Pada studi yang dilakukan oleh *Asia Competitiveness Institute* (ACI) mengenai daya saing provinsi di Indonesia, 33 provinsi diperingkatkan berdasarkan empat kriteria, yaitu aspek yang berkaitan dengan ekonomi makro, tata kelola pemerintahan, ekonomi mikro dan pembangunan infrastruktur. Sejak studi pertama dilakukan, ibu kota Jakarta selalu menduduki posisi pertama diikuti oleh Jawa Timur. Provinsi di Jawa biasanya berada dalam peringkat 10 besar dan beberapa provinsi di luar Jawa yang kaya akan sumber daya alam juga termasuk dalam peringkat 10 besar. Namun, beberapa provinsi di bagian timur Indonesia tetap berada di peringkat bawah.

Studi ACI menyelidiki hubungan kausalitas antara pembangunan ekonomi dengan produk domestik bruto (PDRB) sebagai variabel dependen, dan penyerapan tenaga kerja dan infrastruktur sebagai variabel independen. Studi ini memberikan wawasan tambahan untuk lebih memahami hubungan keduanya dan untuk mendapatkan rekomendasi kebijakan yang tepat. Hal ini memperluas perspektif, tidak hanya dengan melihat peringkat provinsi, tetapi juga mencoba menjelaskan faktor-faktor yang menentukan tingginya pertumbuhan di tiap-tiap provinsi.

2. DAYA SAING PROVINSI-PROVINSI DI INDONESIA

Dari studi ACI, terlihat bahwa provinsi di Jawa mendominasi peringkat atas. Terdapat beberapa perubahan di posisi 10 besar. Pada tahun 2013, Kepulauan Riau berada dalam posisi 10 besar, namun pada tahun 2014 tidak lagi berada dalam peringkat 10 besar. Begitu pula dengan Banten. Hal ini menunjukkan dinamika dalam peringkat, dimana provinsi yang mampu mempertahankan daya saing akan tetap berada di atas, sementara yang mengalami penurunan akan keluar dari posisi teratas.

Data berseri mengenai daya saing provinsi Indonesia bisa digunakan untuk menjelaskan faktor-faktor yang menentukan pembangunan ekonomi di provinsi tertentu. Analisis ini juga bisa mengarahkan ke bentuk kebijakan yang tepat.

3. METODOLOGI KAUSALITAS

Peneliti biasanya menggunakan metode kausalitas Granger untuk menentukan kausalitas antara dua data berseri atau variabel. Metode ini berguna ketika data yang dimiliki cukup banyak. Namun ketika data terbatas, misalnya hanya ada setahun sekali, metode Granger tidak bisa menangkap kausalitas secara akurat. Untuk situasi seperti ini, Geweke menggunakan pengukuran korelasi langsung, dihitung dari residu pengujian kausalitas standar Granger yang menangkap "*feedback* langsung." Dengan menggunakan kausalitas Geweke, kita bisa menganalisis bukan hanya kausalitas antara dua rangkaian data berseri, tetapi juga interaksi langsung kedua data tersebut. Kita juga dapat melihat kontribusi dari masing-masing variabel. Dengan ini, studi ACI melihat lebih jauh dari sekedar mengukur peringkat 33 provinsi Indonesia. Menggunakan kausalitas Geweke sangat berguna untuk lebih memahami hal-hal yang menentukan daya saing suatu provinsi.

Namun, kausalitas Geweke juga memiliki keterbatasan. Seperti semua metode ekonometri, metode ini sangat bergantung pada bagaimana model, variabel dependen dan independen ditentukan. Selain itu, kualitas data sangat penting untuk mendapatkan hasil yang berguna. Agar dapat mendapatkan kesimpulan dan rekomendasi kebijakan yang sesuai, perlu ada penjelasan deskriptif mengenai daya saing sebuah provinsi. Dengan ini, kesimpulan dan rekomendasi kebijakan akan menjadi lebih terarah.

4. KRITERIA PEMILIHAN

Studi ACI memilih empat provinsi untuk dianalisis menggunakan metodologi Geweke yang menentukan hubungan antara pembangunan ekonomi dan faktor produksi, termasuk infrastruktur. Pemilihan ini dilakukan berdasarkan perbedaan geografis, jumlah penduduk, struktur ekonomi dan koridor ekonomi. Kriteria ini terkait dengan upaya untuk menjelaskan mengapa provinsi tertentu berada di posisi atas, sementara provinsi lain kurang kompetitif.

Untuk mendapatkan variasi dari tipe pembangunan ekonomi masing-masing provinsi, lebih baik menggunakan provinsi yang dikategorikan sebagai pusat pertumbuhan yang berada di luar Jawa. Untuk itu, Kepulauan Riau adalah provinsi yang tepat untuk menjadi pilihan. Dengan menganalisis provinsi tersebut, kita dapat memahami lebih baik cara untuk membangun provinsi sebagai pusat pertumbuhan dan tantangan-tantangan yang terkait, mengingat akan banyaknya provinsi yang ingin menciptakan pusat pertumbuhannya sendiri.

5. JAWA TIMUR SEBAGAI PROVINSI YANG KOMPETITIF

Seperti Jakarta yang selalu berada di posisi teratas, Jawa Timur selalu berada di posisi kedua dalam studi ACI mengenai daya saing provinsi-provinsi di Indonesia. Jawa Timur adalah provinsi kedua terbesar dalam PDRB (untuk sektor primer, sekunder dan tersier) dan jumlah penduduk, serta yang tertinggi dalam hal fleksibilitas tenaga kerja, tetapi memiliki indeks pembangunan manusia (IPM) yang termasuk dalam kategori menengah. Jawa Timur dapat menjadi contoh yang baik bagi provinsi lain, karena provinsi ini selalu berada pada peringkat atas dalam hampir semua kategori. Berbeda dengan Jakarta yang secara historis berkembang sebagai pusat pemerintahan dan politik sejak era kolonial yang membuatnya memiliki posisi khusus, Surabaya sebagai ibu kota Jawa Timur berkembang sebagai wilayah bisnis dengan basis pertanian yang kuat.

Studi ini melihat hubungan antara perubahan PDRB dan tingkat penyerapan tenaga kerja dengan menggunakan metode kausalitas Geweke. Hasilnya menunjukkan bahwa asosiasi terjadi dua arah, dari PDRB menuju penyerapan tenaga kerja dan sebaliknya. Koefisien dan tingkat signifikansi termasuk tinggi untuk hubungan dari penyerapan tenaga kerja menuju ekonomi (PDRB). Koefisien untuk interaksi variabel juga tinggi dan signifikan.

Hal ini menunjukkan bahwa faktor produksi, yaitu penyerapan tenaga kerja dan akses listrik, berkontribusi pada pembangunan ekonomi. Dengan kata lain, tenaga kerja dan infrastruktur mendukung pertumbuhan ekonomi yang lebih tinggi. Ini berarti mempertahankan fleksibilitas pasar tenaga kerja dan memperbaiki kualitasnya sejalan dengan peningkatan sumber daya manusia dan infrastruktur akan mendorong pembangunan di Jawa Timur. Perbaikan sumber daya manusia juga penting secara sosial, karena Jawa Timur memiliki IPM yang relatif rendah.

Bagi provinsi lain, pengalaman Jawa Timur bisa dipelajari dengan meningkatkan daya saing melalui partisipasi tenaga kerja dalam pasar tenaga kerja yang fleksibel dan dengan memperbaiki infrastruktur. Hal ini berbeda dengan provinsi Kepulauan Riau yang peringkatnya menurun dari 10 besar dikarenakan aktivitas tenaga kerjanya yang cenderung kaku dan bahkan radikal. Indonesia secara umum masih memiliki daya tarik untuk sektor manufaktur padat karya karena besarnya jumlah generasi muda dan upah yang relatif rendah. Namun, dengan regulasi tenaga kerja yang meningkatkan upah minimum secara signifikan dan adanya tren radikalisme di antara serikat pekerja, investasi di sektor manufaktur menyurut.

Studi ini perlu melihat sektor manufaktur dengan lebih dekat, karena Jawa Timur adalah salah satu tempat utama untuk pengembangan sektor manufaktur. Jawa Timur mampu mengembangkan sektor manufaktur lebih jauh dengan memperbaiki produktivitas tenaga kerja, infrastruktur dan tata kelola pemerintahan. Karakteristik serupa ditemukan di Jawa Tengah. Walaupun Jawa Tengah belum berkembang seperti Jawa Timur, Jawa Tengah juga memiliki pasar tenaga kerja yang fleksibel, tata kelola pemerintahan yang baik dan berpotensi sebagai pusat pertumbuhan manufaktur. Jawa Tengah juga memiliki sektor pertanian yang kuat. Banten dan Jawa Barat juga memiliki sektor manufaktur dan pertanian yang kuat, namun daya saing mereka tertahan oleh kurangnya tata kelola pemerintahan dan pasar tenaga kerja yang tidak fleksibel.

6. KALIMANTAN TIMUR SEBAGAI PROVINSI YANG KOMPETITIF

Kalimantan Timur memiliki sektor primer terbesar, terutama dalam hal minyak, gas dan pertambangan. Namun, jumlah penduduknya relatif sedikit. Kalimantan Timur sangat kaya akan sumber daya alam. Sebagai provinsi dengan pulau terluar di bagian timur Indonesia yang berada di peringkat tiga teratas untuk daya saing, pencapaian Kalimantan Timur terhitung luar biasa. Kalimantan Timur berada pada posisi dua besar dalam lingkup ekonomi makro dan infrastruktur. Di lingkup tata kelola pemerintahan, Kalimantan Timur naik dari peringkat ke-17 menjadi peringkat keempat. Namun, posisinya di peringkat atas cenderung hanya bisa memberikan pelajaran bagi provinsi lain yang juga kaya akan sumber daya alam, seperti Riau, Aceh dan Papua. Provinsi lain di Kalimantan, yaitu Kalimantan Tengah, Kalimantan Barat dan provinsi baru Kalimantan Utara juga dapat belajar dari pengalaman Kalimantan Timur. Namun, pengalaman Kalimantan Timur kurang relevan untuk provinsi yang tidak kaya akan sumber daya alam.

Studi ini melihat hubungan antara sektor tersier (perdagangan, hotel dan restoran) dengan tenaga kerja di sektor finansial dan infrastruktur. Hasilnya menunjukkan bahwa koefisiennya lebih besar dan secara statistik lebih signifikan untuk hubungan dari tenaga kerja dan infrastruktur terhadap ekonomi (sektor tersier).

Sayangnya, studi ini tidak menyelidiki sektor primer dan sektor sekunder, terutama manufaktur. Jelas bahwa sektor primer, terutama minyak, gas dan pertambangan (terutama batu bara), adalah kontributor utama pada ekonomi Kalimantan Timur, tetapi tidak berkontribusi banyak pada penyerapan tenaga kerja. Kalimantan Timur kaya akan energi dan bahan mentah, dan pemerintah harus berupaya untuk meningkatkan nilai tambah melalui kegiatan pengolahan. Sangatlah penting untuk mengenali potensi yang dimiliki Kalimantan Timur untuk mengembangkan sektor manufaktur.

Pengalaman Kalimantan Timur hanya bisa diterapkan pada provinsi lain yang kaya akan sumber daya alam, seperti Riau, Aceh dan Papua. Bahkan, dengan kekayaan sumber daya alam serupa, terdapat juga perbedaan terutama dalam hal demografi. Untuk dapat menghasilkan rekomendasi kebijakan yang tepat bagi provinsi yang kaya akan sumber daya alam ini, sangatlah penting untuk memahami karakteristik khusus masing-masing provinsi.

7. NUSA TENGGARA TIMUR SEBAGAI PROVINSI YANG KURANG KOMPETITIF

Nusa Tenggara Timur adalah provinsi yang cenderung miskin dengan PDRB per kapita terendah, produktivitas tenaga kerja terendah, persentase jumlah penduduk di perkotaan yang paling sedikit, jumlah penanaman modal asing (PMA) terkecil dan kedua terendah dalam hal akses listrik. Nusa Tenggara Timur adalah contoh klasik dari provinsi miskin di Indonesia. Posisinya sangat terpencil dari aktivitas ekonomi utama, miskin akan sumber daya alam, dan tingkat kemiskinan yang cenderung tinggi. Posisi Nusa Tenggara Timur berada hampir di peringkat paling bawah untuk semua lingkup.

Studi ini melihat hubungan antara perubahan PDRB dengan persentase sektor sekunder pada ekonomi dan penyerapan tenaga kerja. Hasilnya menunjukkan pentingnya sektor sekunder dan penyerapan tenaga kerja bagi pembangunan ekonomi di Nusa Tenggara Timur.

Walau demikian, sulit untuk mengembangkan sektor sekunder di provinsi miskin seperti Nusa Tenggara Timur. Bukan hanya dikarenakan sumber daya yang tidak memadai, tetapi juga kurangnya infrastruktur. Provinsi ini masih sangat bergantung pada dukungan dari pemerintah pusat. Rekomendasi kebijakan dari studi ini untuk membangun sektor peternakan sulit dilaksanakan karena infrastruktur yang tidak memadai menyebabkan biaya tinggi. Biaya untuk mengangkut ternak dari Nusa Tenggara Timur ke pasar utama di Jawa akan lebih tinggi dibandingkan dengan mengimpor ternak dari Australia.

Untuk provinsi miskin seperti Nusa Tenggara Timur yang juga miskin sumber daya, fokusnya harus dipusatkan pada pembangunan infrastruktur dasar yang terkait dengan kebutuhan dasar yang penting untuk pengentasan kemiskinan, seperti akses terhadap fasilitas kesehatan, air bersih dan membuka pintu daerah pedesaan. Maluku, Sulawesi Utara, Gorontalo dan Bengkulu juga termasuk dalam kategori ini.

8. MALUKU UTARA SEBAGAI PROVINSI YANG KURANG KOMPETITIF

Maluku Utara memiliki PDRB terendah kedua, PDRB per kapita terendah, jumlah penduduk terendah ketiga, hubungan kerja terendah kedua dan kualitas infastruktur terendah kedua. Kemiskinan Maluku Utara berbeda dengan Nusa Tenggara Timur. Posisi Maluku Utara berada di peringkat yang sama dengan Nusa Tenggara Timur, yaitu hampir di peringkat terbawah. Walaupun Maluku Utara sangat terpencil dari aktivitas ekonomi utama, provinsi ini memiliki sumber daya alam yang signifikan.

Studi ini melihat hubungan antara perubahan PDRB, persentase sektor sekunder dan produktivitas sektor manufaktur. Hasilnya menunjukkan pentingnya sektor sekunder dan produktivitas manufaktur kepada pembangunan ekonomi.

Maluku Utara, sebagai provinsi miskin, berbeda dengan Nusa Tenggara Timur. Maluku Utara lebih kaya akan sumber daya alam. Untuk hasil bumi, pala adalah komoditas yang populer. Hasil buah-buahan seperti pisang juga memiliki potensi yang tinggi. Perikanan dulunya cukup berkembang, tetapi konflik sosial di awal tahun 2000 menghancurkan industri perikanan. Pertambangan, seperti bauksit dan fasilitas pengolahannya, juga memiliki potensi untuk dikembangkan di provinsi ini. Provinsi lainnya dengan karakteristik serupa adalah Nusa Tenggara Barat, Jambi dan Sulawesi Tenggara yang memiliki sumber daya alam signifikan namun dengan tingkat kemiskinan yang tinggi dan berada di peringkat 10 terbawah.

9. PENJELASAN MENGENAI DAYA SAING PROVINSI TERTENTU

Studi ACI memfokuskan pada peringkat 33 provinsi di Indonesia berdasarkan lingkup terkait ekonomi makro, tata kelola pemerintahan, ekonomi mikro dan pembangunan infrastruktur. Studi ini dengan lebih jauh menjelaskan faktor apa saja yang menentukan posisi suatu provinsi. Tentunya, ini memberikan pemahaman lebih dan rekomendasi kebijakan yang lebih akurat. Untuk mendapatkan wawasan lebih mendalam mengenai bagaimana suatu provinsi bisa unggul di kriteria daya saing tertentu, studi ACI perlu melakukan kajian yang lebih mendetail.

Sebagai contoh, Yogyakarta yang memimpin dalam hal kualitas hidup. Karena provinsi-provinsi Indonesia berbeda dalam hal ekonomi, jumlah penduduk dan geografis, sebuah provinsi harus diarahkan untuk berkembang berdasarkan kekuatannya. Yogyakarta, sebagai daerah istimewa, akan kesulitan untuk meraih posisi puncak dalam daya saing keseluruhan. Fokus pada kualitas hidup membuat Yogyakarta menjadi provinsi yang spesial di Indonesia. Bali adalah provinsi lain yang memiliki posisi kuat dalam kategori kualitas hidup. Demikian halnya dengan sebuah provinsi yang mendapatkan posisi teratas dalam kategori tata kelola pemerintahan yang seharusnya menjadi contoh untuk diikuti oleh provinsi lainnya. Dengan cara ini, provinsi-provinsi lain dapat belajar dari satu sama lain untuk memperbaiki indikator tertentu. Selain itu, dengan cara ini, provinsi-provinsi di Indonesia dapat berkembang dengan cara yang berbeda, tetapi sama-sama memperbaiki daya saing keseluruhan negeri ini.

Untuk studi lanjutan, pemisahan antara aspek pembangunan sumber daya manusia dan infrastruktur fisik pada lingkup kualitas hidup harus dilakukan. Hal ini penting untuk lebih memahami peranan pembangunan sumber daya manusia yang terpisah dari kontribusi infrastruktur fisik. Provinsi seperti Yogyakarta memiliki pembangunan sumber daya manusia yang kuat, sementara provinsi Jawa Timur, Kalimantan Timur dan Kepulauan Riau memiliki infrastruktur fisik yang baik, tetapi rendah dalam hal pembangunan sumber daya manusia.

Pentingnya tata kelola pemerintahan dalam mendukung pembangunan ekonomi perlu ditelusuri lebih lanjut. Pada studi kausalitas, perlu diperiksa apakah variabel tata kelola pemerintahan secara signifikan mempengaruhi pembangunan ekonomi, dan bagaimana kausalitas itu bisa terjadi. Jika kausalitas berasal dari tata kelola pemerintahan menuju pembangunan ekonomi, ini mendukung pandangan bahwa perbaikan di tata kelola pemerintahan adalah prasyarat dari pembangunan ekonomi yang lebih tinggi. Pemerintahan perlu berjalan lebih dahulu untuk mendukung pembangunan ekonomi, dan bukan sebagai hasil dari pembangunan ekonomi.

Demikian pula dengan penyelidikan lebih jauh mengenai hubungan antara pembangunan ekonomi dan pembangunan sumber daya manusia. Sangatlah penting untuk dapat memahami kontribusi pembangunan sumber daya manusia terhadap pembangunan ekonomi di tingkat provinsi. Jika kausalitas berjalan dari IPM menuju pembangunan ekonomi, ini memperkuat pandangan bahwa pembangunan sumber daya manusia adalah syarat penting bagi pembangunan ekonomi, walaupun ada kemungkinan kausalitas berjalan dua arah sehingga mengimplikasikan bahwa pembangunan ekonomi yang tinggi juga mendorong pembangunan sumber daya manusia yang tinggi.

Bab 10
Kata Penutup dan Agenda Penelitian Berikutnya

Buku ini menawarkan wawasan yang unik terhadap lanskap daya saing Indonesia pada tingkat provinsi dan wilayah. Menimbang kepulauan Indonesia yang luas dan beragam, menyisihkan analisis yang terlalu umum pada tingkat nasional adalah hal yang sangat relevan. Ini sejalan dengan tren global yang lebih menekankan pada pembuatan kebijakan oleh pemerintahan daerah untuk meningkatkan daya saing daerah masing-masing.[1] Berdasarkan publikasi pertama,[2] Bab 1 memperbaharui tren daya saing masing-masing provinsi. Ini adalah sebuah usaha yang dirintis *Asia Competitiveness Institute* (ACI) untuk menganalisis daya saing provinsi menggunakan kerangka metodologi yang komprehensif. Hasilnya menegaskan bahwa provinsi di Pulau Jawa terus mendominasi peringkat 10 besar. Secara keseluruhan, kesenjangan antara provinsi di posisi atas dan bawah terus muncul dalam semua aspek, dari tata kelola pemerintahan, ekonomi makro dan ekonomi mikro hingga infrastruktur.

Dengan semangat pembangunan kewilayahan yang lebih seimbang, Indonesia meluncurkan Masterplan Percepatan dan Perluasan Pembangunan Indonesia 2011–2015 (MP3EI). MP3EI memetakan potensi ekonomi dari enam koridor ekonomi. Di dalam Bab 2 hingga 8, ACI mengadopsi klasifikasi tersebut untuk melakukan analisa daya saing pada tingkat wilayah. Kami menemukan bahwa dikotomi antara Indonesia bagian barat dan timur tidak terlalu besar. Selaras dengan bertambahnya provinsi-provinsi dari Wilayah Kalimantan dan Sulawesi yang termasuk dalam posisi 10 besar di peringkat daya saing provinsi, kedua wilayah ini menempati posisi kedua dan ketiga yang berada di atas Wilayah Sumatera. Hasil tersebut menyoroti pentingnya melihat daya saing secara menyeluruh yang mencakup empat lingkup utama. Masing-masing wilayah memiliki kekuatannya (contohnya Wilayah Sulawesi dengan tata kelola pemerintahan yang baik) dan kelemahannya (contohnya kualitas hidup di Wilayah Jawa yang berada di bawah pencapaian ekonominya). Karenanya, terdapat banyak kesempatan untuk belajar dari persaingan sehat antardaerah untuk mengangkat daya saing Indonesia secara menyeluruh.

Klaster kewilayahan yang diadopsi ACI masih mengelompokkan provinsi-provinsi yang teletak di satu pulau dan adalah sebuah cerminan dari peninggalan yang memprioritaskan konektivitas darat. Presiden Joko Widodo memiliki Visi Maritim untuk mengembalikan semangat *Jalesveva Jayamahe* (di lautan kita jaya); oleh karena itu, pengelompokan provinsi antarpulau bukannya tidak mungkin dengan konektivitas laut yang lebih terintegrasi. Kebijakan ini juga berpotensi untuk mengangkat posisi Indonesia dalam konektivitas regional, termasuk di *Asia Economic Connectivity Vision* 2030.[3]

Berdasarkan hasil temuan di Bab 9 mengenai Analisis Kausalitas Geweke, kami mengidentifikasi faktor-faktor berbeda yang mendorong atau menghambat daya saing di provinsi-provinsi Indonesia. Secara keseluruhan, infrastruktur dan produktivitas adalah faktor kunci yang menentukan daya saing (atau kurangnya daya saing). Mengubah struktur ekonomi dari sektor primer menjadi peningkatan nilai tambah melalui sektor manufaktur dan jasa menjamin pertumbuhan tingkat produktivitas yang konsisten.[4] Namun, perbaikan produktivitas di dalam sektor tertentu juga sama pentingnya. Peningkatan produktivitas pada sektor pertanian, contohnya, akan menciptakan permintaan dari pengolahan hilir produk jadi yang membuka jalan untuk lahirnya sektor

[1] Organisation for Economic Cooperation and Development (OECD), *Regional Development Policy Trends in OECD Member Countries* (OECD Publishing, 2010).

[2] Tan Khee Giap *et al.*, *Competitiveness Analysis and Development Strategies for 33 Indonesian Provinces* (Singapore: World Scientific, 2013).

[3] Tan Khee Giap *et al.*, *2014 Annual Competitiveness Ranking and Simulation Study for ASEAN-10 and Development Strategies to Enhance Asia Economic Connectivity Vision 2030* (Singapore: World Scientific, 2015).

[4] Margaret S. McMillan dan Dani Rodrik, "Globalisation, Structural Change and Productivity Growth," *NBER Working Paper Series* No. 17143 (Juni 2011): 1-32.

manufaktur dan juga jasa.[5] Adopsi teknologi dan inovasi untuk meningkatkan kualitas input selagi melancarkan rantai logistik pascapanen dapat mendorong tingkat produktivitas.

AGENDA PENELITIAN BERIKUTNYA

Sejalan dengan minat ACI dalam melakukan analisis mendalam mengenai daya saing Indonesia, penelitian selanjutnya akan melibatkan topik yang lebih spesifik seperti desentralisasi dan institusi pemerintahan, produktivitas pertanian, dan potensi perangkap pendapatan menengah (*middle-income trap*) di tingkat provinsi.

1. Desentralisasi, Institusi Pemerintahan dan Pembangunan Ekonomi

Teori desentralisasi berpendapat bahwa membawa pembuatan keputusan ke tingkat daerah akan mendorong pejabat publik untuk menjadi lebih bertanggung jawab terhadap masyarakat. Hal ini akan meningkatkan pelayanan publik dan mendorong pembangunan ekonomi. Walaupun sudah lebih dari 10 tahun setelah Indonesia melakukan desentralisasi, masih sulit untuk melacak hubungan kausalitas antara variabel tersebut, dan perdebatan pun masih terus berlangsung. Studi ini akan menyelidiki secara empiris fondasi mikro yang menghubungkan desentralisasi dan pembangunan ekonomi di Indonesia. Kami akan menggunakan survei persepsi, yang dilakukan pada tahun 2013 dan 2014, pada lebih dari 700 eksekutif bisnis di 33 provinsi di Indonesia, untuk melihat tendensi inovasi di perusahaan dan investasi di daerah berdasarkan persepsi mereka terhadap kualitas institusi pemerintahan. Melalui analisa hubungan tersebut, kontribusi yang diharapkan adalah penambahan wawasan tentang bagaimana institusi pemerintahan memainkan peranan penting dalam desentralisasi dan pembangunan ekonomi.

2. Produktivitas Pertanian di Provinsi-provinsi Indonesia

Indonesia memiliki potensi besar dalam produksi pertanian, bukan hanya untuk swasembada pangan, tetapi juga untuk menjadi "lumbung pangan" ASEAN dan dunia. Seiring waktu, walaupun kontribusi sektor pertanian terhadap PDB terus menurun, sektor ini masih menyerap dua perlima dari total tenaga kerja. Kemiskinan tetap terlihat pada tingkat pedesaan dan sering diasosiasikan dengan pertanian subsisten. Meningkatkan produktivitas pertanian berperan penting untuk mencapai kedaulatan pangan, yang juga adalah prioritas pemerintah. Dengan *Malmquist Index-Data Envelopment Analysis* (DEA), kami dapat mengidentifikasi perubahan Total Faktor Produktivitas (TFP) masing-masing provinsi dan seberapa besar kontribusi tersebut berasal dari Perubahan Teknologi (TC) atau Perubahan Efisiensi Teknis (TEC). Dari temuan tersebut, ACI dapat memberikan rekomendasi kebijakan dari implikasi alokasi sumber daya yang lebih baik, dan memastikan adopsi dan adaptasi teknologi baru yang efektif di tingkat lokal.

3. Potensi Perangkap Pendapatan Menengah di Provinsi Tertentu

Melalui MP3EI, Indonesia menyatakan ambisinya untuk masuk dalam kelompok negara berpendapatan tinggi pada tahun 2025, yang berarti bahwa perangkap pendapatan menengah dapat dihindarkan. Meskipun terdapat banyak studi yang dilakukan di tingkat nasional, masih banyak lagi yang perlu dilakukan di tingkat provinsi. Melakukan analisis di tingkat provinsi dalam konteks keberagaman kinerja ekonomi daerah dapat memberikan nilai tambah. Untuk menghindari risiko perangkap pendapatan menengah, provinsi-provinsi di Indonesia perlu mengadopsi strategi pertumbuhan yang berkelanjutan untuk memaksimalkan potensi yang ada dan meningkatkan kontinuitas tingkat produktivitas dalam hal menjalankan reformasi struktural yang memegang prioritas tertinggi untuk mencapai kesejahteraan bagi seluruh masyarakat. [6]

---

[5] Joe Studwell, *How Asia Works: Success and Failure in the World's Most Dynamic Region,* (New York: Profile Books, 2013).
[6] World Bank, "Indonesia: Avoiding the Trap," *Indonesia Development Policy Review 2014* (Mei 2014): 2–19.

DAFTAR PUSTAKA

McMillan, M. S. dan Dani Rodrik. "Globalisation, Structural Change and Productivity Growth." *NBER Working Paper Series* No. 17143 (Juni 2011): 1–32.

Organisation for Economic Cooperation and Development (OECD). *Regional Development Policy Trends in OECD Member Countries*. OECD Publishing, 2010.

Studwell, J. *How Asia Works: Success and Failure in the World's Most Dynamic Region*. New York: Profile Books, 2013.

Tan, Khee Giap, Mulya Amri, Linda Low dan Tan Kong Yam. *Competitiveness Analysis and Development Strategies for 33 Indonesian Provinces*. Singapore: World Scientific, 2013.

Tan Khee Giap, Linda Low, Tan Kong Yam dan Sangiita Yoong Wei Cher. *2014 Annual Competitiveness Ranking and Simulation Study for ASEAN-10 and Development Strategies to Enhance Asia Economic Connectivity Vision 2030*. Singapore: World Scientific, 2015.

World Bank. "Indonesia: Avoiding the Trap." *Indonesia Development Policy Review 2014* (Mei 2014).

Lampiran 1
Daftar Indikator

No.	Indikator	Satuan	Indikator Terbalik
1	STABILITAS EKONOMI MAKRO		
1.1	*Kedinamisan Ekonomi Regional*		
1.1.01	Produk Domestik Regional Bruto (PDRB)	Rupiah (juta), harga konstan tahun 2000	
1.1.02	PDRB, non migas	Rupiah (juta), harga konstan tahun 2000	
1.1.03	Pertumbuhan PDRB	% Perubahan per tahun, harga konstan tahun 2000	
1.1.04	PDRB per kapita	Rupiah, harga konstan tahun 2000	
1.1.05	PDRB per kapita, nonmigas	Rupiah, harga konstan tahun 2000	
1.1.06	PDRB Industri Primer	Rupiah (juta), harga konstan tahun 2000	
1.1.07	PDRB Industri Sekunder	Rupiah (juta), harga konstan tahun 2000	
1.1.08	PDRB Industri Tersier	Rupiah (juta), harga konstan tahun 2000	
1.1.09	Pembentukan Modal Tetap Domestik Bruto	Rupiah (juta), harga konstan tahun 2000	
1.1.10	Inflasi	% Perubahan per tahun	R
1.2	*Keterbukaan dalam Perdagangan dan Jasa*		
1.2.01	Ekspor	Rupiah (juta), harga konstan tahun 2000	
1.2.02	Ekspor, nonmigas	Rupiah (juta), harga konstan tahun 2000	
1.2.03	Impor	Rupiah (juta), harga konstan tahun 2000	
1.2.04	Impor, nonmigas	Rupiah (juta), harga konstan tahun 2000	
1.2.05	Keterbukaan dalam Perdagangan	Rasio	
1.3	*Daya Tarik terhadap Investasi Asing*		
1.3.01	Rata-rata Penanaman Modal Asing dalam 3 tahun terakhir	Dolar AS (juta), atas dasar harga berlaku	
1.3.02	Rata-rata Penanaman Modal Domestik dalam 3 tahun terakhir	Rupiah (miliar), atas dasar harga berlaku	
1.3.03	Promosi dan Pengelolaan Investasi	Indeks (Data Survei)	
2	PERENCANAAN PEMERINTAH DAN INSTITUSI		
2.1	*Kebijakan Pemerintah dan Ketahanan Fiskal*		
2.1.01	Pendapatan Total Pemda	Rupiah (ribu), harga konstan tahun 2000	
2.1.02	Pendapatan Pajak Pemda	Rupiah (ribu), harga konstan tahun 2000	
2.1.03	Pendapatan Pajak per Pendapatan Total Pemda	Rasio	
2.1.04	Pengeluaran Pemda	Rupiah (ribu), harga konstan tahun 2000	
2.1.05	Keseimbangan Fiskal	Rupiah (ribu), harga konstan tahun 2000	
2.2	*Institusi, Pemerintahan dan Kepemimpinan*		
2.2.01	Indeks Persepsi Korupsi	Indeks	
2.2.02	Tingkat Kebersihan dari Korupsi	Indeks (Data Survei)	
2.2.03	Tingkat Kriminalitas	Angka per 100.000 penduduk	R
2.2.04	Tingkat Keamanan	Indeks (Data Survei)	
2.2.05	Akuntabilitas dan Inklusivitas Pemda	Indeks (Data Survei)	
2.2.06	Ekspektasi dan Perkembangan Pemda	Indeks (Data Survei)	
2.2.07	Tingkat Efisiensi Pemda	Indeks (Data Survei)	
2.2.08	Koordinasi dengan Pemerintah Kabupaten/Kota	Indeks (Data Survei)	

(*Continued*)

(*Continued*)

No.	Indikator	Satuan	Indikator Terbalik
2.2.09	Kapasitas Kepemerintahan Provinsi	Indeks (Data Survei)	
2.3	*Persaingan, Standar Regulasi dan Penegakan Hukum*		
2.3.01	Kualitas Peraturan Daerah	Indeks (Data Survei)	
2.3.02	Penegakan Hukum	Indeks (Data Survei)	
2.3.03	Gairah Kompetisi dan Kolaborasi	Indeks (Data Survei)	
3	KONDISI FINANSIAL, BISNIS DAN TENAGA KERJA		
3.1	*Kemampuan Finansial dan Efisiensi Bisnis*		
3.1.01	Total Tabungan dan Deposito di Bank	Rupiah (juta), harga konstan tahun 2000	
3.1.02	Total Pinjaman Bank	Rupiah (juta), harga konstan tahun 2000	
3.1.03	Jumlah Kredit Bermasalah	Rupiah (juta), harga konstan tahun 2000	R
3.1.04	Jumlah Kredit Bermasalah per Total Pinjaman Bank	Rasio	R
3.1.05	Jumlah Cabang/Kantor Bank	Angka	
3.1.06	Penduduk per Jumlah Cabang/Kantor Bank	Rasio	R
3.1.07	Kemudahan Transaksi di Bank	Indeks (Data Survei)	
3.1.08	Kinerja Perusahaan	Indeks (Data Survei)	
3.1.09	Strategi Perusahaan	Indeks (Data Survei)	
3.1.10	Kapasitas Sumber Daya Manusia di Perusahaan	Indeks (Data Survei)	
3.1.11	Kapasitas Peralatan Perusahaan	Indeks (Data Survei)	
3.1.12	Penerapan Teknologi Informasi di Perusahaan	Indeks (Data Survei)	
3.1.13	Inovasi Perusahaan	Indeks (Data Survei)	
3.2	*Fleksibilitas Pasar Tenaga Kerja*		
3.2.01	Jumlah Angkatan Kerja	Angka	
3.2.02	Tingkat Partisipasi Angkatan Kerja	Rasio	
3.2.03	Jumlah Penduduk Bekerja	Angka	
3.2.04	Jumlah Pekerja di Sektor Primer	Angka	
3.2.05	Jumlah Pekerja di Sektor Sekunder	Angka	
3.2.06	Jumlah Pekerja di Sektor Tersier	Angka	
3.2.07	Tingkat Pengangguran	Persentase	R
3.2.08	Upah Minimum Pekerja per bulan	Rupiah, atas dasar harga berlaku	R
3.2.09	Hubungan Tenaga Kerja	(Indeks) Data Survei	
3.3	*Kinerja Produktivitas*		
3.3.01	Produktivitas Keseluruhan	Rupiah (juta per orang per tahun), harga konstan tahun 2000	
3.3.02	Produktivitas Keseluruhan, nonmigas	Rupiah (juta per orang per tahun), harga konstan tahun 2000	
3.3.03	Produktivitas Industri Primer	Rupiah (juta per orang per tahun), harga konstan tahun 2000	
3.3.04	Produktivitas Industri Sekunder	Rupiah (juta per orang per tahun), harga konstan tahun 2000	
3.3.05	Produktivitas Industri Tersier	Rupiah (juta per orang per tahun), harga konstan tahun 2000	

(*Continued*)

(*Continued*)

No.	Indikator	Satuan	Indikator Terbalik
4	KUALITAS HIDUP DAN PEMBANGUNAN INFRASTRUKTUR		
4.1	*Infrastruktur Fisik*		
4.1.01	Jumlah Penduduk	Orang	
4.1.02	Pertumbuhan Penduduk	% Perubahan per tahun	
4.1.03	Penduduk Perkotaan	Persentase terhadap total penduduk	
4.1.04	Panjang Jalan Beraspal (Total)	Km	
4.1.05	Kendaraan Bermotor yang Terdaftar	Angka	
4.1.06	Jumlah Kendaraan Bermotor per Panjang Jalan Beraspal	Rasio	R
4.1.07	Bongkar Muat Kargo di Pelabuhan Domestik	Ton	
4.1.08	Bongkar Muat Kargo di Pelabuhan Internasional	Ton	
4.1.09	Jumlah Penumpang Penerbangan Domestik	Angka	
4.1.10	Jumlah Penumpang Penerbangan Internasional	Angka	
4.1.11	Jumlah Rumah Tangga dengan Jaringan Pipa Air	Persentase Rumah Tangga	
4.1.12	Rumah Tangga dengan Sambungan Listrik	Persentase Rumah Tangga	
4.1.13	Kemudahan untuk Mendapatkan Properti	Indeks (Data Survei)	
4.1.14	Kualitas Infrastruktur Fisik	Indeks (Data Survei)	
4.2	*Infrastruktur Teknologi*		
4.2.01	Jumlah Sambungan Telepon	Persentase Rumah Tangga	
4.2.02	Jumlah Kepemilikan Telepon Genggam	Persentase Rumah Tangga	
4.2.03	Jumlah Kepemilikan Komputer	Persentase Rumah Tangga	
4.2.04	Jumlah Kepemilikan Laptop	Persentase Rumah Tangga	
4.2.05	Akses Internet di Rumah	Persentase Rumah Tangga	
4.2.06	Akses Internet di Kantor	Persentase Rumah Tangga	
4.2.07	Akses Internet di Sekolah	Persentase Rumah Tangga	
4.2.08	Akses Internet dengan Telepon Genggam	Persentase Rumah Tangga	
4.2.09	Kualitas Infrastruktur Teknologi	Indeks (Data Survei)	
4.3	*Kualitas Hidup, Pendidikan dan Stabilitas Sosial*		
4.3.01	Tingkat Buta Huruf (dewasa)	Persentase dari Penduduk Dewasa	R
4.3.02	Rata-rata Lama Sekolah	Tahun	
4.3.03	Angka Partisipasi Sekolah (Pendidikan Dasar)	Persentase	
4.3.04	Angka Partisipasi Sekolah (Menengah Pertama)	Persentase	
4.3.05	Angka Partisipasi Sekolah (Menengah Atas)	Persentase	
4.3.06	Rasio Murid per Guru (Sekolah Dasar)	Rasio	R
4.3.07	Rasio Murid per Guru (Sekolah Menengah Pertama)	Rasio	R
4.3.08	Rasio Murid per Guru (Sekolah Menengah Atas)	Rasio	R
4.3.09	Indeks Pembangunan Manusia	Indeks	
4.3.10	Angka Harapan Hidup saat Lahir	Tahun	
4.3.11	Rasio Gini	Rasio	R
4.3.12	Pertumbuhan Penduduk Perkotaan	Persentase per Tahun	
4.3.13	Rasio Penduduk per Fasilitas Kesehatan	Rasio	R

(*Continued*)

(*Continued*)

No.	Indikator	Satuan	Indikator Terbalik
4.3.14	Rasio Penduduk per Pekerja Medis	Rasio	R
4.3.15	Indeks Kualitas Lingkungan Hidup	Indeks	
4.3.16	Fatalitas berkaitan dengan Bencana Alam	Angka	R
4.3.17	Kualitas Pendidikan	Indeks (Data Survei)	
4.3.18	Kualitas Kesehatan	Indeks (Data Survei)	
4.3.19	Ketersediaan dan Keterjangkauan Sarana Umum	Indeks (Data Survei)	

Sumber: Asia Competitiveness Institute

Lampiran 2
Penghitungan Peringkat: Algoritma

Langkah-langkah proses penghitungan peringkat dipaparkan di bawah ini untuk N sebagai wilayah (atau provinsi sesuai dengan konteksnya), M sebagai indikator, dan C sebagai lingkup dengan masing-masing sub-lingkupnya, S.

Algoritma: Metodologi Peringkat

(1) Hitung nilai rata-rata indikator j (j = 1, ..., M)

$$\bar{X}_j = \frac{1}{N}\sum_{i=1}^{N} X_{ij}$$

Di mana X_{ij} merepresentasikan nilai dari wilayah i (i = 1, . . . , N) mengacu pada indikator j.

(2) Untuk setiap indikator j (j = 1, . . . , M), hitung standar deviasi (SD),

$$SD_j = \sqrt{\frac{1}{N}\sum_{i=1}^{N}(X_{ij} - \bar{X}_j)^2}$$

(3) Hitung nilai terstandardisasi dari indikator (SVI) tiap wilayah i (i = 1, . . . , N) yang berada pada tiap indikator j (j =1, . . . , M),

$$SVI_{ij} = \frac{X_{ij} - \bar{X}_j}{SD_j}$$

(4) Hitung 'peringkat' nilai terstandardisasi indikator terkait (RSVI) yang mana tiap wilayah i (i = 1, . . . , N) berada pada masing-masing indikator j (j = 1, . . . , M):

$$RSVI_{ij} = \begin{cases} SVI_{ij}, & \textit{jika semakin tinggi nilainya semakin baik} \\ -SVI_{ij}, & \textit{jika semakin rendah nilainya semakin baik} \end{cases}$$

(5) Untuk setiap indikator j (j = 1, . . . , M), peringkat dapat diperoleh untuk tiap wilayah: wilayah dengan nilai RSVI yang lebih tinggi untuk indikator j menempati posisi di atas wilayah yang memiliki nilai RSVI lebih rendah.

(6) Untuk masing-masing wilayah i (i = 1, . . . , N), hitung RSVI dari tiap sub-lingkup k (k = 1, . . . , S) yang termasuk dalam lingkup l (l = 1, . . . , C),

$$Raw\_RSVI_{i,lk} = \frac{1}{y_{lk}}\sum_{p=1}^{y_{lk}} RSVI_{i,jlk,p}$$

$$Mean\_RSVI_{lk} = \frac{1}{N}\sum_{i=1}^{N} Raw\_RSVI_{i,lk}$$

$$SD\_RSVI_{lk} = \sqrt{\frac{1}{N}\sum_{i=1}^{N}(Raw\_RSVI_{i,lk} - Mean\_RSVI_{lk})^2}$$

$$RSVI_{i,lk} = \frac{Raw\_RSVI_{i,lk} - Mean\_RSVI_{lk}}{SD\_RSVI_{lk}}$$

Di mana y_{lk} adalah jumlah total indikator di bawah sub-lingkup *k* dari lingkup *l* dan ($RSVI_{i,jlk,1}$, . . . , $RSVI_{i,jlk,ylk}$) adalah RSVI untuk wilayah *i* yang terdiri dari sub-lingkup *k* untuk lingkup *l*.

(7) Untuk masing-masing wilayah *i* (*i* = 1, . . . , *N*), hitung RSVI untuk masing-masing lingkup *l* (*l* = 1, . . . , *C*),

$$Raw\_RSVI_{i,l} = \frac{1}{S_i}\sum_{k=1}^{S_i} RSVI_{i,lk}$$

$$Mean\_RSVI_l = \frac{1}{N}\sum_{i=1}^{N} Raw\_RSVI_{i,l}$$

$$SD\_RSVI_l = \sqrt{\frac{1}{N}\sum_{i=1}^{N}(Raw\_RSVI_{i,l} - Mean\_RSVI_i)^2}$$

$$RSVI_{i,l} = \frac{Raw\_RSVI_{i,l} - Mean\_RSVI_l}{SD\_RSVI_l}$$

Di mana ($RSVI_{i,l1}$, . . . , $RSVI_{i,lS}$) adalah RSVI untuk sub-lingkup *S* dibawah lingkup *l*.

(8) Nilai peringkat keseluruhan wilayah *i* (*i* = 1, . . . , *N*),

$$Raw\_R_i = \frac{1}{C}\sum_{l=1}^{c} RSVI_{i,l}$$

$$Mean\_R = \frac{1}{N}\sum_{i=1}^{N} Raw\_R_i$$

$$SD\_R = \sqrt{\frac{1}{N}\sum_{i=1}^{N}(Raw\_R_i - Mean\_R)^2}$$

$$R_i = \frac{Raw\_R_i - Mean\_R}{SD\_R}$$

Wilayah dengan *Ri* lebih tinggi menempati posisi di atas wilayah lain dengan nilai *Ri* yang lebih rendah, dan wilayah dengan *Ri* tertinggi adalah wilayah yang paling kompetitif.

Langkah (5) memberikan peringkat bagi setiap wilayah untuk masing-masing indikator. Untuk mendapatkan peringkat ini, langkah (4) menyesuaikan nilai SVI sehingga nilai yang lebih tinggi akan mendapatkan peringkat yang lebih baik dalam hal daya saing. Hal ini tergantung pada konteks setiap indikator, dimana nilai yang lebih tinggi atau rendah bisa saja mencerminkan wilayah yang lebih kompetitif. Sebagai contoh, PDRB yang lebih tinggi dan tingkat penggangguran yang lebih rendah akan mendorong daya saing suatu wilayah. Pada situasi dimana nilai yang lebih tinggi menandakan daya saing yang lebih tinggi (contohnya PDRB), nilai SVI wilayah akan digunakan dan wilayah dengan SVI yang lebih tinggi akan mendapatkan peringkat yang lebih baik. Sementara itu, dalam situasi sebaliknya (contohnya tingkat pengangguran), nilai negatif SVI itu akan dibandingkan dan wilayah dengan nilai SVI yang lebih rendah akan memiliki peringkat yang lebih baik. Langkah (4) ini akan memastikan semua nilai terstandardisasi konsisten dengan tujuan pemeringkatannya.

Langkah (6) menentukan peringkat sub-lingkup untuk setiap wilayah. Nilai rata-rata RSVI dari seluruh indikator di sub-lingkup tertentu lalu dihitung dan distandardisasikan kembali untuk semua wilayah dan kemudian dibandingkan dengan wilayah lainnya. Wilayah dengan nilai rata-rata RSVI yang lebih tinggi akan memiliki peringkat yang lebih baik di sub-lingkup ini. Walaupun terdapat jumlah indikator yang berbeda-beda dalam setiap sub-lingkup, untuk studi daya saing di Indonesia, terdapat tiga sub-lingkup untuk setiap lingkup dengan total empat lingkup. Skor agregat untuk setiap sub-lingkup memiliki bobot ekuivalen dengan 33.33% dari setiap skor lingkup masing-masing.

Untuk sampai ke dalam peringkat tiap lingkup, RSVI dari setiap sub-lingkup dirata-rata dan distandardisasikan kembali untuk setiap wilayah seperti yang dijelaskan di langkah (7). Langkah (8) memerlukan setiap nilai RSVI dari masing-masing lingkup dirata-rata dan distandardisasikan kembali untuk seluruh wilayah dalam menentukan peringkat keseluruhan. Wilayah dengan RSVI lebih tinggi berada di atas wilayah dengan RSVI yang lebih rendah.

Bobot yang sama diberikan untuk tiap lingkup karena keempat lingkup tersebut memberikan kontribusi yang sama terhadap penghitungan Indeks Daya Saing Keseluruhan untuk wilayah-wilayah dan provinsi-provinsi di Indonesia. Metode ini dipakai berulang kali dan diaplikasikan secara konsisten untuk seluruh wilayah agar penghitungan peringkat akurat. Secara matematika, metode ini dapat diilustrasikan sebagai berikut:

Indeks Daya Saing Keseluruhan Wilayah/Provinsi di Indonesia:

= 25% × (Stabilitas Ekonomi Makro)
+25% × (Perencanaan Pemerintah dan Institusi)
+25% × (Kondisi Finansial, Bisnis dan Tenaga Kerja)
+25% × (Kualitas Hidup dan Pembangunan Infrastruktur)

Lampiran 3

Catatan Agregasi Data Dari Tingkat Provinsi ke Tingkat Wilayah

No.	Indikator	Satuan	Indikator Terbalik	Dikalkukasikan Dengan
1	STABILITAS EKONOMI MAKRO			
1.1	*Kedinamisan Ekonomi Regional*			
1.1.01	Produk Domestik Regional Bruto (PDRB)	Rupiah (juta), harga konstan tahun 2000		Pendekatan 1
1.1.02	PDRB, non migas	Rupiah (juta), harga konstan tahun 2000		Pendekatan 1
1.1.03	Pertumbuhan PDRB	% Perubahan per tahun, harga konstan tahun 2000		Pendekatan 2
1.1.04	PDRB per kapita	Rupiah, harga konstan tahun 2000		Pendekatan 2
1.1.05	PDRB per kapita, nonmigas	Rupiah, harga konstan tahun 2000		Pendekatan 2
1.1.06	PDRB Industri Primer	Rupiah (juta), harga konstan tahun 2000		Pendekatan 1
1.1.07	PDRB Industri Sekunder	Rupiah (juta), harga konstan tahun 2000		Pendekatan 1
1.1.08	PDRB Industri Tersier	Rupiah (juta), harga konstan tahun 2000		Pendekatan 1
1.1.09	Pembentukan Modal Tetap Domestik Bruto	Rupiah (juta), harga konstan tahun 2000		Pendekatan 1
1.1.10	Inflasi	% Perubahan per tahun	R	Pendekatan 3
1.2	*Keterbukaan dalam Perdagangan dan Jasa*			
1.2.01	Ekspor	Rupiah (juta), harga konstan tahun 2000		Pendekatan 1
1.2.02	Ekspor, nonmigas	Rupiah (juta), harga konstan tahun 2000		Pendekatan 1
1.2.03	Impor	Rupiah (juta), harga konstan tahun 2000		Pendekatan 1
1.2.04	Impor, nonmigas	Rupiah (juta), harga konstan tahun 2000		Pendekatan 1
1.2.05	Keterbukaan dalam Perdagangan	Rasio		Pendekatan 2
1.3	*Daya Tarik terhadap Investasi Asing*			
1.3.01	Rata-rata Penanaman Modal Asing dalam 3 tahun terakhir	Dolar AS (juta), atas dasar harga berlaku		Pendekatan 1
1.3.02	Rata-rata Penanaman Modal Domestik dalam 3 tahun terakhir	Rupiah (miliar), atas dasar harga berlaku		Pendekatan 1
1.3.03	Promosi dan Pengelolaan Investasi	Indeks (Data Survei)		Pendekatan 3
2	PERENCANAAN PEMERINTAH DAN INSTITUSI			
2.1	*Kebijakan Pemerintah dan Ketahanan Fiskal*			
2.1.01	Pendapatan Total Pemda	Rupiah (ribu), harga konstan tahun 2000		Pendekatan 1
2.1.02	Pendapatan Pajak Pemda	Rupiah (ribu), harga konstan tahun 2000		Pendekatan 1
2.1.03	Pendapatan Pajak per Pendapatan Total Pemda	Rasio		Pendekatan 2
2.1.04	Pengeluaran Pemda	Rupiah (ribu), harga konstan tahun 2000		Pendekatan 1
2.1.05	Keseimbangan Fiskal	Rupiah (ribu), harga konstan tahun 2000		Pendekatan 1

(Continued)

(*Continued*)

No.	Indikator	Satuan	Indikator Terbalik	Dikalkukasikan Dengan
2.2	*Institusi, Pemerintahan dan Kepemimpinan*			
2.2.01	Indeks Persepsi Korupsi	Indeks		Pendekatan 3
2.2.02	Tingkat Kebersihan dari Korupsi	Indeks (Data Survei)		Pendekatan 3
2.2.03	Tingkat Kriminalitas	Angka per 100.000 penduduk	R	Pendekatan 3
2.2.04	Tingkat Keamanan	Indeks (Data Survei)		Pendekatan 3
2.2.05	Akuntabilitas dan Inklusivitas Pemda	Indeks (Data Survei)		Pendekatan 3
2.2.06	Ekspektasi dan Perkembangan Pemda	Indeks (Data Survei)		Pendekatan 3
2.2.07	Tingkat Efisiensi Pemda	Indeks (Data Survei)		Pendekatan 3
2.2.08	Koordinasi dengan Pemerintah Kabupaten/Kota	Indeks (Data Survei)		Pendekatan 3
2.2.09	Kapasitas Kepemerintahan Provinsi	Indeks (Data Survei)		Pendekatan 3
2.3	*Persaingan, Standar Regulasi dan Penegakan Hukum*			
2.3.01	Kualitas Peraturan Daerah	Indeks (Data Survei)		Pendekatan 3
2.3.02	Penegakan Hukum	Indeks (Data Survei)		Pendekatan 3
2.3.03	Gairah Kompetisi dan Kolaborasi	Indeks (Data Survei)		Pendekatan 3
3	KONDISI FINANSIAL, BISNIS DAN TENAGA KERJA			
3.1	*Kemampuan Finansial dan Efisiensi Bisnis*			
3.1.01	Total Tabungan dan Deposito di Bank	Rupiah (juta), harga konstan tahun 2000		Pendekatan 1
3.1.02	Total Pinjaman Bank	Rupiah (juta), harga konstan tahun 2000		Pendekatan 1
3.1.03	Jumlah Kredit Bermasalah	Rupiah (juta), harga konstan tahun 2000	R	Pendekatan 1
3.1.04	Jumlah Kredit Bermasalah per Total Pinjaman Bank	Rasio	R	Pendekatan 2
3.1.05	Jumlah Cabang/Kantor Bank	Angka		Pendekatan 1
3.1.06	Penduduk per Jumlah Cabang/Kantor Bank	Rasio	R	Pendekatan 2
3.1.07	Kemudahan Transaksi di Bank	Indeks (Data Survei)		Pendekatan 3
3.1.08	Kinerja Perusahaan	Indeks (Data Survei)		Pendekatan 3
3.1.09	Strategi Perusahaan	Indeks (Data Survei)		Pendekatan 3
3.1.10	Kapasitas Sumber Daya Manusia di Perusahaan	Indeks (Data Survei)		Pendekatan 3
3.1.11	Kapasitas Peralatan Perusahaan	Indeks (Data Survei)		Pendekatan 3
3.1.12	Penerapan Teknologi Informasi di Perusahaan	Indeks (Data Survei)		Pendekatan 3
3.1.13	Inovasi Perusahaan	Indeks (Data Survei)		Pendekatan 3
3.2	*Fleksibilitas Pasar Tenaga Kerja*			
3.2.01	Jumlah Angkatan Kerja	Angka		Pendekatan 1
3.2.02	Tingkat Partisipasi Angkatan Kerja	Rasio		Pendekatan 2
3.2.03	Jumlah Penduduk Bekerja	Angka		Pendekatan 1
3.2.04	Jumlah Pekerja di Sektor Primer	Angka		Pendekatan 1
3.2.05	Jumlah Pekerja di Sektor Sekunder	Angka		Pendekatan 1
3.2.06	Jumlah Pekerja di Sektor Tersier	Angka		Pendekatan 1

(*Continued*)

(*Continued*)

No.	Indikator	Satuan	Indikator Terbalik	Dikalkukasikan Dengan
3.2.07	Tingkat Pengangguran	Persentase	R	Pendekatan 2
3.2.08	Upah Minimum Pekerja per bulan	Rupiah, atas dasar harga berlaku	R	Pendekatan 3
3.2.09	Hubungan Tenaga Kerja	(Indeks) Data Survei		Pendekatan 3
3.3	*Kinerja Produktivitas*			
3.3.01	Produktivitas Keseluruhan	Rupiah (juta per orang per tahun), harga konstan tahun 2000		Pendekatan 2
3.3.02	Produktivitas Keseluruhan, nonmigas	Rupiah (juta per orang per tahun), harga konstan tahun 2000		Pendekatan 2
3.3.03	Produktivitas Industri Primer	Rupiah (juta per orang per tahun), harga konstan tahun 2000		Pendekatan 2
3.3.04	Produktivitas Industri Sekunder	Rupiah (juta per orang per tahun), harga konstan tahun 2000		Pendekatan 2
3.3.05	Produktivitas Industri Tersier	Rupiah (juta per orang per tahun), harga konstan tahun 2000		Pendekatan 2
4	KUALITAS HIDUP DAN PEMBANGUNAN INFRASTRUKTUR			
4.1	*Infrastruktur Fisik*			
4.1.01	Jumlah Penduduk	Orang		Pendekatan 1
4.1.02	Pertumbuhan Penduduk	% Perubahan per tahun		Pendekatan 3
4.1.03	Penduduk Perkotaan	Persentase terhadap total penduduk		Pendekatan 3
4.1.04	Panjang Jalan Beraspal (Total)	Km		Pendekatan 1
4.1.05	Kendaraan Bermotor yang Terdaftar	Angka		Pendekatan 1
4.1.06	Jumlah Kendaraan Bermotor per Panjang Jalan Beraspal	Rasio	R	Pendekatan 2
4.1.07	Bongkar Muat Kargo di Pelabuhan Domestik	Ton		Pendekatan 1
4.1.08	Bongkar Muat Kargo di Pelabuhan Internasional	Ton		Pendekatan 1
4.1.09	Jumlah Penumpang Penerbangan Domestik	Angka		Pendekatan 1
4.1.10	Jumlah Penumpang Penerbangan Internasional	Angka		Pendekatan 1
4.1.11	Jumlah Rumah Tangga dengan Jaringan Pipa Air	Persentase Rumah Tangga		Pendekatan 3
4.1.12	Rumah Tangga dengan Sambungan Listrik	Persentase Rumah Tangga		Pendekatan 3
4.1.13	Kemudahan untuk Mendapatkan Properti	Indeks (Data Survei)		Pendekatan 3
4.1.14	Kualitas Infrastruktur Fisik	Indeks (Data Survei)		Pendekatan 3
4.2	*Infrastruktur Teknologi*			
4.2.01	Jumlah Sambungan Telepon	Persentase Rumah Tangga		Pendekatan 3
4.2.02	Jumlah Kepemilikan Telepon Genggam	Persentase Rumah Tangga		Pendekatan 3
4.2.03	Jumlah Kepemilikan Komputer	Persentase Rumah Tangga		Pendekatan 3
4.2.04	Jumlah Kepemilikan Laptop	Persentase Rumah Tangga		Pendekatan 3
4.2.05	Akses Internet di Rumah	Persentase Rumah Tangga		Pendekatan 3
4.2.06	Akses Internet di Kantor	Persentase Rumah Tangga		Pendekatan 3
4.2.07	Akses Internet di Sekolah	Persentase Rumah Tangga		Pendekatan 3

(*Continued*)

(*Continued*)

No.	Indikator	Satuan	Indikator Terbalik	Dikalkukasikan Dengan
4.2.08	Akses Internet dengan Telepon Genggam	Persentase Rumah Tangga		Pendekatan 3
4.2.09	Kualitas Infrastruktur Teknologi	Indeks (Data Survei)		Pendekatan 3
4.3	*Kualitas Hidup, Pendidikan dan Stabilitas Sosial*			
4.3.01	Tingkat Buta Huruf (dewasa)	Persentase dari Penduduk Dewasa	R	Pendekatan 3
4.3.02	Rata-rata Lama Sekolah	Tahun		Pendekatan 3
4.3.03	Angka Partisipasi Sekolah (Pendidikan Dasar)	Persentase		Pendekatan 3
4.3.04	Angka Partisipasi Sekolah (Menengah Pertama)	Persentase		Pendekatan 3
4.3.05	Angka Partisipasi Sekolah (Menengah Atas)	Persentase		Pendekatan 3
4.3.06	Rasio Murid per Guru (Sekolah Dasar)	Rasio	R	Pendekatan 3
4.3.07	Rasio Murid per Guru (Sekolah Menengah Pertama)	Rasio	R	Pendekatan 3
4.3.08	Rasio Murid per Guru (Sekolah Menengah Atas)	Rasio	R	Pendekatan 3
4.3.09	Indeks Pembangunan Manusia	Indeks		Pendekatan 3
4.3.10	Angka Harapan Hidup saat Lahir	Tahun		Pendekatan 3
4.3.11	Rasio Gini	Rasio	R	Pendekatan 3
4.3.12	Pertumbuhan Penduduk Perkotaan	Persentase per Tahun		Pendekatan 3
4.3.13	Rasio Penduduk per Fasilitas Kesehatan	Rasio	R	Pendekatan 3
4.3.14	Rasio Penduduk per Pekerja Medis	Rasio	R	Pendekatan 3
4.3.15	Indeks Kualitas Lingkungan Hidup	Indeks		Pendekatan 3
4.3.16	Fatalitas berkaitan dengan Bencana Alam	Angka	R	Pendekatan 3
4.1.17	Kualitas Pendidikan	Indeks (Data Survei)		Pendekatan 3
4.3.18	Kualitas Kesehatan	Indeks (Data Survei)		Pendekatan 3
4.3.19	Ketersediaan dan Keterjangkauan Sarana Umum	Indeks (Data Survei)		Pendekatan 3

Sumber: Asia Competitiveness Institute